中国名牌产品标志

中国名牌产品年鉴

CHINA TOP BRAND PRODUCTS YEARBOOK

2003 卷

国家质量监督检验检疫总局质量管理司 中国名牌战略推进委员会秘书处 编

中国轻工业出版社

目录 CONTENT

党和国家领导人指示

领导讲话

文件汇编

第四部分

名牌战略推进活动

第五部分

中国名牌产品

CHINA TOP BRAND

PRODUCTS YEARBOOK

中国名牌

第一部分

党和国家领导人指示

党和国家领导人指示

我们应该有自己的拳头产品，创出我们中国自己的名牌，否则就要受人欺负。

——邓小平同志1992年1月18日至2月21日在武昌、深圳、珠海、上海等地的谈话

努力发展"名优特"拳头产品，增加适销对路产品，精心组织培育一批在全国乃至世界同行业中具有较强竞争力和明显发展前途的名牌产品。认真组织实施抓拳头、创第一、上规模、带行业的发展战略。

——江泽民1994年视察福建时的讲话

要实现现代化，我们的企业就要敢于参与国际市场竞争，在国际市场打响中华民族的优秀名牌。这就需要大幅度提高产品的科技含量，不断开发和采用新技术，开发新产品。

——江泽民1998年4月20日视察苏南企业时的讲话

当今世界的国际竞争，最根本的还是体现在一个国家的综合国力上，体现在一个民族的整体素质上。因此，一个企业也好，一个民族、一个国家也好，要发展，要振兴，一要有人才，二要有科技知识。增强经济实力，提高综合国力，必须大力提高人的素质、提高整个民族的思想道德文化素质。还是那句话，要立民族志气、创世界名牌。

——江泽民1998年4月21日视察苏南企业时的讲话

我们讲要生产高质量的产品，以质量求生存，靠创新求发展，都离不开科技水平的不断提高。要在激烈的市场竞争中立于不败之地，依靠科技是一个无法回避的必然选择。企业上规模、上档次、上水平，既要引进先进技术，从长远看，更要开发先进技术、提高创新能力。否则，要打进国际市场，创世界名牌，就会成为一句空话。

——江泽民 1998 年 4 月 21 日视察苏南企业时的讲话

形成一批有实力的跨国企业和著名品牌。

——江泽民 2002 年 11 月 14 日党的十六大报告

创名牌产品，提高国际竞争能力

——李鹏为《中国名牌》（1995 年 7 月）杂志的题词

牌子就是企业的信用，是企业赖以生存的基础，是社会主义市场经济中企业竞争能力的综合表现。

我们现在不少企业不重视自己的信用，不怕倒牌子，只顾暂时的经济利益，缺乏长远的战略眼光。根本原因当然还是企业尚未转入市场机制，不怕破产，不怕失业所致。如不转变，很难出现真正的企业家和真正的名牌。这当然是进行现代企业制度改革所必须解决的问题。

但是，宣传企业信用和名牌战略的重要性，探索市场竞争的正确途径，也是有重要意义的。

——朱镕基 1994 年 11 月在一份报告上的批示

你们要特别注意培养名牌意识。现在为什么假冒伪劣商品这么多，就是国有企业没有成规模的真正的名牌商品。

质检总局要把扶持名牌作为一项工作任务，要采取各种宣传手段，大力宣传那些每次检验都合格，可以让人民群众放心的名牌商品。

——朱镕基 2001 年 7 月 13 日在国家质量监督检验检疫总局现场办公时的讲话

名牌产品是高质量和综合经济优势的象征，代表着一个国家、一个民族的实力和形象。一个国家没有一大批国际国内叫得响的名牌产品，就缺乏市场竞争力。实施名牌战略，特别是在已经掌握了关键技术、具有开发能力的企业中创出一批具有国际竞争能力的拳头产品，意义十分重大。

——吴邦国 1999 年在全国质量工作会议上的讲话

自己的名牌产品和知识产权是企业增强市场竞争力的关键。

——温家宝总理 2003 年 4 月 24 日在一份报告上的批示

积极支持，大力推进国家名牌战略，努力在市场竞争中形成一批世界知名品牌。

——黄菊副总理2003年4月20日在一份报告上的批示

请质检总局会同有关部门进一步研究适应社会主义市场经济体制的名牌扶持政策，进一步推进中国名牌战略的实施工作。

——黄菊副总理2003年5月6日在一份报告上的批示

积极推进名牌战略是我国质量工作的重要组成部分，它不仅体现了企业发展水平，体现了质检工作的成果，也在一定程度上体现了国家的综合经济实力。随着我们对外开放的扩大，特别是加入世贸组织，我们需要创造更多的名牌产品，推动国内企业更快地走向世界，推动国民经济持续快速健康发展。

——吴仪给2001年中国名牌表彰大会的贺信

CHINA TOP BRAND

PRODUCTS YEARBOOK

中

国

第二部分

领导讲话

中国呼唤自己的世界名牌

（现场演讲记录）

全国政协副主席　徐匡迪
中国工业经济联合会会长
中国名牌战略推进委员会顾问

今天我讲的题目是“中国呼唤自己的世界名牌”，大概讲四个问题。第一是名牌的价格，第二是中国名牌的发展，第三是中国名牌与世界名牌，第四是我们的对策。

1996年国务院颁布的质量振兴纲要实施名牌发展战略，振兴民族工业，鼓励企业生产优质产品，支持有条件的企业创立名牌产品。国家制定名牌发展战略，争创具有国际竞争能力的国际名牌产品。这是我们国家正式起动名牌战略的一个开始。

在2001年国家的第十个五年计划里提出：“通过上市、兼并、联合、重组等形式，形成一批拥有著名品牌和自主知识产权、主业突出、核心力强的大公司和企业集团，提高产业集中度和产品开发能力”。其实在改革开放之初小平同志就指出：“我们应该有自己的拳头产品，创出我们中国自己的名牌，否则就要受人欺负”。江泽民同志1995年在中国工经联提出：“要立民族志气，创世界名牌”。名牌是当今世界市场竞争的一种锐利武器。翻开一部现代企业竞争史可以看到，世界著名企业的生存和发展无不依靠深谋远虑的品牌战略。曾经帮助“雀巢”度过“信任危机”的帕根先生说过：“任何一家试图长期发展的企业都离不开品牌

谋略来相助”。什么是名牌？名牌是企业一笔巨大的无形资产，名牌是企业发展的生命力，名牌也是国家发展的推动力。名牌是企业最大的无形资产，这个名牌在形成的过程中产生了一种综合性、整体性的知识产权，是企业一笔巨大的无形资产。可口可乐公司一位经理在1967年说过：“假如一场大火把可口可乐所有的资产在一夜之间烧毁的话，它很快就可以起死回生，因为可口可乐的品牌能使任何一家公司财源滚滚，凭这个就可以向银行贷款，就可以恢复生机。但是，如果可口可乐的牌子倒了，那它就得破产。”全球最优价值的品牌，根据Interbrand(泛品牌公司)组织的调查，可口可乐是第一位的，它大概占700亿美元；微软第二；IBM第三；通用电器第四；英特尔和麦当劳随后，这是前十名中最有名的企业。名牌是著名企业的灵魂，名牌是企业生存发展的重要手段。一个国家拥有国际名牌的数量代表着她整体经济实力的大小和科技水平的高低。重视名牌、发展名牌，将会对国家的经济发展产生巨大的推动力。

中国名牌的发展大概是这么一个历程：十几年的市场经济，中国名牌的整体形象正在显现。因为名牌不是封的，名牌必须在市场经济的激烈斗争中产生。就和我们体育运动冠军一样，不是靠行政封的，而是它的能力体现。中国名牌的发展是我国民族产业走向强大的一个至关重要的关键。根据统计，中国最具有价值的十个品牌，现在第一是海尔，它这个品牌的价值是530亿人民币；第二是红塔山，460亿；第三是五粮液；四是联想；五是TCL；六是长虹，七是美的，八是解放，九是青岛啤酒。现在很多外国的朋友到中国来不会讲中国话，但是你问他Tsingdao(青岛)，他却知道，这就是品牌效应。

中国名牌和世界名牌的差距，首先是经营观念上的差距。也就是说在发展名牌、维护名牌的价值方面，企业经营者的重视程度和理解程度有差距；第二是品牌价值上的差距，实际上就是你的市场占有率等等，评估你的品牌值多少钱，这上面差得很多；第三是经营规模上的差距。我们中国是世界第一彩电生产大国，但是我们彩电有20几个牌子在生产。世界上几乎所有的国家都不是这个方式，竞争到一定程度以后，他们就进行重组、兼并，用最好的管理来把所有的品牌联合起来。像韩国就是Samsung（三星），它就是一个彩电，但是它的生产规模相当于我们整个全国的二分之一。

还有世界上占有份额的差距，我们的名牌主要还是在国内。像五粮液在国内是一个名牌，但在国际上不是。国际商知道茅台的比知道五粮液的多。世界全球化程度上的差距，还有技术发展水平的差距。

首先我们来讲讲经营理念上的差距，因为我们国家长期在计划经济体制下，对企业经济观念的影响应该讲是根深蒂固的。经过十几年的改革开放，市场经济的体制已经建立和发展，企业已经开始转变观念，但是要适应世界名牌战略的观念，可能还需要相当长的时间。品牌价值的差距，使我们的品牌距离进入世界前50位，而且占据一定的比例和位置的日子，还很遥远。举个例子，Interbrand (泛品牌公司)公司在2000年公司统计了一下，比如说可口可乐的市场资本是1422亿美元。市场资本包括了实物价值和品牌价值，这里实物价值，就是它的生产设备，厂房、土地这些只有584亿，占41%；而占59%是它的品牌价值，可口可乐的牌子可以卖到这么高。它的实物价值和可口可乐是一样的。

第二个就是经营规模上的差距。中国500强企业的产值总和相当于世界500强前两名的产值之和。他们平均销售额在200亿美元以上，就是在200亿到600亿美元之间。中国企业去年电子百强前10名全部销售额只有120亿人民币。在航空业方面，中国最大的国航、南航、东航三大集团销售收入之和仍不及美利坚航空公司的20%。

第三就是世界市场上占有份额的差距。我们的汽车在整个全世界汽车市场里面我们只占0.1%，冰箱好一点，占0.39%，照相机占0.76%，钢铁占1.18%。这些市场占有率远远不及国外一个大公司的占有率。

第四是全球化的差距很大。比如说可口可乐海外销售额占70%，国内只有30%；雀巢公司所在地瑞士是一个人口很少的国家，所以它90%以上的销售在全世界其他各地；摩托罗拉的海外销售额是44%，因为美国国家大，美国国内销售也要一半以上；肯德基也是一半左右。全球最大的一百家企业中，海外销售额占总销售额50%以上的企业多达一半以上。这个计算有点不公平，因为中国的人口占世界的四分之一，所以，中国的销售四分之一在国内，四分之三在国外是合理的。如果我们像雀巢那样90%的生产产品外销不太可能，因为中国人多，国内市场要占领。你是名牌，你连国内市场都不占领，那国际市场谁相信你呢？

市场全球化程度上的差别，比如说我们海尔公司89%是销售国内的，11%销在国外。这还是我们中国名牌产品里全球化最好的企业，他们在美国设了厂，在非洲设了厂，在欧洲设了厂。2000年他们总的销售是711亿人民币，根据亚洲经济和南华早报的评选，它是中国第一知名企业。

第五是技术发展水平的差距。从我们企业整体技术装备来看，大概只有20%达到国际20世纪70、80年代水平。也就是说我们改革开放以后引进了一些国外的装备和技术，那么因为从引进到投产一般需要五年到十年，所以我们现在的设备是70、80年代的水平。其余80%是一般的制造业，都是50、60年代的水平，就是苏联援助当时40年代的设备，然后我们经过改进，经过自己的技术改造达到50、60年代的技术水平，我们少数还在40年代的水平，特别是在我们初级加工业。这些都严重束缚我国企业向世界名牌发展的步伐。我国纺织业，原来上海的纺织业最早的厂我看到还有用皮带传动的，由于设备落后，尽管工人非常努力，但是质量是没有保证的。像江苏的阳光集团引进的就是80年代后期国际先进的设备，高度自动化，它的产品质量就比较稳定，有保证。

最后讲一下我们的对策，我们的对策大概有这么几个方面。

第一、我们要树立强烈的名牌意识，这是实施名牌战略的基础。就是我们企业的经营者和管理者必须牢牢地树立我们要创名牌的意识。

第二、科学的规划是实施名牌战略的保证。企业不可能一天造就一个世界名牌，也不可能在一天建设一个国内的名牌，那么就要有一个规划，如何一步一步的来实现这个目标。

第三、过硬的产品质量是中国名牌赢得市场的根本。大家知道品牌是一个虚拟的概念，虽然有一个商标，像可口可乐的设计那样，但是它不是实物。实物的保证是产品的质量，有优越的质量，可信可靠的质量，才是名牌赢得市场的根本保证。

第四、不断创新是中国名牌取胜的关键。这里我想多说两句。中国的丝绸、陶瓷、茶叶，是我国历来出口世界市场有名的产品。像陶瓷，最早的说法，过去欧洲人叫它中国，就是中国的东西，曾经是他们皇宫里用的。但是一千多年来，我们陶瓷的技术没有靠科学技术进步来创新，还是老的方法，手工业的方法。所以慢慢欧洲的陶瓷，日本的陶瓷越做越漂亮，最近韩国的陶瓷也做得很漂亮，中国的陶瓷就慢慢从顶尖的欧洲贵族皇宫里主要的用具，进了大卖场里，变成了放在箩筐里卖的东西，也就是最便宜的东西。这就是因为我们没有不断的创新，老是守着老办法做，这个是不行的。

丝绸的故乡就是中国，有一条贸易的路是丝绸之路，主要是欧洲人到中国买丝绸。我们现在丝绸有进步，但和法国、意大利、韩国创新方面有差距。这样我们就会落后！所以要不断创新。名牌不是一下子就能创出来的，要不断的变化，不断的创新。即使是可口可乐，它快诞生一百年了，也在不断的创新。一开始用蔗糖比较甜，人们发现喝了可口可乐血糖要增加，就马上改进；后来发现含咖啡因比较多，虽然喝了以后人比较提精神，但发现喝这个东西要上瘾，就反对它，于是就搞出来一个健怡可乐。所以必须要不断地创新，并不是说你的品牌有了以后你就可以永远不进步！

树立和强化名牌意识是实施名牌的基础。一个企业的出路在于它有没有思路，经营者有没有思路是企业的出路。意识或意识不到名牌的重要性是取决于他战略制定的基础。所以我们说，思路决定出路，意识决定战略。名牌战略也是我们企业在市场竞争中的一种自然的需要，而不是政府的要求，也不是行业协会的要求。创名牌之路是企业发展壮大的必由之路，你不是名牌企业则很快就会在竞争中淡出。现在我们企业的竞争最危险的方式就是靠廉价来竞争，这是企业自杀性的竞争，是最不好的竞争方式！这是资本主义市场自由经济初期的一个办法，最后会导致大量企业倒闭。而企业竞争的正确思路是提高质量，创品牌。科学规划是实施名牌战略的保证，企业必须制定科学的、明确的名牌战略。也要有明确的短期、中期和长期的战略目标。比如说在短期我先在自己这个地区里质量、销售额、市场占有率达到一定程度，中期在国内占到多少份额，长期我如何走出国门，占领世界市场。企业从领导到员工每个人的任务和职能都要到位，每一个人，每一个岗位，都有自己的职能任务和权利。为了名牌战略的实施必须提供充分的人才、物力和财力的保证，企业在这方面要舍得投入。

说到底，名牌的保证，质量还是关键，过硬的产品质量是中国名牌赢得市场的一个根本。现在，中国商品是廉价商品的代名词，我认为这是中国工业界的耻辱。我们到外国一看卖中国货，都很高兴。可我们带着钱少，就只能买便宜东西，一买便宜东西就买了中国货。这个问题值得我们深思，你如果买了最贵的东西是中国货，这说明我们中国强大起来了。质量是产品的生命，消费者的满意度是名牌产品最重要的评价标准。名牌产品竞争还有一个误区，就是靠做广告，一天到晚吹，在电视上花大钱，做广告，然后一种勾兑白酒一下子就成了一个品牌，这种品牌是长不了的。因为你没有自己品牌的知识产权。消费者受广告的误导，买了你这个产品后感到失望，那么你这个品牌就倒

了。这里创新不仅仅是技术的提高，是思维的创新。比如说思维创新我简单举个例子来说，咱们中国的茶叶，中国人喝茶是把茶叶放在杯子里泡的，有时喝到茶叶再把茶叶吐到杯里，这个在西方是绝对不允许的，那么这个事很麻烦的，人家就发明袋泡茶。在欧洲还有专门泡茶的茶壶，上面有一个很多小洞的隔板，倒出来只有茶水，不是茶叶。这不是什么大技术，文化背景不一样，思维情况不一样，生活习惯不一样，你就要适应这个。思维要创新，技术要创新，另外机制创新，还有产品也要不断地创新，适应新时代的需要。但是，这些所有的创新里，技术创新还是核心，如果没有技术的创新，前面这些创新有的要变成一个空想，有的就不能得到持久的保证。

不断创新就是要力争树立引领潮流的行业领袖。你是一个名牌，你一定在这个行业里创开时尚之先河的产品。所以，像国际上的这些著名的服装品牌，每次在服装潮流方面都是领先的，所以这个品牌就比较好。

最后允许我用三句话来结束：

第一，21世纪是经济一体化的时代，加快中国名牌战略是一个步伐，创造更多的中国名牌乃至世界名牌是提高我国综合国力，提高我国企业整体竞争力的必由之路。

第二，中国实施名牌战略的前景无限，但是任重道远！中国人是勤劳的，是智慧的，中国人一定能在21世纪创造我们中国的世界名牌，但是任务很艰巨，还有很长的路要走。

第三，我们渴望能够拥有越来越多像神州五号那样的中国名牌，承载着13亿炎黄子孙的梦想，实现中华民族的伟大复兴。

谢谢！

在中国名牌暨质量兴市表彰大会上的讲话

(2003年9月1日)

国家质量监督检验检疫总局局长　李长江

各位来宾，同志们，新闻界的朋友们：

在全党兴起学习贯彻“三个代表”重要思想新高潮之际，我们在这里隆重召开中国名牌暨质量兴市表彰大会。这次大会公布了获得2003年中国名牌产品称号的产品名单，并对获得2003年中国名牌产品称号的产品生产企业和2003年全国质量兴市先进市县进行表彰，以推动我国名牌战略的实施和质量兴市工作的深入发展。在此，我首先代表国家质检总局对这次受到表彰的中国名牌产品生产企业、全国质量先进市县表示热烈的祝贺。借此机会，我就进一步实施名牌战略，推进质量兴市工作，讲几点意见。

一、充分认识实施名牌战略和推进质量兴市工作的重大意义

名牌问题是经济发展的战略问题，中央领导同志历来十分重视。改革开放的总设计师邓小平同志明确指出：“我们应该有自己的拳头产品，创出我们中国自己的名牌，否则就要受人欺负。”江泽民同志也提出：“我们的企业就要敢于参与国际市场竞争，在国际市场打响中华民族的优秀名牌”。要“立民族志气、创世界名牌”。党的十六大以来，新一届的党中央、国

务院领导同样高度重视、大力支持实施名牌战略的工作。2003年4、5月间，锦涛总书记、家宝总理、黄菊和吴仪副总理对实施名牌战略作了重要批示。家宝总理批示:“自己的名牌产品和知识产权是企业增强市场竞争力的关键。”黄菊副总理批示:“积极支持，大力推进国家名牌战略，努力在市场竞争中形成一批世界知名品牌。”并明确要求:“请质检总局会同有关部门进一步研究适应社会主义市场经济体制的名牌扶持政策，进一步推进中国名牌战略的实施工作。”

国家质检总局成立后，按照国务院颁布的《质量振兴纲要》提出的要求，认真贯彻落实党中央、国务院领导的指示精神，成立了中国名牌战略推进委员会，颁布了《中国名牌产品管理办法》，开展了中国名牌产品评价工作。同时，通过加大名牌宣传力度，开展质量月活动，积极推动各行业、各地方名牌战略的实施。开展了中国名牌产品评价工作，三年来，共向社会推出57类产品，283家企业生产的322个品牌的中国名牌产品。

近年来，推进名牌战略工作得到了各地党委和政府的高度重视。广东、浙江、福建、辽宁、黑龙江、湖南、湖北等省的领导分别对实施名牌战略作了批示，许多地方制定了名牌培育计划，对获得中国名牌产品称号的企业给予重奖，以引导、鼓励更多的企业争创中国名牌。名牌战略的实施，在很大程度上推动了地方经济的发展。名牌兴企、质量兴市已成为地方政府推动区域经济发展的战略选择。以质量振兴为主要内容的质量兴市活动已在全国范围内广泛开展。截至7月份，全国共有275个市县开展了质量兴市活动。蓬勃开展的质量兴市活动涌现出一批先进典型，在全社会起到了很好的示范作用，有效地促进了产品质量的提高和区域经济的发展。

我们应该清醒认识到，虽然改革开放以来，经过二十多年的经济发展，我国许多产品的产量已经位居世界前列，总体质量水平有了很大程度的提高，但是产品质量、信誉方面还存在不少问题，产品竞争力还不强，特别是世界公认和具有国际竞争力的品牌还比较少。实施名牌战略，发展中国名牌，争创国际品牌，已成为我国全面建设小康社会一项十分重要而迫切的任务。因此，我们必须进一步提高认识，充分认识实施名牌战略，推动质量兴市的重要意义。

第一，实施名牌战略，推动质量兴市是促进我国经济持续快速健康发展的需要。实施名牌战略不仅对提高企业的竞争力和长期发展具有决定性作用，而且对一个地区、一个国家经济社会的发展具有战略意义。要全面实现建设小康社会的目标，必须有参与世界竞争的品牌，没有名牌的经济是没有竞争力的经济。一个名牌的创立，特别是一个大型企业名牌的崛起，往往可以改变一个企业面貌，可以带动一个地区经济的发展。发展是执政兴国的第一要务，在全面建设小康社会中发展一批中国自己的名牌，并成为世界名牌，既是增强我国企业及其产品竞争力的需要，也是满足人民日益增长的物质文化的需要。

第二，实施名牌战略，推动质量兴市是调整优化产业结构和产品结构的需要。目前，我国已经形成一批有影响力的品牌，但是由于受到人力、物力、财力的限制，规模不大，市场占有率不高。因此，需要我们以一批能带动经济发展的名牌产品和企业为龙头，形成一批有实力的跨国企业和著名品牌，促进经济结构和产业结构的调整。

第三，实施名牌战略，推动质量兴市是促进地方经济发展的需要。改革开放以来，我国经济取得了突飞猛进的发展，为地方企业上质量、上水平提供了坚实的基础。在这样的经济背景下，地方政府在推进经济增长的过程中必须把质量振兴作为重要战略，要看到总体质量水平的高低是影响地区经济和社会发展的重要因素。因此，积极开展质量兴市工作，进行以提高质量为突破口的再次创业，是提高区域经济质量和竞争力，促进区域经济持续发展的有效途径。

二、抓住机遇，全力推进我国名牌战略和质量兴市工作

企业是实施名牌的主体，是质量兴市的基础。名牌是企业在长期的市场竞争中创出来的。因此，企业要在创名牌产品上狠下功夫。今天，在座的企业都是各行业的排头兵，你们要起到标兵作用。一定要牢固树立“质量第一”的观念，各位老总要亲自抓质量，把质量作为企业的生命。要把以质取胜的战略落实到生产经营活动的全过程。要坚持技术进步和科学管理一起抓，加快技术创新，加强质量管理，不断提高产品的质量和档次。更要加强品牌建设，扩大名牌产品的市场占有率，争创具有较强竞争能力的世界名牌产品。国家质检总局将认真贯彻党中央、国务院领导的指示，在实施中国名牌战略的基础上加快培育世界著名品牌，这是实施中国名牌战略的根本目的，希望获得中国名牌的企业继续努力，使中国名牌走向世界。这项工作请中国名牌推进委员会尽快提出具体实施方案。

各级质检部门在推进名牌战略实施和质量兴市工作中负有重要责任，必须进一步加大工作力度，积极配合地方政府加强对企业争创名牌的指导和服务，为政府当好参谋助手。一是要加大从源头抓质量的工作力度，充分发挥质检部门的优势，坚持严格把关与热情服务相结合。二是大力推进名牌战略实施，促进企业技术创新，不断提高产品的技术水平和质量水平，推动一批骨干企业做强做大。三是深入开展打假治劣活动，保护名牌产品，努力为企业创造公平竞争的市场环境。四是引导和帮助企业加强标准化、计量、认证等基础工作，为企业全面提升整体素质服务。五是在推进质量兴市工作中，主动协助地方政府搞好质量兴市规划和名牌培育规划，采取积极有效的措施，通过坚持不

懈的努力，培育一批国家级、乃至世界级的知名品牌，促进我国企业产品市场竞争能力的提高。六是大力开展企业诚信体系的建设。吴仪副总理多次强调要用五年的时间初步建立诚信体系的框架。诚信是企业生存、发展的基础，企业必须诚信于民，企业生产的产品必须让消费者满意放心，各级质检部门在企业诚信体系建设发展中要起好服务监督作用。

三、坚持市场评价为基础，加强政府监管，促进名牌产品评价工作健康发展

中国名牌产品评价已经开展了三年，我们要认真总结经验，采取有效措施，进一步完善名牌产品评价方法，积极推进名牌战略。在这里，我想强调四点意见：

一是重申中国名牌产品的推进机制。中国名牌产品要坚持市场评价为基础，企业争创名牌为主体，政府积极推动、引导、监督为保证，用户满意为宗旨的总体推进机制。企业要把功夫花在创名牌上，要在提高核心竞争力、提高产品质量上下功夫。

二是强调中国名牌产品的评价纪律。凡是参与中国名牌产品评价工作的有关机构和人员，我突出强调各专业委员会的成员，要严以律己，公正廉洁，秉公办事，严格按照有关规定、程序进行评价，严禁以权谋私，滥用职权，玩忽职守。这一点请广大企业和新闻媒体监督。

三是坚决反对乱评比。中国名牌产品评价的一个原则是不向企业收任何的费用，不增加企业的负担。按照《中国名牌产品管理办法》的规定，名牌产品评价只有两类，一类是国家级，一类是省级，除此之外，任何名牌评价评比，都是无效的。乱评比既给企业增加了负担，也扰乱了市场经济秩序。国家质检总局将会同有关部门采取有力措施，对乱评比行为进行严厉打击。在此，我也呼吁在座的新闻媒体充分发挥舆论监督作用，对乱评比的行为给予揭露和曝光。

四是加大对名牌产品的监督力度。对取得名牌产品称号的企业要加强监督，促进其不断提高质量水平。对发生严重问题和质量事故的要按程序撤销其名牌产品称号。对信用不良的企业，坚决不允许其产品参与中国名牌产品评价活动。

同志们，实施名牌战略，开展质量兴市任重道远。让我们在以胡锦涛同志为总书记的党中央领导下，高举邓小平理论伟大旗帜，全面贯彻“三个代表”重要思想，与时俱进，开拓创新，扎实工作，奋发进取，以新的面貌、新的成绩，为全面建设小康社会、推进社会主义现代化建设做出更大的贡献。

名牌问题是经济发展的战略问题

国家质量监督检验检疫总局党组书记　李传卿

一、把实施名牌战略作为经济发展的战略问题来抓

党的十六大提出，要“形成一批有实力的跨国企业和著名品牌”。这是具有战略意义的决策和部署。名牌问题是经济发展的战略问题。改革开放以来，我国相当一部分产品的产量位居世界前列，但是，产品质量、品牌信誉方面还存在不少问题，我国产品的综合竞争力还不强，特别是世界公认和具有国际竞争力的品牌非常少。我国加入世贸组织以后，国内市场逐步和国际市场接轨，在这场日趋国际化的市场竞争中，我们能否占据有利的位置，关键看我们是否拥有一批有较强竞争力的世界级的拳头产品和名牌企业。实施名牌战略，发展中国名牌，争创国际品牌，已成为我国全面建设小康社会一项十分迫切的任务。

首先，发展中国的名牌产品，是促进我国经济持续快速健康发展的需要。名牌产品不仅对企业的竞争和长期的发展具有重要的意义，而且对一个地区、一个国家经济和社会的发展都具有重要的影响。因此，实施名牌战略和整个国民经济的发展有紧密的联系，中国要实现全面建设小康社会的目标，必须有参与世界竞争的名牌产品。有的企业家说：“名牌就是命牌”，我看是有道理的。没有名牌的企业是没有竞争力的企业，没有名牌的经济也是没有竞争力的经济。一个名牌的创立，特别是一个大型名牌企业的崛起，往往可以改变一个企业、一个地区的面貌，可以带动一个地区的经济发展。发展是第一要务，在全面建设小康社会中发展一批中国自己的名牌，并成为世界名牌，不仅是满足人民日益增长的物质文化的需要，而且是增强我国产业企业和产品竞争力的需要，因此，名牌问题是经济发展的一个战略问题。

第二，发展中国的名牌产品，是发展社会主义市场经济的需要。名牌产品不仅有对资源合理配置的导向作用，同时，也有引导和规范市场的示范作用，市场经济的发展需要名牌产品来引导。有人说：“市场是海、质量是船、名牌是帆”。这个比喻生动说明了名牌与市场的关系。

第三，发展中国的名牌产品，是适应经济全球化，参与国际竞争的需要。邓小平同志早就指出：我们应该有自己的拳头产品，创造出我们中国自己的名牌，否则要受人欺负。国际贸易的竞争已经从价格竞争逐步转向以质量为核心的非价格的竞争，尤其是品牌的竞争。综合世界经济发达国家的经验来看，没有一个不拥有享誉世界的名牌产品。美国是这样，德国是这样，日本也是这样。美国在20世纪90年代有一个助理国务卿曾经说：中国产品在美国要占领市场，就必须要有自己的名牌产品，但是，现在美国人民的心目中，没有中国的名牌产品。美国大量服装来自中国，但美国人不知道有任何中国的名牌。意思就是说，衣服是中国的，但牌子是别人的。他的这些话非常中肯，也非常耐人寻味。

第四，发展中国的名牌产品，是推动我国产业结构调整，优化产业结构、产品结构、组织结构，深化企业改革的需要。目前，我国已经形成一批比较有名的品牌，但是由于受到人力、物力、财力的限制，规模不大，市场占有率不高。而另外有一批企业，不仅资源大量闲置，而且产品不适销对路，效益低下。因此在当前，调整经济结构、调整产业结构需要我们以一批能带动经济发展的名牌产品和企业为龙头，组建名牌企业集团，包括外向型跨国公司，形成一批我国名牌企业的巨人。

二、抓住机遇，全力推进我国名牌事业的发展

几年来我们推进名牌战略的实施，已涌现一批名牌产品和名牌企业集团，他们在国内外的市场竞争中，已经显示了较强的竞争优势和示范作用，我国名牌事业的发展已经有了一个良好的开局。新世纪开始的一、二十年是我国经济发展的战略机遇期，也是我们推进质量振兴发展名牌事业的战略机遇期。要抓住这个战略机遇期，推进名牌战略实施，发展中国名牌，创造国际名牌，尽快形成一批有实力的跨国企业和国际著名品牌。当前，尽快形成一批国际品牌有实实在在的机遇。2008年的北京奥运会、2010年的上海世博会，都是我们非常难得、值得好好运用的大好时机，关键看我们工作怎么做。所以按十六大要求，发展中国名牌，创出世界著名品牌，我觉得当前确确实实应该满怀信心。因为我们有良好的外部环境和有利条件。

其一，党和政府已经把质量工作和创名牌提高到战略高度。不久前党中央和国务院领导有关推进名牌战略的批示为我们指明了方向，增加了动力。批示中也明确要求国家质检总局组织落实。我们将在国务院的领导下，汇同其它有关部门把这件事办成、办好。不创出一批名牌产品，我们的经济不可能持续健康的发展。

其二，随着社会主义市场经济体制的建立，全社会已经形成重视质量、重视名牌的良好氛围。各行业和各地政府纷纷制定名牌培育和发展规划，社会团体和新闻单位也都参与宣传保护名牌的工作，为企业创名牌提供了良好的环境。

第三，我国市场的供给已经从数量型开始向质量型的转变。买方市场的形成,为提高质量、争创名牌提供了内在动力。

第四，对外开放的总体格局,特别是加入世贸组织，加快了质量工作的国际接轨。国内市场国际化，使得国内企业生产的产品不出国门,就直接受国际的竞争和挑战。这是提高质量、争创名牌的外部压力。

第五，质量法制建设不断增强。1996年10月颁布的《质量振兴纲要》明确了实施名牌战略；1999年《国务院关于进一步加强产品质量工作若干问题的决定》中明确提出要“形成一批高质量、高档次的名优产品”；2000年新修改的《产品质量法》在明确各级政府在提高产品质量方面的法律责任的同时，强调指出“鼓励企业产品达到并且超过行业标准、国家标准和国际标准”；今年政府工作报告重申“提高产品质量是兴国之道，也是提高经济效益和竞争力的根本之策”，要求“加快形成主业突出、拥有自主知识产权和知名品牌、国际竞争力强的大公司、大企业集团”。可以说，我国质量工作和名牌战略的实施进入了新的发展时期。机不可失,时不我待,稍纵即逝。我们一定要抓住机遇,决不可丧失机遇。谁对这个问题认识早、谁行动早，谁主动；谁行动得晚，谁被动。对企业是这样,对一个地区一个行业也是这样，对一个国家更是这样。

三、实施名牌战略的基础在企业

名牌是企业创出来的，而不是评出来的。企业要在创名牌产品上狠下功夫，既要在“创”上下功夫，又要在保护名牌产品上奋起自卫。实施名牌战略对企业来讲，应在六项工作上进一步加强。

一是不断发展以名牌优势企业为主体，以名牌产品为龙头的企业集团。充分发挥名牌的规模效益，扩大名牌产品的市场占有率。一方面要有政府的引导和推动,更要有企业根据市场经济规律发展战略的决策。

二是围绕名牌产品组织生产经营活动。强化内部管理，积极探索管理制度和机制的创新，建立科学的企业管理体系，提高企业的整体素质。

三是一定要坚持质量第一。要牢固树立“质量第一”的观念，把质量作为企业和品牌的生命，将以质取胜的经营方针落实到生产经营的全过程。要建立健全并不断完善企业质量保证体系，大力加强标准化、计量、认证等基础工作，抓好产品售后服务，切实维护名牌产品的信誉。

四是要加快新产品的研发，不断实现技术创新。要高度重视提高名牌产品的技术含量，按国际标准和国外先进标准组织生产，赶超国际先进水平。要不断根据市场的变化，积极开拓新领域，开发新产品，以满足消费者日益增长和丰富多彩的消费需求，增强名牌产品在国内外市场的竞争力。

五是加强名牌产品的宣传力度，不断扩大名牌产品在国内外的知名度。同时，要增强品牌保护意识和自我保护能力，充分利用法律武器、运用防伪技术，发挥企业自身打击假冒伪劣的主动性。

六是加强诚信建设，强化信用意识，以真诚赢得信誉，以信誉维护品牌，让精益求精、诚信为先的民族精神在实施名牌战略中发扬光大。

四、质检部门要为企业创名牌提供良好的服务，创造良好的环境

质量监督检验检疫部门作为政府综合管理质量工作的职能部门，在促进我国质量总体水平提高和实施名牌发展战略方面负有重要责任。为了积极推进名牌战略的实施，国家质检总局组织成立了中国名牌战略推进委员会，开展了中国名牌产品的评价工作。这项工作得到了政府、企业和社会的广泛认同，有力地促进了企业管理水平和产品质量的提高。为了有效应对我国经济融入经济全球化带来的挑战，国家质检总局要求各级质检部门，以“三个代表”重要思想为指导，切实有效的推进名牌战略的实施，把发展中国名牌，争创国际名牌落到实处。各级质检部门都要配合当地政府一方面加强对企业争创名牌的宏观指导和服务，另一方面充分发挥行政执法职能，加大打击假冒伪劣、保护名牌产品的力度，为企业创名牌创造良好的外部环境。

一要主动配合当地政府制定名牌产品发展战略规划，并将规划纳入到政府的国民经济和社会发展规划，按照扶优扶强的原则，通过政策的倾斜，扶持企业争创名牌产品。一些地方政府对企业争创名牌产品的开发、技术改造、生产协调等方面给予很好的政策。比如，协调金融机构对信贷的投向、投量等方面向名牌产品进行倾斜，建立名牌产品发展扶持基金，鼓励和引导企业增强质量投入，不断实施质量改进，提高名牌产品的技术含量等。这些做法都是可以借鉴的。

二要配合当地政府制定鼓励名牌产品出口的政策。如：厦门市政府对于出口数量大的名牌产品生产企业的法定代表人给予奖励；对名牌产品参加国际展览会的展位费给予补贴；支持名牌产品走出国门，对境外加工贸易项目给予一次性的资金支持。

三要配合政府有关部门在优化企业组织结构中，引导社会资金、生产要素向名牌企业流动，实现社会化资源的优化配置。比如，以政府名义对获得名牌的企业给予表彰和奖励，扩大名牌产品的市场知名度；把名牌产品纳入政府采购目录；扶持名牌产品的生产企业建设技术中心，加大对企业技术创新的支持力度。

四要为企业争创名牌、发展名牌创造一个良好的外部环境。首先要在规范市场行为中发挥作用，全力推进符合市场要求的公平竞争机制；二是适应市场经济的要求，建立符合市场经济要求的名牌产品评价机制；三是严禁以盈利为目的的乱评比活动，切实保护名牌产品和名牌产品生产企业的合法权益，把企业争创名牌的活动同政府部门的日常质量监督工作有机结合起来，使名牌产品始终处于公平的监督之下，确保名牌产品高质量，让用户买回去放心，让消费者用起来放心。

五要加大保护名牌产品工作力度。首先是要与各部门同力合作，联合打假，继续实施打假保名优工程；第二，加大服务力度，引导和推动企业加强质量管理，完善标准、计量、认证三大体系，提高企业整体素质，增强产品竞争力。

六要把创名牌与全面提高经济运行质量和产品质量水平有机结合起来。积极推进“质量兴市”活动的开展，将推动企业争创名牌纳入政府工作范围；发展奥运经济、世博经济，把奥运经济、世博经济作为发展中国名牌，争创国际品牌的有利机会，使名牌产品起到扬帆、远航的作用。

弘扬载人航天精神，打响中国民族工业世界品牌

（现场发言记录）

中国名牌战略推进委员会主任
中国工业经济联合会名誉会长　林宗棠

匡迪会长刚才讲话很好，虽然只用了20分钟时间，把推进名牌战略的重要性给大家讲了，我非常赞成。本来我准备的书面发言就不讲了，我就讲我的几点看法。

我们是搞社会主义市场经济的，对资本主义的一套方法，只要是对我们有利的，就要充分地利用。但是我们要坚持发挥我们社会主义制度的优越性。这一点胡锦涛总书记在祝贺航天载人飞船成功发射的讲话里头很明确。我就想补充一下怎么样发挥社会主义的政治优势来推进我们名牌发展战略。

我们党的十六大报告提出来要形成一批有实力的跨国企业和著名品牌，这句话很重要。我们向党中央报告，争取各个方面参加会议的代表的支持，最后形成了这一句非常重要的话。温家宝总理最近有一个批示：自己的名牌产品和知识产权是企业增强竞争力的关键。家宝总理的这个批示是非常重要的，这是我们推进名牌战略的一个指示精神。我最近到外地去调研，有些地方还在争论什么是名牌，名牌这个含义是什么，为什么要搞名牌，有没有必要等等，还想在理论上再做一些探讨。我这个人头脑比较简单，什么叫名牌产品呢？在我的头脑里就是市场上需要的产品，市场上受欢迎的产品，市场上满意的产品。大家都喜欢你这个产品，这就是名牌产品。我们学术界可以讨论。我们推进名牌发展战略，我个人认为我们有两个目的：一个就是要中国名牌，就是刚才我讲的，我们首先要占领中国市场。我们有13亿人口，将来我们有16亿人口，首先我们要占领中国的市场，我们就要有我们中国自己的中国名牌，这是一个目的；还有一个目的，我们加入了WTO，要实现经济的全球化，那么我们就要在国际上提高我们的竞争力，就要有我们中国的世界名牌。到现在为止，中国还没有真正世界名牌。我们有神州和神箭，神箭是一个运载火箭，没有这个运载火箭不可能把飞船推上去；神州是一个飞船，这两项东西国外是绝对不可能给我们的，包括美国，包括俄罗斯，他们都绝对绝对不会给我们的。这该怎么办？就是靠我们自己的努力，自力更生，艰苦奋斗，大力协同，无私奉献。靠这样的精神，特别能吃苦，特别能战斗，特别能奉献这样一个载人飞船的精神。我们前后用了十五年的时间，从建议到上天，前后十五年时间我们成功了，100%的成功！我们当时有100个预案，结果一个预案都没有用上，我们100%的成功了！这说明我们中国人还是可以的，我们的智商并不低，我们还很勤劳乐观，只要我们有这个志气，想做这个事情，在党中央领导下发挥社会主义优越性，我们是可以做到的。过去我们原子弹就是这么干的，两弹一星也是这么干的，很多科技上的大项目都是这么干的，这回神箭、神州还是这么干的。神箭研制时，有美国朋友讲这样的事在美国至少三年半才能做出来，你们条件这么差，要一年半就做出来是根本不可能的。结果大家看看，党中央做的决定，我们集中了优势兵力，我当时是部长，我立了军令状的，18个月出来了。澳大利亚卫星我们送上天了，18个月，创造了人间奇迹。有这个火箭我们才有这个能力发射飞船。飞船有两个方案，一个方案搞现在这种飞船，一个方案就是搞美国的航天飞机，当时有不同的看法。那么，在1988年的时候我们建议还是用飞船的方案比较适合咱们中国的情况，党中央都赞成了，中央几个领导同志都赞成，我是亲自向他们汇报的。但是有很多同志认为不可能。好吧，那咱们就好好讨论。讨论了四年，到1992年还是用这个方案，从1992年开始用了11年，我们还是把它搞上去了。讨论以后大家思想一致了，发挥社会主义的优越性把它搞上去了。所以，我想我们名牌战略有两个目的，一个是中国的名牌，

一个是中国的世界名牌。加入WTO以后，我们要拥有我们中国的世界名牌，这是一个当务之急。

我们推进名牌发展战略有两项主要工作，一项就是培育，培育名牌，创造名牌；另一项就是评选名牌。两项工作，评选工作很重要。有人讲不要评选，让社会自然形成，这是一种理论。但是我个人认为评选是很重要的。你想奥林匹克，没有奥林匹克这样的竞赛就不会有世界冠军，也就不会带动人类体育运动这样的发展。所以，奥林匹克虽然是一个评选，是一个竞争，但是它带动了整个人类的健康。再说诺贝尔奖，诺贝尔奖也是一个评选，但是诺贝尔奖的评选对带动人类科学文化的进步，起了很大的作用。所以评选工作很重要。在评选中，我们一定要作到三公：公开、公平、公正。把这件事情搞好，绝对不能动摇，谁说什么我们都不动摇。但是，同志们，我们的名牌战略我认为应该把重点放在培育上，要把99.9%的力量集中在培育上。你想我们百米要拿一个世界冠军，过去9.8秒，现在可能还多一点，取得这样的成绩绝非一天二天就能作到的，那是要多少个方面的努力，一代二代，最后才出了9.8秒，才能拿到世界冠军。今天企业家都来了，你们对评选的积极性很高。都在说，我这个有优势，你尝尝我的酒好不好；我的点心很好；广告上的美女把你的品牌都带上去，这个都很好。但我认为更重要的是，要把我们的力量放在科技创新上，放在名牌培育上。这次匡迪院长担任我们经济联合会会长是一件很好的事情，刚才他作了这么好的报告，使我对前途充满信心。

创新的方式很多很多，我们推进名牌发展战略要狠抓四个创新。对我们来讲，我认为主要是四个主题：第一个，就是思维创新，没有这个思维创新，你搞不上去；第二个，是机制创新，你有这个思维，但机制不合适，那你的思维就没有办法贯彻，所以机制要创新；第三个，要明白机制创新要干什么，就是要让科技创新能够有他的用武之地。因为很多地方我们的机制约束我们科技创新，要这个没这个，要那个没有那个，要这个也不行，那个也不行，科技创新阻力很大。我们好的机制就是让科技创新能充分发挥作用，发挥它的作用，就是好的机制；第四个，科技创新最后要表现在什么地方呢？匡迪同志是工程院院长，他要选院士的，他要论文，要纸，这是非常重要的，我们国家的（英文）太少了。诺贝尔奖我们现在还没有拿到。我相信将来会有的，我们的论文很少，应该有这个论文。但是对我们工业界来讲，我认为更重要的是把科技创新，变成我们社会上需要的产品，质量好的产品。所以科技创新的成果要落实到产品创新，要有论文，将来院长给你评一个院士，你有论文很好，但是更重要的是你这个产品好不好，是不是被中国市场承认，是不是被世界市场承认。如果都认为你这个好，你才能被选为院士，光有论文不要选。

我们发展名牌战略，要提高两个内涵。大家经常讲的是科技内涵，这个产品科技内涵是多少。我们大部分产品是20世纪80年代的，甚至有的是50年代、40年代的。有的朋友讲我们科技水平落后世界水平30年，我们日本朋友更坦率说不止，是40年。就是因为我们产品的科技含量不够，这个问题是非常重要的。但是还有一个含量，就是文化含量，要提高产品的内在的文化含量。有些产品科技含量是一样的，这个领带，都是我们中国做的，科技含量是一样的，但是我们中国做的卖不到一块钱，可一贴上外国的牌子就卖到20块、30块，甚至100块钱，为什么？这就关系到文化内涵。最近，我到山东一个陶瓷厂考察。他们生产的咖啡杯子卖给美国，美国超级市场卖的咖啡杯1000多种花样都是这家华光厂做的，在当地的市场价格是7.99元，美国人喜欢，就八块钱。给我们多少钱，全部是我们的，科技含量全部是我们的，给我们2毛钱。我们假设不上他的销售网，价钱就卖不上去。所以同样的一个科技含量的产品，没有文化含量，包括刚才的品牌的价值，这个都属于文化含量，你这个名牌产品的价格是上不去的。好比我最近到珠海钢琴厂，他们介绍现在世界最好的钢琴生产厂是雅马哈。日本有一个文化现象，就是日本人生了女孩子，当父母的一定要给她买一台雅马哈，你不买这一台雅马哈父母对不起这个女儿，人家也看不起这个父母。老朋友到你家不是看你的女儿，而是去看这个雅马哈了，这个雅马哈变成了一个问题。当然我们中国不可能这么做，但是这个文化含量的确很重要。所以我极力主张，在推进科技创新的同时要加大文化含量，这样才能真正把这个名牌产品做上去。

我们推进名牌发展战略，还要实施两项科学工程：一项是系统科学工程，这个是非常重要的。我搞过一些工程，实际上都是一种系统工程，我们搞名牌，每一个名牌都是一个系统工程，方方面面都要做到，不是简单的这么弄一下就上去了，这是一项系统工作，是科学。还有一个，这个是我建议的，就是要实施智慧科学工程，要充分发挥人的智慧。科学工程，不要搞机械唯物论，外国人说不能做，我们就不能做，外国人有这个条件，我们没有这个条件就不能做，就像这次的载人飞船，

只要我们充分发挥中国人的智慧，没有条件创造条件上，这个也上去了。所以我们中国有自己的优越性，我们如果按照外国人的条件，我们什么事情也做不上去。比如说小平同志在20世纪80年代抓正负电子对撞机，这个是世界科学前沿的，我们根本没有条件做，但是小平同志抓，政道同志帮助我们做，把美国五大国家实验室的所长都请来做我们顾问，结果经过四年的努力成功了，而且达到当时的世界先进水平。这个就是我们运用智慧的东西，充分发挥人的智慧，另外我们把物质的潜力、物质的客观可用性，充分调动了。人的智慧，人的主观能动性充分调动了，这样有一些大家认为不可能的事情，我们也可以搞成功。所以我觉得现在中国推行名牌发展战略，是一个系统工程，上海搞了两个工程，把韩国打败了、把日本打败了、把德国打败了。现在德国人要购置港口机械就跑到上海来，美国五大港口要的东西也到我们上海买，欧洲的阿姆斯特丹都到我们这里来买，现在我们的港口机械已经是世界第一了。谁说我们没有世界名牌，只是我们没有宣扬而已。

再一个我们要推进名牌发展战略，就要充分发挥社会主义的政治优势，要选准目标、找出差距、制定措施、抓紧落实，要抓住主要矛盾，集中力量打歼灭战。这是毛主席的观点，这是我们之所以打败日本侵略、打败蒋介石的一个主要战术思想，在我们技术界和工程界也是同样适用的。最近锦涛总书记提出来“局部的跃升带动全面”，这个思路是毛主席的思想的集成和发展。我们的经济实力从全面看是落后的，但是具有局部优势。如果在局部选择一个目标，实现局部的跃升，就可以最终带动全面的提高。我们名牌战略也要用这个思想做。我们推进名牌发展战略，要坚持充分发挥三加三的优势。什么是三加三呢？这个是江总书记过去提的，就是把我们市场优势、人力优势、产业比较全的优势，和发达国家的技术优势、管理优势和资金优势结合起来，然后选择一个对我们来讲比较有优势的产业，或者产品，然后发挥我们社会主义制度的优越性，抓住主要矛盾，集中力量打歼灭战。我非常赞成江总书记这个思路，它非常符合我们中国的实际情况。

我们推进名牌发展战略，要把质量当作最重要问题来抓。质量是最重要的问题，这是小平同志20世纪80年代提出的。质量为纲，诚信为本，我们产品的科技含量要高，文化含量要高，管理的素质要高，服务的质量要高。我们要讲诚信，什么是诚信，最重要的诚信就是你要确保我们的用户

能够得到质量好的产品，能够得到性能价格比高的产品。我们要千方百计满足用户的需要，处处为用户的利益着想，事事为用户的方便行事，这个是很重要的，不能糊弄，不能搞假宣传。我们推进名牌发展战略还有一个很重要的思路，就是四个“一代”的思想，这是过去我们上一届的会长吕东同志抓航天工业的时候提出来的。四个一代是什么意思，就是生产一代、研制一代、预言一代、构思一代。构思一代就是十年二十年技术怎么发展要有一个构思。不能拿这个卖完就完，那个肯定没有前途，要生产一代，研制一代，预言一代，构思一代。要有一个长远的思想，要敢于加大资金的投入。一个企业能不能成功，要看这个公司的老板有没有魄力加大研究开发的投入。一般的企业没有5%的销售总额投进去，像电子行业没有10%投进去你是不可能创造名牌的。西门子的投入是14%，这样才能保证西门子在世界竞争市场上的位置。我到深圳华为公司，这个企业很好的，资产达300亿。它投资多少，10%，我说还可以，你要有力量加一点也可以。我告诫这家企业的老板要有战略眼光，要舍得加大研究开发的投入，产品要不断的创新，要早早领先、步步领先、代代领先，永远立于不败之地。我们要调动一切可以团结的力量，要像抗击“非典”那样，要万众一心，众志成城，要不断地攀登，去夺取胜利。要我担任名推委的主任，别的事情我做不了，我愿意给同志们服务。名牌战略推进工作已经搞了三年了，我希望用十年的时间创造一千个左右中国名牌！匡进同志讲了首先要把中国名牌搞出来，能不能每年一百个，我们连续不懈地搞十年，搞一千个左右叫得响的中国名牌。然后在这个基础上，我们能不能设想在十年之内我们把科学技术创新和我们的名牌培育结合起来，创造十个左右的中国的世界名牌，就是一百个中国名牌里头产生一个世界名牌。有没有可能，我认为是有可能的。虽然我可能看不到了，但是我相信一定有中国的世界名牌，可能不止十个走向世界，以此为我们全面建设小康社会，为我们中华民族的伟大复兴做出我们应有的贡献。

在"市场·品牌·奥运"国际论坛上的讲话

国家质量监督检验检疫总局副局长 王秦平
中国名牌战略推进委员会副主任

尊敬的徐匡迪副主席，尊敬的林宗棠老领导，尊敬的各位来宾、同志们、朋友们：

今天中国名牌战略推进成果展览会"市场·品牌·奥运"国际论坛在北京开幕，请允许我代表主办单位和国家质检总局对论坛的召开表示热烈祝贺，向在座的各位来宾和朋友们表示热烈欢迎！

本次论坛是中国名牌战略推进成果展览会的重要活动，全国政协副主席徐匡迪同志也将作重要的报告，发表重要的意见。北京奥组委的领导、前悉尼奥组委的专家、国内外有关专家学者和企业家，将就奥运市场开发与品牌发展、创建国际品牌、品牌与可持续发展、品牌经营战略等问题作出专题发言。

本次论坛主题是"市场·品牌·奥运"，这是一个很重要的题目，借此机会我结合自己的工作和认识讲几点体会。

1、实施名牌战略是我国经济发展的战略选择。十六大提出我国要形成一批有实力的跨国企业和著名品牌，这是具有战略意义的决策和部署。改革开放以来，

我国相当一部分的产品产量位居世界前列，但是产品质量、品牌信誉方面还存在不少问题。我国产品的综合竞争力还不够强，特别是世界公认和具有竞争力的品牌很少。实施名牌战略，发展中国名牌，争创世界名牌，已成为我们经济建设中一项很迫切的任务。

发展中国的名牌产品是全面建设小康社会的需要。名牌产品不仅对企业竞争力有重要的意义，对一个地区、一个社会和一个国家的发展有着重要的影响。实施名牌战略和国民经济的发展有紧密的联系，中国要实现全面建设小康社会的目标，必须有参与世界竞争的名牌产品。在全面建设小康中发展自己的名牌和产品，争创世界名牌，不仅是增强我国企业和产品竞争力的需要，而且是满足人们日益增长的物质、文化需求的要求。因此，名牌问题是经济发展的一个战略问题。

发展中国的名牌产品是建设经济市场、社会体制的需要。名牌产品不仅对资源合理导向有作用，也有引导规范市场的示范作用。

发展中国名牌产品是适应经济全球化，参与国际竞争的需要。邓小平同志早就指出："我们应该有自己的拳头产品，创造出我们中国自己的名牌，否则要受人欺负"。我国加入世贸组织以后，国内市场逐步和国际市场接轨。在这个国际化的竞争中，我们能否占据有利的地位，关键看我们是不是有一批较强竞争力的、世界级的拳头产品。目前，我国已经形成一批比较有名的品牌，但规模都还不够大，市场占有率还不够高。因此，当前在调整经济结构，调整产业结构中，需要我们有一批能带动经济发展的名牌产品和企业龙头组建名牌企业品牌，形成一批中国名牌企业的巨人。

2、争创名牌产品企业，企业是关键。企业是实施名牌的主体，名牌产品是企业在长期的市场竞争中创造出来的。因此，企业要在创名牌产品上狠下功夫。要牢固树立质量第一的观念，把质量作

为企业和品牌的生命，把经营方针落实到生产全过程，切实维护产品的信誉。

3、要围绕名牌产品来组织生产经营活动，强化内部管理，积极探索管理制度和机制的创新，建立科学的质量管理体系，提高企业的整体素质。

4、要加快新产品的研发，不断地创新。要高度重视提高名牌产品的技术含量，按照国内标准和国际先进标准进行开发。我们要积极开发新产品，开拓新领域，以满足消费者日益增长和丰富多彩的消费要求。

5、加大品牌的宣传力度，不断扩大品牌的知名度，增强品牌保护意识和自我保护能力，充分利用经济、法律武器和各种技术手段发挥企业自身打击假冒伪劣的主动性。

6、加强诚信建设，强化信誉意识。以诚信赢得信誉，以信誉维护品牌，让精益求精在实施名牌战略中发扬光大。

7、政府要为企业创名牌提供良好的服务，创造公平的环境，政府部门对提高产品质量和实施名牌发展战略负有重要的责任。以“三个代表”重要思想为代表，按照依法行政的要求，切实有效地履行职责，推行名牌的实施。把发展名牌，争创国际名牌落到实处。制定名牌发展规划和鼓励政策，按照原则加强对企业的宏观指导和服务。鼓励和引导企业增强质量投入，不断实施质量改进，提高企业的管理水平和产品的技术含量。争创名牌产品，还要在产业产品调节中加大对企业技术创新能力的支持，引导社会资金、生产要素向名牌企业流动，实现社会化资源的优化配置，促进名牌企业做大做强。

8、要为企业发展名牌创造一个良好的外部环境，规范市场的经济秩序，建立市场要求的公平竞争机制，严厉打击假冒伪劣，严禁以赢利为目的的乱评比活动，加大保护品牌产品的力度，保护名

牌产品的合法权益。开展中国名牌产品工作三年来，我们积累了一定的经验，为今后的工作打下了很好的基础。在这里我想强调的是，中国名牌战略进一步推进工作一定要继续坚持以市场为基础，以企业为主体，政府积极推动引导监督，以用户满意度为宗旨的总体推进机制。名牌产品的评价一定要坚持企业自愿申请，科学、公正、公平、公开的原则。我代表国家质检总局再次重申，中国名牌产品评价工作要始终坚持三步：不搞终身制，不向企业收取任何费用，不增加企业负担。严格按照有关规定程序秉公办事，让企业放心，让全国人民放心。

最后我预祝本次论坛取得圆满成功，谢谢大家！

加强政策引导 运用市场机制
着重品牌培育
积极推进名牌战略实施

国家质量监督检验检疫总局质量司司长　于献忠
中国名牌战略推进委员会秘书长

名牌战略在国民经济和社会发展中到底处于什么样的地位？作为政府质量工作的主管部门如何更好地推进我国名牌战略的实施？下面从三个方面进行回答。

一、实施名牌战略是我国质量工作的一项重要战略选择

1996年国务院颁布的《质量振兴纲要》（以下简称《纲要》）明确提出，质量问题是经济发展中的一个战略问题，质量水平的高低是一个国家经济、科技、教育和管理水平的综合反映，已成为影响国民经济和对外贸易发展的重要因素之一。因此，《纲要》提出了质量振兴的主要目标，就是经过5至15年的努力，从根本上提高我国主要产业的整体素质，使我们国家的产品质量、工程质量、服务质量跃上一个新台阶。为了实现这一奋斗目标，《纲要》还明确提出："实施名牌发展战略，振兴民族工业。鼓励企业生产优质产品，支持有条件的企业创立名牌产品。国家制订名牌发展战略，鼓励企业实行跨地区、跨行业联合，争创具有较强国际竞争能力的国际名牌产品"。

1998年国务院政府机构改革时，原国家技术监督局改名为国家质量技术监督局，宏观质量管理职能转入国家质量技术监督局，"推进名牌战略"明确地写进了国家质量技术监督局的"三定"方案。

2001年3月经九届人大四次会议批准的《中华人民共和国国民经济和社会发展第十个五年计划纲要》提出，要"通过上市、兼并、联合、重组等形式，形成一批拥有著名品牌和自主知识产权、主业突出、核心能力强的大公司和企业集团，提高产业集中度和产品开发能力。"

2001年4月份，党中央、国务院决定将原国家质量技术监督局和原国家出入境检验检疫局合并，成立国家质量监督检验检疫总局。国务院的"三定"方案重申国家质检总局对全国的质量管理工作进行宏观管理和指导，组织实施《质量振兴纲要》，推进"名牌战略"的实施。

2001年7月，朱镕基同志和国务院其他领导同志到国家质检总局机关视察工作时，要求国家质检总局要特别注意培育名牌意识。

江泽民同志在2002年11月召开的中国共产党第十六次全国代表大会上的工作报告中多次提到质量问题，并强调指出要"鼓励和支持有比较优势的各种所有制企业对外投资，带动商品和劳务出口，形成一批有实力的跨国企业和著名品牌"。

朱镕基同志在2003年3月向全国十届人大一次会议所作的政府工作报告中明确提出，要"加快形成主业突出、拥有自主知识产权和知名品牌、国际竞争力强的大公司大企业集团"，"培育和支持国内优势品牌，提高国际竞争力。"

2003年4月，温家宝总理也明确指出："自己的名牌产品和知识产权是企业增强市场竞争力的关键。"

回顾历史，我们可以非常强烈地感觉到，在党和国家领导人一系列重要讲话中，在党中央和国务院的重要文件里，之所以非常强调实施名牌战略，是因为实施名牌战略确实是一个关系到提高我们国家综合国力和国家竞争力的重要战略问题，而不是一时一地的权宜之计，也不是一个人、个别人一时的心血来潮，确实是把实施名牌战略作为我们适应市场经济发展需要，应对入世之后我们面临的国内国际经济竞争形势所采取的重要战略选择。

二、积极推进名牌战略的重要意义

为什么要积极推进名牌战略的实施呢？概括起来，这是我们应对市场竞争、规范市场经济秩序、有效抑制假冒伪劣和促进经济健康发展的需要。

首先是应对市场竞争的需要。随着我国社会主义市场经济体制的建立和完善，市场机制、市场竞争的作用日益明显，如何应对市场竞争已成为我们迫切解决而且必须解决的重要问题。入世之后，这个问题显得更加突出。一个国家，有没有名牌产品，有没有竞争力强的优势企业，以及拥有名牌产品和优势企业的数量，是衡量这个国家经济发展是否具有竞争能力的重要标志，也是这个国家经济运行质量高低的综合反应。

现在一提到飞机，大家就会想到美国的波音和欧洲的空客，他们在民用飞机市场上很有实力。

一提到汽车，我们就会想到美国的福特，德国的奔驰，日本的本田和丰田。还有饮食业的肯德基，9000多家餐厅遍布世界各地；麦当劳在120个国家和地区拥有将近3万家分店。所有这些国家，他们之所以能够在国际竞争中立于不败之地，或者是占据重要地位，在很大程度上得益于他们拥有一大批国际知名品牌。综观发达国家的发展，我们可以发现，哪个国家的知名品牌多，哪个国家的竞争优势就明显，竞争力也就越强。

尽管前几年我们已经在这方面进行了不懈的努力，积极推进名牌战略的实施，虽然客观上也已经形成了一些不满足于国内市场，立志于国际市场竞争的企业和产品，虽然我国的产品也可以在世界市场上经常看到、买到，但是，实事求是地说，我们国家成规模的企业、在世界叫得响的产品还太少，特别是高科技企业和产品就更少。我们国家现在的几百家重点企业，销售收入总和加起来也只相当于世界500强前两名的和。

我们要在新世纪实现中华民族的伟大复兴，怎么能满足于长时间做别人的小伙计，长时间做国外强势企业的加工厂呢？做加工是必要的，在我们经济发展过程中，加工也是一个必须经历的阶段，但是，这不是我们的目的和初衷。我们应该通过有效的办法，采取切实的措施，通过名牌战略的实施，不断形成我们的强势企业和产品，有效应对国际、国内的市场竞争。

党的十六大强调，经济建设要“实现速度和结构、质量、效益相统一”，走新型工业化道路必须注重“改善经济增长质量和效益”。质量水平低，甚至假冒伪劣泛滥，必将导致我国经济的畸形发展，"没有质量就没有效益，放任假冒伪劣国家就没有希望"。所以，在我们的经济发展战略中，必须把推进实施质量发展战略放在重要位置；在质量发展战略里面，又要着重实施名牌发展战略，使我们有限的资源，有限的人力、物力和财力，真正集中起来，形成上规模的强势企业和名牌产品，有效应对市场竞争。

其次是规范市场经济秩序的需要。近年来，国家有关部门采取了很多切实措施，对市场经济秩序进行规范，国务院还专门成立了整顿市场经济秩序领导小组。针对质量领域各种名牌评比屡禁不止、严重扰乱企业正常竞争的行为，国务院、国家质检总局多次发文对社会上各种名目的名牌乱评比活动进行制止。国家质检总局还多次对一些在地方进行名牌评比的非法活动予以揭露。但社会上一些中介机构不规范的名牌评价活动依然存在。这些中介机构评价出的所谓名牌产品，往往并不是行业的排头兵，而是谁给钱，就授予谁名牌称号，就给谁发牌子。这些以营利为目的的评价活动，普遍缺乏科学性、公正性和权威性，严重干扰了企业创名牌活动、严重影响了企业在市场中的公平竞争、加重了企业的负担，对广大消费者也形成了误导，同时，也严重影响了公平竞争的市场秩序。在这种形势下，迫切需要我们实施名牌战略，开正门，堵邪门，正本清源，规范市场竞争秩序。因此，实施名牌战略成为政府质量工作主管部门从履行自己的基本职能出发，规范市场经济秩序所采取的重要举措。

第三是抑制假冒伪劣的需要。现在，假冒伪劣还比较严重，甚至到了泛滥的地步。这不是危言耸听。事实上，不管我们每一个人处在什么工作岗位上，都会遭受假冒伪劣的侵害。在市场经济形成之初，在资本原始积累的初期，一定时期的粗放经营，一定程度的假冒伪劣，似乎不可避免。但是，作为政府的管理者，我们绝不可忽视和放弃对这种不规范行为的严格规范。我们的政府部门，应该采取积极有效的措施，使作为竞争主体的企业意识到，政府不会让这样一个不规范阶段和不规范的现象延续很久，更不会任其泛滥，政府会采取切实的办法，尽量缩短这个阶段，加速市场的规范化进程。

加入世贸组织之后，我们要和国际惯例接轨，就必须按国际通行的原则办事。作为一个负责任的政府，作为一个讲信誉的国家，我们决不能坐视假冒伪劣长期泛滥，从历史发展看，任何假冒伪劣都必将是短命的，没有生命力的。

随着我国市场经济的发展和对外开放的扩大，政府的一项重要职责就是要为消费者创造放心满意的消费环境，为企业创造公平竞争的市场环境，为投资者创造平等、安全的投资环境，要让规范经营的企业感觉不到政府的存在，要让那些制假售假的不法分子处处感觉到政府的存在。要培育消费市场，有效引导消费，要向社会、向消费者负责。基于这种考虑，我们扶植、培育、宣传名牌产品，告诉全社会、告诉消费者什么是好的，以此抵制假冒伪劣，就是非常自然的了。

第四是我国经济健康发展的需要。当前，我国经济发展过程中，还存在诸多问题，而实施名牌发展战略，则是对国民经济健康快速发展的有效促进。近年来名牌战略实施的实践也证明了这一点。通过实施名牌战略，形成了一批比较大的企业集团，提高了我国企业的竞争力；名牌产品的生产企业吸引了大量的优良资产，优化了资源配置，促进了产品结构、产业结构的调整；通过公布名牌产品，提供了真实可靠的供求信号，起到了为消费者购物提供放心满意的消费环境的作用，并且有效刺激、拉动了消费需求，从而提高了我国经济运行的质量，促进了我国经济的健康发展。

三、如何把握基本的政策原则、有效推进名牌战略的实施

近几年，国家质检总局非常重视名牌战略的实施工作。2001 年 6 月份下发了《中国名牌产品评价管理办法（试行）》，同年 12 月份，又以总局令的形式颁布了《中国名牌产品管理办法》。依据这个《办法》，2001 年在 10 种产品领域内开展了 2001 年中国名牌产品的评价试点工作，评出了首批 45 家企业生产的 57 个中国名牌产品。2002 年在 21 类产品中评价确认了 120 家企业生产的 123 个中国名牌产品。2003 年经过广泛调研和论证，在 26 类产品中进行了评价工作，确定 138 家企业生产的 142 个品牌的 153 种产品为中国名牌产品。从评价过程和评价结果看，社会各方面的反映给予了一致肯定。大家的共识是名牌战略的推进应坚持下去，并表示大力支持。各方面感受到，如果我们在市场行为不规范的条件下，任由那些不规范评比泛滥，企业将无所适从，老百姓更不知道如何去选择好的产品。但同时也认为一定不要把名牌这项事业搞砸了，要坚持公正性、科学性、公开性，不要增加企业负担。针对社会所关注的问题，结合国家质检总局颁布的总局令，下面从六个方面予以阐述。

一是要建立一个有效的评价机制。建立一个什么样的评价机制，直接关系到名牌事业的成败。总局令明确提出要建立一个以市场评价为基础，以企业自身为主体，以政府积极引导、推动、监督为保证，以用户满意为宗旨的总体推进机制。这四句话展现了一种非常有机的相互结合、全面推进的态势。它强调以市场评价基础，政府要引导企业加强自律，要把握好职能定位，把用户满意作为我们质量工作所追求的目标。这是从适应我国市场经济发展需要提出来的，也是一个有效的总体推进机制。

二是要坚持公认的评价原则。首先必须是企业自愿，中国名牌产品评价是市场行为，不是政府的强制行为，企业不愿意参与，谁也无权强迫；其次，应该坚持科学、公平、公正、公开，而不是受个别人、几个人的操纵，是科学评价的结果而不是个别人的意见所使；三是不增加企业负担，不收费，国家质检总局领导曾多次强调,开展中国品牌产品的评价是国家质检总局从履行自己的基本职能出发推行的一项事业，不管是质检总局，还是我们各省（自治区、直辖市）的质量技术监督部门，从开始受理中国名牌产品的申请，到省一级乃至国家级的评价，到评价结果的公布，到最终拿到中国名牌产品的奖牌和证书，我们一分钱不收。国家质检总局党组领导三令五申，中国名牌产品评价工作，一定要坚持"三不"，即不收费，不增加企业负担，还有一个不搞终身制，一点都不能含糊。

中国名牌产品的评价工作，不但不会增加企业负担，而且还要让企业享受到相关的减负政策。总局令明确规定，中国品牌产品免检。只要获得了中国品牌产品称号，就免除政府的各种监督抽查，就是要让获得中国名牌产品称号的企业，不再花监督抽查的费用。总局令还明确规定，符合出口免检条件的，依法优先予以免检。此外，《中国名牌产品管理办法》还规定，中国名牌产品标志是质量标志，冒用质量标志就会受到查处。这对名牌产品生产企业将会是一种有效保护。

三是要把握统一的评价条件。具备什么条件才能申请，达不到什么水平就不能申请，这在总局令里面说得非常清楚，非常具体。其中包括必须符合产业政策；必须有运行有效的质量保证体系；而且产品必须达到国际标准，或者是国外的先进标准；市场占有率也是重要条件。评价条件是客观公正地进行评价的基础。

四是设置科学的评价指标。在征求各方面意见的基础上，我们设计了一个比较科学的评价指标体系，包括四个方面，一是市场评价，二是质量评价，三是效益评价，四是发展评价。市场评价包括市场占有率如何？出口创汇水平如何？用户满意程度如何？质量评价要看产品本身的质量水平，是否达到国际同类产品的先进水平，在国内同类产品中是否居领先地位；考察申报产品的质量水平，还要看企业的质量保证体系。效益评价主要考察企业实现利税水平，工业成本费用利税率和总资产贡献率，体现了以提高经济效益为中心的指导思想。发展评价主要看企业的发展后劲，看企业是不是有足够的投入，企业的研发能力如何？技术进步如何？企业是否拥有核心技术。评价指标将会向拥有自主知识产权和核心技术的产品和企业适当倾斜，以鼓励企业的技术创新。

五是要遵循严格的评价程序。按照总局令的规定，国家质检总局每年一季度向社会公布中国名牌产品的评价范围以及受理申请的开始和截止日期，企业在自愿的基础上到本省（自治区、直辖市）质量技术监督部门申报，各省（自治区、直辖市）质量技术监督部门在规定的期限内，组织本省（自治区、直辖市）有关部门和行业对企业申报材料的真实性进行审查，根据审查结果，形成推荐意见报中国名牌战略推进委员会秘书处，秘书处汇总全国的企业申请，组织行业和有关的社会团体对申请材料进行初审，形成初审意见，并分送各专业委员会依据评价细则进行评审，各专业委员会根据评价结果向中国名牌战略推进委员会提出中国名牌产品的建议名单，这个建议名单经中国名牌战略推进委员会全体会议讨论确定后，限期公示征求社会意见，公示结束以后，中国名牌战略推进委员会再次召开全体会议，最终确定中国名牌产品名单。为了保证评价工作的客观公正，中国名牌战略推进委员会每年根据工作需要，任命若干名专家组成专业委员会，评价工作结束以后，各专业委员会自动解散。这就从组织体制上、运行机制上保证了评价工作不会出现总是几个常委说了算的局面。

六是要加强对取得中国名牌产品荣誉称号之后的监督管理。中国名牌产品的评价工作不搞终身制。对于已经取得中国名牌产品称号的，如果消费者的投诉比较多，企业发生重大质量事故，或者企业的质量保证体系运行出现重大问题，经过调查属实，国家质检总局将取消企业已经取得的中国名牌产品称号。我们这样做的目的在于引导、监督企业自律，引导企业在获得中国名牌产品称号以后仍要加强管理。通过这种引导和监督，真正让老百姓放心消费，同时也让企业感到政府确实在为企业办实事。

国家积极推进名牌发展战略的初衷在于引导和规范市场行为，促进我国经济的健康、快速发展。而作为市场竞争主体、作为名牌战略实施主体的企业，应该树立一种主体意识和自强不息的观念。要充分运用当前市场经济不断发展的机遇，强化质量管理，抓住机遇推进产品创新，真正把功夫花在企业内部。通过不懈的努力和长时间的品牌培育，促进企业品牌的成长和壮大，不要急于求成，更不要指望一蹴而就。企业不要为评价而评价，评价只是推进名牌战略的一个载体，其目的在于引导企业真正树立名牌意识，严格内部管理，不断进行技术创新，不断提高产品的市场竞争力以有效应对市场竞争，尽快走向世界。

让我们团结一致，共同努力，为中国名牌战略的实施，为更多的中国名牌产品能够在市场竞争中成长壮大并真正处于不败之地，做出我们的积极贡献。

CHINA TOP BRAND

PRODUCTS YEARBOOK

中
国

第三部分

文件汇编

中华人民共和国
国家质量监督检验检疫总局令

第12号

《中国名牌产品管理办法》已经2001年12月29日国家质量监督检验检疫总局局务会审议通过，现予发布施行。2001年6月18日国家质量监督检验检疫总局发布的《中国名牌产品评价管理办法（试行）》同时废止。

局 长：李长江

二〇〇一年十二月二十九日

中国名牌产品管理办法

第一章 总 则

第一条 为推进名牌战略的实施，加强中国名牌产品的监督管理，规范中国名牌产品的评价，推动企业实施名牌战略，引导和支持企业创名牌，指导和督促企业提高质量水平，增强我国产品的市场竞争力，根据《中华人民共和国产品质量法》、国务院颁布的《质量振兴纲要》和国务院赋予国家质量监督检验检疫总局（以下简称“国家质检总局”）的职能，制定本办法。

第二条 本办法所称中国名牌产品是指实物质量达到国际同类产品先进水平、在国内同类产品中处于领先地位、市场占有率和知名度居行业前列、用户满意程度高、具有较强市场竞争力的产品。

第三条 中国名牌产品评价工作建立以市场评价为基础，以社会中介机构为主体，以政府积极推动、引导、监督为保证，以用户（顾客）满意为宗旨的总体推进机制。

第四条 中国名牌产品评价工作坚持企业自愿申请，科学、公正、公平、公开，不搞终身制，不向企业收费，不增加企业负担的原则。

第二章 组织管理

第五条 国家质检总局负责制定中国名牌产品推进工作的目标、原则、计划、任务和范围，对中国名牌战略推进委员会的工作进行监督和管理，并依法对创中国名牌产品成绩突出的生产企业予以表彰。

第六条 国家质检总局授权中国名牌战略推进委员会统一组织实施中国名牌产品的评价工作，并推进中国名牌产品的宣传、培育工作。

中国名牌战略推进委员会是由有关全国性社团组织、政府有关部门、部分新闻单位以及有关方面专家组成的非常设机构。中国名牌战略推进委员会秘书处设在国家质检总

局质量管理司，负责中国名牌战略推进委员会的组织、协调及日常管理工作。

第七条 中国名牌战略推进委员会每年根据工作需要，聘任有关方面专家组成若干专业委员会，各专业委员会在中国名牌战略推进委员会的组织下，根据产品类别分别提出中国名牌产品评价实施细则和方案，进行具体评价工作。评价工作结束后，各专业委员会自动解散。

第八条 各省（自治区、直辖市）质量技术监督部门在本行政区域内负责中国名牌产品的申报和推荐工作，并组织实施对中国名牌产品的监督管理。

第三章 申请条件

第九条 申请中国名牌产品称号，应具备下列条件:

（一）符合国家有关法律法规和产业政策的规定；

（二）实物质量在同类产品中处于国内领先地位，并达到国际先进水平；市场占有率、出口创汇率、品牌知名度居国内同类产品前列；

（三）年销售额、实现利税、工业成本费用利润率、总资产贡献率居本行业前列；

（四）企业具有先进可靠的生产技术条件和技术装备，技术创新、产品开发能力居行业前列；

（五）产品按照采用国际标准或国外先进标准的我国标准组织生产；

（六）企业具有完善的计量检测体系和计量保证能力；

（七）企业质量管理体系健全并有效运行，未出现重大质量责任事故；

（八）企业具有完善的售后服务体系，顾客满意程度高。

第十条 凡有下列情况之一者，不能申请“中国名牌产品”称号：

（一）使用国（境）外商标的；

（二）列入生产许可证、强制性产品认证及计量器具制造许可证等管理范围的产品而未获证的；

（三）在近三年内，有被省（直辖市、自治区）级以上质量监督抽查判为不合格经历的；

（四）在近三年内，出口商品检验有不合格经历的；或者出现出口产品遭到国外索赔的；

（五）近三年内发生质量、安全事故，或者有重大质量投诉经查证属实的；

（六）有其他严重违反法律法规行为的。

第四章 评价指标

第十一条 建立以市场评价、质量评价、效益评价和发展评价为主要评价内容的评价指标体系。

第十二条 市场评价主要评价申报产品的市场占有水平、用户满意水平和出口创汇水平；质量评价主要评价申报产品的实物质量水平和申报企业的质量管理体系；效益评价主要对申报企业实现利税、工业成本费用利润水平和总资产贡献水平等方面进行评价；发展评价主要评价申报企业的技术开发水平和企业规模水平，评价指标向拥有自主知识产权和核心技术的产品适当倾斜。

第十三条 不同产品评价细则的制定、综合评价中评分标准的确定、不同评价指标权数的分配、不能直接量化指标的评价方法、评价中复杂因素的简化以及综合评价结果的确定等，均由中国名牌战略推进委员会确定。

第五章 评价程序

第十四条 中国名牌产品评价工作每年进行一次。每年一季度由中国名牌战略推进委员会公布开展中国名牌产品评价工作的产品目录及受理中国名牌产品申请的开始和截至日期。

第十五条 企业在自愿的基础上如实填写《中国名牌产品申请表》（另行制定）、提供有关证明材料，并按规定日期报本省（自治区、直辖市）质量技术监督局。

第十六条 各省（自治区、直辖市）质量技术监督局在规定的期限内组织本省（自治区、直辖市）有关部门及有关社会团体对申请企业是否符合申报条件、企业申报内容是否属实等有关方面提出评价意见，并形成推荐意见，统一报送中国名牌战略推进委员会秘书处。

第十七条 中国名牌战略推进委员会秘书处汇总各地方推荐材料后，组织有关部门和社会团体对企业的申报材料进行初审，确定初审名单，并将初审名单及其申请材料分送相应的专业委员会。

第十八条 各专业委员会按照评价细则对申请产品进行综合评价，形成评价报告，并据此向中国名牌战略推进委员会秘书处提交本专业的中国名牌产品建议名单。

第十九条 中国名牌战略推进委员会秘书处将各专业委员会提出的建议名单汇总分析后，提交全体委员会审议确定初选名单。

第二十条 中国名牌战略推进委员会将全体委员会审议确定的初选名单通过新闻媒体向社会公示并在一定限期内征求社会意见。

第二十一条 经过广泛征求意见确定的名单再次提交中国名牌战略推进委员会全体会议审议、确定并公布。

第二十二条 以国家质检总局的名义授予“中国名牌产品”称号，颁发中国名牌产品证书及奖牌。

第六章 监督管理

第二十三条 中国名牌产品证书的有效期为三年。在有效期内，企业可以在获得中国名牌产品称号的产品及其包装、装潢、说明书、广告宣传以及有关材料中使用统一规定的中国名牌产品标志，并注明有效期间。法律法规另有规定的除外。

第二十四条 中国名牌产品在有效期内，免于各级政府部门的质量监督检查。对符合出口免检有关规定的，依法优先予以免检。

第二十五条 中国名牌产品在有效期内，列入打击假冒、保护名优活动的范围；中国名牌产品生产企业应配合执法部门作好产品真假鉴别工作。

第二十六条 对已经获得中国名牌产品称号的产品，如产品质量发生较大波动，消费者（用户）反映强烈，出口产品遭国外索赔，企业发生重大质量事故，企业的质量保证体系运行出现重大问题等，国家质检总局可以暂停或者撤销该产品的中国名牌产品称号。

第二十七条 中国名牌产品标志是质量标志。中国名牌产品称号、标志只能使用在被认定型号、规格的产品上，不得扩大使用范围。未获得中国名牌产品称号的产品，不得冒用中国名牌产品标志；被暂停或撤销中国名牌产品称号的产品、超过有效期未重新申请或重新申请未获通过的产品，不得继续使用中国名牌产品标志；禁止转让、伪造中国名牌产品标志及其特有的或者与其近似的标志。违者按《中华人民共和国产品质量法》对冒用质量标志的规定进行处理。

第二十八条 参与中国名牌产品评价工作的有关机构和人员，要保守企业的商业和技术秘密，保护知识产权；严以律己、公正廉洁，要严格按照有关规定、程序进行评价。对于违反规定的单位或者个人，将取消其评价工作资格。凡因滥用职权、玩忽职守、徇私舞弊，未构成犯罪的，由其所在的工作单位给予行政处分；构成犯罪的，依法追究刑事责任。

第二十九条 申请企业及有关机构所提供的数据应当真实，严禁弄虚作假。对于采取不正当方法获取中国名牌产品称号者，将予以取消，并通报批评，三年内不再受理该企业的中国名牌产品申请。

第三十条 各省（自治区、直辖市）质量技术监督部门负责本行政区域内名牌战略的推进工作，可以按照本办法规定的原则，协助政府制定相应的管理办法并组织实施。

除按本办法规定的名牌产品评价工作外，其他组织和个人不得进行名牌产品评价活动。

第七章 附 则

第三十一条 中国名牌产品标志管理办法另行制定。

第三十二条 本办法由国家质检总局负责解释。

第三十三条 本办法自发布之日起施行，2001年国家质检总局发布的《中国名牌产品评价管理办法（试行）》（国质检[2001]32号）同时废止。

关于印发《中国名牌产品标志管理办法》的通知

国质检质〔2002〕37号

各省、自治区、直辖市及计划单列市、新疆生产建设兵团质量技术监督局，中国名牌战略推进委员会各委员单位：

为了推进名牌战略的实施，进一步规范中国名牌产品标志使用的管理，总局根据《中国名牌产品管理办法》的有关规定，制定了《中国名牌产品标志管理办法》。现印发给你们，请遵照执行。

附件：《中国名牌产品标志管理办法》

二〇〇二年二月二十六日

主题词：名牌 标志 办法 通知

抄 送：各直属检验检疫局，国家工商行政管理总局，认监委，标准委

国家质检总局办公厅2002年3月4日印发

中国名牌产品标志管理办法

第一章 总 则

第一条 为了推进名牌战略的实施，统一规范中国名牌产品标志的使用管理，维护中国名牌产品信誉，保护消费者合法权益，根据《中国名牌产品管理办法》，制定本办法。

第二条 中国名牌产品标志适用于《中国名牌产品管理办法》规定的获得中国名牌产品称号的产品。中国名牌产品标志是质量标志。

第三条 获得中国名牌产品称号的产品在有效期内，可以在其包装、装潢、说明书、广告宣传以及有关材料中使用统一规定的中国名牌产品标志，并注明有效期。

第二章 标志及标志使用

第四条 中国名牌产品标志由标准图形（含标准字体）及标准色（三色）构成，共有二种三色标志供企业选用。中国名牌产品标志及标准色、中国名牌产品标志尺寸、中国名牌产品标志标准字体见附件1、附件2、附件3。

第五条 获中国名牌产品称号的生产企业可自行负责制作、印刷在其包装、装潢、说明书、广告宣传以及有关材料中使用的中国名牌产品标志。

第六条 企业使用中国名牌产品标志，图形必须准确，并根据规定的式样，按比例放大或缩小，不得更改图形的比例关系和色相。

第七条 中国名牌产品标志，一般应印刷在白色或浅色物体上，其底色不得影响标志的标准色相，不得透叠其他色彩和图案。企业在选用标志时，推荐使用第一种中国名牌产品三色标志。

第八条 中国名牌战略推进委员会统一制作、印刷和管理具有防伪功能的中国名牌产品标志，供中国名牌产品生产企业选用，并收取制作成本费。

第三章 标志的监督管理

第九条 国家质量监督检验检疫总局对中国名牌产品标志的使用实施监督管理。各地质量技术监督部门负责对所辖区域内中国名牌产品标志的使用实施监督管理。

第十条 中国名牌产品标志只能使用在与获得中国名牌产品称号相一致的产品规格、型号或品种上，不得扩大使用范围。

第十一条 中国名牌产品应在有效期满的当年第二季度，重新申请复评中国名牌产品并获得通过，方能继续使用中国名牌产品标志。

第十二条 在有效期内使用中国名牌产品标志的产品，免于各级政府部门的质量监督检查。

第十三条 对已获得中国名牌产品称号的产品发生以下情形之一的，国家质量监督检验检疫总局将暂停直至撤销该产品的中国名牌产品称号。

1．产品质量发生较大波动；

2．消费者（用户）负面反映强烈；

3．企业发生重大质量事故；

4．出口产品因质量问题遭到国外预警通报。

暂停期间或撤销称号的产品，停止使用中国名牌产品标志。

第十四条 未获得中国名牌产品称号的产品，不得冒用中国名牌产品标志；被暂停或撤销中国名牌产品称号的产品、超过有效期未重新申请或重新申请未获通过的产品，不得继续使用中国名牌产品标志；禁止转让、伪造中国名牌产品标志及其特有的或者与其近似的标志。违者按《中华人民共和国产品质量法》冒用质量标志的规定进行处理。

第四章 附 则

第十五条 本办法由国家质量监督检验检疫总局负责解释。

第十六条 本办法自发布之日起实施。

附件1：中国名牌产品标志样式及标准色

颜色
Y100+M100 PANTONE 485C
C100+M85 PANTONE 288C
B40 PANTONE 429C

三色标志1

颜色
Y100+M100 PANTONE 485C
C100+M85 PANTONE 288C
B40 PANTONE 429C

三色标志2

附件2：中国名牌产品标志尺寸

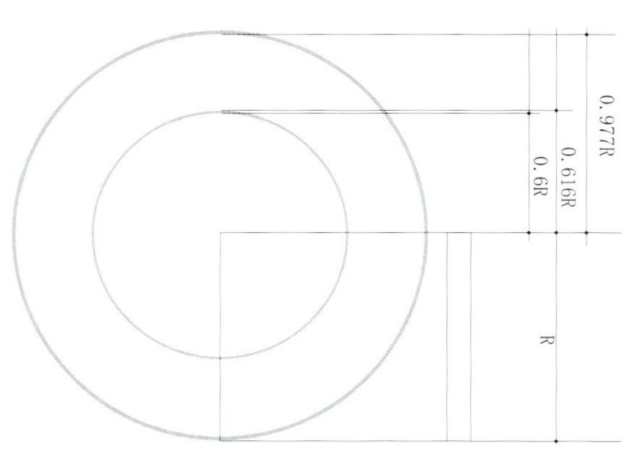

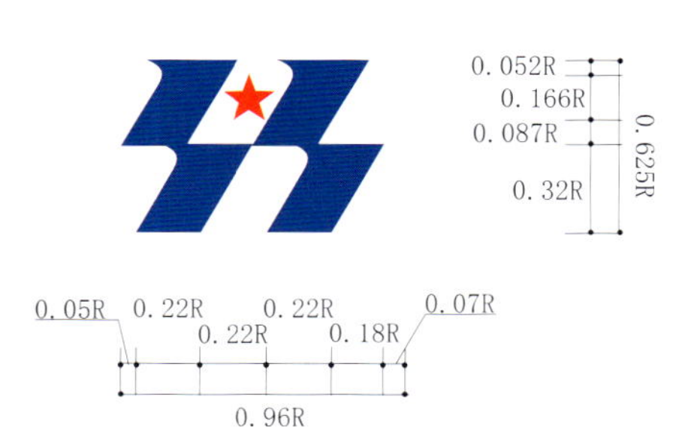

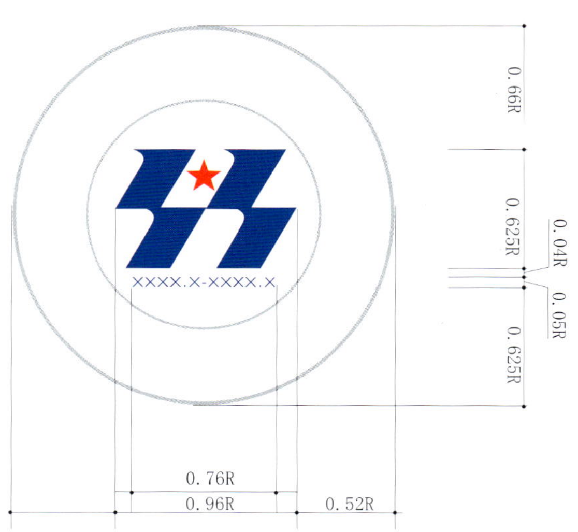

附件3：中国名牌产品标志标准字体

中国名牌
CHINA TOP BRAND

中文标准字体（可供直接复制
用或使用字体文鼎CS中黑简）
英文标准字体（可供直接复制
用或使用字体Book Antiqua）

关于调整中国名牌战略推进委员会组成人员的通知

国质检质[2004]342号

国务院有关部门，各省、自治区、直辖市、计划单列市及新疆生产建设兵团质量技术监督局，各直属检验检疫局，国家认监委、国家标准委、有关社会团体，有关新闻媒体：

为推进名牌战略的实施，规范中国名牌产品的评价，引导和支持企业创名牌，指导和督促企业提高质量水平，增强我国产品的市场竞争力，根据《中华人民共和国产品质量法》、国务院颁布的《质量振兴纲要》和国家质量监督检验检疫总局的职能，经与有关部门和有关方面协商，我局决定对中国名牌战略推进委员会组成人员进行适当调整和增补。调整后的中国名牌战略推进委员会的组成如下：

一、顾问

徐匡迪 全国政协副主席、中国工业经济联合会会长

万国权 全国政协原副主席

袁宝华 原国家经委副主任

二、主任

林宗棠 中国工业经济联合会名誉会长

三、副主任

王秦平 国家质检总局党组副书记、副局长

陈邦柱 中国质量协会会长

欧新黔 国家发改委副主任

杜金陵 中国工业经济联合会常务副会长

孙树义 中国企业联合会副会长

艾　丰　经济日报原总编

李保国　中国质量检验协会会长

四、委员

于献忠　国家质检总局质量管理司司长

张　莉　国家发改委经济运行局巡视员

申茂向　科技部发展计划司巡视员

马恒儒　国防科工委科技与质量司副司长

吴明山　公安部治安管理局副局长

吴　钢　财政部行政政法司副司长

徐　波　建设部工程质量安全监督与行业发展司副司长

陈伯施　铁道部科学技术司副司长

朱有亮　交通部体改法规司助理巡视员

韩　俊　信息产业部科技司副司长

陈明忠　水利部国际合作与科技司副司长

张延秋　农业部市场与经济信息司副司长

梁树和　商务部对外贸易司副司长

徐　淮　国务院国资委规划发展局副局长

陈全生　国务院研究室工交司司长

王永水　海关总署政策法规司副司长

范　坚　国家税务总局征收管理司副司长

刘卫军　国家认监委认证监管部主任

石保权　国家标准委副主任

陈尚芹　中国环境保护产业协会副会长

刘万明　中国民航总局规划发展财务司副司长

李宗达　国家广电总局总编室副主任

郑泽云　国家体育总局体育器材装备中心副主任

丁延生　国家统计局贸易外经司巡视员

李东升 国家林业局科技司巡视员

赵恒林 国家食品药品监督管理局办公室助理巡视员

马维野 国家知识产权局协调管理司司长

何　力 国家旅游局政策法规司助理巡视员

王彦亭 国家烟草专卖局科技教育司司长

张荣林 国家邮政局公众服务部主任

贺兴东 国家中医药管理局科教司司长

唐瑞明 国家粮食局标准质量中心副主任

杨学桐 中国机械工业联合会常务副秘书长

周竹叶 中国石油和化学工业协会副秘书长

杨　立 中国轻工业联合会副秘书长

杨东辉 中国纺织工业协会副会长

王恭敏 中国有色金属工业协会副会长

管炳春 中国钢铁工业协会质量标准化工作委员会副主任

邹传胜 中国建筑材料工业协会副会长

荣剑英 中国工业经济联合会副秘书长

马　林 中国质量协会秘书长

潘承烈 中国企业管理科学基金会副会长

陈万民 中国质量检验协会秘书长

马林聪 中国标准化协会秘书长

肖世光 中国计量协会秘书长

李迎丰 中国质量万里行促进会秘书长

徐　炽　中国消费者协会秘书长助理

蒋衡杰　中国服装协会常务副会长

霍杜芳　中国家用电器协会理事长

王　薇　中国食品工业协会副秘书长

孙凤民　中国宝玉石协会秘书长

王瑞元　中国粮食行业协会副会长

徐华锋　中国保健协会副秘书长

弋　辉　中国丝绸协会会长

皮树义　人民日报经济部副主任

彭树杰　新华社副总编辑

李　挺　中央电视台新闻中心主任

袁正明　中央电视台广告经济信息中心主任

王宴青　中央人民广播电台副总编辑

郭　晓　经济日报科教部主任

张凤山　中国质量报社社长

李新实　中国国门时报社社长

陈坚发　名牌时报社社长

五、秘书长、副秘书长

秘书长：于献忠　国家质检总局质量管理司司长

常务副秘书长：荣剑英　中国工业经济联合会副秘书长

特此通知。

二OO四年八月三日

国家质量监督检验检疫总局文件

国质检质[2003]273号

国家质量监督检验检疫总局 关于表彰2003年 中国名牌产品生产企业的决定

各省、自治区、直辖市质量技术监督局、国务院有关部门：

为了推动中国名牌战略的实施，鼓励企业争创具有较强竞争能力的世界名牌产品，形成一批有实力的跨国企业和著名品牌，根据《中国名牌产品管理办法》的规定，国家质检总局授权中国名牌战略推进委员会组织有关方面专家在钢琴、化妆品（洗发水、护发素、护肤霜、花露水）、照明器具（紧凑型荧光灯、室内灯具）、工业缝纫机、冰箱压缩机、电热毯、晴雨伞、饮料（瓶装饮用水、植物蛋白饮料）、速冻主食品（饺子、汤圆）、调味品（酱油、食醋）、男西服套装、羊毛衫、彩棉纱、精纺呢绒、毛巾系列、建筑及卫生陶瓷、电度表、水表、低压电器（塑料外壳式断路器、万能式断路器）、溴化锂吸收式冷（热）水机组、万向节、移动通信手持机、激光视盘机、纯碱、润滑油（内燃机用）、高浓度磷复肥等26类产品中，开展了中国名牌产品的评价工作。经企业自愿申请，有关专家严格评审，中国名牌战略推进委员会确认了138家企业生产的142个品牌的产品为2003年中国名牌产品。

为了宣传中国名牌产品，弘扬中国名牌产品生产企业追求卓越质量的经验和事迹，进一步推进我国名牌发展战略的实施，根据《中华人民共和国产品质量法》和《国务院关于进一步加强产品质量工作若干问题的决定》的规定，国家质检总局决定在全国范围内对获得2003年中国名牌产品称号的138家企业通报表彰(名单见附件)。

希望受到表彰的企业再接再厉，珍惜名牌荣誉，在市场竞争中不断创新，努力拥有自己的核心技术和自主知识产权，积极参与国际经济技术合作和竞争，全面提高企业质量管理和产品质量水平，争创中国的世界品牌产品，从而为其他企业树立追求卓越质量的典范，有效促进国民经济的发展。全国广大企业要以这些先进企业为榜样，学习他们坚持以质取胜，扎扎实实狠抓企业产品质量的做法和先进的质量管理经验，学习他们重视技术进步，锐意创新的精神，学习他们积极参与国际竞争、振兴民族工业的事迹，为全面贯彻落实党的十六大精神，形成一批有实力的跨国企业和著名品牌，增强我国的综合经济实力，实现全面建设小康社会的宏伟目标而共同奋斗！

二OO三年八月二十八日

附 件

2003年中国名牌产品生产企业名单

（按产品注册商标笔划排序）

1.北京星海乐器有限责任公司	25.杭州天堂伞业集团有限公司
2.广州珠江钢琴集团有限公司	26.晋江恒顺洋伞有限公司
3.湖北丝宝股份有限公司	27.乐百氏（广东）食品饮料有限公司
4.上海华银日用品有限公司	28.杭州娃哈哈集团有限公司
5.北京大宝化妆品有限公司	29.吉林森工集团泉阳泉饮品有限公司
6.天津郁美净集团有限公司	30.青岛崂山矿泉水有限公司
7.上海家化联合股份有限公司	31.深圳达能益力泉饮品有限公司
8.厦门通士达照明有限公司	32.椰树集团有限公司
9.浙江阳光集团股份有限公司	33.农夫山泉股份有限公司
10.广州市九佛电器有限公司	34.厦门银鹭集团有限公司
11.江苏鸿联集团有限公司	35.厦门惠尔康集团有限公司
12.上工股份有限公司	36.露露集团有限责任公司
13.飞跃集团有限公司	37.郑州三全食品股份有限公司
14.中捷缝纫机股份有限公司	38.上海国福龙凤食品股份有限公司
15.宝石缝纫机实业公司	39. 祐康食品集团有限公司
16.西安标准工业股份有限公司	40.河南思念食品股份有限公司
17.加西贝拉压缩机有限公司	41.科迪食品集团股份有限公司
18.黄石东贝电器股份有限公司	42.广东美味鲜调味食品有限公司
19.江苏白雪电器股份有限公司	43.李锦记（新会）食品有限公司
20.广州万宝集团有限公司	44.开平味事达调味品有限公司
21.景德镇华意电器总公司	45.北京王致和食品集团有限公司
22.上海小绵羊电器有限公司	46.佛山市海天调味食品有限公司
23.成都彩虹电器（集团）股份有限公司	47.广东省食品进出口集团公司
24.青岛市琴岛电器有限公司	48.天津市天立独流老醋股份有限公司

附件

2003年中国名牌产品生产企业名单

49.山西水塔老陈醋股份有限公司	72.山东南山实业股份有限公司
50.山西老陈醋集团有限公司	73.湖北迈亚股份有限公司
51.四川保宁醋有限公司	74.海澜集团公司
52.江苏恒顺醋业股份有限公司	75.无锡协新集团有限公司
53.报喜鸟集团有限公司	76.山东济宁如意毛纺织股份有限公司
54.法派集团有限公司	77.江苏阳光集团有限公司
55.江苏虎豹集团有限公司	78.富润集团有限公司
56.庄吉集团有限公司	79.浙江双灯家纺有限公司
57.宁波培罗成集团有限公司	80.山东亚光纺织集团有限公司
58.罗蒙集团股份有限公司	81.孚日家纺股份有限公司
59.福建柒牌集团有限公司	82.浙江洁丽雅毛巾有限公司
60.大杨集团有限责任公司	83.青岛喜盈门集团公司
61.雅戈尔集团股份有限公司	84.福建龙岩喜鹊纺织有限公司
62.红豆集团有限公司	85.广东唯美陶瓷有限公司
63.上海杉杉服装有限公司	86.广东东鹏陶瓷股份有限公司
64.耶莉娅集团	87.上海福祥陶瓷有限公司
65.美特斯邦威集团有限公司	88.南海市金舵陶瓷有限公司
66.浙江珍贝有限公司	89.广东新明珠陶瓷有限公司
67.新疆天山毛纺织股份有限公司	90.佛山钻石陶瓷有限公司
68.恒源祥（集团）有限公司	91.上海斯米克建筑陶瓷股份有限公司
69.上海春竹企业发展有限公司	92.广东新中源陶瓷有限公司
70.南京海尔曼斯集团有限公司	93.广东蒙娜丽莎陶瓷有限公司
71.新疆中国彩棉股份有限公司	94.佛山石湾鹰牌陶瓷有限公司

附件

2003年中国名牌产品生产企业名单

95.重庆四维瓷业（集团）股份有限公司	118.万利达集团有限公司
96.唐山惠达陶瓷（集团）股份有限公司	119.四川长虹电器股份有限公司
97.德力西集团有限公司	120.深圳先科企业集团
98.宁波三星科技股份有限公司	121.广东步步高电子工业有限公司
99.正泰集团公司	122.东莞市金正数码科技有限公司
100.华立集团有限公司	123.江苏新科电子集团有限公司
101.河南金雀电气股份有限公司	124.唐山三友化工股份有限公司
102.哈尔滨电表仪器股份有限公司	125.大化集团有限责任公司
103.宁波水表股份有限公司	126.中国石化集团南京化学工业有限公司连云港碱厂
104.天正集团有限公司	127.天津渤海化工有限责任公司天津碱厂
105.常熟开关制造有限公司(原常熟开关厂)	128.湖北双环科技股份有限公司
106.上海电器股份有限公司人民电器厂	129.青岛碱业股份有限公司
107.江苏双良空调设备股份有限公司	130.山东海化股份有限公司
108.远大空调有限公司	131.自贡鸿鹤化工（集团）有限责任公司
109.万向集团公司	132.中国石油天然气股份有限公司大连润滑油厂
110.夏新电子股份有限公司	133.中国石油天然气股份有限公司大庆润滑油一厂
111.宁波波导股份有限公司	134.中国石化长城润滑油集团有限公司
112.海尔集团公司	135.中国石油天然气股份有限公司兰州润滑油厂
113.TCL 集团股份有限公司	136.中国石油化工股份有限公司上海高桥分公司炼油厂
114.熊猫电子集团有限公司	137.天脊煤化工集团有限公司
115.海信集团有限公司	138.贵州宏福实业开发有限总公司
116.深圳市中兴通讯股份有限公司	
117.上海广电（集团）有限公司	

CHINA TOP BRAND

PRODUCTS YEARBOOK

中

国

第四部分

名牌战略推进活动

表彰大会盛况

2003年中国名牌暨质量兴市表彰大会主席台

2003年中国名牌获奖企业在颁奖台上

宣读2003年中国名牌产品名单

2003年中国名牌暨质量兴市表彰大会会场一角

2003年中国名牌暨质量兴市表彰大会预备会会场

获奖企业凯旋而归

表彰大会盛况

万国权(右 1)林宗棠(右 2)蒲长城(右 3)为获奖企业颁奖

李长江在表彰大会上发表重要讲话

李长江(左 1)蒲长城(左 2)王凤清(左 3)为获奖企业颁奖

林宗棠在表彰大会上致辞

蒲长城主持表彰大会

2003 年中国名牌暨质量兴市表彰大会会场

中国名牌战略推进成果展览会活动剪影

中国名牌战略推进成果展览会展馆外景

中国名牌战略推进成果展览会开幕式盛况

林宗堂宣布中国名牌战略推进成果展览会开幕

王秦平在中国名牌战略推进成果展览会开幕式致辞

中国名牌战略推进成果展览会会标

中国名牌战略推进成果展览会综合馆

中国名牌战略推进成果展览会活动剪影

中国名牌产品展示风采

宋平(左 2)徐匡迪(左 1)李长江(右 2)

徐匡迪(右 2)李长江(左 2)在轻工展厅

顾秀莲(右 1)李传翔(左 1)在听取参展企业汇报

林宗堂(左 3)荣剑英(左 2)与参展企业亲切交谈

陈邦柱(右 1)等领导同志参观中国名牌成果展

中国名牌战略推进成果展览会活动剪影

王秦平(右 2)在听取山东省名牌汇报

于献忠(左 2)陪同张思卿(左 3)参观名牌产品

外宾参观中国名牌成果展

外宾参观中国名牌成果展

群众参观展览现场

群众参观展览现场

中国名牌战略推进成果展览会活动剪影

中国名牌产品展示现场一角

广东省名牌

浙江省名牌

山东省名牌

江苏省名牌

上海市名牌

中国名牌战略推进成果展览会活动剪影

福建省名牌

河南省名牌

安徽省名牌

黑龙江省名牌

辽宁省名牌

江西省名牌

中国名牌战略推进成果展览会活动剪影

徐匡迪(左)与王秦平(右)在
"市场 · 品牌 · 奥运" 国际论坛会会场亲切交谈

中国名牌战略推进成果展览会
"市场 · 品牌 · 奥运" 国际论坛会场(一)

徐匡迪(左 5)林宗堂(左 6)王秦平(左 4)在
"市场 · 品牌 · 奥运" 国际论坛会场(二)

中国名牌战略推进成果展览会
"市场 · 品牌 · 奥运" 国际论坛会场(三)

第十一届中国质量论坛主席台

CHINA TOP BRAND

PRODUCTS YEARBOOK

中

国

第五部分

中国名牌产品

2003年中国名牌产品名单（按注册商标笔划为序）

编号	产品名称	注册商标	企业名称
001	钢琴	星海	北京星海乐器有限责任公司
		珠江	广州珠江钢琴集团有限公司
002	化妆品 洗发水	舒蕾	湖北丝宝股份有限公司
	化妆品 护发素	蜂花	上海华银日用品有限公司
	化妆品 护肤霜 非儿童类	大宝	北京大宝化妆品有限公司
	化妆品 护肤霜 儿童类	郁美净	天津郁美净集团有限公司
	化妆品 花露水	六神	上海家化联合股份有限公司
003	照明灯具 紧凑型荧光灯	TOPSTAR 通士达	厦门通士达照明有限公司
	照明灯具 紧凑型荧光灯	阳光	浙江阳光集团股份有限公司
	照明灯具 室内灯具	JIUFO 九佛	广州市九佛电器有限公司
	照明灯具 室内灯具	红联	江苏鸿联集团有限公司
004	工业缝纫机	上工	上工股份有限公司
		飞跃 FEIYUE	飞跃集团有限公司
		中捷 ZOJE	中捷缝纫机股份有限公司
		宝石 GEMSY	宝石缝纫机实业公司
		标准	西安标准工业股份有限公司
005	冰箱压缩机	Jiaxipera	加西贝拉压缩机有限公司
		东贝	黄石东贝电器股份有限公司
		白雪（BX）	江苏白雪电器股份有限公司
		华意	景德镇华意电器总公司
		HUAGUANG	广州万宝集团有限公司

编号	产品名称			注册商标	企业名称
006	电热毯			小绵羊	上海小绵羊电器有限公司
				彩虹	成都彩虹电器（集团）股份有限公司
				琴岛	青岛市琴岛电器有限公司
007	晴雨伞			天堂	杭州天堂伞业集团有限公司
				梅花	晋江恒顺洋伞有限公司
008	饮料	瓶装饮用水	纯净水	乐百氏	乐百氏（广东）食品饮料有限公司
				娃哈哈	杭州娃哈哈集团有限公司
			矿泉水	泉阳泉	吉林森工集团泉阳泉饮品有限公司
				崂山 LAOSHAN	崂山矿泉水有限公司
				益力	深圳达能益力泉饮品有限公司
				椰树	椰树集团有限公司
			其他水	农夫山泉	农夫山泉股份有限公司
		植物蛋白饮料	花生牛奶	银鹭	厦门银鹭集团有限公司
			椰子汁	椰树	椰树集团有限公司
			杏仁露	露露	露露集团有限责任公司
			牛奶花生		厦门惠尔康集团有限公司
009	速冻主食品		饺子、汤圆	三全	郑州三全食品股份有限公司
				龙凤	上海国福龙凤食品股份有限公司
				祐康	祐康食品集团有限公司
				思念	河南思念食品股份有限公司
			汤圆	科迪	科迪食品集团股份有限公司

编号	产品名称		注册商标	企业名称
010	调味品	酱油	岐江桥牌	广东美味鲜调味食品有限公司
			李锦记	李锦记（新会）食品有限公司
			味事达	开平味事达调味品有限公司
			金狮牌	北京王致和食品集团有限公司
			海天	佛山市海天调味食品有限公司
			珠江桥牌	广东省食品进出口集团公司
		食醋	天立	天津市天立独流老醋股份有限公司
			水塔牌	山西水塔老陈醋股份有限公司
			东湖	山西老陈醋集团有限公司
			龙门牌	北京王致和食品集团有限公司
			保宁	四川保宁醋有限公司
			恒顺	江苏恒顺集团有限公司
011	男西服套装		Baoxiniao 报喜鸟	报喜鸟集团有限公司
			FAPAI 法派	法派集团有限公司
			HUBAO 虎豹	江苏虎豹集团有限公司
			JUDGER 庄吉	庄吉集团有限公司
			PROGEN 培罗成	宁波培罗成集团有限公司
			ROMEN 罗蒙	罗蒙集团股份有限公司
			SEVEN 柒牌	福建柒牌集团有限公司
			TRANDS 创世	大杨集团有限责任公司
			YOUNGOR 雅戈尔	雅戈尔集团股份有限公司
			红豆 HONGDOU	红豆集团有限公司
			杉杉 FIRS	中国杉杉集团有限公司
			耶莉娅	耶莉娅集团

编号	产品名称	注册商标	企业名称
012	羊毛衫	Meters/bonwe 美特斯·邦威	美特斯邦威集团有限公司
		ZB 珍贝	浙江珍贝有限公司
		天山 GTS	新疆天山毛纺织股份有限公司
		恒源祥牌	恒源祥（集团）有限公司
		春竹	上海春竹企业发展有限公司
		海尔曼斯	南京海尔曼斯集团有限公司
013	精纺呢绒	NANSHAN(南山)牌	山东南山实业股份有限公司
		仙桃	湖北迈亚股份有限公司
		圣凯诺	海澜集团公司
		协新	无锡协新集团有限公司
		如意	山东济宁如意毛纺织股份有限公司
		阳光	江苏阳光集团有限公司
		富润	富润集团有限公司
014	彩棉纱	天彩	新疆中国彩棉股份有限公司
015	毛巾系列	双灯	浙江双灯家纺有限公司
		亚光	山东亚光纺织集团
		孚日	孚日家纺股份有限公司
		洁丽雅	浙江洁丽雅毛巾有限公司
		喜盈门	青岛喜盈门集团公司
		喜鹊	福建龙岩喜鹊纺织有限公司

编号	产品名称		注册商标	企业名称
016	建筑及卫生陶瓷	建筑陶瓷	马可波罗	广东唯美陶瓷有限公司
			东鹏	广东东鹏陶瓷股份有限公司
			亚细亚	上海福祥陶瓷有限公司
			金舵	金舵陶瓷有限公司
			冠珠	广东新明珠陶瓷有限公司
			钻石	佛山钻石陶瓷有限公司
			斯米克	上海斯米克建筑陶瓷股份有限公司
			新中源	广东新中源陶瓷有限公司
			蒙娜丽莎	广东蒙娜丽莎陶瓷有限公司
			鹰牌	佛山石湾鹰牌陶瓷有限公司
		卫生陶瓷	SWELL 四维	重庆四维瓷业(集团)股份有限公司
			惠达	唐山惠达陶瓷（集团）股份有限公司
017	电度表		DELIXI 德力西	德力西集团有限公司
			三星	宁波三星科技股份有限公司
			正泰	正泰集团公司
			华立 HOLLEY	华立集团有限公司
			金雀	河南金雀电气股份有限公司
			哈仪	哈尔滨电表仪器股份有限公司
018	水表		宁波 NB	宁波水表股份有限公司

编号	产品名称		注册商标	企业名称
019	低压电器	塑料外壳式断路器	DELIXI 德力西	德力西集团有限公司
			天正牌TENGEN	天正集团有限公司
			日月牌	常熟开关制造有限公司(常熟开关厂)
			正泰	正泰集团公司
		万能式断路器	DELIXI 德力西	德力西集团有限公司
			上联	上海电器股份有限公司人民电器厂
			日月牌	常熟开关制造有限公司(常熟开关厂)
			正泰	正泰集团公司
020	溴化锂吸收式冷(热)水机组		双良	江苏双良空调设备股份有限公司
			远大	远大空调有限公司
021	万向节		钱潮 QC	万向集团公司
022	移动通讯手持机	GSM	Amoi	夏新电子股份有限公司
			BIRD	宁波波导股份有限公司
			Haier 海尔	海尔集团公司
			TCL	TCL 集团股份有限公司
			熊猫	熊猫电子集团有限公司
		CDMA	Haier 海尔	海尔集团公司
			Hisense 海信	海信集团有限公司
			ZTE	深圳市中兴通讯股份有限公司

编号	产品名称	注册商标	企业名称
023	激光视盘机	Amoi	厦门厦新电子股份有限公司
		SVA	上海广电（集团）有限公司
		万利达 malata	万利达集团有限公司
		长虹	四川长虹电器股份有限公司
		先科 SAST	深圳市先科企业集团
		步步高	广东步步高电子工业有限公司
		金正 NINTAUS	东莞市金正数码科技有限公司
		新科 Shinco	江苏新科电子集团有限公司
024	纯碱	三友	唐山三友碱业(集团)有限公司
		工联	大化集团有限责任公司
		长江三角	中国石化集团南京化学工业有限公司连云港碱厂
		红三角	天津渤海化工有限责任公司天津碱厂
		红双环	湖北双环科技股份有限公司
		自力	青岛碱业股份有限公司
		鸢都	山东海化股份有限公司
		鹤	自贡鸿鹤化工（集团）有限责任公司
025	润滑油（内燃机用）	七星	中国石油天然气股份有限公司大连润滑油厂
		大庆	中国石油天然气股份有限公司大庆润滑油一厂
		长城	中国石化长城润滑油集团有限公司
		兰炼飞天	中国石油天然气股份有限公司兰州润滑油厂
		海牌	中国石化长城润滑油集团有限公司

编号	产品名称		注册商标	企业名称
026	高浓度磷复肥	硝酸磷肥	天脊	天脊煤化工集团有限公司
		磷酸二铵	宏福	贵州宏福实业开发有限总公司
合计	26		147	139

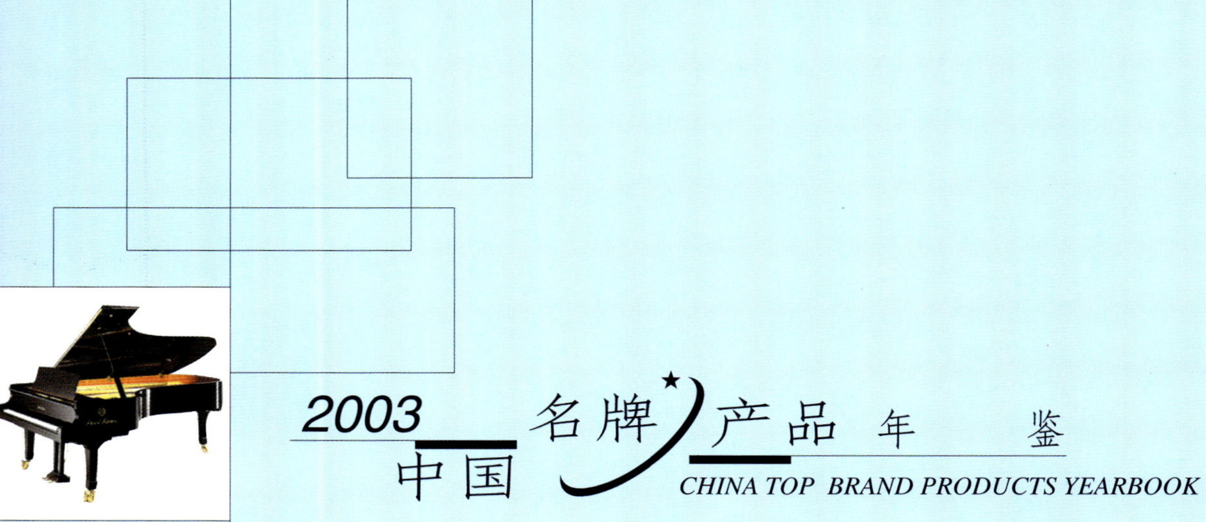
2003
中国 名牌 产品 年 鉴
CHINA TOP BRAND PRODUCTS YEARBOOK

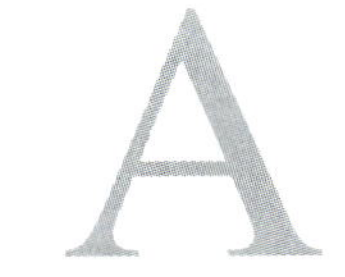

钢 琴

钢琴行业概况

2003年我国乐器行业取得了持续稳定健康的发展。全国乐器行业总产值超过150亿元人民币，出口创汇6.09亿美元，比2002年增长21.8%。其中钢琴产量达到34.35万架，包括三角钢琴2.47万架，立式钢琴31.9万架，分别比2002年增长55.24%和13.9%，出口创汇0.63亿美元，与2002年基本持平。

2003年获得中国名牌称号的广州珠江钢琴集团公司和北京星海乐器有限责任公司，经过全厂干部职工团结奋斗，克服了非典给企业生产、经营和出口带来的各种困难，仍然取得了较好的业绩。其中广州珠江钢琴公司2003年实现销售收入7.46亿元，利税总额1.58亿元，钢琴年产7.36万架，出口1.39万架，继续保持世界单产钢琴量最大的企业和全国乐器行业龙头企业的地位。此外，该公司继2002年在美国开设珠江钢琴美国分公司并取得良好的业绩后，又于2003年经商务部批准开设了珠江钢琴欧洲分公司，为珠江钢琴进一步开拓欧洲市场创造条件。

北京星海乐器有限责任公司2003年实现销售收入3.31亿元，利税总额3300万元，钢琴年产4.06万架，出口1.04万架，均保持了2002的水平并略有增长。特别是该公司在2003年内除了完成预定的生产经营目标外，还全面完成了该公司星海园区建设的关键工程——三角琴车间的建设和投产工作，使该公司三角琴生产实现了跨越式发展，预计2004年三角琴产量将达到3000～4000架，为进一步满足国内外三角琴需求打下了坚实的基础。

据国家统计局资料，2000～2003年我国百户城镇居民家庭钢琴拥有率分别为1.26%、1.33%、1.76%，预计2003年将达到2.00%左右。尽管如此，与发达国家10%～20%相比，我国居民家庭钢琴普及率仍有较大的发展空间。另一方面，随着我国人民生活水平的提高，以及我国乐器工业快速发展，特别是进入21世纪后，中国已经成为世界乐器的制造基地，不仅日本、韩国、美国等世界乐器（包括钢琴）制造跨国公司纷纷到中国建厂，与此同时，国内众多不同规模和水平的钢琴厂也纷纷兴起。因此，近年内，中国的钢琴制造业竞争将更加激化，中国的钢琴市场将形成在竞争中求发展的局面。

北京星海乐器有限责任公司
星海牌钢琴

北京星海乐器有限责任公司
Beijing XINGHAI Musical Instruments Co., Ltd.

北京星海乐器有限责任公司的前身-北京乐器厂始建于1949年6月1日，是新中国第一家乐器厂。

如今，北京星海乐器有限责任公司已经成为国内乐器行业中规模最大，技术设备最强，品种系列最全，科工贸一体化的国有大型企业。具有年产5万台钢琴的生产能力，每年销售西管乐器5万支，民族乐器6万件。各种型号，不同档次的提琴、手风琴、电声乐器，打击乐器以及乐器配件和音响器材成龙配套。全部"星海"牌产品远销世界68个国家和地区，是全国乐器出口创汇的主要基地。

1998年星海钢琴率先在全国同行业中通过了ISO9002国际质量认证，星海西管乐器也随后顺利地获准通过了此项认证。2001年星海乐器公司核心企业——北京钢琴厂又率先在全国同行业中取得了ISO14001国际环保认证。

多层次、宽领域的技术合作，使星海乐器公司与日本合作生产的"卡瓦依"钢琴供不应求，与日本罗兰公司合作开发的数码钢琴和电声乐器前景广阔，与台湾和香港合作生产的西管乐器以及三角钢琴也取得了可喜的成果。

在跨世纪发展战略中，星海乐器公司率先在同行业中以创造乐器园区形式集中优化配置资源。星海乐器有限责任公司将以工业园区为依托，满怀信心地迎接经济挑战，实现星海事业持续、快速、健康的发展。

The predecessor of Beijing XINGHAI Musical Instruments Co., Ltd. was Beijing Piano Factory founded on June 1, 1949, which was the first musical manufactory in China. At present, Beijing XINGHAI Musical Instruments Co., Ltd. is a large-sized all-around state-owned enterprise, which concentrates on industry, trade, science and technology. In domestic musical industry, it is the largest musical manufactory; its technology and device are the most advanced; and its product variety is also the all-roundest. Now Beijing XINGHAI Musical Instruments Co., Ltd. has the ability to produce and sell more than 50000 pianos, 50000 wind instruments and 60000 Chinese folk instruments per year. The model and level for the violin, the accordion, the electro acoustical instrument, the percussion instrument, the parts and the acoustics sounder are all-round and one-stop line. All of the XINGHAI products are exported to 68 countries and regions in the world. Now Beijing XINGHAI Musical Instruments Co., Ltd. is the main base for exporting and absorbing foreign exchange in national musical industry.

XINGHAI piano firstly passed the ISO9002 International Quality Certification System in Sep. 1998 in the domestic musical instruments, later XINGHAI wind instruments also get the ISO9002 International Quality Certification System. In 2001, the hardcore enterprise of Beijing XINGHAI Musical Instruments Co., Ltd. ----Beijing Piano Factory is also the first one passed the ISO14001 International Environment Management System Certification.

Multi-layer and wide-field technology cooperation makes the XINGHAI piano out of stock through its cooperation with Japan Kawai Company, the best future for the digital piano and the electro acoustical instrument that cooperated and developed with Japan Roland Company, the best achievement for the wind instruments and the grand pianos through its cooperation with Taiwan and Hong Kong.

广州珠江钢琴集团有限公司
珠江牌钢琴

广州珠江钢琴集团有限公司 Guangzhou Pearl River Piano Group Ltd.

广州珠江钢琴集团有限公司是一家由市政府授权经营国有资产、生产中西乐器及乐器配件的国有独资大型企业，也是世界最大的钢琴制造商。1993年起实施名牌战略，通过建立现代企业制度，强化战略管理，采取引进西方（主要是德国）技术与引进东方（主要是日本）管理相结合的"双引进"模式，推动技术与管理创新；坚持高薪用外籍人才与国内专业人才并举、培养新秀人才与挽留老骨干人才并举、争夺现实人才与争夺潜在人才并举的"三个并举"人才战略，构筑多层次人才队伍；建立和不断完善追求卓越绩效的质量管理体系，确保产品质量稳定提高，主导产品"珠江"牌钢琴是"中国驰名商标"和"全国用户满意产品"，产销量10多年来全国第一，2001年跃居世界最大，出口到80多个国家和地区，其中占有美国13%的钢琴市场份额。10年来企业大幅增值，钢琴年产量、出口量分别增长2.1倍和2.7倍，利税总额和利润同步增长7.13倍，国有资产增值18.97倍，总资产从2.01亿元增加到13.07亿元，增长5.5倍，企业是"全国质量管理先进企业"、"全国实施用户满意工程先进单位"、"全国外经贸质量效益型先进企业"和"全国质量效益型先进企业"，2002年又被列为全国16家"向世界名牌进军，具有国际竞争力的中国企业"，也是十六大召开之前中宣部、国家经贸委重点宣传的10家"国企榜样"之一，被誉为"国企的一面旗帜"。

Guangzhou Pearl River Piano Group Ltd. (PRPG), the world number-one piano manufacturer, is a state-owned enterprise authorized by Guangzhou government to operate business of state-owned assets. Famous Brand Development Strategy has been implemented with modern enterprise system setting and strategy management enhancing. Technology and management have been innovated by "Bi-import" Strategy, which means import western (Germany) technology and eastern (Japan) management concept. And a multiple talent structure has been organized by "Tri-both" HR Strategy, which means high paid employing both foreign consultant and domestic professional, both cultivating youth and abstracting experienced main force, cherish both actual talent and potential talent. Quality Management System has been established so as to pursue steady quality improvement. "Pearl River" Brand is awarded as "China Renown Brand" and Pear River Piano is honored as "National Customer Satisfying Product". Annual production and sales have ranked 1st for more than 10 continuous years in China, and achieved No.1 in the world in 2001. Products export to 80 countries and territories, cover 13% piano market share in U.S.. In the latest 10 years, PRPG achieved great development, such as, volume of annual piano production and export respectively got 2.1 times and 2.7 times growth, profit and tax simultaneously grew 7.13 times, own-state assets grew about nineteen times. Total asset has grown from RMB 201 million to RMB 1.307 billion, a 5.5 times growth. PRPG has been award as "Advanced Enterprise of National Quality Management", "Advanced Enterprise of National Customers Satisfying Project" and etc. In 2002, PRPG is listed as one of the 16 "worldwide famous Brand, and international competitive Chinese enterprises", as well as one of 10 "Example of State-owned Enterprises" elected by Chinese Propaganda Bureau and National Economy and Trade Committee, and is awarded as "A Flag of State-owned Enterprises".

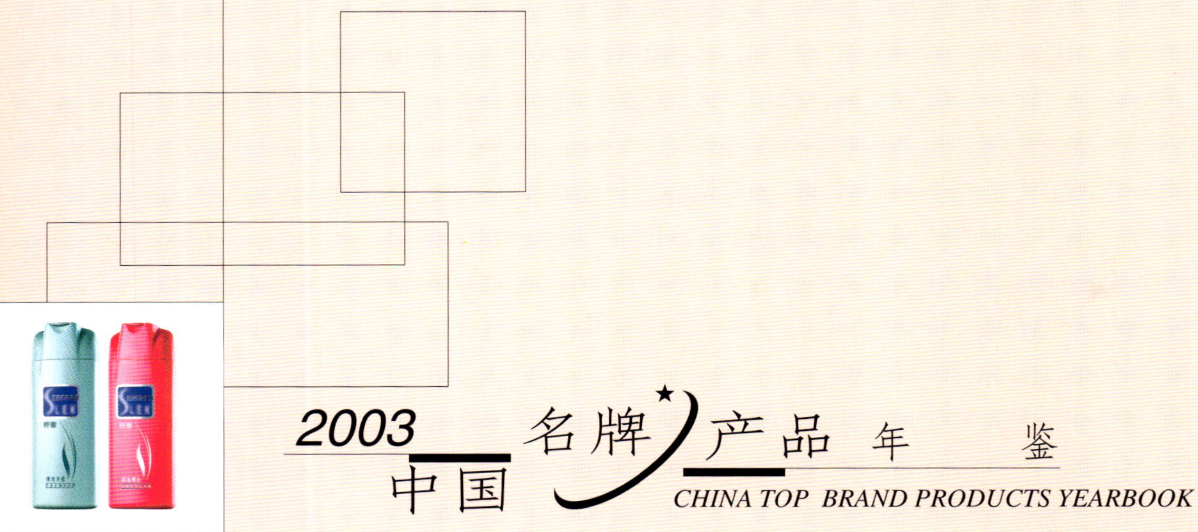
2003
中国名牌产品年鉴
CHINA TOP BRAND PRODUCTS YEARBOOK

B

化妆品

化妆品市场繁荣似锦 生产快速健康发展

2003年中国化妆品生产蒸蒸日上，化妆品市场琳琅满目，繁花似锦，发展速度快速攀升。2003年化妆品生产和市场形势概括为：生产平稳健康发展，继续保持快速增长。企业效益增加，上缴税收额高，企业利润率低下。新品牌新产品不断涌现，科技含量高的产品体现出市场新价值；含天然和新原料的产品备受青睐；产品质量稳定提高；营销策略出现新倾向；美容专业线悄然发展，香薰和精油成为美容时尚，SPA风靡全球之际中国风起云涌；技术改造得到加强；一批新工厂（车间）相继落成；研发中心的建立已是企业发展的需要；出口创汇保持高速增长，进口产品快速回升；相配套的原料和装备发展加快，国产化率提高。

一、生产健康发展 效益快速增长

到2003年底全国化妆品实现销售额约750亿元，实现利税330亿元，其中税收约270亿元。化妆品工业的发展速度高于国民经济GDP的增长速度，保持了多年快速增长的势头。另据对300家大中型化妆品企业，2003年1-9月完成销售额162.7亿元，约占全国总销售额的21.6％。在化妆品行业一直处于领先地位的制造商，2003年仍处于领先地位，1-9月完成5亿元以上的企业有：雅芳(26.6亿元)、安利(25.5亿元)、隆力奇(14.9亿元)、丝宝(13.56亿元)、宝洁(10.02亿元)、玫琳凯(6.53亿元)、家化(6.45亿元)、强生(6.035亿元)、利华(5.9亿元)、花王(5.53亿元)、资生堂(5.1亿元)等11家。

二、进口化妆品快速回升 出口继续高速增长

2003年中国化妆品出口额仍保持一个较高的快速增长，根据中国海关统计，中国化妆品出口到70余个国家（美国、日本、法国、意大利、西班牙、非洲、东欧及亚太地区等），出口创汇达5.42亿美元，同比2002年出口额2.67亿美元增长50%。

2003年进口化妆品额为1.0158亿美元，与2002年0.61728万美元相比，增长39.2%。

2003年化妆品进口额及数量在2002年大幅下降的情况下，由于国家对来自发生"疯牛病"国家和地区，采取由出口国官方出据检疫证书，证明其含有的动物源性原料成分不属于"牛、羊动物源性原料成份清单"和"含有牛羊动物源性原料检疫报告和风险评估报告"的防范措施，因此，2003年进口化妆品实施该政策后进口的速度开始快速回升。

三、市场竞争激烈 行业健康发展

2003年中国化妆品市场竞争激烈，旺势不衰，生产企业普遍感受到压力大，企业仍被利润率低，效益差的所困扰。2003年出现了一些新的特点。

企业的经济性质结构发生了很大的变化，已改过去以国有企业和集体企业为主体的经济性质的结构，据对2814家化妆品企业统计，其中国有企业为94家，占3.34%，“三资”企业452家，占16.09%，集体企业为771家，占27.45%，民营企业1496家，占53.25%。这是中国化妆品发展史上的新变化。

目前，呈现出琳琅满目，异彩纷呈的化妆品市场上，消费群体也在明显的细化，名牌和高档产品为大城市的主流，服务于白领阶层或部分中高档收入的消费者，讲究品牌和质量；中低挡产品行销中小城市或收入偏低阶层，大部分为农村消费者接受，量大面广。洗发护发和护肤类化妆品仍为市场的主打产品，美容类和其他类化妆品在逐步攀升。

2003年一些化妆品生产企业在重组和整合，如欧莱雅公司收购小护士和羽西，飘影集团收购具有142年历史的孔凤春化妆品公司，霞飞被转嫁等等，部分公司在易变其主重新组合，这是适应市场发展形势的需要，是经济发展中的正常现象，应该看到这是品牌、力量、技术、管理、效益和资源的充分利用及集中体现，是对企业的强化，对化妆品行业的推动。

回顾2003年中国化妆品工业的生产是快速增长的，市场的发展是健康的，竞争是激烈的。

四、名牌企业　蒸蒸日上

2003年中国名牌战略推进委员会评出五个中国名牌化妆品（大宝护肤霜、郁美净儿童霜、舒蕾洗发水、蜂花护发素、六神花露水）对全行业的产品质量的提高是一股强劲的动力和促进。

丝宝集团，该集团的舒蕾洗发水为国产品牌树立丰碑，2003年10月市场占有率达到10.31%，在国内唯一可同一家"合资"企业的三个品牌相抗争的品牌，更可喜的在市场销价上等同或高于"合资"品牌。

上海家化公司，是国内化妆品行业首家上市公司，2003年完成销售额为13亿元，利润约3000万元，由于化妆品等日用品利润比较低，2003年毛利润率在12%。在积极作好主业的前提下，将资金投向发展较快的新兴行业，以求利润多元化。除发展"美加净"、"清妃"和“佰草集”等产品在热销外，具有中国特色的"六神花露水"近些年来占据中国花露水市场的销售额的72%以上，深受各阶层消费者的青睐。

大宝化妆品公司，在国内外化妆品竞争激烈的市场环境下，大宝护肤品的市场销量上继续居于霸主地位，年销量达约2000万瓶，多年来是国内护肤品产量列全国第一，2003年销售收入达8亿元。

郁美净化妆品公司，郁美净儿童护肤霜产品市场长久不衰，其销量多年处于全国第一，2003年市场占有率达到30%，产品目前出现供不应求，公司上下加班加点赶制，适应市场需求，2003年参加香港亚太地区美容展，受到国际商家的青睐。

五、2004年生产将继续快速增长，市场竞争将是更加激烈

随着人民生活水平的提高和生活的需要，2004年化妆品行业的生产将继续保持快速的增长，化妆品市场竞争将更加激烈，总体将表现出生产与市场两旺景象。

--根据前两年执行"十五"计划的情况看，2004年增长速度将为10%～12%，预计2004年将完成825～850亿元的销售额。将提前两年完成国家“十五”计划。

--随着市场的需求，2004年随着防晒化妆品标准和检测方法的统一，发展更健康。添加植物提取物的化妆品和其他具有功能性的化妆品将得到大面积的发展。

--产品质量总体应有所提高，由于卫生部新出台或重新修订了化妆品卫生管理规范，将对市场管理和产品卫生安全起到规范的作用。但是伪劣假冒产品对市场的冲击是不可低估的，香化协会将会同企业联合行动抑制其蔓延，将推出一些防伪措施。

--美容专业线在悄然兴起，随着人民生活的提高，美容院的不断的扩大和发展，为美容院配套的产品，特别是功能性的化妆品，更适应"一对一"的服务，发挥其功能更有效。因此美容专业线的生产发展迅速，规模不断扩大，技术水平和管理水平不断提高，已成为化妆品生产的一支生力军。

--SPA现已风靡全球，主要表现在集美容、强体和保健于一体的新功效，在中国刚刚起步，以一发不可收拾之势磅礴于人们的生活中，不但在2004年将有大的飞跃发展，今后在中国也将是一个趋势和发展空间。

展望2004年中国化妆品市场将是产销两旺，竞争将是更加激烈。

湖北丝宝股份有限公司
舒蕾牌洗发水

舒蕾
SLEK

湖北丝宝股份有限公司　Hubei C-bons Co., Ltd.

湖北丝宝股份有限公司成立于1990年，为香港丝宝集团（国际）有限公司、香港实业家梁亮胜先生、万钜投资有限公司与湖北省仙桃市干河企业集团、仙桃市第一精细化工厂共同组建的中外合资、外方控股企业，注册资本1亿元人民币。公司主要从事化妆品、洗涤用品的生产与销售，拥有舒蕾、风影、顺爽等品牌，生产基地分别位于湖北省武汉市和仙桃市，管理总部位于武汉市，下属员工5000余人，营销网络遍及全国。2002年，公司销售收入超过13亿元人民币，上缴国家税款1.15亿元人民币。2000年至2002年，公司先后两次被湖北省政府授予"湖北省外商投资十佳企业"称号，并三次被中国外商投资企业协会授予"全国外商投资双优企业"称号。

Hubei C-bons Co., Ltd. was established in 1990 by Hong Kong C-bons Holding (International) Ltd., Hong Kong entrepreneur Mr. Liang Liangsheng, Wanju Investment Co., Xiantao Ganhe Group and the First Chemical Plant of Xiantao, Hubei province. It's a joint-venture and foreign holding enterprise, with registration capital of RMB 100 million. It's mainly engaged in manufacturing and distribution of cosmetics and washing products. It owns famous brands such as Slek, S-dew and Hairsong. It has two production bases which are respectively located in Wuhan and Xiantao, Hubei province. Its headquarter is located in Wuhan. It has a staff of over 5000 and boasts a country-wide marketing and sales network spreading all over China. In 2002, the amount of sales is over RMB 1.3 billion and national tax is RMB 115 million. From 2000 to 2002, it had been awarded honorable titles of "Hubei Provincial Top Ten Enterprises with Foreign Investment" twice by Hubei Provincial Government, and "National Doubly Excellent Enterprises with Foreign Investment" three times by China Association of Enterprises with Foreign Investment.

上海华银日用品有限公司
蜂花牌护发素

蜂　花®

BEE & FLOWER

上海华银日用品有限公司　Shanghai Huayin Daily Article co., Ltd.

上海华银日用品有限公司创建于1985年，前身为上海华银日用化学品总厂，1997年改制为上海华银日用品有限公司，是多元投资主体共同参股的股份制企业。

公司现有占地面积45000平方米，建筑面积25000平方米，总资产9121万元，职工220名。公司主要从事"蜂花"牌洗发水、护发素以及其他清洁用品的设计、开发、生产和销售产品规格达150多种，产品畅销全国除台湾外的省、市、自治区和港澳特区并远销中东、东南亚及欧美等国家和地区。

公司具有优美的生产环境，一支富有经验和素质的年令梯度合理的生产、技术、销售与管理队伍。

在日益激烈的市场角逐中，企业坚持贯彻"以质量为生命，效益为中心，市场为龙头，管理为基础"的指导方针；坚持"用户至上"的经营作风，狠抓产品质量，建立健全产品质量保证体系，蜂花牌洗、护发素系列产品率先于1999年通过了ISO9002:94版质量管理体系认证后，2002年又顺利通过了ISO9001:2000版的认证，质优价廉的产品，长期来不但深受广大工薪阶层和农村消费群体的青睐，近年来也越来越多地获得了城市白领一族和中高收入人群的喜爱，产品销量不断创新高。

企业在生产和经营的不断发展壮大中取得成绩和贡献也得到了各级领导和政府部门充分肯定，企业自1989年以来获得30余种荣誉称号，曾多次荣获上海市名牌产品称号。

用户的信赖，社会的认同，蜂花品牌声誉的日益鹊起和优良的售后服务，必将为蜂花护发系列产品市场占有率已有的强劲上升态势增添新的活力。企业将用三年时间把年销售收入达到5亿人民币，更好地服务大众、报效社会。

Shanghai Huayin Daily Article co., Ltd., was established in 1985. The former of this corporation is Shanghai Daily Chemical Commodities Work. Since 1997,it has become a joint-stock company joined by different capitals.

The corporation has an area of 45,000m.The built-up area is 25,000m. The total capital is 91,210,000. The workers and staff members are 220. The main productions are BEE&FLOWER Shampoo, conditional Shampoo and other cleansers. It has developed, designed and produced 150 types of productions which are sold all over the world including 30 areas in China, East Asia, Southeast Asia, HongKong, Macau and Euroamcr .The production environment is beautiful and it has a production, technology, sales and management team who is full of experiences, with high quality and reasonable age grades.

In the hot competitive market, the corporation must insist in implementing the policy: "the quality is the life, the profit is the center, the market is the direction, the management is foundation; the customer is the God." The enterprise should control the quality of the products strictly; form a series of QC system perfectly. The shampoo and the conditioner of the band BEE&FLOWER had passed the QC of ISO9002: 94 in1999,and passed the QC of ISO9001:2000 in 2002. The high-quality goods with competitive price are popular with the masses. In recent years, the products are popular with the white collar and the masses with high income. The sales volume is rising.

The municipality speak highly of the achievement and contribution of the enterprise. The enterprise has won about 30 medals and the products are the leading one in Shanghai. The customer has trust in the products and the society has accepted the products. The after-sale service must bring new activity and energy to the market occupation rate of the BEE&FLOWER products. The company will raise the net sales to 500,000,000RMB and provide the first rate service to the society.

北京大宝化妆品有限公司
大宝牌护肤霜

北京大宝化妆品有限公司 Beijing Dabao Cosmetics Co., Ltd.

北京大宝化妆品有限公司成立于1999年，由北京市三露厂（北京市先进福利企业）成功进行股份制改造而建立，位于北京经济技术开发区荣华中路12号，占地面积25，070平方米，建筑面积44871平方米。是国内3000多家化妆品企业中规模最大的民族企业。

北京大宝化妆品有限公司产品研发力量雄厚、生产设备与检测仪器完备。"大宝"科研所汇聚着本科及以上学历的科研人员，化学、医药、营养学等专业人才济济一堂，掌握着当今世界最新的科技信息，他们不断对配方和工艺进行完善，以期尽快推出满足市场需求的产品。目前，公司拥有从日本引进的配制设备6套，灌装流水线24条，年生产能力过亿瓶。公司的产品检测仪器在国内同行业中处于领先水平，其中有日本原产的液相色谱仪、美国制造气相色谱仪、产品高黏度测定计等，都是具有20世纪90年代先进水平的精密进口仪器。

"大宝"产品取得骄人销售业绩的基础，是过硬的产品质量。北京大宝化妆品有限公司不仅有精密的产品检测设备，而且有完备的质量管理制度。"大宝"产品的质量管理基于高水平的职工质量意识，为使企业管理制度化、管理手段国际化，2000年8月，公司通过了ISO9001质量保证体系认证，目前正在开展2000版的转换工作，另外ISO14001环境管理体系认证工作也已开始。"大宝"化妆品先后3次被授予"北京市名牌产品"称号。

"大宝"商标已经四次被评为北京市著名商标，"高质量、多品种、低价位、服务大众"是"大宝"的经营宗旨，在竞争日益激烈的国内、国际化妆品市场中，北京大宝化妆品有限公司将沿着有"大宝"特色的优秀民族企业发展之路继续前进。

Beijing Dabao Cosmetics Co., Ltd. transformed from Beijing Sanlu Factory as a stock company, was set up in 1999, located at No.12 Ronghua Road of Beijing Economics & Technology Development Area. It covers an area around 25,070 sq.m with the construction area of 44,871 sq.m. Dabao is the largest national enterprise among over three thousand cosmetics company in China.

Since 1985 Dabao is always in the progress to be seasoned with different period and different level's consumption demand. There're five series (including skincare, haircare, beautycare, perfume and clinical series) and more than one hundred varieties. Dabao skincare product has continuously got the primacy sales volume in China skincare market since 1997. (the information is from the Statistics Bureau of PRC.

Beijing Dabao Cosmetics Co., Ltd. is perfect both in techniques and equipment. All the staffs in Dabao new product R&D institute have got bachelor's degree or even above who is in charge of developing new products. Currently Dabao owns six sets confect equipment imported from Japan and twenty-four filling lines, it's annual production capability is over 100 million bottles. The main equipment for the inspection includes Gas Chromatograph (USA), Liquid Chromatograph (Japan), Spectrometer Manual (USA), they are the most advanced and largest equipment in the world.

The brand of "Dabao" has been awarded as the famous brand in Beijing for four times. "High Quality, Low Price, Diversiform Varieties and Serve for the Populace" is Dabao's marketing tenet. We believe Dabao will keep in progress in the distinguished national enterprise developing way with the special "Dabao" character.

天津郁美净集团有限公司
郁美净牌护肤霜

天津郁美净集团有限公司 Tianjin Yumeijing Group Co., Ltd.

天津郁美净集团有限公司以生产郁美净品牌儿童系列化妆品而享誉全国。拥有先进的工艺设备、雄厚的技术力量、完善的检测手段、健全的营销网络、优雅的作业环境和良好的社会信誉。企业经过不断的更新改造，已具备了现代化的工艺水平，生产车间达到了制药行业的净化等级，生产设备采用的是日本先进的美之贺真空乳化反应釜，自动包装生产线12条。检测手段拥有德国CK公司和日本TOHTO公司皮肤功能测试仪，日本岛津紫外分光光度计、液相色谱仪及全套化妆品理化、卫生指标检测仪器。并获省市级企业技术中心认证。

郁美净品牌儿童系列化妆品在我国具有较长的生产历史，从1979年开始投产的郁美净儿童霜在80年代初期即填补了我国儿童护肤用品之空白，其单一产品销量一直居全国同类产品首位，并以其优良的品质和卓越的护肤效果在全国享有盛誉。郁美净品牌儿童产品不断加大科技投入，经过更新换代，开发研制，各种功能性新产品不断推出，由原来的中低档产品向高档产品发展，现已有近百个品种，在全国市场的覆盖面达95%以上。近年来，公司为实施名牌战略进一步加大了宣传力度，2002年各项宣传投入达到了2000多万元，累积投入1亿多元。

我们的质量方针是“以诚取信、以质求胜、精益求精。”多年来郁美净靠质量求生存，以科技求发展。郁美净儿童系列产品的技术特色是在大量科学研究的基础上将鲜奶护肤技术成功地应用到化妆品中，使人们用鲜奶护肤的梦想成真。郁美净儿童系列化妆品以其过硬的产品质量和独特的使用效果深受广大消费者喜爱。

郁美净依靠科技创新，实施名牌战略，在激烈的市场竞争中，坚持振兴民族工业，走出一条“人无我有，人有我优”的创业之路，依靠“务实、进取、优质、创新”的企业精神，而使郁美净不断发展壮大。我们郁美净集团要继续不懈地努力，争创中国名牌，开拓国际市场，为中国民族工业争光。

Tianjin Yumeijing Group Co., Ltd. is a manufacturer enjoying a global fame for children's cosmetic series with Yumeijing as its branc. Located at 188 Hongqi Road, Nankai District, Tianjin, this company covers an area of 16041 m2, with RMB 110,000,000 as total assets. This company has achieved fast growth in economic benefits, whose sales income has attained increase by 20% for a consecutive period of eight years. In the year 2002 alone, the sales turnover reached nearly RMB200 000,000. With 576 registered employees, this company is composed of ten holding subsidiaries, four wholly-invested subsidiaries and two member enterprises, equipped with leading technological equipment, powerful technical strength, perfect testing means, perfect marketing network, elegant working environment and preferable credit standing. By means of unceasing upgrading and renovation, this company has reached modern technological standard and its workshop has amounted to purified level required for pharmaceutical enterprises. The entire production equipment installed is vacuum emulsion reactor kettle, leading equipment manufactured by MIZUHO, Japan. There are twelve auto packaging lines, skin function testers manufactured by CK, Germany and TOHTO, Japan, liquid chromatograph that is manufactured by SHIMADZU, Japan, ultraviolet spectrophotometer, a complete set of physicochemical and healthy indicator tester for cosmetics. The foregoing has won certification by provincial and municipal enterprises, technology center.

上海家化联合股份有限公司
六神牌花露水

六神®

上海家化联合股份有限公司 Shanghai Jahwa United Co., Ltd.

上海家化联合股份有限公司是一家由上海家化(集团)有限公司和上实日化控股有限公司控股的公司，于2001年在上海交易所挂牌上市。

上海家化以自行开发、生产、销售化妆品、个人保护用品、家庭保护用品以及洗涤类清洁用品为主营业务，拥有六神、美加净、清妃、佰草集、家安、舒欣、梦巴黎等诸多中国驰名品牌，占有很高的市场份额，2002年主营业务收入达13亿人民币，营销网络遍及全国20多个省市。

多年来，上海家化坚持以人为本的经营理念，通过切实有效的员工激励机制充分发挥公司内部人力资源的潜能，自主研发了多项优质产品；并着眼于加强国际合作，拓展海外事业。上海家化努力帮助人们实现清洁、美丽、优雅的生活，致力于成为民族企业的排头兵。

"精致优雅、全心以赴"是上海家化永远的承诺。

Shanghai Jahwa United Co., Ltd. Company Profile

With controlling shares held by Shanghai Jahwa (Group) Co., Ltd. and S.I. Daily Chemical Holdings Co., Ltd, Shanghai Jahwa United Co. Ltd. ("Shanghai Jahwa") got listed on Shanghai Stock Exchange in 2001.

The main operations of Shanghai Jahwa include the development, manufacturing and marketing of cosmetics, personal protection articles, family protection articles and cleaning products. It has multiple Chinese famous brands, such as Liushen, Maxam, Chinf & Chinf, Herborist, Jiaan, Soft Sense, and Voila Paris etc., all of which have a higher market share. In 2002, its income from main operations hit RMB 130 million and its sales network covers more than 20 provinces and cities nationwide.

For so many years, Shanghai Jahwa has developed a number of quality products and made best efforts to help people have a clean, beautiful and elegant life by sticking to the "human-oriented" operating philosophy, implementing the effective system of staff stimulation and giving full scope to the potentials of the internal human resources.

Since China's WTO entry, Shanghai Jahwa has been strengthening international cooperation, further expanding overseas undertakings and dedicating itself to be the pacesetter of national enterprises.

"Spare No Effort for Beauty and Elegance"!

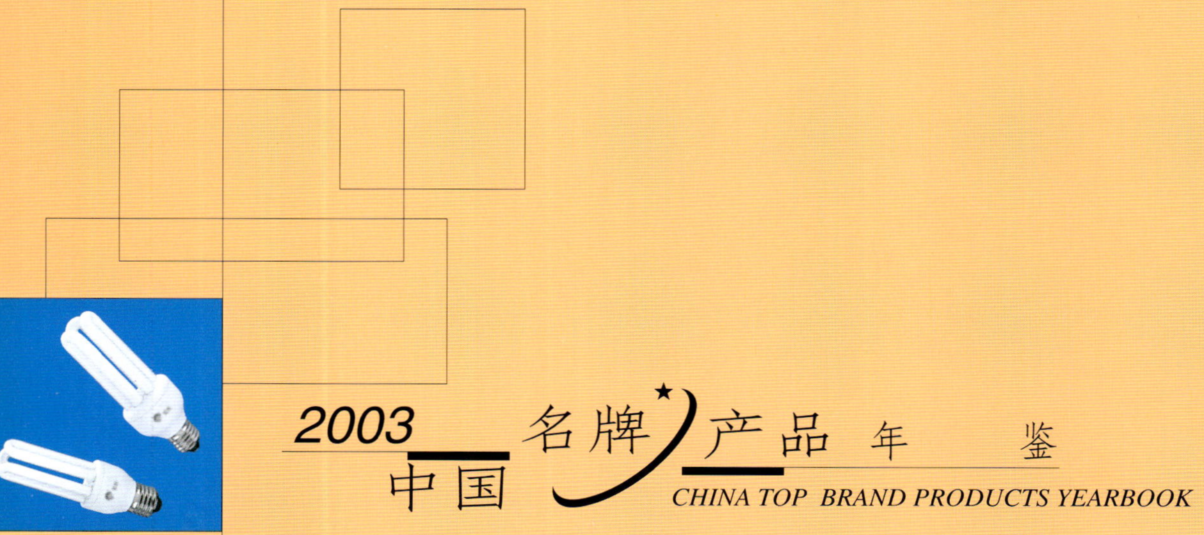
2003
中国名牌产品年鉴
CHINA TOP BRAND PRODUCTS YEARBOOK

C

照明灯具

照明电器行业
2003年中国名牌发展状况

一、2003年我国照明电器行业整体情况

改革开放以来，我国照明电器行业每年都以10%以上的速度增长，这主要是国际和国内两个市场的拉动，加速了我国照明电器行业的持续、快速、稳定的发展。

国际市场上，随着世界产业结构的调整，劳动密集型产业向发展中国家转移。20世纪90年代，荷兰飞利浦、美国通用电器及日本松下等国际著名电光源公司和英国索恩、美国库柏等海外知名灯具生产厂商相继进入中国市场，并建立了合资或独资企业，外资的进入除了带来了激烈的市场竞争外，还带来了新技术和先进的管理经验，促进了我国照明电器生产企业的成熟和发展。

据不完全统计，目前全国有照明电器生产企业8000余家，其中灯具生产企业约4600家，电光源生产企业2000余家，其余为电器附件、灯头灯座及专用材料的企业。随着社会主义市场经济的深入发展，我国照明电器生产企业不断向集约化、规模化方向发展。2003年我国各类电光源产品总产量达到了80亿支，其中白炽灯行业有8家企业年产量超过1亿支；直管荧光灯有7家企业年产量超过3000万支；紧凑型荧光灯是近年来发展最快，且倍受社会各界关注的产品，2003年全国产量超过7亿支，生产企业近200家，其中7家企业节能灯的年产量已超过3000万支。

灯具产品按大类分为室内灯具、室外灯具等。近年来，随着我国城市化进程的加快和居民消费水平的快速提升，城市基本建设照明和景观照明需求量加大，居民家庭照明消费档次

提升，因此灯具行业成为发展的热点。2003年我国灯具行业中有规模企业753家，同比增加了23%，其中外商和港澳台资企业约为34%，国内市场国际化，推动了灯具行业的快速发展。目前全国室内灯具灯饰生产企业主要集中在广东和江苏。特别是中山市的古镇镇堪称是“中国的灯饰之都”，全镇有1400余家灯饰生产厂商，其灯饰产品在全国上百家灯具专业市场的销售量达60%以上。

我国加入世贸组织后，为照明电器企业的产品出口提供了更多的便利条件和市场空间。全行业连续10年出口额增长在15%以上，产品销售到150多个国家和地区。2003年我国照明电器行业出口额达到54亿美元。其中电光源行业出口额13亿美元，同比增长了30%，增幅较大的是荧光灯和高强度气体放电灯，分别增长36%和41%；灯具产品出口达到了38亿美元，增幅超过了20%。

二、中国名牌企业在行业中的地位

2003年中国照明电器行业的相关产品参加了“中国名牌产品”的评定活动。经过中国名牌战略推进委员会的严格评选，最终有“紧凑型荧光灯”和“室内灯具”两大类产品的四家企业获此殊荣。这些企业和产品分别是：

1、浙江阳光集团股份有限公司 阳光牌 紧凑型荧光灯；

2、厦门通士达照明有限公司 TOPSTAR牌 紧凑型荧光灯；

3、广州市九佛电器有限公司 九佛JIUFO牌 室内灯具；

4、江苏鸿联集团有限公司 红联牌 室内灯具。

四家荣获“中国名牌产品”的企业均为我国照明电器行业中的大型骨干企业，具有良好的经济效益和社会效益，其产品的产销量大、质量稳定可靠，品牌知名度高，在行业中和社会上有较高的知名度和影响力。

浙江阳光集团股份公司是我国照明电器行业中为数不多的上市公司之一，主导产品紧凑型荧光灯年产量约6000万支，销售额超过4亿元，是节能灯行业中的龙头企业。

厦门通士达照明有限公司品牌效益明显，在产品的生产、开发和产品质量控制方面具有很强的实力。主导产品紧凑型荧光灯年产量3500万支，销售额3.4亿元，产品大量出口。

广州九佛电器有限公司生产的“九佛”牌室内灯具，年销售额近4亿元。有很强的品牌优势，其荧光灯具在广州地铁、北京东方广场等多项大型工程项目中受到好评，产品在海内外有较强的影响力。

江苏鸿联集团有限公司规模效益明显，企业年销售额6.5亿元。生产和技术实力雄厚，产品的综合配套能力强，在许多国内工程及援外项目中，显现出很强的品牌实力；其生产的核电照明灯具填补了国内产品的空白。生产的装饰性灯具大量出口北美市场。

荣获“中国名牌产品”称号之后，给四家企业带来了新的压力和动力。2004年上半年，借助品牌优势，发挥各自特点，几家企业又有了明显的发展。厦门通士达照明有限公司1~6月紧凑型荧光灯的产量和销售额分别达到了2003年全年总额的76%和82%。目前公司发挥技术和研发实力强的优势，又在开发调光节能灯及长寿命节能灯等产品。

三、照明电器行业发展的趋势

从国际、国内两个市场分析。

随着全球经济一体化，发达国家产业结构调整的步伐进一步加快。一般照明电器产品大量向发展中国家转移，而中国又是一个因具有生产资料的比较优势而条件适合的国家，从而使中国逐步成为了当前国际上照明电器产品的生产和出口大国。这种优势还会持续一段时间。北美和欧洲是我国照明电器产品的主要市场，约占我国照明电器产品出口额的60%。由于其对产品质量要求较高，有利于企业提高产品质量水平。东南亚、中东和南美是传统的市场，部分产品转销非洲的一些国家。俄罗斯和东欧是潜在的大市场，许多企业对此的兴趣在不断增长。总之中国照明电器产品在国际市场上已具有一定的竞争力，但是我们要认真研究解决国际贸易纠纷、防止反倾销等问题。

展望未来几年的国内市场，需求仍会呈逐年增长的趋势。随着我国经济建设的快速发展，百姓生活照明、工商业照明、城市基础设施照明，特别是北京奥运会和上海世博会等重大项目，都为我国照明电器行业发展了提供广阔的市场空间。

目前照明电器产品的市场竞争早已国际化，企业单一地靠低成本竞争的优势在逐渐减退。国际大公司凭借综合实力和知名品牌占领中国市场；中国企业除了自身不断提高产品研发和生产技术水平，提升企业品牌的知名度外，政府、行业和社会的支持也是十分必要的。实践证明，2003年照明电器行业“中国名牌产品”的评定活动，有力地促进了我国照明电器企业的品牌建设。

厦门通士达照明有限公司
通士达牌紧凑型荧光灯

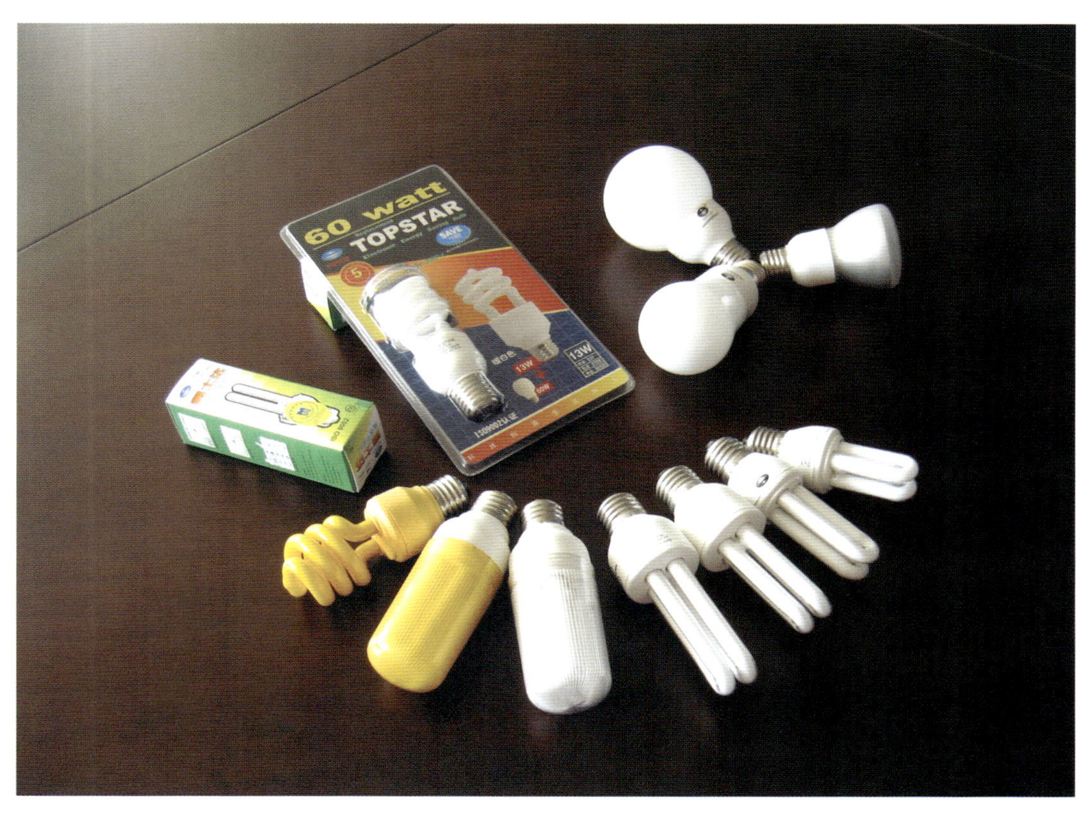

厦门通士达照明有限公司 Xiamen Topstar Lighting Co., Ltd.

厦门通士达照明有限公司是与美国通用电气公司合资的国有控股企业。公司位于厦门海沧投资开发区，建筑面积10万1千平方米。公司以"力严、力新、创保名牌；立诚、立信、服务万家；环保、安全、多方满意"为企业方针，以不断创新和回报社会作为企业永恒的追求。

公司年产整灯5000万支、镇流器3000万支、灯管3000万支。现已成为福建省最大的节能灯生产企业。被中国照明电器协会称为"中国照明行业的后起之秀"。

公司主导产品为"TOPSTAR"紧凑型荧光灯系列产品：U型普通型、螺旋型、智能调光型、柔光带罩型、迷你型、PL插拔管、6—12V直流灯、环形灯、电子镇流器、灯管、灯具等十大类、100多个品种。产品85%-90%外销。

公司产品已获得UL、CUL、FCC、EMC、LVD、CE、ENERGY STAR、KEMA、UC、PROCEL、ELI、SAA等国际认证及中国CQC自愿认证。产品远销欧洲、美洲、非洲、东南亚等地。国内建立了福建、广东、江西、浙江、上海、江苏、云南、四川、重庆、湖南、湖北、北京、河南、河北等地经销商网络。成功树立了"TOPSTAR"紧凑型荧光灯的知名品牌。

2002年，公司通过ISO9001、ISO14001、OHSAS18001国际管理体系认证。获得了中国保护消费者基金会授予的"保护消费者杯"。"TOPSTAR"牌紧凑型荧光灯获得了国家质检总局授予的"国家免检产品"证书。

Xiamen Topstar Lighting Co., Ltd. is a state-control-share enterprise jointly ventured with General Electric Company. With a construction area of 101,000 square meters, the company is located in Haicang Investment Zone in Xiamen. The company constantly pursues innovation and society reciprocation.

Topstar has earned the certification of international management system including ISO9001, ISO14001 and OHSAS18001. Besides such acknowledgements, Topstar Lighting had earned other certifications from different bodies around the world, like:

* CE, EMC and LVD of the European Union;
* UL, FCC and Energy Star of the United States;
* CUL and CSA of Canada;
* GS of Germany;
* PSE of Japan;
* KEMA of Holland;
* RCM of Australia;
* ELI of Asian-pacific Laboratory;
* B of Portland;
* UC and PROCEL of Brazil;
* CQC certification of China.

In 2002, Topstar was awarded Protect Consumer's Cup, and the "TOPSTAR" compact fluorescent lamps was awarded Certificate for Product Exemption from Quality Surveillance Inspection by State General Administration of the People's Republic of China for Quality Supervision and Inspection and Quarantine.

浙江阳光集团股份有限公司
阳光牌紧凑型荧光灯

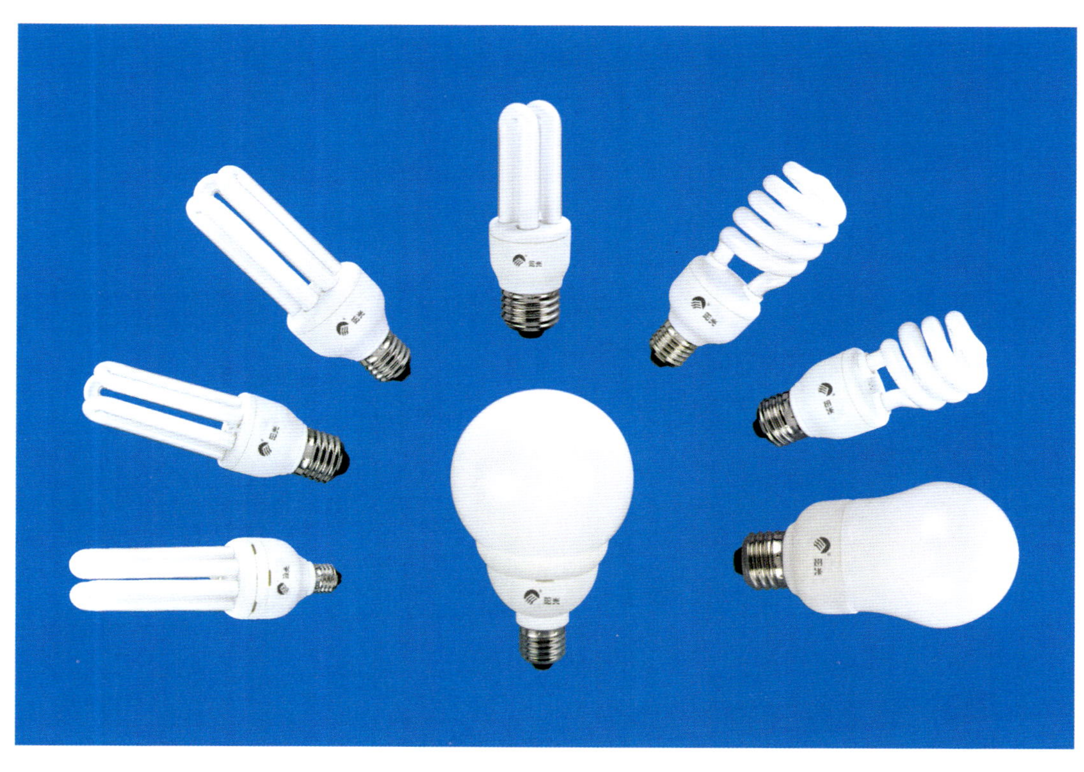

浙江阳光集团股份有限公司 Zhejiang Yankon Group Co., Ltd.

浙江阳光集团股份有限公司由上虞县灯泡总厂、浙江照明电器总公司、浙江阳光集团公司整体延续变更设立的，创办于1975年。公司主要生产“阳光”牌紧凑型荧光灯、T5大功率节能荧光灯及配套灯具、家居及户外照明系列产品。1990年，企业被批准为国家机电产品外贸出口基地企业；1992年被授予自营进出口权；1996年被认定为国家级重点高新技术企业、省级区外高新技术企业；被国务院发展中心认定为“中国最大的节能灯生产出口基地”；1997年“阳光”牌电子节能灯被推荐为97浙江省消费者首选品牌，被浙江省人民政府评定为“浙江名牌”产品，中国保护消费者基金会授予“第六届（97）保护消费者杯”奖；1998年8月，“阳光”商标经综合评定，被认定为“浙江省著名商标”。2000年7月，“阳光”凭借高科技企业的实力，在上海证券交易所成功上市。2001年5月，“阳光”以75%的控股与飞利浦公司合资创办“浙江阳光照明有限公司”，迈出与国际500强强强联合、优势互补的第一步。2002年10月又与国际灯具知名企业韩国碧陆斯株式会社联合，成立浙江阳光碧陆斯照明电子有限公司，并以高科技优势拓展市场。2002年12月，阳光牌紧凑型荧光灯获“国家免检”产品称号。公司目前拥有总资产10.25亿元，2002年完成销售9.09亿元，创利税1.53亿元，出口创汇6426万美元。

阳光将在国家绿色照明产业政策指引下，以“节能、环保”为己任，不断加大技术创新、技术改造、市场营销和品牌建设的力度，全方位实施名牌战略，全面提升阳光的核心竞争能力，秉承“阳光让世界更明亮”这一经营理念，真正让世界充满“阳光”！

Zhejiang Yankon Group Co., Ltd. was founded in 1975. It is a lager scale enterprise with whole set of R&D, manufactory, and marketing functions. Yankon is the only listed private-owned Hi-Tec company in the Chinese domestic lighting industry, and is one of the forty experimental companies for patent licensing. Yankon is also one of the companies ratified by State Council to establish PHD research centre. In 2002, Yankon's compact fluorescent lamp was given the honor of "Non Inspection Product" by the General Administration of Quality Supervision, Inspection and Quarantine of PRC.

In 1984, Yankon successfully produced the first domestic triphosphor energy saving burner starting the revolution of "Green Lighting" in China. Till now, Yankon has developed over 600 of new products, new materials, new manufactory process, and new equipments, among which 68 items were given patent license. In year 1997, Yankon's products were nominated as "Zhejiang Famous Brand" by Zhejiang provincial government, and given "the Sixth (97) Consumer Protection Prize" by Chinese Consumer Protection Fund. In year 1998, "Yankon" trade mark was given the honor of "Zhejiang Famous Trade Mark". Starting from 1999, "Yankon" products have continuously passed random quality inspection by the General Administration of Quality Supervision, Inspection and Quarantine of PRC for four years. As a result of high quality products, Zhejiang Yankon has taken part in the national CFL standard and energy efficiency standard setting.

广州市九佛电器有限公司
九佛牌室内灯具

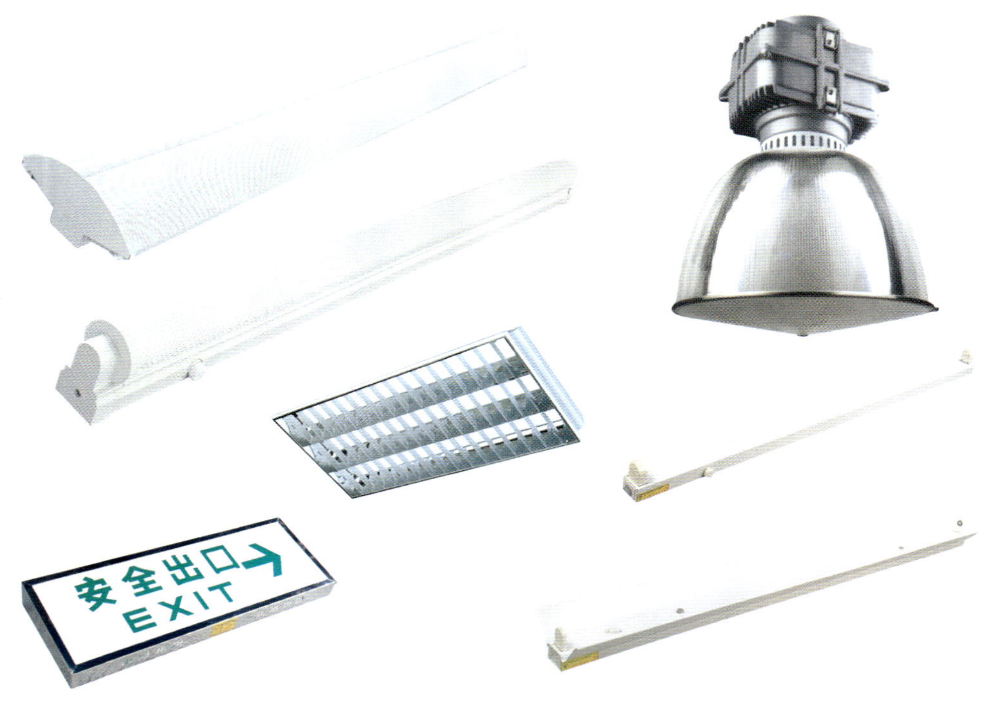

广州市九佛电器有限公司 GuangZhou Jiu Fo Electric Appliance Co.,Ltd.

广州市九佛电器有限公司是具有二十多年专业生产荧光灯具、应急灯具、室内照明灯具产品的企业，是中国生产室内荧光灯具最大企业之一。

"九佛电器"产品已分别取得中国CCC、UL、ETL、CSA、VDE、TUV、CE等多个国家认证以及严格按IEC标准生产。1998年，经中国商检、德国莱恩技术监护公司的联合评审，通过了ISO9002国际质量体系认证。九佛牌产品于2002年被评为广东省名牌产品、广东省著名商标。

本公司拥有雄厚的技术力量、科学的检测手段、先进的检测设备，高素质的管理队伍和科研开发人才以及科学的生产工艺。可根据用户的需求生产适合全球任何地区电源、环境的产品。产品一直畅销北美、南美、欧洲、中东、东南亚和我国港澳等七十多个国家和地区。

Guangzhou jiu fo electr c appliance co.ltd.,is a stock-holing company,makoromg with a history of over 20 years in fluorescent lamp fixtures,pl electronic lighting°emergency and indoor lighting ,it is the one of the biggest enterprises manufacturing the indoor fluorescent products in china.
Jiu fo electric products have been respectively approved by ccc.ul.etl.csa.vde.tuv.ce. Etc.,and are being manufactured stictly according to iec standard."jiufo" brand products have been rated as the"guangdong provincial famous brand product" n 2002.after the united examination and verification quality system certification.
Having strong technology power,advanced testing and manufacturing equipment,high-class managing persons. science and research brains and acientific producing procedure,we can make lighing products suitable for any power and environment throughout the world.our products sell well in over 70 countries and districts such as north america,south america,europe,middle east,southeast asia,hong kong and macau.

江苏鸿联集团
红联牌室内灯具

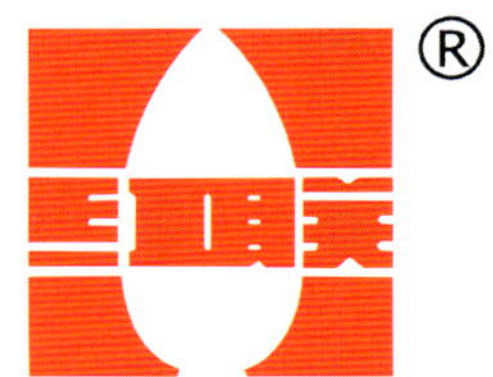

江苏鸿联集团　Jiangsu Honland Group Co., Ltd.

江苏鸿联集团是从上个世纪60年代末一家村办集体所有制企业逐步发展并壮大起来的。1968年建厂，初期取名红联村农机修配工场；1978年，更名为红联纺配厂；1979年申办了武进红联灯具厂；1982年取得常州红联灯具厂的厂名；1987年，常州红联灯具厂以全部资产投入与香港新鸿基工业投资公司合资成立了常州鸿联灯饰有限公司，并在1989年经国家工商总局批准为鸿联灯饰有限公司。经过多年的努力和市场动作，1995年成立了以鸿联灯饰有限公司为核心企业组建的省级企业集团。

公司以照明灯具、金属钢杆、金属家具、金属装饰材料为主导产品。目前，鸿联集团拥有参股企业14家，其中含8家合资企业，包括中外合资企业和中中合资企业，关联企业达50多家，所属紧密企业有：鸿联灯饰有限公司、鸿联家私有限公司、鸿成金属制品有限公司、鸿艺彩色玻璃有限公司、鸿丽电镀有限公司、鸿源纸业有限公司。鸿联集团占地面积36万平方米，其中厂房面积37万平方米，总资产2.2亿元，现有员工4200余人，其中专业技术人员450人。2002年完成产值7亿元，照明灯具销售收入近6亿元。近年来，集团公司通过资产重组和资源的优化配置，在各成员企业之间实现资源共享，发挥了规模经济优势，并逐步形成了集团公司在工业和民用建筑装饰领域的核心竞争力，在全国同行业中具有较高的知名度和影响力。

团结、勤奋、自律、敬业是鸿联企业精神，高品质、优服务、守信誉是鸿联经营之道，重市场开拓、重技术进步、重人才培养是鸿联发展之路。

Jiangsu Honland Group Co., Ltd. as a professional lighting enterprise is the standing director of China illuminate Institute, Nation famous lighting manufacturer, Jiangsu Brand Name products enterprise, ISO9000 quality assurance system enterprise, Jiangsu province star enterprise and an enterprise " Honouring Contracts and keeping promise" of Jiangsu Province. It has more than 4100 employees and 450 professional technicians among them. The group occupies a land of 360,000 square meters with construction area of 370,000 square meters, 1300 sets of various kinds of equipments, which include 150 sets of special one Now the output value and tax is the first place of the same occupation. The products of applying for free inspection share the big parts of the market, for the products one-up on the technology and quality. The group has the capacity of manufacturing 15, 000 sets of products applying for free inspection every day and 500, 000 sets of various lighting fixture annually. More than 120 sets of apparatuses and equipments are used to test the bought electrical components of lighting fixture, production process and inspect the products before leaving the factory. In 2002 the sale of the products of applying for free inspection reaches RMB6, 833,330, 000.00, the export value is USD64, 450,000.00, the annual tax of 2002 is 102, 270,000.00.

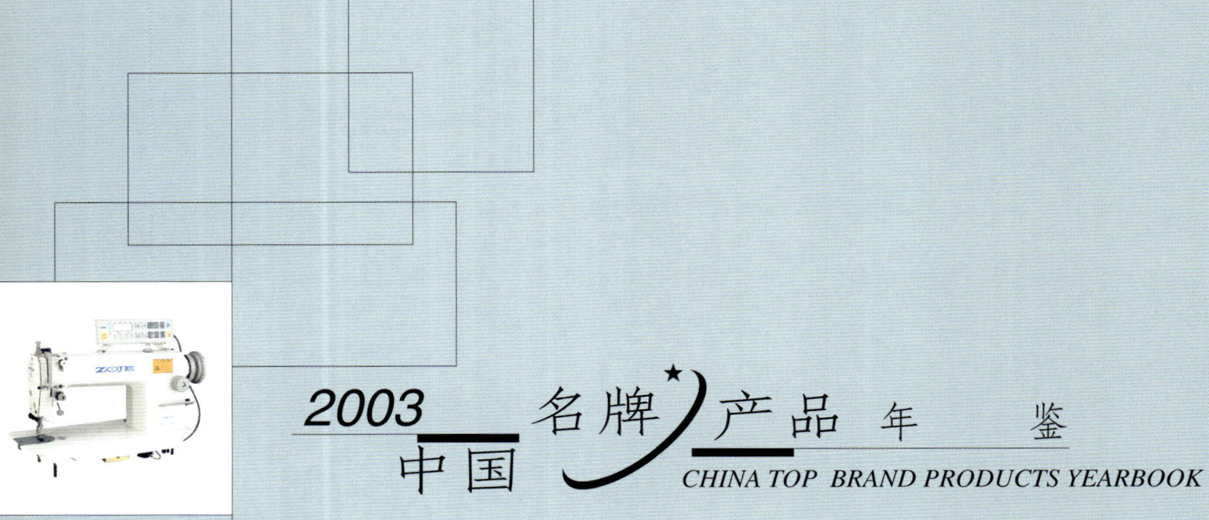
2003
中国名牌产品年鉴
CHINA TOP BRAND PRODUCTS YEARBOOK

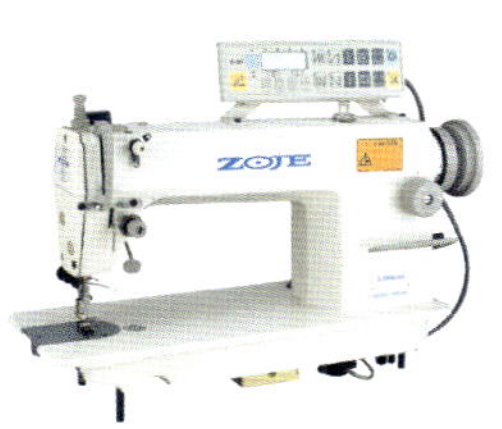

D

工业缝纫机

我国缝制机械行业情况及中国名牌的地位

一、2003年我国行业整体情况

2003年，我国缝制机械行业在持续四年高速发展的基础上，成功克服了美伊战争带来的负面影响、非典的冲击、原材料价格大幅上涨以及主要产区电力供应紧张等不利因素的影响，全行业经济运行继续保持了稳定、健康、快速发展的良好态势。生产持续稳定增长，产销量增幅显著，进出口贸易活跃，行业经济运行质量不断提高，经济结构调整步伐明显加快。这主要得益于国家继续实施扩大内需的政策、行业技术创新和结构调整步伐加快和入世积极效应的进一步释放。

(一)经济运行基本情况

2003年缝制机械行业共完成工业生产总值约230亿元（其中服装机械33亿元），比上年增长15%。全年生产缝制机械约1690万台（包括服装机械），比上年增长22.9%，其中：家用机约1100万台，比上年增长17%；工业机约586万台（包括服装机械），比上年增长25.5%；绣花机4万台，比上年增长9%。

根据协会信息部和国家统计局对缝制机械行业中103家整机(包括部分服装机械企业)和129家零部件生产企业的统计，2003年行业经济运行形势主要表现为：

1、生产快速增长

2003年232个缝制机械生产企业(包括部分服装机械企业)共完成工业生产总值1438896万元，比上年增长26.5%；其中：103个整机企业共完成工业生产总值1139388万元，比上年增长23.9%，129个零件企业共完成工业生产总值299508万元，比上年增长36.4%。2003年232个缝制机械生产企业累计工业销售产值1262708万元，比上年增长26%，其中：整机工业销售产值968715万元，比上年增长24.3%，零部件工业销售产值293993万元，比上年增长31.8%。

2、产量增幅强劲

2003年103家整机生产企业(包括部分服装机械)共生产各类缝制机械963.1万台，比上年增长20.4%。其中：家用缝纫机483.9万台，比上年增长13.9%；工业用缝纫机（包括部分服装机械）479.2万台，比上年增长27.8%；。

3、销售形势看好

2003年累计销售收入1129200万元，比上年增长28.4%，其中：整机累计销售收入809090万元，比上年增长25.9%，零部件累计销售收入320110万元，比上年增长39.1%。；

4、企业经济效益继续提高

2003年实现利税总额144684.3万元，比上年增长78.7%；其中：实现利润99259.7万元，比上年增长74.9%。

5、出口增幅强劲，进口略有回落

据海关总署的统计，2003年我国缝制机械（不包括服装机械）及零部件对外进出口贸易总额为126355万美元，比上年增长20.4%，其中：出口70016万美元，比上年增长37.8%；进口56339万美元，比上年增长4.1%；全行业首次实现贸易顺差，达13677万美元。

2003年我国累计出口缝纫机1302万台，出口创汇59677万美元，比上年分别增长15.63%和38.8%。其中：出口家用机1072万台，出口创汇21784万美元，比上年分别增长19.33%和25.19%；出口工业缝纫机228万台，出口创汇31863万美元，比上年分别增长2.20%和43 62%；出口缝纫机零件10339万美元，比上年增长32.26%。

2003年我国累计进口缝纫机113万台，比上年增长41.89%，进口额42976万美元，与去年持平。其中：进口家用缝纫机86万台，进口额1268万美元，比上年分别增长73.73%和11.04%；进口工业机27万台，进口额23783万美元，比上年分别增长10.20%和19.24%；进口零部件13363万美元，比上年增长19.69%。

（二）经济运行的主要特点

1、产销波动性增长，双双突破750万

2003年，我国缝纫机产销再创新高，从协会信息部对88家整机企业的产销统计表明：累计生产缝纫机793万台，销售768万台，比上年分别增长17.42%和20.31%。

2、产品趋向高效高质

今年以来，我国缝制机械企业将更多的精力投放到多功能家用机和技术含量高、附加值高的工业机产品的生产上。高速平缝机、高速包缝机、钉扣机、绷缝机、双针机等工业机产量与去年相比均有较大增长，一些产品如钉扣机、加固机等特种机增幅达1倍以上。企业的生产正向高效高质方向迈进。

3、骨干企业综合实力提升

2003年，尽管行业发展面临原材料涨价、非典疫情和用电受限等诸多因素的影响，但行业总体发展仍处于快速增长态势。越来越多的企业依靠技术创新和科技进步，提升产业档次和产品的科技含量，产业结构和产品结构进一步优化，尤其是一些骨干企业的生产发展迅猛，平均生产增速比去年增长37.5%；如：中捷缝纫机股份有限公司为54%，西安标准工业股份有限公司为35%，宝石缝纫机有限公司为34%，飞跃集团有限公司的增幅为11%。

4、工业机出口单价止跌回升

2003年，我国对外进出口贸易活跃，出口产品结构的不断升级进一步推动了贸易结构的优化，工业用缝纫机出口价格全面上涨，根据海关总署统计资料分析，工业用自动平缝机的平均单价同比增长幅度由2002年的9.06%增长到2003年的13.8%，工业用自动缝纫机的平均单价同比增长幅度由2002年的31.63%增长到2003年的26.2%，普通工业用缝纫机的平均单价同比增长幅度由2002年的15.76%增长到2003年的44.1%，绣花机的平均单价同比增长幅度由2002年的50.15%增长到2003年的340%。2003年，企业加大特种机、多头绣花机及机电一体化等附加值高的产品出口，提高了行业产品出口档次；另外，随着世界缝制机械制造中心向我国转移，一些国际知名企业纷纷在我国建厂，其出口在行业中占据重要地位，带动了行业出口整体价格的提升。

5、首次实现了值的增长大于量的增长

2003年我国缝制机械行业的出口首次实现了值的增长超过量的增长。根据海关总署统计资料，2003年绣花机出口量值分别比上年增长59.64%和76.51%，家用机出口量值分别比上年增长19.33%和25.19%，工业缝纫机出口量值分别比上年增长2.20%和43.62%。

二、中国名牌企业在行业中的地位

根据中国缝制机械协会信息部对97家主要整机企业统计，2003年中国名牌企业主要经济指标在行业中的排名情况如下：

“飞跃”：产值19.2亿元，产量115.94万台，销量1144.97万台，销售收入14亿元，出口创汇9322万美元，各项指标排名均居行业第一。

“标准”：产值9.6亿元，排名第二；产量44.2万台，排名第三；销量54.5万台，排名第二；销售收入8.82亿元，排名第二；出口创汇3419万美元，排名第二。

“上工”：产值3.3亿元，排名第十；产量54.1万台，排名第二；销量54.3万台，排名第三；销售收入8.67亿元，排名第三；出口创汇4256万美元，排名第四。

“宝石”：产值7.05亿元，排名第三；产量31万台，排名第四；销量31.6万台，排名第五；销售收入5.52亿元，排名第四；出口创汇4261万美元，排名第三。

“中捷”：产值5.36亿元，排名第四；产量29万台，排名第五；销量31.3万台，排名第六；销售收入5.32亿元，排名第五；出口创汇20083万美元，排名第五。

三、行业的发展趋势

2004年我国缝制机械行业经济发展面临的国际环境总体上好于去年。随着世界经济的复苏、国内经济调控力度的加强、纺织服装业的发展，预计今年缝制机械行业工业生产总值增幅将在10%以上。与此同时，我国缝制机械行业将以提高产品质量、树立企业品牌为核心，通过技术创新使行业生产从量的增长达到质的飞跃，通过抓质量，培育品牌，从诚信、产品、文化、信息化建设等多个方面全面提升产业的核心竞争力，推进我国从缝制机械制造大国向制造强国迈进。

上工股份有限公司
上工牌工业缝纫机

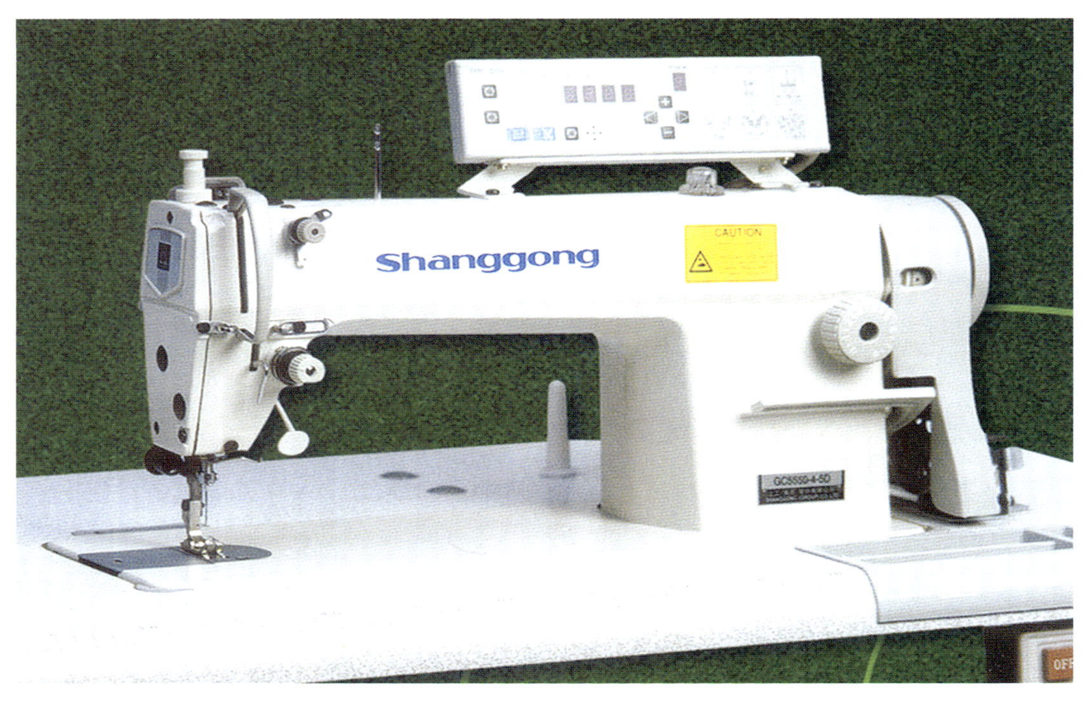

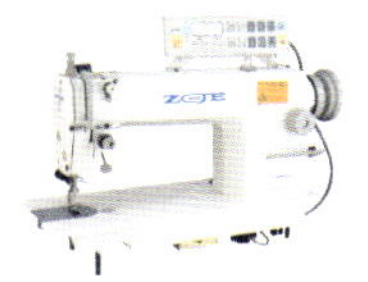

上工股份有限公司 Shanggong Co.,Ltd.

上工股份有限公司是国内最早、规模最大、品种最多的专业生产缝制设备的大型骨干企业，也是我国缝制设备的重要出口基地。公司目前拥有"上工"、"双工"、"蝴蝶"、"飞人"、"蜜蜂"和"双角"等六个品牌，产品涉及种类工业用缝制设备，包括高速平缝机、高速包缝机、双针、套结、锁眼、钉扣、皮革和箱包等特种工业机以及种类普通型和多功能型家用缝纫机。主导产品高速平缝机和高速包缝机国内市场占有率位居同行业之首。出口创汇连续几年保持稳步增长，2002年出口创汇超过4000万美元，成为国内同行业中出口额最大的企业之一。产品远销亚洲、非洲、美洲和欧洲等五十多个国家和地区。

20世纪80年代中期以来，公司曾先后从日本等国引进先进技术和设备，特别是GC5550系列高速平缝机和MO3300系列高速包缝机的技术引进和合作，使上工产品档次迅速提高，已达到了当今世界先进水平。

与此同时，上工还十分注重产品质量和科学管理，在同行业中率先推行ISO9001质量管理和质量保证体系的认证，并取得了国际认证机构（DNV）和中国国家商检认证中心颁发的证书。1994公司又实行了股份制改造，上市发行A、B股公司。

上工是上海市高新技术企业，其国家级技术中心正在积极创建中。上工具有集聚海内外优秀人才的优势，来自日本、德国、美国的专家和国内知名院校的教授及民营科技工作者的加盟，已构成同行业领先的人才新高地。

根据国际缝制设备制造业逐步向发展中国家转移的新格局，上工通过不断改革和调整，依靠机制创新、产品创新、人才创新和技术创新，进一步发挥多品种、高品位和配套成线的优势，千方百计地满足国内外日益增长的需求。中国入世和服装业的蓬勃发展为公司的进一步发展带来了良好的机遇。公司目前正在积极规划建立上工机电一体化产业园区，并将努力加快把上工建成国际一流的机电一体化缝制设备信息、研发、生产、销售和培训基地。

Shanggong Co.,Ltd.is a large enterprise which is specialized in the manufacture of sewing equipment and in China, it has the longest history, largest scale and most complete product range, It is as well one of the major exporting bases of sewing equipment in China.

The Company owns at present six trademarks, Shanggong, Shuanggong,categories of industrial sewing machines, such as lockstitchers, overlockers, double-needle lockstitchers, bartackers, buttonholers, button attachers, and other special-purposed sewing machines for leather products, as well as normal and multi-functional household sewing machines. Market share of major products, the high-speed lockstitchers and high-speed overlockers, recent years With its export income amounting to over USD 46 million for the Year 2002,the company becomes one of the largest exporters in this industry in China. Its products are exported to over 50 countries and areas in Asia, Africa, America and Europe.

In consideration of the new tendency that the international sewing equipment manufacturing industry is moving towards developing countries, Shanggong is taking positive actions to deepening its reorganization and readjustment through its renovation in the fields of operation a system, product development, technology and R&D as well as human resources. The Company is making full use of its advantage of wide product range, high quality and strong ability to supply complete processing line for garments to try to meet the needs of the customers both at home and abroad. China's access to WTO and the development of the garment industry provides a beneficial opportunity for the company's further development. At present, the Company is planning to establish the Shanggong Industrial Zone. It is making all efforts to speed up the pace to make Shanggnon an internationally first class base of information , R&D, manufacture, sale and training for the sewing equipment industry.

飞跃集团有限公司
飞跃牌工业缝纫机

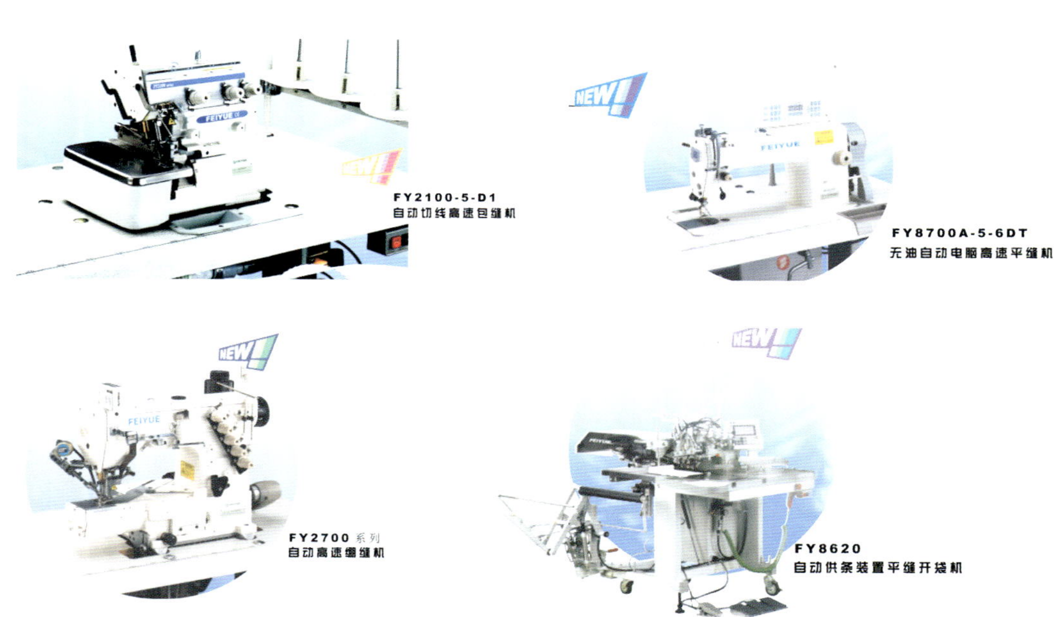

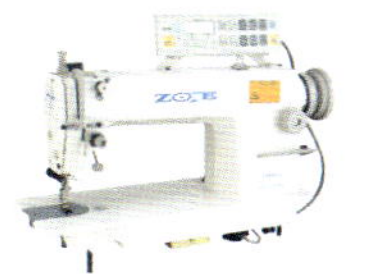

飞跃集团有限公司 Feiyue Group Co.,Ltd.

飞跃集团创建于1986年，是一家以生产缝纫机为主导产业，集科研、生产、国际贸易为一体的外向型现代化企业集团，已成为全国行业当之无愧的排头兵，并跻身于世界行业前列，曾受到胡锦涛、江泽民、李鹏、朱镕基、乔石、尉健行等党和国家领导人的充分肯定。

在企业发展过程中，公司十分重视科技创新，采用新技术、新材料、新工艺改造了传统产业，年产各类缝纫机150多万台，占国内总量的30%，其中高速包缝机、绷缝机占世界总产量的50%，占国内的70%。并形成了31大系列250多个品种，走出了一条科技含量高、经济效益好、资源消耗低、环境污染少、人力资源优势得到充分发挥的新型工业化之路，使企业的产品结构和市场地位发生了历史性的变革。飞跃是国内唯一一个能自主制造缝纫机微机控制系统和数控伺服系统的企业。

公司依托高新技术产品，着力调整和健全了全球市场营销网络，努力实现发展中国家和发达国家并举，国际市场与国内市场并举，形成了覆盖全球100多个国家和地区的完整市场网络，在境内外设立了30多家分支机构，结束了中国长期以来单向从日本进口缝纫机的历史。目前，欧美日等发达国家市场占飞跃出口的比重已超过1/2，集团出口创汇超过了全国内资缝纫机企业的1/3。

展望新征程，飞跃将坚定不移地走新型工业化之路，以总投资7.5亿元、占地2平方公里的飞跃工业城建设为抓手，着力增强国际竞争力、提升国际影响力，向世界级优秀缝纫机制造企业迈进。

Feiyue Group, which was founded in 1986, is a large-scaled modern foreign-oriented group company that with the guide industry of sewing machinery manufacture and combined with R&D manufacturing, and international trade together. And it has not only become the model of the same industry in China, but also ranked in the whole world.

At present, Feiyue Group has more than 5000 personnel that at home and abroad, and with an asset of 1.5 billion RMB."Feiyue" has won two laurels, the "Name Brand of China" and the "Famous Trademark of China". The enterprise has been listed in the"State Torch Programme" as the important enterprise with high and advanced technology, as the famous-branded-products-export -enterprise that with the great support and development of the whole country, and as the appointed model enterprise of the Chinese credit system of the foreign trade enterprise. Furthermore, it has also been ranked in the most powerful 20 companies of the export value.

Feiyue group persists in promoting the traditional industry by advanced and high technology. It has a products range of more that 50 series, more that 500 models of complete set of machinery, and more than 300 patents. And their annual output is 3 million sets. With the obvious advantage in price-property-ratio, it is one of the most competitive brands in the whole world. It is the successful developing of the computer-controlled system, the digital-controlled servo system, and the specialized sewing machinery with the integration of optics, mechanism and electronics that makes "Made in China" renowned.

中捷缝纫机股份有限公司
中捷牌工业缝纫机

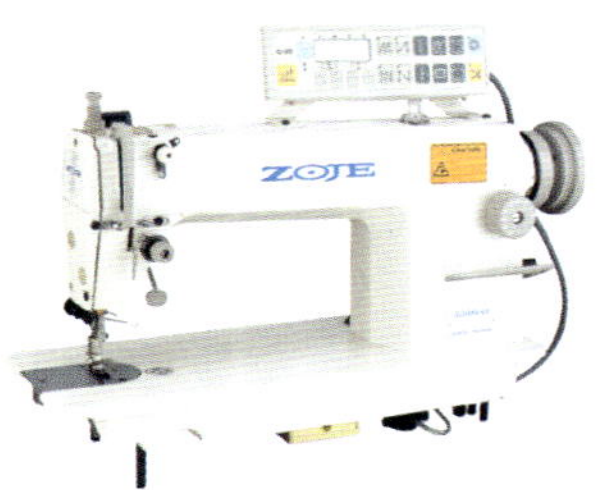

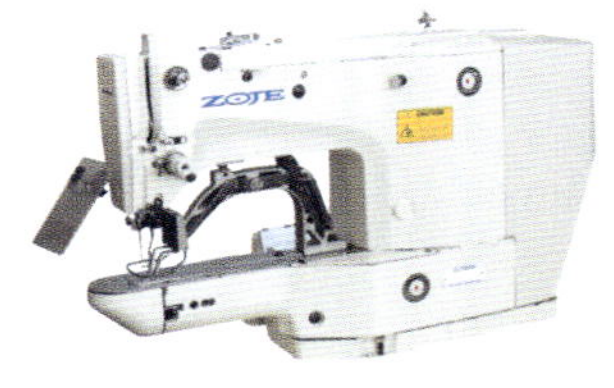

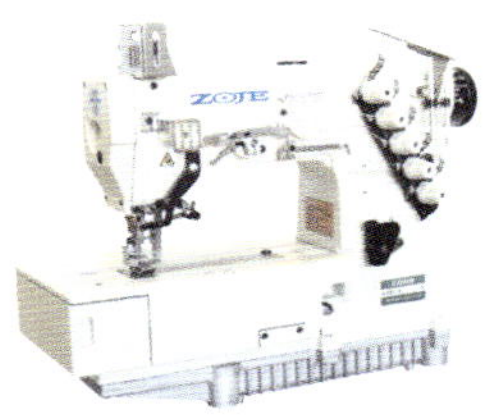

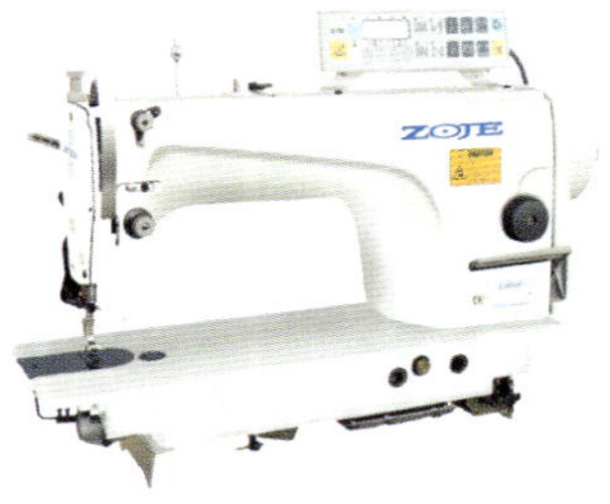

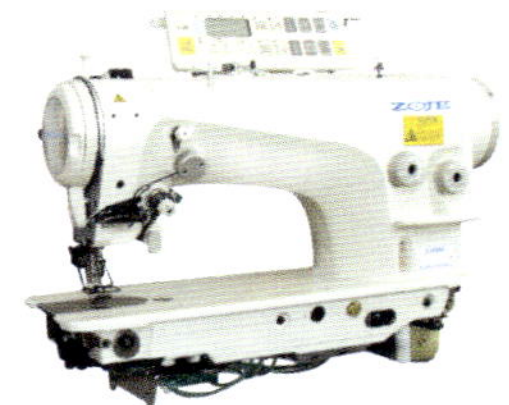

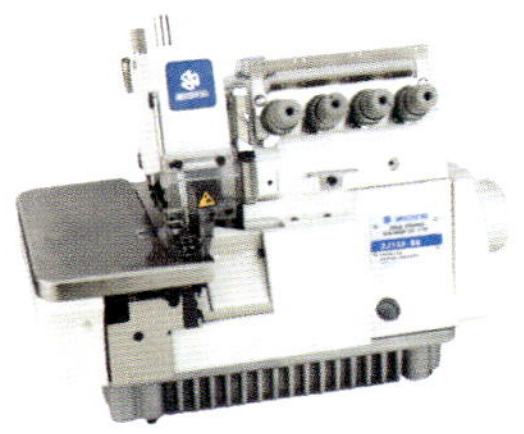

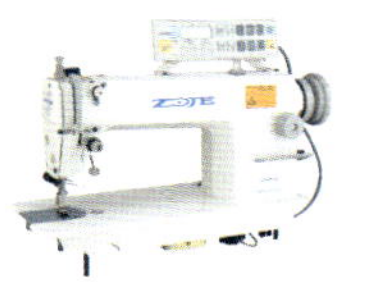

中捷缝纫机股份有限公司　Zoje Sewing Machine Co., Ltd.

中捷缝纫机股份有限公司，位于浙江玉环大麦屿经济开发区。公司于1994年进入缝纫机行业，目前已成为全球最大的曲折缝缝纫机生产基地和最大的平缝机生产基地之一，浙江省高新技术企业，全国基本建立现代企业制度企业，全国出口创汇先进乡镇企业，全国轻工业质量效益型先进企业，全国500强民营企业。公司经济效益及投入产出比率均在行业中名列前茅。

公司前称"浙江中捷缝纫机有限公司"，2001年6月经国家工商行政管理局核准，整体变更为"中捷缝纫机股份有限公司"。公司占地面积8万平方米，总资产3亿多元，现有员工1100人，其中大专及中级职称以上人员200人。公司主要生产自动剪线、曲折缝、平缝、厚料、包缝、绷缝、电子套结、无油润滑等12大系列120多个品种的工业缝纫机，年生产能力达40万台，产品已通过欧洲CE认证和国际权威机构德国莱茵公司ISO9001质量体系认证。公司产品被认定为"浙江名牌产品"、"质量过硬放心品牌"，并被列为欧盟推荐产品，中捷商标被认定为"浙江省著名商标"。

公司重视国内外市场开拓，建立了完善的销售网络和售后服务体系，产品出口到美国以及中南美洲、非洲、中东、东南亚、东欧等80多个国家和地区。2001年9月进入上市辅导期，现在辅导期已满，进入了上市申报待批阶段。抓住上市契机，在做大做强主业的同时，推进资本运营，拓展产业空间，建设同心多元化企业集团。把"中捷"品牌打造成世界名牌。

Zoje Sewing Machine Co., Ltd. lies in Damaiyu Development Zone, Yuhuan, Zhejiang Province, China. Since entering into the industrial sewing machine business field in 1994, Zoje Sewing Machine Co., Ltd. has become one of the largest manufacturing bases of zigzag sewing machines and lockstitch sewing machines in the world, one of the top 500 private enterprises in P.R.C., and it has awarded as the "Zhejiang New High-tech enterprise", "National Advanced Export Enterprise", "National Quality-beneficial-style Light-industry Enterprise" and "National Modern-enterprise-system-basically-established Enterprise". Its firm economic benefit and the ratio between input and output come out top in the sewing machine business field.

Zoje attaches the importance to exploit domestic and international market and set up a perfect marketing network and after-sale service system, whose products are exported to over 80 countries and regions such as the United States, Latin America, South America, Africa, the Middle-east areas, South-east Asia, East Europe, etc. Zoje entered into the period of IPO training in September 2001. Now it has been over and it is entering into the phase of IPO examination and approval. Zoje takes this opportunity to develop and consolidate the company, and at one time carry through capital managing, expand industrial roomage and establish a concentric pluralistic group. Establish Zoje brand to be a world-famous brand.

宝石缝纫机实业公司
宝石牌工业缝纫机

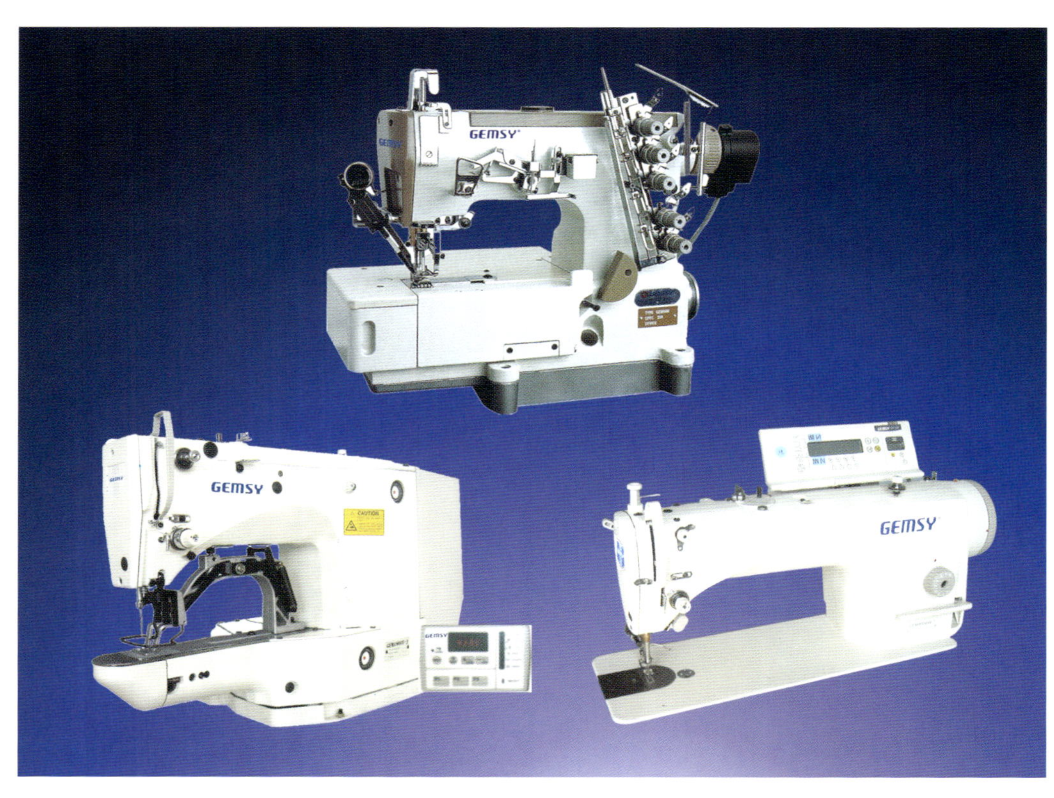

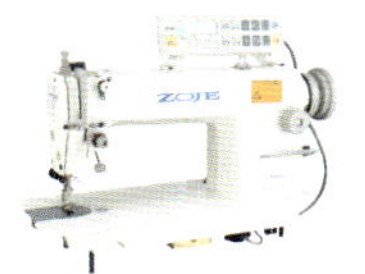

宝石缝纫机实业公司　China Gemsy Sewing Machine Industrial Corp.

宝石缝纫机实业公司位于浙江省台州市椒江区，系股份合作制企业，建于1993年6月。2002年公司实现销售收入4.503亿元，出口创汇4034万美元，自营出口创汇1266万美元,外贸代理2768万美元。现拥有宝石一区、宝石二区、宝石三区、宝石横塘工业园、上海宝石贝一科技机械有限公司、上海宝石日兴机械科技工业园，目前正在台州建设宝石科技工业园。公司总部现有员工1200余人，其中各类专业技术人员和管理人员317名。产品包括平缝机系列、包缝机系列、绷缝机系列、曲折缝系列、厚料机系列、特种工业机系列等服装加工用工业缝纫机的80多个品种，已从普通工业缝纫机发展到花色、特种、高速、超高速以及自动控制、机电一体化的工业缝纫机，是我国目前最大的特种工业缝纫机生产基地之一。

宝石公司是一家以科技为动力、以品质为核心的新型制造企业。正是依靠科技创新、技术进步，它才得以取得跨越式的发展。目前，它在上海设立了科技机械研发中心，从美国、日本、意大利等国聘请了5名工程师，相继开发出大批高新产品，其中GEM9000电子无油机的研制成功，开创了国内工业缝纫机的先河。现在，受国家有关部门委托，宝石公司正与台州市质量技术监督检测研究院合作，筹建浙江省缝纫机质量检验中心。这也是全国首家民营企业同国家质监部门合作建立的现代化质量监督检测机构。

宝石缝纫机又是一家以出口为导向、内外销两翼齐飞的民营企业。在国际市场上，宝石公司已经成功打入非洲、欧洲、东南亚、中东、美洲等市场，产品销售100多个国家和地区。迄今为止，已在美国、巴西、泰国、土耳其、俄罗斯等国设立了21家分公司和办事处，在30多个国家建立了“客户代理制”。国内已先后在二十多个省、市、自治区开设了30多个销售分公司和专卖店，建立起涵盖全世界的营销网络，国内许多知名的大型服装企业已成为“宝石”的长期客户。

China Gemsy Sewing Machine Industrial Corp. which is a joint-stick company ,was founded on June,1993.It located in JiaoJiang , Taizhou , ZheJiang , China. In 2002, the corporation had got 450.3 million RMByuan in distribution, especially in export , The corporation also got 40.34 million U.S.dollars, including 12.66 million by self-support and 27.68 million U.S.dollars through other International trade companies . The corporation is now composed of Gemsy 1st , 2nd , 3rd , Gemsy HengTang Industrial Area , ShangHai Gemsy BeiYi Technology Industrial ltd., and ShangHai Gemsy RiXin Technology Industrial Area. And now, TaiZhou Gemsy Technology Industrial Area is under construction. Now the Headquarters of corporation have more than 1200 workers including 317 managers & professional technologists.

Shortly after founded, the corporation had set up her tenet of "Good Moral , Excellent Product" &" Good Quality is the best salesman".

Gemsy company stick to strengthening quality management, improving quality control as the most important enterprises management core. And stick to the aim which insure excellent quality for each pcs product, gemsy company constructed one complete and effective course quality system.

西安标准工业股份有限公司
标准牌工业缝纫机

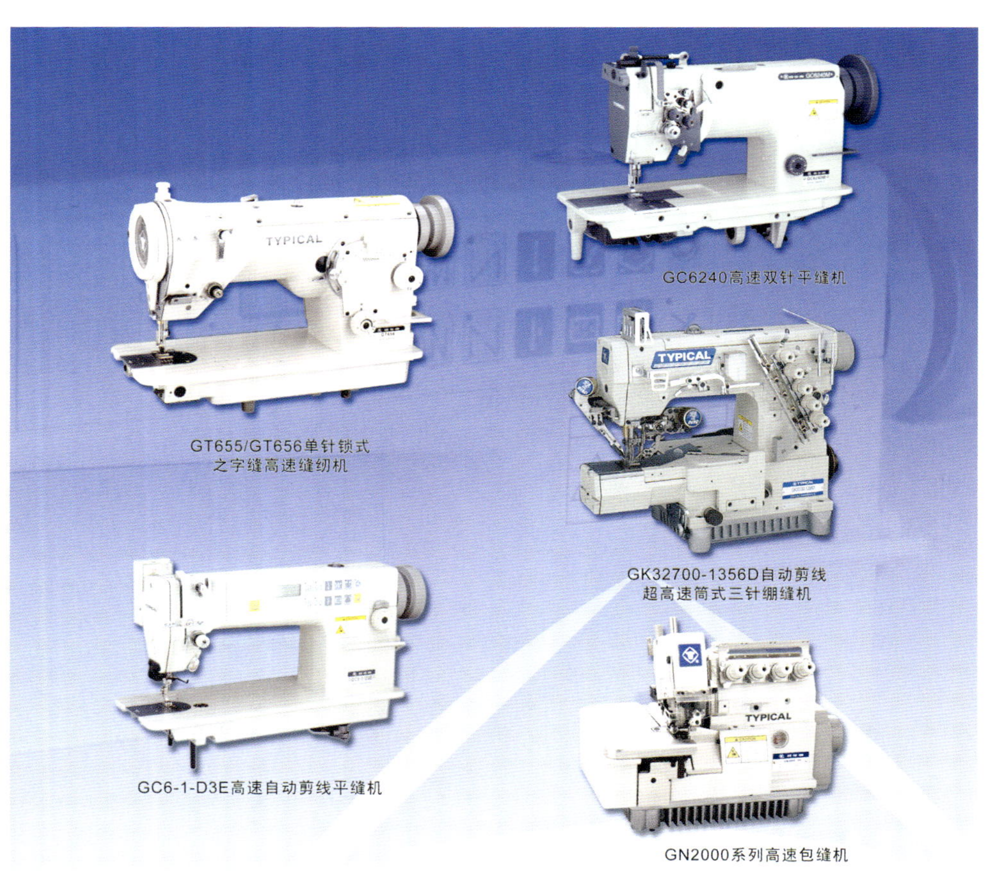

GC6240高速双针平缝机

GT655/GT656单针锁式之字缝高速缝纫机

GK32700-1356D自动剪线超高速筒式三针绷缝机

GC6-1-D3E高速自动剪线平缝机

GN2000系列高速包缝机

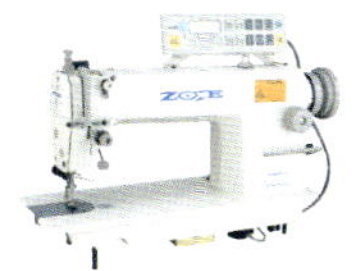

西安标准工业股份有限公司　Xi'an Typical Industries Co., Ltd.

西安标准工业股份有限公司（简称标准股份）是中国缝制设备行业的龙头企业，是国家经贸委确定的机电产品出口基地。标准股份于2000年在上海证券交易所上市。公司的主发起人中国标准缝纫机集团有限公司，是国内最早从事工业缝纫机研发、生产的企业，至今已有57年的历史，1968年按国家部署由上海全迁陕西。

位于西安的标准股份总部，拥有完善的综合管理机构、国家级技术中心、销售总公司和进出口公司。是公司的投资决策中心、信息管理中心、产品研发中心和市场营销中心。

本公司工业缝纫机生产分布于西安临潼、西安西郊、江苏菀坪三大基地，总占地面积达66公顷，年产“标准”牌工业缝纫机50万台。包括高速单针平缝、高速双针平缝、高速绷缝、高速包缝、特种机、机电一体化缝纫机、电子缝纫机、电脑绣花机等16大系列、100多个品种。本公司始终坚持制造精品的质量方针，积极实践赶超国际知名品牌的质量定位，先后通过ISO9001质量体系认证和CE安全认证。多年来，“标准”牌工业缝纫机先后荣获机械制造领域的最高奖——国家银质奖，荣获省、市著名商标和省、部级以上奖项50多个。2002年，“标准”牌工业缝纫机被国家工商总局认定为中国驰名商标。

标准事业的发展，受到党和国家领导人的高度重视，得到广大用户和各界人士的广泛支持。江泽民、胡锦涛、吴邦国等领导同志先后到公司视察指导。江总书记指出：“标准”是很有名气的品牌，你们要努力使她成为世界名牌。“十五”期间，公司确立的发展目标是：建成国内最大最强缝制设备工业基地，为振兴民族缝制设备工业，推动西部经济发展做出更大的贡献。

Xi'an Typical Industries Co., Ltd. (Briefly called Typical Corporation) is the leading enterprise in China sewing machine industry. It is also the national export base for the mechanic and electric products, which is named by China Economic and Trade Commission. "Typical stock" was listed on Shanghai Stock Market in 2000.

The company was initiated with China Typical Sewing Machine Group Co., Ltd., which is the earliest enterprise with over 57 years of history mainly dealing in research developing, and manufacturing the sewing equipment series. The factory was moved from Shanghai to Shaanxi in 1968.

Typical Corporation, with head office in Xi'an, processes comprehensive management organism, technical center in national scale, Domestic Sales Company and International Trade Corp. It is the central core of investment decision-making, information management, products research and marketing.

The prosperity of Typical Industry has been valued by the State leaders, and consummers at home and abroad. Jiang Zemin, President of P.R.China; Hu Jintao, Vice President of P.R.China and Wu Bangguo Vice Premier, visited Typical Industries Co., Ltd. in recent years. President Jiang Zemin said: "TYPICAL" is a very famous brand in China, and you must make great efforts to make it become a famous worldwide brand, too.

During the period of " the Tenth Five-Year-Plan", the future perspective of Xi'an Typical Industries Co., Ltd. is to make great efforts to build the biggest and the most powerful sewing machine manufacture base in China, and to contribute to the national sewing equipment industry and the Western Economic Development Project.

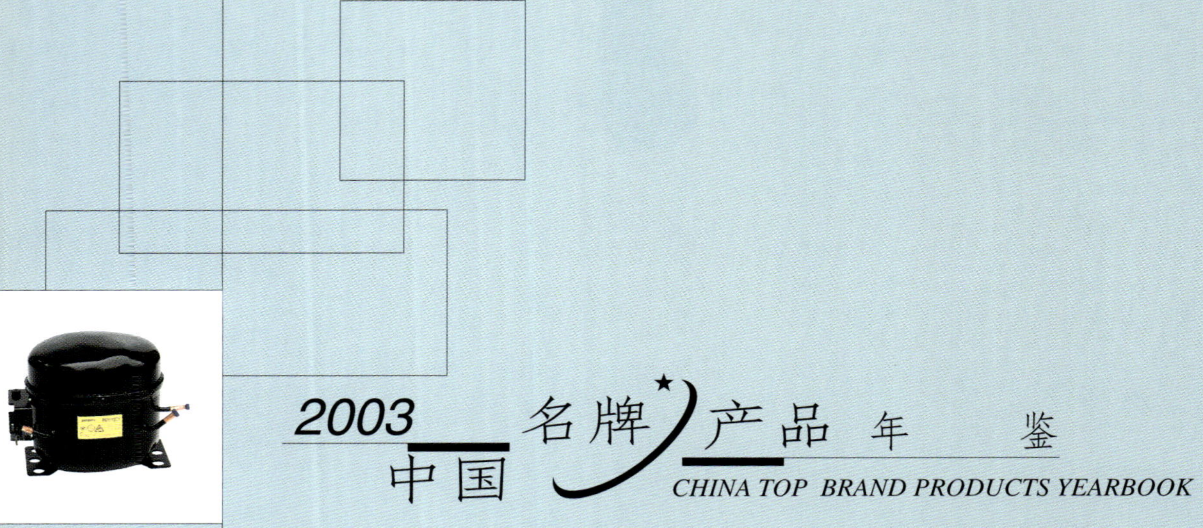
2003
中国名牌产品年鉴
CHINA TOP BRAND PRODUCTS YEARBOOK

E

冰箱压缩机

2003年冰箱压缩机发展概况

2003年我国冰箱压缩机行业整体情况

我国已经成为世界上最大的冰箱生产制造基地和消费大国，2003年电冰箱产量2200万台，出口量约800万台。冰箱行业的业绩固然与冰箱企业本身的努力直接有关，同时冰箱的关键零部件压缩机的优质、有竞争力的价格和有效的服务也起到了至关重要的作用。特别是荣获中国名牌殊荣的几个压缩机企业在技术进步、提升产品档次、强化管理、降低成本、扩大出口等方面取得了突出的成绩，很好地满足了冰箱企业提高产品档次、满足国内国际两个市场的需要。

（1）生产方面。由于国内和出口两个市场的增长，2003年各大冰箱厂家纷纷扩大产能，因此对核心部件压缩机的需求大幅度增长，据不完全统计，2003年我国冰箱压缩机企业共生产冰箱压缩机2200万台，销售量2026万台，销售收入达人民币47亿多元，冰箱压缩机行业呈现出产销两旺的良好发展态势。

（2）技术方面。我国大部分冰箱压缩机企业十分注重产品技术的研发工作，产品在制冷效率、噪声等方面正以令人惊讶的速度发展着，开发、生产出了一大批具有国际水平的高效压缩机产品，从20世纪90年代中期的压缩机的能效比（COP）值多在1.0左右，发展到今天COP值达1.5甚至1.8的高效产品，这无疑是一个突飞猛进的进步。特别是黄石东贝、加西贝拉、广州冷机等企业在国家有关部门机构的支持下，在CFC替代的基础上，咬住高效节能不放松，加大技术投入，抓紧技术人员的培训，跟踪国际先进技术，开发出了具有国际先进水平的高效压缩机，大大提高了国产压缩机的国际竞争力，并用有竞争力的价格满足了冰箱企业开发节能冰箱的需求。

名牌企业在行业中的地位

5家荣获中国名牌的企业2003年冰箱压缩机产量、销售量以及销售额总和分别占全国总量的49.9%、49.6%以及54.1%。产量在全国同行业中排序为：华意压缩机股份有限公司，第4位；黄石东贝电器股份有限公司，第2位；加西贝拉压缩机有限公司，第6位；广州冷机股份有限公司，第1位；江苏白雪电器股份有限公司，第11位。从以上数据可以看出，这5家中国名牌企业的确是全国同行业中的佼佼者。

从技术水平方面讲，这5家企业均以高效节能压缩机作为他们的生产重点，努力开发出具有国际水准的、符合现代化高效节能冰箱要求的压缩机产品是他们的奋斗目标。以加西贝拉压缩机有限公司为例，近年来，在消化吸收国内外先进技术的基础上，加西贝拉压缩机有限公司开发生产了30余种高效节能环保压缩机，COP值从最初引进时的0.95迅速提高到1.70，特别是ZBS高效节能环保型碳氢压缩机，拥有公司自主开发的核心技术，并申请了专利。该项技术可有效降低压缩机的消耗功率，提升压缩机电机的优化水平，使压缩机在国家标准工况和低温工况下均具有优异的性能。

行业发展趋势

冰箱是第一种在我国被推上节能舞台的家电产品，随着GEF节能冰箱项目在中国的推进以及我国冰箱新节能标准的出台，冰箱节能运动的大幕正在被徐徐拉开，而作为冰箱产品最为关键的零部件，冰箱压缩机在这场运动中将扮演不容忽视的角色。

（1）高效化。要使冰箱节能，最重要的途径之一就是使用高效压缩机。据检测显示，采用高效压缩机将节能7%~20%（相对自身标定值），因此，市场的需求导向导致了冰箱压缩机开始向高效化方向发展。

（2）环保化。我国国家方案确定，中国将于2005年淘汰到按我国1998-2000年生产、消费平均水平并计入10%增长计算值的15%的必要用途的使用量。截止到2000年底，我国已有15家冰箱压缩机生产企业进行了CFC替代技术转换，其中以R600a为主要技术路线的有加西贝拉、黄石东贝及白雪等5家，以R134a为主要技术路线的有万宝冷机、华意等8家。对其余的冰箱压缩机企业来说，环保依然是他们面临的一个重大问题之一。

（3）性能稳定化。虽然国内一些较大的生产企业都已有COP值高达1.75甚至1.8的生产能力，但在产品的稳定性方面还与国际最先进的产品存在一定差距。因此，生产出性能十分稳定的产品是在如今中洋之争异常激烈的冰箱压缩机市场站稳脚跟的先决条件。

（4）低噪化。目前国内先进的压缩机噪音指标远远优于国家标准的限定值。由于居住条件的原因，中国消费者对于冰箱噪音的要求比较高，消费者的需求就是压缩机企业开发的课题，现在一些压缩机的噪音水平控制在了37分贝，相当于正常情况下白天听不到声音的程度。

加西贝拉压缩机有限公司
加西贝拉牌冰箱压缩机

jiaxipera®

加西贝拉压缩机有限公司 Jiaxipera Compressor Co., Ltd.

加西贝拉压缩机有限公司是原中国轻工总会定点制冷压缩机专业生产企业之一，浙江省“七五”规划的重点工程项目。现有总资产6亿元，占地面积12万平方米，建筑面积6.8万平方米，职工人数1000余人，其中各类专业技术人员247人。

公司生产“jiaxipera”牌压缩机及配件，是我国压缩机制造骨干企业，具有雄厚的开发和管理实力，现有各类压缩机50余种，产品85%以上供给国内著名冰箱、冷柜企业，如海尔、科龙、澳柯玛、三星、新飞等，至今共累计销售压缩机1100余万台。目前公司的产品主要有B系列和J系列两大系列，其中B系列是在引进意大利Aspera公司产品的基础上进行了一系列的扩展，目前包括B-C、BM-C、B-CY、BM-CY、ZBM-CY、ZBK-CY、ZBT-CY、ZBG-CY、ZBU-CY、ZBS-CY等系列的产品；J系列是完全自主开发的小规格压缩机，主要生产供小冰箱、冰柜、饮水机等使用的R12、R600a、R134a压缩机。公司在技术、安全等各方面实施标准化管理。在质量上坚持以“科技领先、质量第一、用户满意”为宗旨，产品质量持续稳定。建厂时开始推行全面质量管理，1995年7月率先在国内压缩机行业通过ISO9002认证，2000年10月公司通过ISO9001：2000换版认证，同时获得美国RAB、荷兰RVA质量管理体系证书，成为国内同行中，首家同时获得三种国际质量体系认证证书的企业，现行生产的产品均获国家电工产品认证委员会安全认证证书，部分产品获德国VDE安全认证证书。

2002年是加西贝拉公司发展史的又一个里程碑。公司在南湖开发区征地133.33公顷，进行园区建设。加西贝拉投资发展公司注册成立，改变了原有的以生产经营为主，成为集科、工、贸一体的现代化企业。加西贝拉的发展目标是逐步建设成为国内一流的节能碳氢压缩机产销基地。

Jiaxipera Compressor Co, Ltd. is a refrigeration compressor manufacturer designated by the former National Light-Industry Association and one of the key engineering projects during the seventh five-year-plan of Zhejiang province. With a total investment of USD 50 million, it's established on Dec. 28, 1988 and imported whole set of world advanced technology and equipment at that time from Aspera, Italy to produce B series of compressors for refrigerators and freezers. The annual design capacity has been increased to 2 million after technical modifications during the recent years and through the Montreal grant project.

In order to be able to easily adjust its products structure and enhance its technology, to be more competitive and to reach its target to be bigger and stronger, Jiaxipera built up an enterprise technology center of provincial level in 2000. The center is equipped with all necessary software and hardware for activities from product designing, sample making, performance test, reliability test to compressor application test on refrigerator, so it has preliminarily become a first class base in China combining basic research, application of new technology, new material and new process and research & design of new products into one.

2002 was a special year once more during the company's development history. Jiaxipera purchased a piece of land of about 2002 mu in South Lake development zone in order to build it into a scientific and industrial park. The registration and establishment of Jiaxipera Investment & Development Company changed Jiaxipera from a manufacturing company to a modern enterprise covering not only production but science research and trade also. Jiaxipera's target is to gradually build it into a first class production and sales base of energy-saving hydrocarbon compressor in China.

黄石东贝电器股份有限公司
东贝牌冰箱压缩机

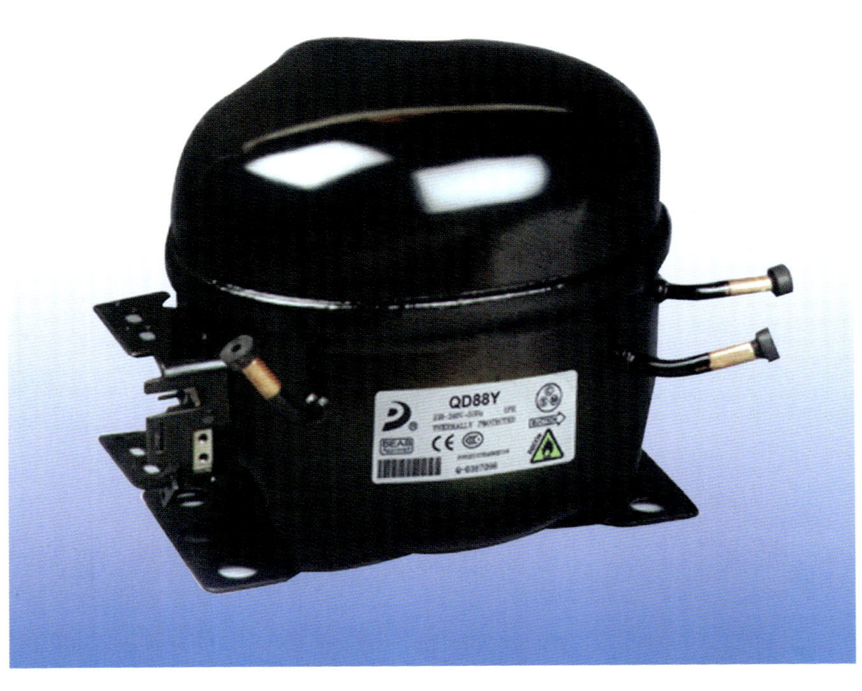

黄石东贝电器股份有限公司 Huangshi Donper Electrical Appliance Co., Ltd.

黄石东贝电器股份有限公司是东贝集团的核心企业，是湖北省家电行业的骨干企业，是原中国轻工总会定点生产冷柜压缩机专业公司，是一家国有控投的B股上市公司。注册资本23500万元，法人代表杨百昌（享受国务院特殊津贴的工程技术专家）。公司员工622人，其中专业技术和管理人员216人，占34.7%。其主导产品为全封闭往复活塞式制冷压缩机。公司拥有从意大利和德国引进的具有世界先进水平的全套生产线和技术软件，年生产能力达200万台，能够生产满足R600a、R134a、R22/R152a、R22、R12等工质需求的，包括高、低背压，普通、高效型在内的产品，是目前国内同行业中品种最多，规格最全，功率跨度最大的企业，也是能够大批量生产大规格压缩机的唯一厂家。公司生产的制冷压缩机具有能效比高、噪音低、耗能省、制冷快、寿命长、低压起动性能好、运转可靠、安装便利、易替代等优点，可与各类电冰箱、冷柜、商用冷柜、冷藏系列柜，饮水机等制冷器具配套。

公司1998年组建省级企业技术中心，拥有11名硕士研究生，3位享受国务院津贴的工程技术专家，一支由99人组成的专业技术研发队伍。由于公司在技术开发和质量管理方面的实力，2002年在联合国全球环境基金（GEF）中国节能氟里昂替代激励计划中以第一名中奖40万美元。2002年公司生产压缩机117.5万台，销售压缩机119.1万台。2003年计划生产压缩机150万台，争取突破180万台。2003年1至5月份已生产压缩机93.6万台，同比增长38%，在同行业中名列前矛。压缩机的出口逐年快速增长，2001年出口6460台，2002年出口17197台，增长166%；2003年1至5月份已出口16230台，同比翻了一番。

公司正以面向全球的国际化发展战略应对中国加入世贸组织的新形势，不断攀登新的高峰！

Huangshi Donper Electrical Appliance Co., Ltd. is the core member of Donper Group, and is the skeleton enterprise of Hubei house appliance industry. Donper is the professional freezer compressor manufacture company of the National Light Industry Committee. Donper issued foreign stock in Shanghai stock Exchange Center. The company's registered capital is 2,350 million RMB, the corporation representative is Mr.Yang Bai Chang(who shares the State Department special subsidy engineering technologist). The company now have 622 staff and workers including more than 216 specialized technicians。 The main products with Donper brand are hermetic reciprocating refrigeration compressors. And she owns a complete set of advanced production equipment and technical software imported from Germany, Italy with a capacity of 2.0 Million compressors annually. The company possesses with R12, R22, R22/R152a, R134a, or R600a as a refrigerant, Including LBP, MBP, Ordinary efficiency and high efficiency, 6 serials, more than 70 kinds of products. Donper becomes the largest enterprise on kind, type and power range in domestic compressor industry and a unique company for mass-producing large type of compressors. The Donper compressor has the advantages of high efficiency, low noise, low power consumption, rapid cold making, long running life, excellent low voltage starting performance, and it is reliable, easy to be installed etc., and can be matched with all types of refrigerator, freezer, commercial freezer, storage freezer, water cooler etc..

The Company are continually climbing a new pinnacle with the strategy of globalization to response the new situation of China enter into the WTO!

江苏白雪电器股份有限公司
白雪牌冰箱压缩机

江苏白雪电器股份有限公司 Jiangsu Baixue Electric Appliances Co., Ltd.

江苏白雪电器股份有限公司原为"国营常熟制冷设备厂"，系国家定点电冰箱、冰柜、全封闭制冷压缩机生产单位，国家机电产品自营进出口企业。2000年6月改制为股份有限公司。公司现有职工1200人，其中工程技术人员200多人，固定资产近1亿元，占地面积56.4万平方米；注册资本5000万元，银行信用AAA级。

公司直属企业有电冰箱厂、压缩机厂、机电设备厂、电力电子技术公司、常熟市制冷设备二厂、常熟市安吉尔家用电器厂、常熟市白雪家用电器厂及中美合资英特新型构件有限公司。拥有机电类、小家电类和OEM三大商品生产基地；本公司主导产品白雪牌冰柜（箱）和制冷压缩机，目前已具有年产100万台冰柜（箱）和200万台制冷压缩机的生产能力，其产销量连续六年双双跨入全国同行前六名。

为创出白雪名牌，公司积极推行现代化管理，实行管理法治，企业于1986年通过国家计经委验收，被列入全国第一批大中型企业TQC达标单位。1993年冰柜等系列产品通过国家电工产品安全认证，获"长城"标志，1995年和1999年企业分别荣获"江苏省质量管理奖"；2001年冰柜荣获"江苏省质量信得过产品"；1998年国家机械部授予"机械工业管理基础规范化企业"，1999年被授予"江苏省管理现代化示范企业"；1996年及2000年分别被授予"江苏省先进集体"和"江苏省优秀企业"称号，1997年被授予计量保证确认企业，2001年被中国轻工业联合会授予"全国轻工业质量效益型企业"。

近年来，白雪产品（冰柜、冰箱、饮水机、酒柜、制冰机、压缩机等）大量出口欧美、东亚和中东地区，并为国际著名品牌OEM。

Jiangsu Baixue Electric Appliances Co., Ltd. is the approved manufacturer of refrigerator, freezer, hermetic refrigerating compressor in China, also it is the self-management enterprise of Import and Export of mechanic-electric products. There are 1200 employees in the company, among them 200 persons are engineers and technicians. The total assets are 1 billion RMB and the company area covers 564,000 square meters. The registered assets are 50 million RMB and the credit status of bank is AAA.

To make "Baixue" a well-known brand the company promotes and carries out the modernized style management method and regularizes the quality control. To make "Baixue" a well-known trademark, we are carrying out modernized style management. We passed the inspection of State Planned Economy Committee in 1986 and our company is listed in the national first batch of TQC qualified unit of large-media class enterprises. "The Well Managed Enterprise of Machinery Industry" by the Ministry of Machinery in 1998, "Jiangsu Modernized Managed Enterprise" in 1999, "Jiangsu Province Advanced Group" and "Jiangsu Province Outstanding Enterprise" in 1996 and 2000 respectively.

In recent years, "Baixue" products (such as freezer, refrigerator, water dispenser, wine cellar, ice maker, compressor) have exported to European & American countries, Middle-east countries and East-Asia, also "Baixue" has the OEM project for international famous brand.

景德镇华意电器总公司
华意牌冰箱压缩机

冰箱压缩机

景德镇华意电器总公司 Hua Yi Electric General Appliance Co.

华意电器总公司是国家大型一档企业，占地面积58万平方米,在岗员工2100余人，其中科技人员占员工总数的25%。公司先后被评为“中国500家最大电器制造企业”，“全国机械工业管理进步百家示范企业”；“2001年度江西省质量管理先进企业”；“江西省优秀企业”；“江西省守合同重信用AAA企业”。主导产品冰箱制冷压缩机具有环保、节能、优质特点，产销量位居国内行业前列。

多年来，“华意压缩”的发展得到了中央、省、市各部门的大力支持与关心。吴邦国、吴官正、李鹏、乔石、朱镕基、邹家华、刘华清等党和国家领导人先后来公司视察，并给予了高度评价。我们将按照党的十六大精神，以技术创新导航，以优异质量护航，加大华意名牌的推进工作，把企业做得更强、更优。

Hua Yi Electric General Appliance Co. is a large national Grade I enterprise with a land occupation of 580,000 square meters. The company has over 2100 employees, among which 25% are technical staff. The company has been rated as one of the 500 Biggest Electric Appliance Manufacturers of China, one of the 100 Demonstration Enterprises of National Mechanical Industry for Managerial Progress, the Advanced Quality Management Enterprise of Jiangxi Province for the year of 2001, the Excellent Enterprise of Jiangxi Province, and the AAA Enterprise honoring the contract and valuing the trust of Jiangxi Province. Its dominant products, the refrigerators and compressors, are characterized with environment protection, energy-saving and good quality, and are ranked as No.1 among the same domestic industry in terms of production output and market share.

Over the years, "Hua Yi Ya Suo" has received strong supports and deep concerns from the Central Government, the provincial and municipal governmental departments. Many top CPC and state leaders, including Mr. Wu Bangguo, Wu Guanzheng, Li Peng, Qiao Shi, Zhu Rongji, Zou Jiahua and Liu Huaqing, have paid inspection visits to Hua Yi, and highly praised the company. In the spirit of the 16th CPC National Congress, we will be guided with technological renovation and guaranteed with superior product quality, make more efforts to promote Hua Yi brand, and make the enterprise more competitive and more excellent.

广州冷机股份有限公司
华光牌冰箱压缩机

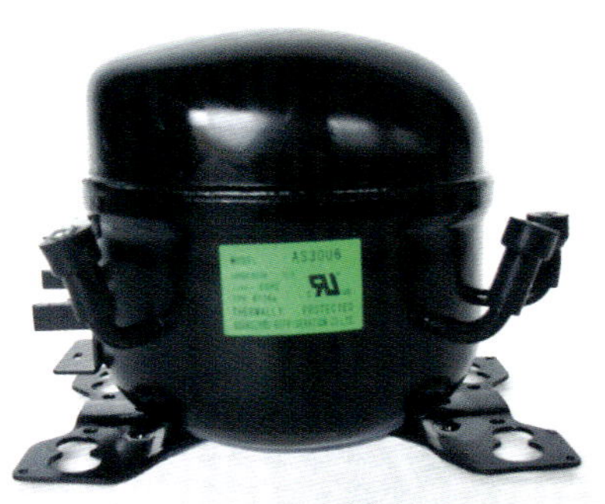

冰箱压缩机

广州冷机股份有限公司　Guangzhou Refrigeration Co.,Ltd.

广州冷机股份有限公司是有国有独资的广州万宝集团有限公司独家发起，经改制后以募集方式设立的股份有限公司。公司坐落在广州市白云区人和镇，建筑面积5.4万平方米，职工1600名，是中国最早从日本松下成套引进电冰箱压缩机技术和设备的厂家，其产量、销量、质量、效益居全国同行业前列，是全国512家重点扶植的国家企业之一和我国前十名大型冰箱生产厂家压缩机供应基地，并荣获"全国质量效益型先进企业"称号。

广州冷机股份有限公司其主导产品"华光"牌电冰箱压缩机，多次荣获省优、部优、国优及各类金奖。1995年通过ISO9001质量体系认证。经无氟技术改造，现生产R134a、R600a和混合工质的高效、节能、环保型冰箱压缩机，具有300万台/年生产能力。

广州冷机股份有限公司始终坚持以提高经济效益为中心，把握品种、质量、市场、效益四个关键，抓好深化改革、基础管理、以人为本三项根本措施，确保公司持续、稳定、健康地发展，再创新优势，更上一层楼。

Guangzhou Refrigeration Co.,Ltd.(hereinafter referred to as the Company)is a limited-liability company exclusively initiated by the wholly state-owned Guangzhou Wanbao holding Co.,Ltd.after reconstruction through issuing shares. The Company is located at Renhe Town,Baiyun District, Guangzhou.It has a construction area of 54,000sqm and 1，600 employees .It is the first one in China to have imported the complete set of technologies & equipment for refrigerator compressors from MATSUSHITA Refrigeration Co.in Japan.The Company's output,sales volume,quality and benefit is leading in the same line and it's one of the 512 govertnment supported key state enterprises and the compressor supplying base for the top 10 refrigerator manufacturers in China.It is also titled as the national advanced enterprise quality and performance.

"HUAGUANG"brand refrigerator compressor,a major product of the Company,was honored for many times as the provincial,ministerial and national excellent product and awarded different kinds of gold medals. In 1995,the Company passed ISO9001 quality certification.After Non-CFC technical modification,it now has the annual capacity of 3,000,000 pcs of high-effieiency,energy-saving & environmental friendly R134a,R600a & blends compressors for refrigerators.

The Company has always focused on the enhancement of economic returns and attached great importance to varieties,quality market,and benefit.Meanwhile,the Company will take the three essential measures of deepening reform carrying out basic management tegarding people as the fundamental element to ensure it's sustained,stable and healthy development and to create new advantages as well as accomplish yet higher goals.

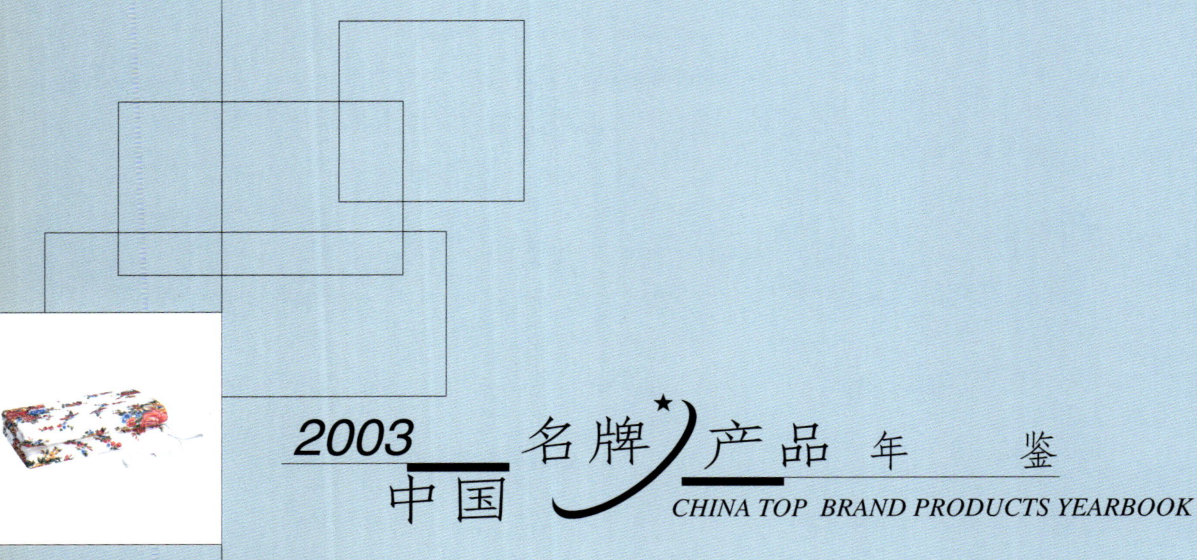
2003
中国名牌产品年鉴
CHINA TOP BRAND PRODUCTS YEARBOOK

F

电热毯

2003年电热毯发展概况

2003年我国电热毯行业整体情况

市场潜力较大是我国电热毯行业的一个突出特点。2003年，中国电热毯年产量在1700万床以上，居全球第一。其中500万床出口到其他国家和地区。电热毯市场仍然具有相当大的发展空间，即便在大、中城市，虽然其消费量已不如十几年前，但仍有一定市场，且高级豪华、个性化的电热毯在城市家庭的消费量还在不断上升；在广大农村和城乡结合部及西部老、少、边、穷地区，作为一种特殊的小家电产品，电热毯经济实惠、使用方便，可取暖排潮，仍拥有较大的市场。另一方面，据权威数据显示，国际市场对电热毯的需求也相当大，即使在发达国家，电热毯产品目前也还拥有着较大的市场。

从技术方面来讲，我国的一些名牌电热毯的质量已达到国际先进水平。目前国内的一些电热毯出口制造企业，其电热毯生产无论是从质量控制上还是安全要求上，都是以欧盟IEC的要求来生产，以适应出口竞争的需求。不过，在国际市场上，与日立、夏普、三洋、东芝等国际知名企业相比，中国电热毯在产品档次、技术含量、凸现个性化等方面也还有一定的差距。

然而，目前电热毯的生产、消费环境并不令人乐观。一方面，假冒伪劣产品在市场上大量存在；另一方面，一些消费者，特别是农村消费者消费观念尚不成熟，不仅品牌消费观念淡薄，而且在选购产品时往往把价格当作优先考虑的因素。由于进入的技术门槛较低，我国电热毯行业从一出现，就出现了大量仿制品。有大量个体私营企业和一些手工作坊型企业在生产电热毯产品，并占据着大部分市场。因此电热毯在国内市场的集中度并不高。电热毯市场一直是产品众多，品牌繁杂，正规产品与伪劣产品、假冒品并存，两者之间质量水准相差甚大，技术差距较大。目前中国电热毯制造企业总数不低于1000家，但真正的主流生产电热毯企业不超过20家，取得电热毯产品生产许可证的厂家共200多家。而占4／5市场份额的是个体及手工作坊型企业，不下600家，这些企业生产的低质量产品严重阻碍了正规电热毯企业和名优企业的发展，同时也侵害了消费者的利益。

名牌企业在行业中的地位

电热毯在我国快速发展始于20世纪80年代，20多年来，经过激烈的市场竞争，一批龙头企业已经脱颖而出，如成都彩虹电器（集团）股份有限公司、青岛市琴岛电器有限公司、上海小绵羊电器有限公司等，这些企业引进国际先进技术和工艺，采用先进管理，年产销电热毯量都在70万床以上，而且产品质量已达到国际先进水平。以彩虹集团为例，它拥有完整的电热毯生产线，自1995年起运用日本松下技术，年平均产量为150万床。而且凭借过硬的质量，还开拓了国外市场，每年都有部分产品出口。其彩虹微电脑智能型数码控温电热毯具有数字显示工作温度和时间、温度可调、定时、智能化温度控制、记忆温度和时间及自动安全保护等功能。

3、行业发展趋势

鉴于目前电热毯行业的发展状况以及产品所存在的问题，我协会认为今后此行业有如下几个发展趋势。

（1）安全化。可以说，电热毯的安全问题是影响本行业发展的关键因素。只有安全性能得到可靠保证的产品才能被广大消费者所接受。纵观我国整个电热毯行业我们可以发现，目前，部分中小型电热毯生产企业由于技术、资金等方面因素的制约，所生产出的产品存在着大量的安全隐患，严重制约了行业的健康、可持续发展。因此，行业应该本着一种为消费者人身安全负责的态度，积极开发出安全性能较高的优质产品，同时这也是我国电热毯行业在原有基础上扩大经营范围、把蛋糕做大做强的主要出路之一。

（2）高档化。随着人们审美水平以及对生活品质的要求越来越高，电热毯这一20世纪80年代甚为风行的家居用品现今已经越来越被大多数城市人所遗忘。因此，不断改良生产工艺，增加产品品种及功能，努力使我国电热毯产品与国际水平接轨，生产出优质、美观、实用、高档的产品是我国电热毯行业发展的当务之急。

（3）认证化。正如上面所提到的，由于我国部分电热毯产品存在着严重的安全隐患，严重威胁着消费者的健康和安全，也影响了电热毯产品的声誉，严重地阻碍了正规电热毯生产企业的发展，因此，正规电热毯生产企业要求对电热毯产品进行强制认证的呼声日渐高涨。而我国目前在强制实施产品认证的"家用和类似用途设备"产品中，并没有电热毯这一涉及人身安全的电器产品。因此，电热毯行业亟需完善相关的标准和法规，以加强企业的质量控制意识。虽然电热毯的安全性能国家标准早在1999年就已实施，但很多企业对这一标准并不是很了解，加之各级地方政府的地方保护主义，使得一些个体私营作坊型企业能够长期存在并且扰乱市场。

对此，许多电热毯生产企业表示，只有通过强制认证规范这一市场，才能让伪劣产品没有立足之地，让消费者对电热毯产品重树信心。要改变目前国内电热毯市场的混乱状况，就必须实施国家强制认证，将电热毯纳入到国家强制认证的范围。通过强制认证提高整个电热毯行业的质量和技术水平，阻止伪劣产品进入市场，规范电热毯行业的健康发展。而强制性认证，也将有利于电热毯产品走出国门，参与国际竞争，利于提高产品信誉，争得更多的市场份额。

上海小绵羊电器有限公司
小绵羊牌电热毯

上海小绵羊电器有限公司 Shanghai Xiaomianyang Electric Equipment Co., Ltd.

上海小绵羊电器有限公司是上海小绵羊器具有限公司经剥离改制成立的生产"小绵羊"、"吉祥"系列电热毯的专业企业。公司注册资金100万人民币，占地面积5000平方米，建筑面积8500平方米，专业技术人员占职工总数的15%。公司致力于产品开发和技术研制，产品从单一取暖型向多功能、保健型发展，逐步形成了多款式、多品种的产品系列。公司以质量第一、信誉至上为宗旨，竭诚为广大用户提供优质的产品和一流的服务。

"小绵羊"、"吉祥"电热毯具有牌子老、品种多、功能全等特点，能满足不同消费者的各种需要，普通型电热毯可随意选择高温档或低温档；时间控制式电热毯具有高温档1小时自动转换为低温档的功能，且8小时后，自行切断功率输出；新近设计投放市场的电脑双控式电热毯，以一个开关分别控制左右两边的毯体温度和工作时间，且设置有五档功率输出，工作时间也可以从1～10小时自由选择，是理想的取暖佳品。

"小绵羊"、"吉祥"电热毯曾荣获国家及上海市优质产品称号，"小绵羊"电热毯自1998-2002年连续五年被评为上海市名牌产品，1999年被列为上海市首批免于质量监督抽查名牌产品，1998、1999年被推荐为"浙江省推荐产品"，1999、2000年被评为"江苏市场畅销品牌"，2000年公司被评为"浙江省产品质量创优定点监督跟踪单位"。

Company Outlines: Shanghai Xiaomianyang Electric Equipment Co.Ltd., that is peeling off and rebuilding from the Shanghai Xiaomianyang Implement Co. Ltd., is the professional manufacture for elector-thermal blankets production. The registered capital of the company is 1 million RMB Yuan. The possession area of the company is 5500 m2. And the company building area is 8500 m^2. The expert technician is the 15% of total employee. Our company concentrates all our efforts on technical researching and products developing. The warm-used only type elector-thermal blankets have been turning to multi-functional and health production products. Now a various kind and styles of room-warmed and health protection products have been formed to suit the market. The tenet of our company is "The Quality The First, The Credit The First". We shall wholeheartedly offer all our customs the excellent quality and excellent service products.

Company honor: The registered trademarks "Xiaomianyang Brand" and "Jixiang Brand" elector-thermal blankets have had the honors to get the "State High Quality Product", "Shanghai High Quality Product" multi-times. These two kinds of blanket also had the honors to get "Shanghai Famous Brand Product" from 1998 to 2002s five times continually and were the first batch famous brand product of Quality supervise spot check inspection free of Shanghai. "xiaomianyang" elector-thermal blankets had the honors to get the "Jiangsu market salability brand" in 1999 and 2000. In 1998 and 1999, it was chosen as the "Zhejiang province recommended product". Our company was appraised and selected to be "Zhejiang province Product Quality creating excellence supervise tail after appointed unit" in 2000.

成都彩虹电器（集团）股份有限公司
彩虹牌电热毯

全线路自动控温电热毯

豪华型全线路自动控温电热毯

全线路特别安全保护型电热毯

微电脑智能型数码控温电热毯

成都彩虹电器（集团）股份有限公司 Chengdu Rainbow Appliance (Group) Sharers Co. Ltd.

成都彩虹电器（集团）股份有限公司是以国家二级企业——成都电热器厂为主体，成都人民商场集团、昆明百货站等发起创立的企业集团，主要产品为“彩虹”系列电热器具、家庭防疫卫生用品、厨房器具、中成药品、农用气雾器械等，主导产品“彩虹”牌电蚊香片（器）、电热毯等产销量历年居全国同行业首位，“彩虹”系列小家电产品被四川省人民政府评为“四川名牌”产品，2002年“彩虹”商标被国家工商行政管理总局认定为“中国驰名商标”。公司现为全国轻工业联合会理事单位、中国家用电器协会副理事长和中国日用品工业协会副理事长单位，列为四川省重点企业和成都市重点优势企业。公司坚持技术进步和技术创新，坚持“以一流的产品和服务满足或超越顾客需求”的质量承诺，1995年被国家经贸委、国家统计局评为“中国工业企业综合评价最优500家”之一，2001年8月通过ISO9001:2000质量管理体系认证。

成都彩虹集团始终把科技创新、技术进步作为企业发展的核心动力。公司坚持“以质量求生存、以新产品求发展，以经营管理求效益、以用户服务求信誉”的指导方针和“小产品大市场”、“优质、多品种、大规模”的经营战略，坚持科技创新和不断调整产品结构，一业为主、多种经营，积极寻求新的经济效益增长点和新的发展机遇。

成都彩虹集团始终把开拓市场放在首位，以实施优质名牌战略为依托，以西南和长江流域地区市场为重点，建立起稳定、广泛的市场网络体系，拥有一批专业功底扎实、经验丰富、富于创新的营销人员队伍和服务人员队伍，主导产品“彩虹”系列电热毯、电热蚊香片销售历年居全国同行业首位。

Chengdu Rainbow Appliance (Group) Sharers Co. Ltd. is founded based on Chengdu Electric Heating Appliance Factory, the National Class II Enterprise, as main shareholder and other shareholders such as Chengdu People's Emporium Group and Kunming General Store, etc. Rainbow Company engages in Rainbow(r) electric heating devices series, household epidemic prevention & healthy articles, kitchen wares, traditional Chinese medicinal nostrum and farming sprayers, etc. Production and sales volume of the main products Rainbow(r) Electric Mosquito-Repellent Mat / Device and Electric Heating Blanket rank the first among the same trades nationwide. The registered trademark Rainbow(r) is named "Sichuan Famous Brand" by People's Government of Sichuan Province. Rainbow electric household product series was recognized "China Rescunded Trademark" by National Industry & Commerce Administration Bureau in 2002. The company is the director unit of National Light Industry League, Vice-director of China Household Electric Appliance Association and Vice-director of China Commodity Industry Association. Rainbow has been listed as Key Enterprise of Sichuan Province and Key Superiority Enterprise of Chengdu City. Rainbow pursues technical progress and innovation, keeps on with quality promises to satisfy customers with products and service with highest quality. Rainbow was listed one of "500 Superexcellent Industrial Enterprises of China" awarded by National Economy & Trade Committee and National Statistics Bureau in 1995. The company obtained recognition of ISO9001 Quality Management System.

青岛市琴岛电器有限公司

琴岛牌电热毯

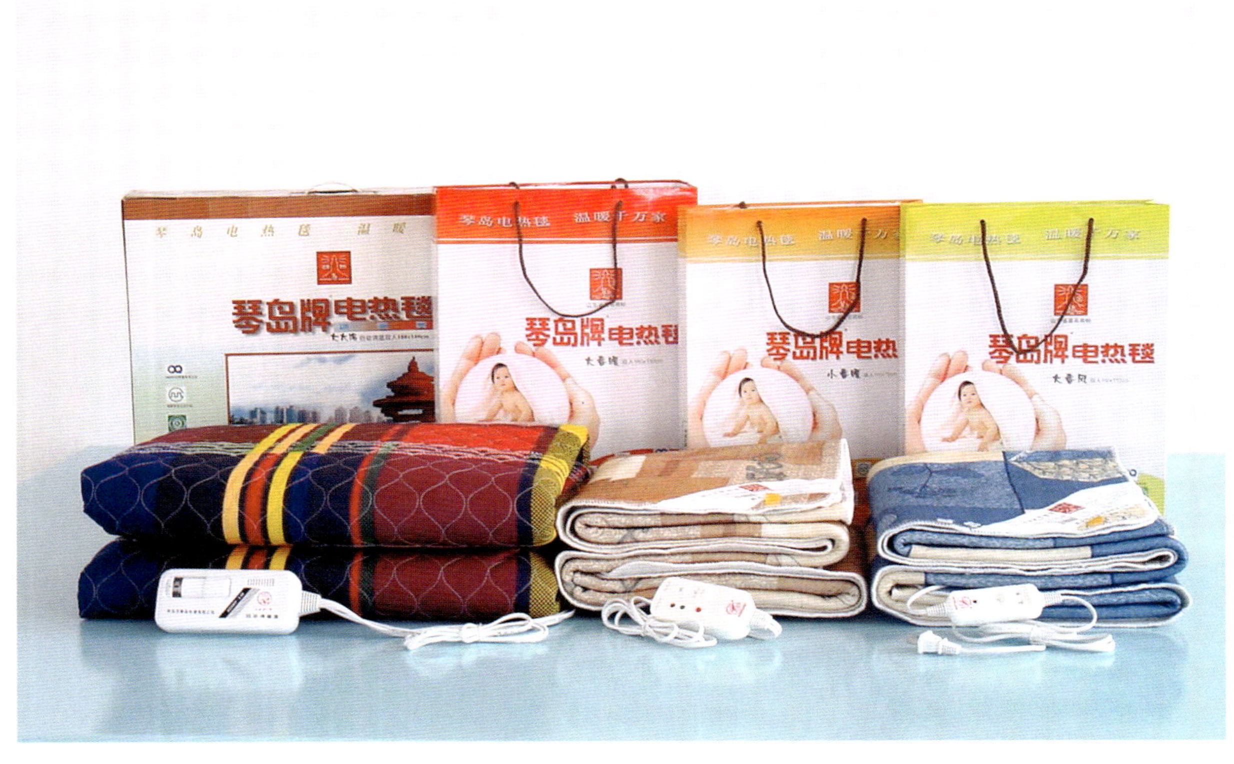

青岛市琴岛电器有限公司 Qingdao Shi Qin Dao Electric Appliance Co., Ltd.

青岛市琴岛电器有限公司成立于1987年，是国家定点专业生产电热毯的企业、中国家用电器协会和中国标准化委员会成员单位。公司现有固定资产667万元，员工190名，产品有7大系列，30多个品种，年生产能力100万条，同行业排名山东省第一，是中国北方最大电热毯生产企业。2002年生产电热毯77万条，实现销售收入3900万元，利税712万元。

“琴岛牌”电热毯先后荣获：青岛市优质产品、工业产品生产许可证、山东省最畅销商品——金桥奖、青岛名牌产品、采用国际标准产品、山东省免检产品、中国电工产品安全认证、青岛市高新技术产品等荣誉称号，1994、1995连续两年被推荐为全国优质名牌产品。

1997年公司在全国同行业率先通过ISO9002国际质量体系认证，获青岛市著名商标和山东省著名商标。公司还先后被授予青岛市重合同守信用企业、青岛市全面质量管理达到八项基本要求合格单位、青岛市先进企业、青岛市计量验收合格单位、青岛市消费者满意单位、山东省重合同守信用企业、青岛市光彩之星、青岛市高新技术企业、青岛市民营科技企业、青岛市知名企业打假维权重点保护单位等称号，公司自行研制的“交流电热器具过热时的断电装置”等三项科研成果获国家专利。

The Qingdao Shi Qin Dao Electric Appliance Co., Ltd., founded in 1987, was a nation-appointed company specialized in producing electrically heated blankets, and is a member unit of the Household Appliance Association of China and China's Standard Committee. The corporation takes the first place within the electrically heated blankets trade in Shandong. It is also the biggest company for electrically heated blankets production in the north of the Yangzi River, with fixed assets of 6,670,000 yuan, 190 employees, annual production ability of 1,000,000 blankets in 7 sorts and over 30 series. In 2002, the company produced 770,000 blankets with sales income of 39,000,000 yuan and taxes of 7,120,000 yuan.

Our company is among the earliest in its trade that has passed the ISO 9002 International Quality System Authentication in 1997 and won the honorary titles of famous brand both in Qingdao and Shandong. It was awarded the following titles successively: Enterprise That Merits For Abidance Of Contract And Credit In Qingdao, Qualified Company Whose Quality Management In Accordance With The Eight Essential Requests In Qingdao, Advanced Enterprise In Qingdao, Qualified Enterprise That Passed Measurement Check In Qingdao, Consumer Satisfied Enterprise In Qingdao, Enterprise That Merits For Abidance Of Contract And Credit In Shandong, Star Of Qingdao, High-tech Enterprise In Qingdao, Privately Owned Enterprise Of Science And Technology In Qingdao, Protected Unit Among Famed Enterprises That Combat With Fake Product And Maintain Consumers' Rights In Qingdao. Three scientific research fruits developed by our company, among which "Lose of electric current when the appliance heated by alternating current is excessively heated" is one, have won the national patents.

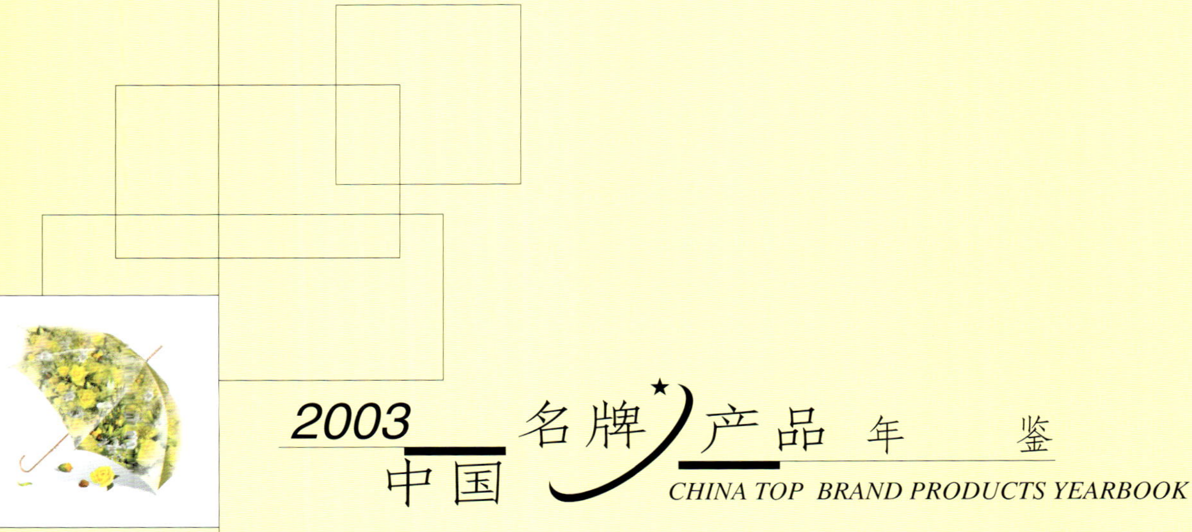
2003
中国名牌产品年鉴
CHINA TOP BRAND PRODUCTS YEARBOOK

G

晴雨伞

我国晴雨伞生产企业概况

说起我国古代的四大发明，几乎人人皆知。其实小产品中由我国发明制造沿用至今的不胜枚举。晴雨伞便是其中之一，它的发明与利用，是我国对世界文明所作出的又一伟大贡献。

伞在我国商周文化中已经出现，可见其历史的悠久。只不过那时候的伞被称作“华盖”，为皇权所独享，以表示皇帝的威严和至高无上的礼仪。历史上皇帝出行，仪仗中高擎的黄罗伞就是那时流传下来的。

《史记》中也有关于伞的记载，那时把伞叫做“盖”，仍服务于皇权贵族。伞的不同规格，伞面的不同层数和不同颜色，表示了享用者的不同身份、官衔。

伞的面料开始为丝帛所制，价格昂贵；汉代以后，人们用涂上桐油的纸替代丝帛，大大降低了制作成本，故至唐宋时期，纸制雨伞得以在民间慢慢普及。到了清代，出现了精工彩绘的花伞，至20世纪30年代，我国又首先发明了折叠伞。

中国伞及其制造工艺在唐代传入日本和东南亚国家。18世纪中叶传入英国，随后传入欧美及世界各地。欧洲工业革命的开展和大规模的工业生产，带动了制伞工业的改革，使“中国伞”的传统面貌焕然一新。

如今，中国重新成为世界制伞工业的中心，世界晴雨伞市场65%以上的产品来自中国，不少中国的品牌受到当地市场的钟爱。今天人们普遍使用的黑布、钢骨伞及其制作工艺便是由国外传入中国的。这就是我国民间习惯把雨伞称作“洋伞”的原因。

伞由古老的华盖发展演变出纸伞、布伞、尼龙伞、塑料伞、折叠伞、自动伞，其间折射出人类文明的进步，科学技术的发展。

伞属轻工小产品中的一种，产品虽小，工艺并不简单。伞面需要印染、印花、作防水涂层，伞架需要电镀，伞柄需要造型。制作一把伞要经过100多道工序，主要分为制伞骨、上伞面两大过程。每把伞一般有6至8根伞骨。仅以上伞面就要经过缝角、绷面、上架、剪绷边、刷花、摺伞、装杆、包头、装柄、打钉口等几十道工序。伞骨可由竹、木、钢、铝、树脂纤维等材料制成；伞面可由纸、布、丝绸、尼龙、涤纶、塑料等不同质地的面料来做，再根据晴雨伞的不同功用进行防护涂层的处理。伞骨材料和伞面质地不同，其制作工艺也有所不同，伞的质量、造型、功能及使用寿命也各有差异。近年来，随着科技的进步，制伞工艺、制伞材料都出现了很大变化，杜邦、纳米技术的应用大大提高了伞面的防雨性能。许多高新技术成果应用于制伞工业，成功开发了防紫外线系列、超轻系列、自收自开系列等时尚产品，无论从使用、观赏、时尚性看都出现了质的提高和飞跃。

伞的工业制造属劳动密集型产业，需要大批劳动力，耗时、耗工，其生产优势已不被欧洲发达国家所拥有，故近一二十年间，全球制伞工业布局发生了巨大的变化。德国、意大利、日本、我国台湾，一些久负盛名的制伞企业纷纷向中国内陆转移，国际市场伞业名牌产品纷纷到中国内陆寻求合作伙伴，贴牌生产以保国际市场的供应。

除国际市场的需求加大外，国内人民生活水平的不断提高，也增加了对伞具的需求，除避雨外，姑娘们需要遮阳、需要与服装配套，垂钓者需要构筑阴凉舒适的小环境，企业宣传需要作市面广告……为此，除雨伞外，各种遮阳伞、淑女伞、钓鱼伞、沙滩伞、广告伞应运而生，培育出晴雨伞市场的广阔空间和巨大的发展潜力。

目前，我国东南沿海一带，已开发形成了晴雨伞的制造基地，涌现出一批产值上亿元的生产企业，一批制伞工业的精英企业家也脱颖而出。

2002年8月，浙江上虞市崧厦镇被中国轻工业联合会和中国日用杂品工业协会命名为中国伞城。

崧厦镇伞业的生产具有悠久的历史。40年前，第一批“修伞郎”走南闯北修伞绷伞，足迹遍布全国；到20世纪80年代初崧厦镇已出现了以伞件加工为主的家庭作坊；1992年，崧厦镇建起了全国第一个伞件专业市场；1995年，镇里又投资1.6亿元，建立了伞业工业园，入园企业达54家。

经历了修伞绷伞，家庭作坊式生产，工厂化生产和高速发展四个阶段，目前崧厦镇已形成稳定的专业化生产及销售中心。区域内有制伞企业近400家，制伞从业人员2万余人，年

销售收入500万元以上的制伞企业40余家，形成了从伞具零部件到成品伞生产协调配套的较完善的产业链。据统计，2001年崧厦镇实现伞业产值34.2亿元，销售收入32.5亿元，分别占全镇工业产值、销售收入的57%和58%，内销成品伞一亿多把，外销成品伞1.1亿把，产品销往美国、加拿大、墨西哥等28个国家和地区。

福建晋江东石镇制伞业，起步晚、起点高、发展快。

因比邻东南沿海，又是我国著名的侨乡，故有得天独厚的信息、引资及外贸出口的优势。20世纪80年代大批台湾伞业巨头投资东石办起专业伞具企业，因设备、工艺、材料的先进及祖传的专业技术，产品面市后令人耳目一新，很快便赢得海外市场的好评。

近10年来，随着政策的进一步放开，人们的观念发生了根本的转变，伞业的生产得到了更加迅猛的发展。

目前，老一辈台商已经告退商海，新一代企业家承继了祖上的事业；祖国内陆本土培植的企业精英经历了10余年的风雨磨砺，更加成熟豁达。与上代开拓者相比，他们年轻、有朝气、锐意进取，观念新、思路活、品牌意识强，他们要挣钱，但更想开拓一番事业，振兴民族工业。

东石企业的特色是：企业规模大，集约程度高，从业人员多，产品85%出口海外，是我国最大的雨伞出口基地。

目前东石大中型制伞企业140余家，外发加工户3600家，直接从业者2.7万人，间接从业人员1.4万人。2002年，全镇成品伞产量2.46亿把，实现产值19.7亿元，雨伞配件产值23.8亿元，行业总产值达43.5亿元。其中产值超亿元的专业制伞企业超过10家，其他几家大型塑料配件、伞布、伞骨生产企业年产量亦位居全国同行领先位置。

带动一方经济，造福一方百姓，安康一方社会，就连六七十岁的老人或身患残疾者也在从事于伞业的加工。东石镇的目标是，至2005年建成配套齐全的国内伞具生产基地和对外销售中心。到那时，东石将成为我国伞具配件的最大供应基地和行业信息交流中心，年产各类成品伞4.25亿把，外销3.4亿把，实现伞业产值60亿元。

除崧厦、东石外，我国广东深圳，浙江萧山、义乌，福建泉州等地还有一些自然形成的伞具生产基地，其规模大小及产业特色各有不同。

综上可以看出，我国是一个晴雨伞生产大国，具有一定规模的生产企业不少于1500家，从业人员超过20万人，至于外加工点和小作坊式的零部件或组装店更不可胜计。

据行业统计，2002年我国晴雨伞总产值135亿元，总产量15亿把，出口创汇9亿美元。虽说在国民经济中所占比重不大，但晴雨伞是亿万消费者生活的必需品，随着人民生活水平的提高其服务面在不断拓展，为人民生活带来方便、时尚和美的追求。

随着国际市场竞争的加剧和企业的不断发展，我国制伞业也在向集中化、规模化、专业化迈进，除基地经济的形成外，也出现了一批行业的佼佼者和国内外市场畅销的成功品牌。其中杭州天堂伞业集团生产的天堂伞成为国内市场的第一品牌，产品覆盖面高，品牌效果好，受到国内市场的欢迎。海外市场的成功品牌为晋江恒顺洋伞有限公司生产的梅花牌，产品出口60多个国家和地区，并在海外建立了成熟的销售网络和分销机构，其产品质量好、品种多，受到海外用户的好评。

另有厦门的富太，广东的久田、广兴、明和，晋江的富隆，温州的海螺等，均为我国制伞行业的排头兵企业，他们的产品或大量出口，或因高精品质为世界名牌选址加工，或因符合内需而走俏国内市场，总之都具有广阔的发展空间，是晴雨伞行业中具有竞争优势的生力军。

杭州天堂伞业集团有限公司
天堂牌晴雨伞

杭州天堂伞业集团有限公司 Hangzhou Paradise Umbrella Group Co., Ltd .

杭州天堂伞业集团有限公司最前身是杭州天堂伞厂，创建于1984年初，近20年来，企业得到了稳健持续的发展，已成为目前国内规模最大的专业制伞企业，拥有子公司6家，控股企业2家，职工3300人，其中专业技术人员和中高级专业人员分别占职工总数的8.06%和2.85%。集团总占地面积21公顷，拥有年产伞3000万把、雨衣1000万套、车锁300万把的生产能力。主导产品"天堂"牌晴雨伞是浙江名牌产品，"天堂"商标是浙江省著名商标。天堂伞素以轻、新、牢、美著称，产品质量、技术工艺和各项性能指标在全国制伞业中无可争议地处于领先地位，在国内外市场享有很高的声誉。近年来，公司陆续开发生产的超轻型系列、防紫外线系列、旅游型系列等新产品。在造型设计、技术工艺、面料、包装等方面都有了较大的创新和突破，已达到国际先进水平。

天堂伞以优秀的质量和优良的服务占领了全国最广大的消费市场，公司在全国设有40多个销售分公司，拥有一个以全国大中城市3000余家商场和200多个市场总经销为基本阵容的销售网络，国内市场占有率连续9年保持在20%左右。公司以"优质铸品牌，诚信播天下"为宗旨，积极创新，培育品牌，增强优势，推动了伞工艺和伞文化的发展，为确立我国成为世界第一制伞大国作出了杰出贡献。目前，公司在品牌、质量、技术、市场、规模和效益等方面拥有了相当稳定的实力优势，成为国内制伞业公认的龙头企业和优秀代表。

Hangzhou Paradise Umbrella Group Co., Ltd, the former Hangzhou Paradise Umbrella Plant, which was established in 1984, has become one of the largest umbrellas manufactures in China with the steady development in the last twenty years. It has six sole investment plants and two stock-dominated companies, and more than 2, 600 stuffs including 8.06% skilled technicians and 2.85% professional technicians. It has a total area of 214,000 square meters, having a capacity of making 30 million umbrellas, 10 million raincoats and 3 million bicycles locks per year. The main products "PARADISE" brand umbrellas are ZHEJIANG FAMOUS PRODUCTS, and the brand is ZHEJIANG FAMOUS BRAND. "PARADISE" brand umbrellas are famous for being light-weight, fresh style, durable and beautiful. It has gained very good reputation in domestic and overseas markets, and leads the quality and technologies in Chinese umbrellas industry. The company has created many new products in recent years, such as super light series, anti ultraviolet series, tour series, etc. and has made great innovations on design, technologies, cloth, packing, and so on, achieving international level in these areas.

Its excellent quality and services have leaded to good market shares. The company has 40 branches, 200 general dealers and more than 3,000 affiliated shops or supermarkets all over the country, and has won 20% market shares in China in the last 9 years.With the tenet TO BUILD UP BRAND BY TOP QUALITY,AND TO WIN CUSTOMERS BY CREDIT, the company is aim to satisfy customers by providing them with top quality products and the best after service, and has made great contributions to China being the NO.1 umbrellas making country in the world. It is being predominant on the aspects of brand, quality, technology, market, scale and profits, etc. and become the leading company in domestic umbrellas industry.

晋江恒顺洋伞有限公司
梅花牌晴雨伞

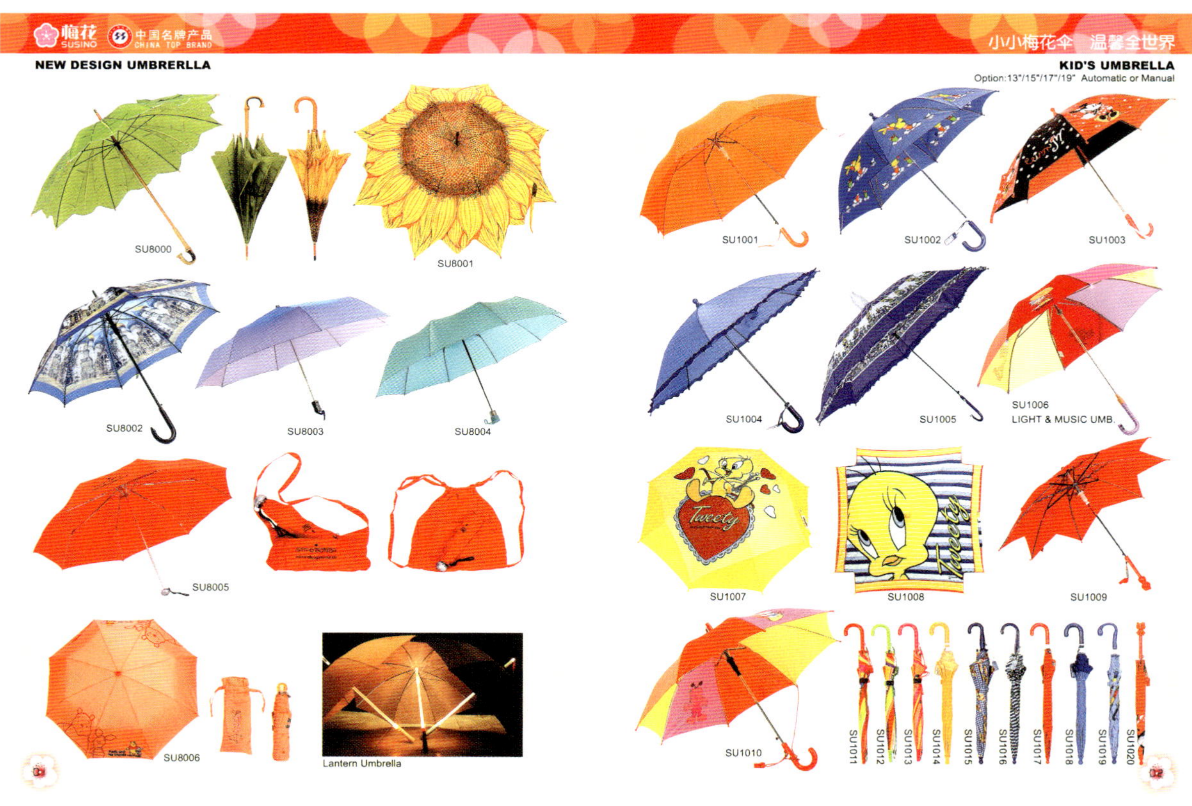

晋江恒顺洋伞有限公司 JinJiang HengShun Umbrella Company

公司自创建以来，业务蓬勃发展，公司经营业绩逐年上升。2001年公司产品销售收入已经达到23761万元，利税总额1542万元，出口创汇2009万美元，分别比1996年增长了3.8倍、3.7倍和4.8倍。2002年，公司经营业绩进一步快速发展，全年实现销售收入29714万元，利税总额2833万元，出口创汇2610万美元，分别同比增长了25%、83.7%和29.9%。

在取得上述效益的同时，公司总裁王安邦先生不忘社会对企业的支持，积极从事大量的公益活动，如从98年开始，每两年捐资5万元人民币作为公司总裁王安邦先生母校——金欧小学的奖学金，至今累计捐资已达15万元人民币；1999年12月捐资15万元作为晋江市东石镇金欧村厝后慈善基金会的慈善基金；2000年3月捐资100万元作为晋江市东石镇金欧村大道建设基金；2001年1月，捐资人民币50万元作为晋江市金山中学的奖学金和改善学校教学环境基金；等等。王安邦先生热心从事公益事业的行为得到了社会各界的好评。

晋江恒顺洋伞有限公司"梅花"牌晴雨伞的知名度、市场占有率和良好的发展态势受到了国际知名制伞企业的高度重视，它们纷纷通过各种渠道表达了与晋江恒顺洋伞有限公司的合作意愿。经过深入的沟通和谈判，公司目前分别与台湾福茂洋伞有限公司、台湾豪丰有限公司、台湾和盛洋伞五金电镀厂和台湾晟英洋伞铁管厂等拥有二三十年制伞经验并富专业特长的台湾知名制伞企业建立了紧密型的合作关系，他们分别以资金、国际专利、专业技术等不同形式加盟到恒顺的事业（其中台湾福茂洋伞有限公司的1000万元入股资金已到位）。随着公司与国际知名制伞企业深入的合作，公司引进国际领先的制伞技术和经验，从而使公司的产品质量和档次得到进一步的提高，同时公司还将在合作中学习和吸收国际先进经营管理理念，进一步提升公司的经营管理水平。

JinJiang HengShun Umbrella Company was found on Sep.22,1995.Which was a united enterprise specialized on umbrella Designing,Manufacturing,and Sales.

For about 10 years,with the efforts of Director Mr.Wang An Bang and all staffs,the company have been growing up from small to big,from weak to strong.At present, company's capital have been up to more than USD120, 000,000,00.Stand up to more than 30,000.00 square office and production line building.Annual production for more than 30,000,000.00 pcs of "SUSINO"brand umbrellas.Annaul production total amount up to USD360, 000,000.00.Company have become a basic umbrella production center in china for it's independent umbrella parts producing,umbrella designing,umbrella manufacturing, and export services.

From 2001,Company have monopolized the highest umbrella production technical-automatic open and close function.On the bases of automatic open and close function umbrellas,the company have been designing all kinds of flowery,and other function umbrellas.At the same time, we have been producing all sorts of promotional,lovers, beach and UV umbrellas.The company become one of the biggest umbrellas manufactory in China.

On Mar.2003,The company have passed ISO9000 quality certificate,become a unique enterprice in China for it's double UKS and RAB certificate.Company's "SUSINO"brand umbrellas have suggested as CHINA TOP BRAND by China Quality Council on Sep.01,2003. Also company's unique automatic open and close umbrella technical have become the most highest class technical for umbrella production.

Company have been focusing on promoting overseas matket and it's brand construcion.Company's "SUSINO"brand umbrella was sales to USA,JAPAN... more than 80 countries and district in the world."SUSINO" have becoming a more and more famous brand in all over the world.

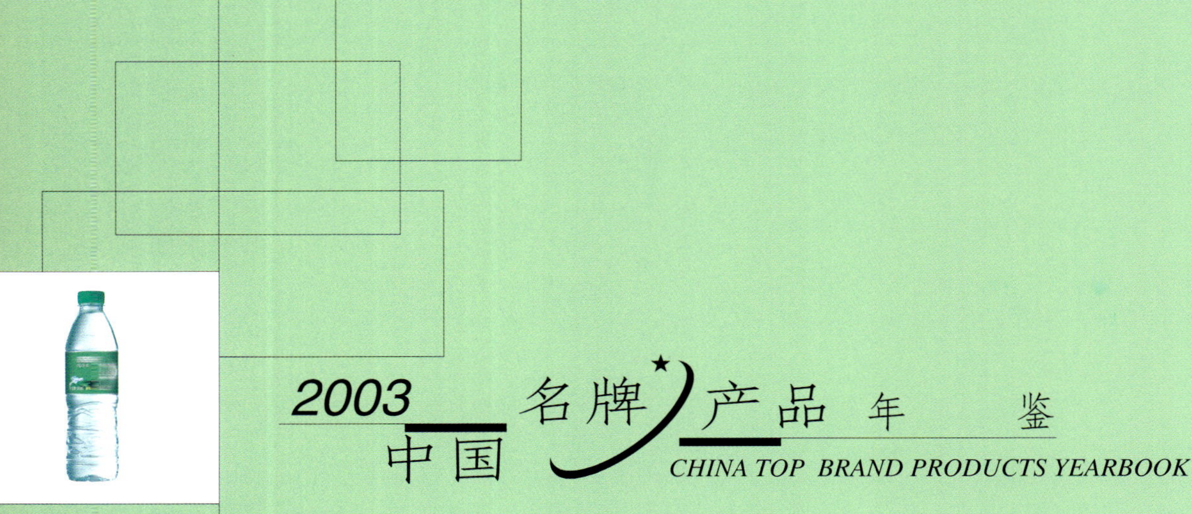
2003
中国名牌产品年鉴
CHINA TOP BRAND PRODUCTS YEARBOOK

H

饮料

腾飞中的中国饮料工业

中国饮料工业是改革开放以后的新兴工业，却是工业领域中开放较早、市场化程度很高的竞争性行业。20世纪80年代初世界著名饮料品牌可口可乐和百事可乐把产品和灌装厂带入中国，与此同时也把品牌意识和竞争机制带入我国饮料行业。激烈的行业竞争中，我国饮料企业从小到大，从弱到强，从地区品牌到全国品牌，并正在迈向全球。伴随着人们生活水平的提高，健康意识的增强，我国的饮料消费市场也日渐成熟，显示出一派蒸蒸日上的繁荣景象。

一、快速发展的饮料行业

近年来我国饮料工业一直保持较稳定的增长，从1993年到2002年，我国饮料产量从485万吨发展到2025万吨，年均递增17%。2003年虽经历“非典”的不利影响，饮料行业仍保持平稳发展。根据国家统计局数字显示，2003年全国规模以上企业901家，饮料总产量2374.41万吨，销售收入774.42亿元，利税总额103.58亿元，利润总额64.35亿元；2002年825家规模以上企业总产量2024.97万吨，销售收入551.53亿元、利税总额67.15亿元、利润总额39.71亿元。2003年各项经济指标与2002年同比增长17.3%、40.41%、54.25%、62.05%。

二、高集中度的饮料行业

据饮料协会数据显示，2003年全国饮料企业前20名年产量1133.94万吨，销售收入358.57亿元、利税总额57.62亿元，利润总额37.26亿元，分别占全国比重的47.76%、46.30%、55.63%、57.90%。

2003年全国饮料行业分地区产量超过100万吨的省（市）共计7个：浙江489.46万吨、广东460.20万吨、上海200.41万吨、河北124.44万吨、江苏112.97万吨、北京109.00万吨、山东108.62万吨。

三、群星闪耀的饮料行业

2003年饮料行业的中国名牌工作，得到了政府及有关组织部门的高度重视和支持，最终两大类饮料，10家企业、10个品牌的11个产品荣获2003中国名牌产品称号，这对饮料行业的品牌提升起了积极的作用。瓶装饮用水类：乐百氏（广东）食品饮料有限公司"乐百氏"纯净水、杭州娃哈哈集团有限公司"娃哈哈"纯净水、吉林森工集团泉阳泉饮品有限公司"泉阳泉"矿泉水、青岛崂山矿泉水有限公司"崂山LAOSHAN"矿泉水、深圳达能益力泉饮品有限公司"益力"矿泉水、椰树集团有限公司"椰树"矿泉水、农夫山泉股份有限公司"农夫山泉"其他水；植物蛋白饮料类：厦门银鹭集团有限公司"银鹭"花生牛奶、牛奶花生、厦门惠尔康集团有限公司"惠尔康"花生牛奶、牛奶花生、椰树集团有限公司"椰树"椰子汁、露露集团有限责任公司"露露"杏仁露。

获得中国名牌产品称号的十家企业，有七家企业综合实力名列中国饮料行业排名前十名，在参加申报2003年度中国名牌评比的饮料瓶装饮用水和植物蛋白饮料企业中，这十家企业确是当之无愧的"领头羊"企业。雄厚的企业资本，完善的质量保证体系、新产品开发体系和售后服务体系，确立了为消费者提供高质量饮料的体系架构。

2003年获得中国名牌称号的十家企业年产量651.40万吨、销售收入154.76亿元、利税总额27.51亿元、利润总额18.24亿元，各项指标占全国比重为：27.25%、20.00%、26.54%、28.34%。

四、蓬勃发展的饮料行业

中国是一个极其注重"饮食文化"的国家，自古以来对饮食就有极高的见解。然而，有

一段时间，如何“吃饱”成为人们关注的问题，但今天随着生活的日益富裕，传统“饮食文化”，被再次提升与现代文化、世界各国文化相碰撞，并被赋予全新的理念。与此同时，中国饮料业也在其中的变化中不断变换在自己的位置，寻求更新、更广阔的发展空间。

1、饮料产品的多元化

伴随着人们日益增长的消费需求，饮料活跃在人们生活的各个空间。酷爽口感的碳酸饮料、清新解渴的瓶装饮用水、拥有独特植物成分的植物蛋白饮料、富含维他命及口感新鲜的果汁饮料、源自天然且富含多种对人体有益物质的茶饮料、营养丰富的含乳饮料、提神醒脑的功能性饮料、迅速补充运动中流失水分及营养成分的运动饮料等，各饮料品种以其与众不同的独特口感、功效，逐渐拥有各自的消费群体，成为人们日常生活必不可少的一部分。而众多饮料企业也着力于开发更多的饮料品种，以满足消费者更多的特定需求。

2003年，突如其来的“非典”疫情，给我国经济带来巨大损失，同时也给饮料行业带来巨大的冲击。“非典”从一个侧面加速了部分我国饮料种类的发展，果汁饮料，茶饮料，运动饮料……经历“非典”的洗礼，成为近两年发展最快的饮料种类。果汁饮料：来自水果新鲜口感及丰富的维生素，使得果汁饮料成为2003的饮料明星。2003年我国果汁饮料年产量665.97万吨，与2002年的212.99万吨相比，翻了两翻。茶饮料：“饮茶”可以说是中国饮食文化的传统科目，但原有的沸水冲泡、缓斟慢饮的饮茶方式已不能适应紧张的现代化生活。随着茶饮料加工工艺的日渐成熟，以及消费者对茶叶中诸多有效成分如“茶多酚”、“儿茶素”、“茶氨酸”的逐步认识，茶饮料在保持茶醇和滋味、茶韵足、茶香高的基础上，调整口味，成为老少咸宜的饮料种类。含乳饮料：含乳饮料是以鲜乳或乳制品为原料未经发酵或经发酵，经加工制成的制品。市场上经常可以购买到的产品，按工艺分为配制型含乳饮（未经发酵的）或发酵性含乳饮料；按菌体分为活菌型和灭菌型。由于含乳饮料大众接受性强、营养价值丰富和口味调整灵活深受家长、儿童的青睐。运动饮料：随着人们物质生活的日益丰富，人们的生活结构在逐渐发生着变化，运动成为人们时尚话题。从2003年开始，国内新一代的运动饮料，如脉动、体饮、V8……纷纷上市，全国饮料市场刮起一场运动旋风。

多元化是饮料行业发展的必然趋势，更多、更具特色的饮料不断推出，将满足日益增长的消费者的需求，引导消费者的消费结构。

2、饮料包装的多样化

今天的饮料“包装”已经成为两个相对独立却又紧密相连的概念。所以说独立，“包装”可以分为“包”、“装”两部分：“包”即采用不同的包装材料，如玻璃、PET（聚对苯二甲酸乙二醇酯）、复合纸等，制造成瓶、盒、袋等包装，用于灌装饮料产品，目的是存储饮料以满足饮料存储、运输，更有效的保持内容物的饮用风味，更长时间保持内容物的原有品质。除满足上述基本要求后，在包材的选择上，商家还将考虑经营成本、外包装的环保及再利用问题；满足了“包”的要求后，“装”成了商家下一个关注的课题。“装”在这里有更偏重“装扮”的含义。如何在第一时间吸引消费者的眼球、从众多饮料产品中脱颖而出；如何赋予饮料内容物更深刻的诠释；如何满足消费者在不同场合的携带、饮用需求；如何满足不同年龄段消费群体饮用需要；如何使饮用者最好的体验饮料的特定口感。所以说“包”与“装”紧密相连，又因为两者相辅相成，“包”的选择指引“装”的设计方向．“装”在“包”的基础上将内容物更好展示给消费者。

琳琅满目的饮料种类、新颖奇特的包装外型，良好的市场前景，饮料工业的未来充满生机。

乐百氏（广东）食品饮料有限公司
乐百氏牌瓶装饮用水

乐百氏（广东）食品饮料有限公司　Robust (Guangdong) Co.,Ltd.

乐百氏（广东）食品饮料有限公司是中国饮料工业十强之一，是居于世界食品行业领先地位的法国达能集团成员。乐百氏致力于生产、经营健康饮料产品，在全国各大城市设有近三十个分公司，市场网络覆盖全国城乡。现有中山、武汉、丰润、重庆、成都、西安、沈阳等十个大型生产基地，年产销量将近100万吨。

乐百氏创办于1989年，创业初期是一个投资不足百万元的乡镇小厂。由于其快速健康的发展，乐百氏在1999年已成为一个大型现代化企业集团，并将管理中心从中山迁到广州。2000年初，乐百氏成为跨国食品公司达能集团在中国的重要成员，从而获得了更为先进的管理理念和长远的发展潜力与动力。

乐百氏现有乳酸奶系列（AD钙奶、健康快车、冰酸乳、倍加超、智酸乳等，其中，健康快车和智酸乳被国家卫生部批准为中国保健食品）、牛奶系列（纯牛奶、甜牛奶、鲜奶+、高钙牛奶等）、瓶装饮用水系列（纯净水、矿泉水、矿物质水、薄荷水）、桶装饮用水系列（纯净水、矿泉水、矿质水）、功能性饮料（脉动维生素水饮料）等多个系列的优质产品，可满足不同年龄及层面的消费者的需求。

“乐百氏ROBUST”商标在国内享有很高的知名度和美誉度，并于1999年初被国家商标局认定为中国驰名商标。在很多城市和地区，“乐百氏”家喻户晓，成为健康、美味和营养的象征。

乐百氏以“成为在健康食品领域内最有可持续性发展能力的公司”为发展目标，以“创造健康生活，共享成功利益”为企业使命。乐百氏希望通过不断向大众提供更多优质、美味、营养的健康食品，满足大众的生活需求，提升大众的生活品质，营造健康的生活氛围；同时，乐百氏关注和尊重每一个消费者、员工和合作伙伴，与他们共享成功利益和美好人生。

As one of the top ten enterprises in beverage industry in China, Robust is now a member of Danone Group, a world's leading food company. Robust has always engaged in manufacturing and operating healthy beverage products. With over 30 Sales branches all over the country, Robust has a market network covering most of urban and rural areas in China. Robust now has 10 large production plants manufacturing various beverage products in Zhongshan, Wuhan, Fengrun, Chengdu, Xi'an, Shenyang, Wuxi, etc, and 10 plants specializing in manufacturing bottle water, with production capacity and sales volume of over 1 million tons every year.

There are a large variety of quality healthy beverages with Robust's brand at the moment to meet the demands of consumers of different ages and social ranks: Robust Dairy Drinks, such as AD Calcium LAB (Lactic Acid Beverage), Health Train Digestion LAB, Pikachu Yogurt Drinks and Smart Yogurt Drinks, among which Health Train and Smart Yogurt are categorized as "China Health Food" by Ministry of Health of China; Robust Milk, including Pure Milk, Sugary Milk, "Fresh milk+", milk with high calcium etc; Robust Bottled Water, including Purified Water, Mineral Water, Mineralized Water, Mint water etc; Robust Bulk Packed Water, including Purified water, Mineral water, Mineralized water; Robust Functional Drinks-Mizone Vitamin Water.

Robust targets in becoming the company with the most sustainable growth in healthy food industry. Robust has its mission statement of "Creating healthy life, Sharing success and profits". By providing more quality, delicious and nutrient healthy food, Robust wishes to satisfy the life requirements of the public, to promote the life quality of the public and to create a healthy life atmosphere. In the meanwhile, Robust cares and respects every consumer, employee and collaborative partner and shares success and profits with them as well as a beautiful life.

杭州娃哈哈集团有限公司
娃哈哈牌瓶装饮用水

杭州娃哈哈集团有限公司　Hangzhou Wahaha Group

杭州娃哈哈集团有限公司创建于1987年，现已发展成为中国最大的饮料生产企业，在全国23个省市建立了34个生产基地，拥有50余家全资和控股子公司，总资产达60亿元，在全国内地的所有省、自治区、直辖市均建立了销售分支机构。其主导产品有含乳饮料、饮用水、碳酸饮料、茶果汁饮料、八宝粥罐头等五大类三十多个品种，并拥有多个全国市场知名品牌，其中乳饮料、水、八宝粥产销量已连续数年位居全国同类产品第一。

2002年公司实现销售收入88亿元，利税17亿元，完成饮料产量323.2万吨，同比增长29.03%，比全国增速高出7.72个百分点，占了全国产量的16%、饮料十强企业总产量的38%，在全国每产销6.25瓶饮料中就有一瓶是娃哈哈的饮料，饮料总量超过了可口可乐在中国的总量。公司各项经济指标已连续5年位居中国饮料行业第一，其中产量、销售收入、利税、利润已分别占到饮料十强的31.35%、42.73%、30.85%、62.37%。

娃哈哈一直来以"生产出具有真正使用价值的产品"为经营理念，坚持走"品质高档化、价格大众化"的品牌路线，成为最受消费者信赖和喜爱的品牌，"娃哈哈"商标被认定为中国驰名商标。

Hangzhou Wahaha Group, the leading food and beverage corporation in China, was founded in 1987. It has 34 production facilities and over 50 subsidiaries in 23 provincies and cities across China, with a total assets of over 6 billion RMB yuan. Wahaha has set up sales offices covering all the other provincies and cities except Taiwan. The group has now 5 categories and over 30 kinds of products covering milk drinks, bottled water, CSD, hot-filling drinks and mixed congee, among which there are many brands with national fame. The production and sales of bottled water, milk drinks and mixed congee has been No.1 in China for years.

Figures can illustrate a lot: 2002 is just another brilliant year for Wahaha, as the group reported sales revenue of RMB 8.8 billion yuan and profit&tax of RMB 1.7 billion yuan,up 15.8% and 31.04% respectively compared with the figure of last year.The total output of beverage of the group reached 3.232 million tons, up 29.03% compared with the figure of last year, and 7 points higher than the average increasing percentage of the national beverage industry. Wahaha is proud to say that the beverage output of Wahaha has passed over that of Coca-Cola, and accounts for 16% of the national beverage output, 38% of output of the "Ten Biggest Domestic Beverage Corporations", thus in every 6.25 bottles of beverage, there should be one bottle produced by Wahaha. The economic indexes of Wahaha has been on top for the recent 5 years, among which, the output, sales revenue, profit&tax and net profit account 31.55%, 42.73%, 30.85% and 62.37% of the respective total indexes of the "Ten Biggest".

吉林森工集团泉阳泉饮品有限公司
泉阳泉牌瓶装饮用水

吉林森工集团泉阳泉饮品有限公司
Jilin Forest Industrial Group's Quan Yang Quan Spring Water Drink Ltd. Corp.

吉林森工集团泉阳泉饮品有限公司,位于长白山原始大森林腹地的泉阳林业局泉水新区，距长白山天池36公里，海拔约750米，地理坐标东经127° 32′ 46″，北纬42° 19′ 14″。厂区及水源地周边环境为保护完好的长白山原始森林生态系统，夏季山花铺锦，冬季泉水击石。每当天高云淡，在办公室向群山深处眺望，可见到长白山主峰—白头山巍峨挺拔的雄姿。

吉林森工集团泉阳泉饮品有限公司,是吉林森工集团的全资子公司,占地6万平方米，建筑面积1万多平方米，厂区参照国际流行风格设计，厂房为轻钢结构，全封闭式参观走廊，生产车间按食品企业卫生要求设计，灌装间达到百级净化要求。公司引进意大利、德国、法国，美国等世界先进生产设备。目前年矿泉水生产能力为12万吨，是东北地区拥有自己品牌、规模最大的矿泉水企业。主要产品有：420毫升经济装、600毫升旅游装、2升家庭装、5加仑桶装天然矿泉水及长白山特色饮料等系列产品。

公司将依托得天独厚的长白山优质生态资源优势,大力开发泉阳泉牌天然矿泉水及长白山特色饮料等系列产品，泉阳泉人将以“倡导健康饮水，奉献生态饮品”为经营理念，全面实施用户满意战略和品牌经营战略，按照吉林省矿泉水产业发展规划和吉林森工集团发展战略,以泉阳泉为中心构建长白山矿泉水产业集团,“十五”末期形成100万吨生产能力,打造吉林省自己的矿泉水产业航母,塑造中国矿泉水著名品牌,让世界名山—长白山上的天然名水—泉阳泉走向世界。

The Jilin Forest Industrial Group's Quan Yang Quan Spring Water Drink Ltd. Corp. is a large ecological enterprise in China with the advantage of its unique high quality of mineral water from the Changbai Mountain. Its water source, Quan Yang Quan, is within the UN international man and biosphere protected territory of the Chang Bai Shan virgin forest, and the International Drinking Water Organization has approved it as the Chang Bai Shan Mineral Water Continued Development Model Area, Bai Shan, China. The uninhabited region from the Quan Yang Quan spring water area up to the Changbai Mountain Celestial Lake is one of the few unpolluted water environments in the world.

The internationally renowned Changbai Mountain is one of the best-known mineral water resources in the world. The Quan Yang Quan mineral water comes from the underground volcanic plutonic rock and basalt and goes through the endless cycling, filtering, absorbing and dissolving for thousands of years. As a result, its pure water contains rich mineral and trace elements and remains at a temperature of 8 degrees Celsius the whole year round and yields an output of 120,000 cubic meters of water daily. The Quan Yang Quan mineral water contains partial silicate, low sodium, ore deposit and highly calcified carbonate magnesium. Its popularity on the market both at home and abroad is owing to its unique Chang Bai Shan mineral water that provides the high quality mineral water.

青岛崂山矿泉水有限公司
崂山牌瓶装饮用水

青岛崂山矿泉水有限公司 Qingdao Laoshan Mineral Water Co., Ltd

崂山矿泉水始于1905年，占地面积6万平方米，拥有总资产9552万元，员工187人，公司位于风景秀丽的青岛八大关疗养区，是我国第一瓶矿泉水的诞生地。

建国后，崂山矿泉水作为"国水"成为北京人民大会堂的专门饮用水和国务院招待贵宾的招待用水。

1962年，青岛汽水厂的崂山牌矿泉水恢复出口，产品远销日本、美国、巴拿马、新加坡、马来西亚等十几个国家和我国香港地区，出口量一直位居全国同行业之首。

随着市场销量的不断增加，公司分别在崂山仰口和北龙口建立了新的生产基地。

崂山矿泉水凭借其优异的质量始终排在国内矿泉水行业前端。销量从1997年的1.3万吨上升到2002年的6.6万吨。

2002年，公司通过了ISO9001质量管理体系认证和ISO14001环境管理体系认证，同年投入巨额资金从意大利进口了先进的瓶装贴标机和旋盖机，改进了崂山矿泉水的产品结构。到目前为止，崂山矿泉水形成了四大系列、九种规格、二十四个产品的产品线，增强了崂山矿泉水的竞争能力，标志着公司的生产和管理步入了发展快车道。

同时，崂山矿泉水得到了广大消费者的认可，崂山矿泉水是山东省名牌产品、山东省著名商标、连续九年全国信得过产品、青岛市免检企业等。

Qingdao Laoshan Mineral Water Co., Ltd (the former is Qingdao Soft Drink Factory) was established in 1905, covering an area of 60,000 square meter , with a total assets of RMB95520000 and employee of 187, which located in beautiful Ba Da Guan sanitaria of Qingdao. The first bottled mineral water in China was produced by it.

Since 1950', Laoshan mineral water has pointed as "national water" for the Beijing People's Hall, and the State Council to entertain honored guest.

The Laoshan Brand mineral water of Qingdao Soft Drinks Factory was recovered to export many country and areas since 1962, such as Japan, the United State, Panama, Singapore, Malaysia and Hongkong. The volume of export is a leader of the same line in China.

Accompanied by the increase of sales volume, it built two new producing bases at Yankou and Beilongkou of Mount Lao.

It has also passed ISO9001 and ISO14001 in 2002, in the meantime it spend a lot of capital on importing the advanced labeling and screwing machine from Italy, improved the .structure of product of laoshan mineral water. Up to now, Laoshan mineral water posses the production line to producing four series, nine specifications with twenty-four products, to strengthen its competitive power, all of changes mark it have run up in fast lane in producing and management.

In the mean time, many consumers have accredited the Laoshan mineral water. Laoshan mineral water is Shangdong Province Famous Products, Shandong Province-wide Famous Trademarks, National Trustworthy Quality Products for nine years in succession, and also It is a company which Exempt from Industrial and Commercial Bureau,Qingdao Branch , and so on.

深圳达能益力泉饮品有限公司
益力牌瓶装饮用水

益力®

深圳达能益力泉饮品有限公司　Shenzhen Danone Yili Drinks Co., Ltd.

深圳达能益力泉饮品有限公司（包括深圳达能益力泉饮品有限公司和深圳达能益力饮品有限公司）是由法国达能集团与中国深圳市益力实业有限公司于1998年9月1日共同建立的合资企业，总注册资金为4.12亿元人民币。专业生产"益力"牌优质天然矿泉水，由实力雄厚的法国达能集团管理，引进国际先进的生产设备和技术。公司已通过ISO9001质量体系认证和ISO14001环境体系认证。

公司采用的天然矿泉水生产工艺得到达能集团的认可，并严格按照达能集团的质量宪章和标准进行监控。益力天然矿泉水从地下100多米处的花岗岩层开采后经过初滤、多层精密过滤、臭氧灭菌等严谨的水处理过程，确保每一滴水清纯无瑕、天然有益。"益力"天然矿泉水一直保持着全国矿泉水行业销量第一的位置；连续九年被中国饮料工业协会天然矿泉水专业委员会评为全国信得过产品；并被评为广东省名牌产品；深圳达能益力泉饮品有限公司是"中国饮料十强"之一；"益力"天然矿泉水2002年被评为首批食品行业国家免检产品。

公司主要的矿泉水生产基地分别位于深圳市西丽镇红花岭和石岩镇狮子山、羊台山。"益力"天然矿泉水的规格有：330毫升、500毫升、600毫升、1.0升、1.5升、3.78升瓶装水和5加仑桶装水。

公司的宗旨：为消费者提供最优质的天然矿泉水，带给他们健康美好的生活。

公司股东法国达能集团是全球500强企业，是一个只有三十多年发展历史的全球性食品集团，自成立以来成长非常迅速，在全球食品行业排名第五。法国达能集团多年来专注于包装水的生产和开发，拥有多个世界名牌天然矿泉水，如依云（Evian）、富维克（Volvic）、达能（Danone）等。

Shenzhen Danone Yili Drinks Co., Ltd. (including Shenzhen Danone Yili Drinks Co., Ltd. and Shenzhen Danone Yili Beverages Co., Ltd.) is a joint venture established on September 1st 1998 by Danone Group, France and Shenzhen Health Mineral Water Co., Ltd., with a total registered capital of 412 million yuan. It is professionally engaged in the production of HEALTH brand high-quality natural mineral water. Danone Group manages this operation and it uses international state-of-the-art production equipment and technology. The Company has achieved the accreditation of ISO9001 Quality System and the accreditation of ISO14001 Environmental Management System.

Danone Group recognizes the technology used for production of mineral water and the monitoring and maintenance of the mineral water source is in strict accordance with the quality charter and standard of Danone. HEALTH natural mineral water is exploited from beneath a granite stratum of more than 100 meter deep underground. The water is treated by pre-filtering, multi-layer precise filtering, sterilization with ozone and other processes ensuring that each drop of water is clean and safe, natural and beneficial. HEALTH brand natural mineral water maintains the number one position in terms of sales volume in the mineral water industry in China; appraised as Trustworthy Product in China for 9 successive years by Natural Mineral Water Committee, China Soft Drinks Industry Association; and Health brand is recognized as a famous brand of Guangdong Province; Shenzhen Danone Yili Drinks Co., Ltd. is also one of the Top Ten Beverages Manufacturer in China. In 2002, HEALTH natural mineral water was granted as a "Product Exempted By State Inspection" of the food industry.

椰树集团有限公司
椰树牌瓶装饮用水

椰树集团有限公司　Coconut Palm Group Co.,Ltd.

椰树集团是中国植物蛋白饮料的龙头企业，是出品国宴饮料—椰树牌天然椰子汁、优质饮用天然矿泉水的中国饮料工业十强企业，被国家确定为"创轻工国际名牌产品优势企业"，"椰树"商标被认定为"中国驰名商标"。

椰树集团在全国优秀企业家、全国劳动模范王光兴董事长的带领下，走体制创新和科技创新之路，推进现代企业制度建设，走出了一条国有企业改革创新之路，使一个连续五年亏损、濒临破产的小型罐头厂发展成为年产值20亿元、税利上亿元的中国最大的植物蛋白饮料生产企业。从1986年～2002年17年间，企业共实现税利20.77亿元，累计完成销售产量200万吨,完成销售产值167.9亿元.。2002年完成销售产量23.7万吨，产值17.9亿元，实现税利1.59亿元。椰子汁饮料生产规模的逐年扩大，有力地促进了海南椰果种植业的发展，带动了50万果农脱贫致富,企业员工生活达到小康水平。

知名品牌是企业的立世之本。椰树集团以创名牌为推动力，促进企业机制创新、技术创新、管理创新并取得了显著成果。椰树牌天然椰子汁、荔枝爽饮料、优质饮用天然矿泉水被认定为海南省首届名牌产品，由王光兴董事长主创的成果《知名品牌开发与管理》荣获第七届全国企业管理现代化创新成果二等奖。

在21世纪的发展里程中，椰树集团将继续秉承"求实、创新、争先"的企业精神，以获得海南省名牌产品为起点，一如继往地实施名牌战略，牢固树立"质量兴企"的理念，围绕消费者的需求，不断改进质量、开发新产品、完善营销体系和售后服务，增强产品市场竞争力，提高市场占有率，为创出中国名牌乃至世界名牌而努力奋斗！

Well-known national enterprise whose products used in the state banquet.

Coconut Palm Group is a drink tycoon producing a series of state banquet drink products, such as Coconut Palm Brand Coconut Juice and Natural Mineral Water. It is one of the hundred testing units of the modern enterprise system, and one of the 520 national important enterprises, a state owned Class One enterprise with 4000 staff and workers.

In 21st century, Coconut Palm Group will adhere the spirit of "factualistic, innovation, try to be the first". In the atmosphere of enterprise culture of Coconut Palm Group, that is, production and operation are the core surrounding with decision-making culture, education culture, culture of rest and recreation at leisure, Coconut Palm Group will built that never built, setup that never setup, will establish visualize the Coconut Palm brand and improve the well-known and reputation of the enterprise, go ahead from the highest starting point with high aim. The Coconut Palm Group will gradually develop into a large enterprise group with annual production of 1 million tons and annual production value of RMB 6.5 billion, will create new brilliant in establishing the modern enterprise system, and will make more contribution to China.

农夫山泉股份有限公司
农夫山泉牌瓶装饮用水

农夫山泉®

农夫山泉股份有限公司 NongFu-Spring Co., Ltd.

农夫山泉股份有限公司原名浙江千岛湖饮用水有限公司，成立于1996年，于2001年改制成股份有限公司。

农夫山泉相继在国家一级水资源保护区千岛湖、吉林长白山矿泉水保护区建成三座现代化的饮用水工厂，投资总额逾12亿元人民币，已成为目前国内规模最大的专业饮用水公司之一。

农夫山泉股份有限公司生产的农夫山泉饮用天然水，规格主要有380毫升、550毫升（运动盖和普通盖两种）、1.5升、4升、10升瓶装水和19升桶装水；2003年又新开发了30%果汁含量的农夫果园混合果汁饮料。

农夫山泉"水与健康研究室"与美国国家实验室友好合作，并取得水和健康关系的阶段性研究成果。

农夫山泉品牌在短短几年时间内已成为国内最著名的饮用水品牌之一；中华商业信息中心市场监测报告显示，1999年～2002年，农夫山泉连续四年销量第一；农夫山泉品牌被专业国际市场调研机构评选为受消费者喜爱的产品。

2002年，农夫山泉公司入选"中国饮料十强企业"，同年农夫山泉被国家质量监督检验检疫总局例为首批国家免检资格的食品生产企业。

NongFu-Spring Co., Ltd. was restructured from YangSheng-Tang (Qian-Dao Lake, ZheJiang Province) Co., Ltd. on September 26 1996, and became a stock company on June 27 2001 with YangSheng-Tang Company as its major share holder.

A research laboratory of NongFu-Spring Co., Ltd. cooperated with National Laboratory of USA and some well-known Chinese scientists works on the relationship of water and health, and has had some achievements.

NongFu -Spring drinking water has grown up as one of the most well-known drinking-water brands in just a few years. With sales increasing year by year, NongFu -Spring drinking water has become one of the consumers' most favorable products in China as showed by the statistical data from international market-investigation organization .

In march 2003, a statistical report issued by China General Chamber of Commerce and Chinese Commercial Information Center, shows that NongFu -Spring drinking water has been No. one in sales for four consecutive years, with 24.9 percent general market possession rate in 2002. NongFu -Spring Co., Ltd. entered the list of "the ten biggest companies" of Chinese beverage industry in 2002. In August 2002, General Administration of Quality Supervision, Inspection and Quarantine of the People's Republic of China issued the list of national inspection-free foods and its producing companies, in which NongFu -Spring drinking water was included.

厦门银鹭集团有限公司
银鹭牌植物蛋白饮料

银鹭

厦门银鹭集团有限公司　Xiamen YinLu Group Co.,Ltd.

厦门银鹭集团位于首批全国乡镇企业科技园区——厦门银鹭高科技园区,现占地面积80万平方米，建筑面积近30万平方米，是福建省乃至全国最大的罐头、饮料生产基地之一、福建省重点扶持成长型企业、中国罐头工业十强、中国食品工业突出贡献企业、农业产业化国家重点龙头企业。

集团以食品饮料生产为支柱，涉及果蔬保鲜、进出口贸易、包装材料制造、农产品深加工科研开发、电子科技、房地产开发、实业投资等多种产业领域。集团设备先进，技术力量雄厚，拥有当今国内外食品饮料行业先进水平的现代化生产线30多条（套），具有较强的专业化、集约化、规模化生产能力，年可生产各类食品饮料罐头60万吨，位居全国同行业前列。

集团注重实施“人才、科技、名牌”三大战略，企业知名度和美誉度不断提高，先后荣获全国乡镇企业技术创新示范单位、农业部全面质量管理达标单位、全国百家重合同守信用单位等80多项殊荣；“银鹭”产品荣获“中国名牌产品”、“中国放心食品信誉品牌”、“福建省名牌产品”等荣誉。“银鹭”商标被授予“厦门市及福建省著名商标”、并被国家工商总局列为“全国重点保护商标”；2002年荣获“中国十大公众喜爱商标”。

集团的发展壮大受到了中央、省、市领导的关怀和指导。乔石、田纪云、彭佩云、费孝通、万国权、张克辉、王汉斌等领导先后莅临集团视察。

银鹭人本着“精诚团结、开拓进取、敬业奉献、志创一流”的经营理念，创造着美好的未来。

Xiamen YinLu Group mainly manages the items of mixed congee, canned fruit and vegetable and protein drink. It is the largest canned food and beverage production base in Fujian Province, and even one of the largest bases in China; one of the 10 best China Canning Industry enterprises and the major representative enterprise for the countrywide agriculture-industrialization in our country.

The group's capacity is powerful with it's advanced technology. It's products have won lots of outstanding honorary title, such as "China Well-Known Products"; "China Safely-Eating Foods Mark".

The "YinLu" Trade Mark has also belonged to the famously-said " Well-known Trade Mark Of Fujian Province And Xiamen City" and "The Major Trade Mark Supported By The Government Of China". With the strong regards and assistance by our government at different levels and all spheres; with the management conception of " Holding together in good faith; Exploiting and Enterprising; Devoting to the career and Making an effort to create the topping brand", the "YinLu people" are trying to have a brilliant future.

椰树集团有限公司
椰树牌植物蛋白饮料

椰树集团有限公司 Coconut Palm Group Co.,Ltd.

椰树集团是中国植物蛋白饮料的龙头企业，是出品国宴饮料—椰树牌天然椰子汁、优质饮用天然矿泉水的中国饮料工业十强企业，被国家确定为"创轻工国际名牌产品优势企业"，"椰树"商标被认定为"中国驰名商标"。

椰树集团在全国优秀企业家、全国劳动模范王光兴董事长的带领下，走体制创新和科技创新之路，推进现代企业制度建设，走出了一条国有企业改革创新之路，使一个连续五年亏损、濒临破产的小型罐头厂发展成为年产值20亿元、税利上亿元的中国最大的植物蛋白饮料生产企业。从1986年～2002年17年间，企业共实现税利20.77亿元，累计完成销售产量200万吨，完成销售产值167.9亿元.。2002年完成销售产量23.7万吨，产值17.9亿元，实现税利1.59亿元。椰子汁饮料生产规模的逐年扩大，有力地促进了海南椰果种植业的发展，带动了50万果农脱贫致富，企业员工生活达到小康水平。

知名品牌是企业的立世之本。椰树集团以创名牌为推动力，促进企业机制创新、技术创新、管理创新并取得了显著成果。椰树牌天然椰子汁、荔枝爽饮料、优质饮用天然矿泉水被认定为海南省首届名牌产品，由王光兴董事长主创的成果《知名品牌开发与管理》荣获第七届全国企业管理现代化创新成果二等奖。

在21世纪的发展里程中，椰树集团将继续秉承"求实、创新、争先"的企业精神，以获得海南省名牌产品为起点，一如继往地实施名牌战略，牢固树立"质量兴企"的理念，围绕消费者的需求，不断改进质量、开发新产品、完善营销体系和售后服务，增强产品市场竞争力，提高市场占有率，为创出中国名牌乃至世界名牌而努力奋斗！

Well-known national enterprise whose products used in the state banquet.

Coconut Palm Group is a drink tycoon producing a series of state banquet drink products, such as Coconut Palm Brand Coconut Juice and Natural Mineral Water. It is one of the hundred testing units of the modern enterprise system, and one of the 520 national important enterprises, a state owned Class One enterprise with 4000 staff and workers.

In 21st century, Coconut Palm Group will adhere the spirit of "factualistic, innovation, try to be the first". In the atmosphere of enterprise culture of Coconut Palm Group, that is, production and operation are the core surrounding with decision-making culture, education culture, culture of rest and recreation at leisure, Coconut Palm Group will built that never built setup that never setup, will establish visualize the Coconut Palm brand and improve the well-known and reputation of the enterprise, go ahead from the highest starting point with high aim. The Coconut Palm Group will gradually develop into a large enterprise group with annual production of 1 million tons and annual production value of RMB 6.5 billion, will create new brilliant in establishing the modern enterprise system, and will make more contribution to China.

露露集团有限责任公司
露露牌植物蛋白饮料

露露集团有限责任公司　LOLO GROUP CO.,LTD.

露露集团有限责任公司，前身为承德市罐头食品厂，始建于1950年。目前，已发展成为总资产达20亿元，无形资产达26亿元，员工1860多人，下属17家子公司，包括1家上市公司，2家海外公司的跨地区、跨行业和跨国多元化经营的国有大型一档企业，是河北省大型支柱性企业集团。1999年，公司进入"中国饮料工业十强"。2000年被国家农业部等八部委行认定为"农业产业化国家重点龙头企业"。

公司拥有自主知识产权。露露牌杏仁露是国家首批促进专利技术产业化示范工程项目的发明专利产品。"露露"商标经国家工商局商标局认定为中国驰名商标。

公司以发展振兴民族饮料工业为己任，以生产露露牌杏仁露为主，包括纯净水、营养强化水、果汁饮料等系列产品，共8大类，40多个品种。公司自"八五"以来，累计投资5亿元，进行了大规模的技术更新和技术改造。先后引进瑞士、意大利、美国、德国等国家的先进生产线和关键设备。实现了装备水平国内领先，年饮料生产能力达40万吨。

公司已实施ERP（制造业信息化）管理，通过了ISO9001标准认证，确保产品质量。公司在全国重点城市均设有销售公司和经销点，形成了覆盖全国的销售网络，为公司的高速发展奠定了基础。

公司追求创新变革，实施"名牌战略"，信守"创建国家、企业、职工利益共同体"和"产业报国"的经营理念。朝着建成中国北方最大的天然植物蛋白饮料生产基地，打造百年"露露"的宏伟目标迈进。

Lolo Group Co.,Ltd. grew out of Chengde City Canned Food Factory which was set up in 1950.Up to now,it has become a transregicnal,transsectoral and transnational large state-owned enterprise,a mainstay corporate group in Hebei province,with 2 billion of total asset, 2.6 billion of intangible assets, 1860 of staff,17 subsidiary companies which includes 1 listed company,2 overseas companies. it was ranked as "The Top Ten Beverage Enterprises of China" in 1999,and verified as "The State Vital Leading Firm of Agricultural Irdustrialization" by the State Ministry of Agriculture and other 8 state ministries and committees. The company has adopted ERP(Enterprise Resource Planning) in business management,and obtained ISO9001,so as to insure product quality.The company has set up the sales branches and distributing spots in the key cities nationwide and formed a marketing worknet covering nation,established a good basic for the developmet with high speed.

The company pursues innovation and reformation,carry out"Famous Brand Strategy",firmly abide by the business philosophy of "building the interest community of state, firms and employees" and "dedicating itself to the service of its country by developing industry".It is stepping toward its great aim of becoming the biggest production base of vegetable protein drink in north of China and lasting forever.

厦门惠尔康集团有限公司
惠尔康牌植物蛋白饮料

厦门惠尔康集团有限公司 Huierkang group Xiamen Ltd.

厦门惠尔康集团有限公司是专业从事饮料、乳品的生产、研发和销售的大型食品工业企业，注册资本为2.5亿元人民币，拥有员工2800多人。集团拥有乳品事业、饮品事业和海外事业等三大事业线，生产七大系列100多种产品，年生产能力超过100万吨，连续四年进入全国饮料企业20强，综合实力名列全国民营企业第125名。

经过勤奋经营与开拓进取，惠尔康集团在同行业中享有相当高的美誉度和知名度，公司先后被评为全国农业产业化重点龙头企业、厦门市高新技术企业、农业部全面质量管理达标企业、中国学生奶推广定点企业、中国农业产业化经营20大龙头企业等光荣称号，"惠尔康"商标也被评为福建省著名商标。

惠尔康集团早在1992年起就已进军植物蛋白饮料领域并把这一产品作为集团业务发展的核心产品，无论是在产品开发、生产、品质保证和销售上，我们都坚持以满足消费者为中心，以质量求生存，以信誉树品牌的原则，软件、硬件建设并重，先后研发生产了花生牛奶、牛奶花生、杏仁花生露、豆奶、豆花等一系列植物蛋白饮料，2002年集团植物蛋白产量达到133675吨，年产值达58483万元，产品质量始终处于国内领先水平，产品上市以来一直深受广大消费者的青睐，市场份额位居国内同类产品前列。

Huierkang group Xiamen Ltd. Is a food industrial enterprise of large scale engaging in R&D, manufacturing and sales of drink and milk. The group's registered capital is now up to RMB250 million Yuan, and the staff is more than 2800 persons. The group mainly undertakes three industries: milk, drink and overseas industry. The products of the group cover 7 series diversified as over 100 different kinds, and the annual production capacity is at least 1 million tons. The group has been listed as the top 20 Chinese national drink manufacturer in four years successively and also ranks No.125 among China private-owned enterprises in terms of overall strength.

Huierkang entered into the territory of plant protein drink early in 1992, and the relevant products are the key products of the group. We always keep the principle that the target of our work is to provide best quality products to our customers, and the good reputation of our enterprise and products must be maintained based on high creditability. We have developed and manufactured a series of plant protein products such as peanut milk, milky peanuts, apricot kernel milk, soybean milk, etc. The group's total output of plant protein products is up to 133675 tons and the annual output value 58.483 million Yuan in 2002. The quality of the products is always in the lead in domestic market, and so the products are the best choice for the customers. Our products also take a front row in terms of market share among products of the same kind.

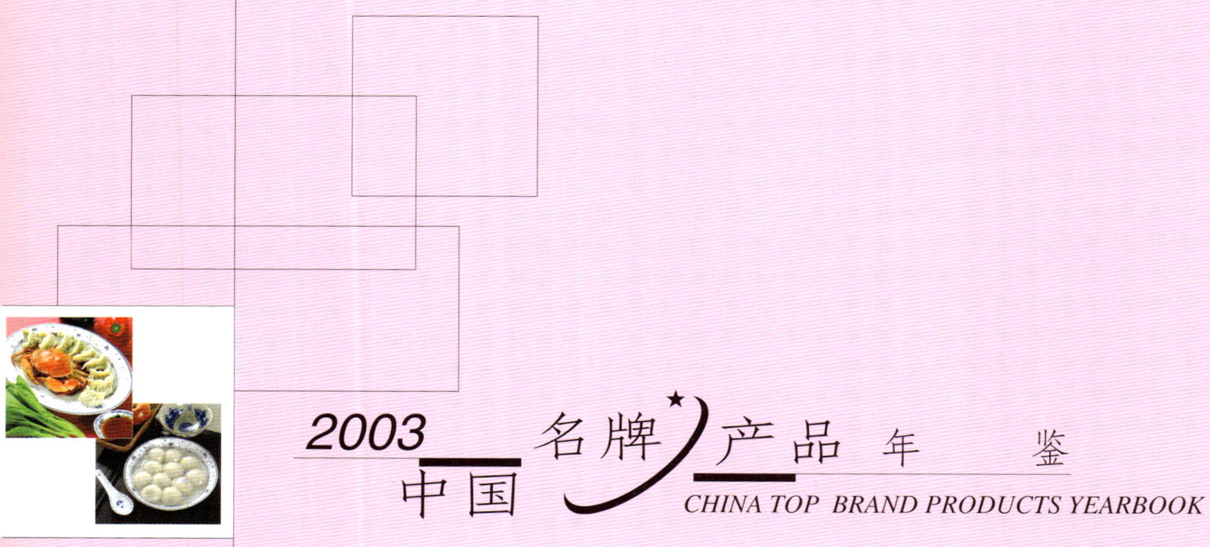
2003
中国名牌产品年鉴
CHINA TOP BRAND PRODUCTS YEARBOOK

I

速冻主食品

速冻主食品（饺子、汤圆）行业概况

一、行业基本情况

速冻食品又称急冻食品，是一种以低温快速冻结方式生产的食品。速冻食品是食品加工工艺的重要发展，它不同于一般的冻结和冷藏方法。其主要特征是食品一定要经过水洗、漂烫、烹调加工或其他前处理工序，然后在低温下(-33℃以下)快速冻结，其品温在半小时内迅速通过-1℃～-11℃温度范围(又称最大冰结晶生成带，即是使食品中80%以上的含水量变成冰结晶的温度范围)，食品冻结后结晶粒子小于10um，食品的中心温度在-18℃以下，然后在此温度下贮藏和运输。

二、产品行业产值

目前发达国家人均年消费冷冻食品一般在20公斤以上，并以30%的速度递增。速冻食品已成为当今世界上发展最快的食品之一。而据国内统计，自1999年起的连续三年，全国连锁超市中销售的食品日用品中，速冻食品销售额均名列第一。其实，速冻食品在我国市场上出现不过才十几年光景，因其迅速发展的态势而被誉为食品业的一轮朝阳。

速冻主食品年销售总量约为100亿元，根据商超零售业的不完全统计，饺子、汤圆两大类就占总销量60%左右。

三、行业的市场集中度

全国目前拥有速冻食品品牌2000多个，真正形成气候、有一定规模的不多，行业的市场集中度不高。在行业中前几位的三全、龙凤、祐康、思念、科迪、湾仔、冠生园等企业年总销售量相加约占整个市场的40%。

行业的地域性市场集中度较强，比如，浙江省内市场主要集中在祐康、龙凤等几个少数地方性企业，几乎占了当地市场销售总量的80%以上。

四、在国际上的地位，与国际同类产品先进水平的差距

发达国家经济生活的现代化，使速冻食品已成为居民家庭的主要食品，占食品类消费的60%-70%。在我国，据有关部门对城市消费的调查，1998年有半数以上的城市居民喜爱方便速冻食品，其中54%以上的居民食用速冻食品。由于我国正处于收入、消费转型期，未来几年，方便食品需求的绝对量和相对比例都会迅猛提高。

速冻食品起源于美国，启始于1928年，但在以后很少的时间内，由于人们对速冻食品缺乏必要的认识，没有赢得更多的消费者，生产发展十分缓慢，直到二次世界大战后，速冻食品才迅速发展起来，1948～1953年美国系统地研究了速冻食品，提出了著名的T、T、T概念，并制定了《冷冻食品制造法规》。从此以后，速冻食品实现工业化生产并进入超级市场，深受消费者青睐。特别是果蔬单体快速冻结技术的开发，开创了速冻食品的新局面，此技术很快风靡世界。最近几年，世界速冻食品的生产和消费方兴未艾，其增长速度高达20%～30%，超过任何一种食品，品种达3000多个，美、日、欧一些国家已形成从原料产地加工、销售、家庭食用的完整的冷藏链，保证了速冻食品的工业化和社会化。据有关资料介绍，速冻食品将成为世界上发展最快的食品，其销售量在发达国家将占全部食品的60%～70%，已取代罐头食品的垄断地位而跃居加工食品的首位。

速冻食品在我国虽起步较晚，但也有30多年的历史，开始主要是沿海城市大型罐头厂试制生产速冻食品，供外销出口，在技术上大多采用以冷藏间代替冻结时间，大部分工序采用人工操作，由于冷藏间制冷能力有限，冻结大都在几小时以上，许多产品成了"慢冻食品"，因此生产发展十分缓慢。1973年北京、青岛、上海3个速冻食品厂同时从日本引进螺旋式速冻机，促进了我国速冻食品的发展，出口能力由原来的200吨提高到现在的80万吨。进入80年代，随着引进设备的不断增加和各种国产设备的研制成功，使我国的速冻食品加工工艺逐渐向国际水平靠拢，速冻食品也从过去仅有的肉类、水产类冷冻加工发展到果品、蔬菜和调理食品加工，目前，我国已有生产速冻食品企业近200家，品种达300多个，年生产量达1000万吨。目前，仅速冻蔬菜的出口量已达50万吨，速冻方便食品的出口量已超过意大利居世界第一位。

但应当看到，我国目前速冻食品无论是数量还是品种远不能满足市场的需要，其加工技术和国外相比差距较大，产品的保质期较短，前处理技术和解冻技术较落后，冷藏链还不健全，大多数速冻食品机械还主要依赖进口，不能适应速冻食品的发展需要。

我国经济要振兴，食品工业要发展，发展速冻食品是一条必经之路，我国速冻食品还处在初期发展阶段，面对加入WTO的机遇和挑战，任务相当艰巨，因此，我们应当着眼现状，找出对策，以加快速冻食品工业的发展。

1. 加强宏观调控力度，规范速冻食品业生产行为

速冻食品加工企业目前分属多个部门多渠道，生产水平参差不齐，标准滞后，真正形成

规模并使之工业化生产的却不多。速冻食品在国内外都有广阔的市场，不提高质量和产品技术含量，以规模生产去开拓和占领市场，就有可能被发达国家和地区的速冻食品业所蚕食。目前国外的一些品牌已打人中国市场，全国各地已有许多合资和独资企业生产速冻方便食品和蔬菜，打自己的品牌，出口或在国内销售。制造商也把目光投向中国，而国内企业还未意识到激烈竞争的威胁。作为一个新兴行业，国家应对其进行宏观调控和指导。同时，尽快制定全面的质量控制标准，实行标准化、规模化管理，推行GMP和HACCP。使之成为我国食品行业新的经济增长点。

2.研究进口国食品卫生法规和标准，建立健全检验标准体系

各进口国对速冻食品加工工艺、卫生条件、有毒有害物质的限量都有不同的要求和具体规定，应加强信息的收集工作。一些国家和主管卫生当局对冷冻食品的加工工艺和配方较为关注，商检证书相关内容的描述已成为进口国官方机构评价产品的重要依据，因此统一证书内容及用语十分必要，这样可避免用语不当而引起的误解，保证顺利通关。美国、日本等国已正式实施食品标签法，该法要求标签必须标明营养成分，并对内容和方式进行了严格而具体的规定。欧盟也将公布食品标签及广告要求，完善产品标准，包括取样方案、包装、贮藏和质量指标等。环境问题正在日益引起世界各国的重视，国际市场要求食品包装使用不产生废弃物的包装材料，目前的潮流是用纸包装。所有这些都应引起足够的重视，以免违反进口国的有关法规而致退货或索赔，造成重大损失。

3.以市场为导向，积极开发有中国特色的产品

发展我国的速冻食品必须坚持开发高档产品与中低档产品相结合，出口创汇产品与内销产品相结合的原则。因此科研部门要对国内外速冻食品的发展状况、销售市场及饮食习惯进行系统调查，结合本地情况进行速冻食品的开发研究工作。

世界上素有"食在中国"之说，中国食品要走向世界，发展速冻食品是最重要的途径之一，我国速冻兔肉、牛肉在西欧已有一定的市场，蔬菜的出口品种和数量不断增加，近几年，各地开发出不少具有中国特色食品的新产品，如江浙生产的蒸饺、生煎包、春卷，天津生产的"狗不理"包子、速冻豆沙包和速冻水晶包等速冻点心已打入日本、香港及东南亚市场，使中国传统点心在世界上崭露头角。我们认为在稳步发展速冻点心的同时还应大力发展以传统中

餐菜肴为基础的方便食品。我国各地名菜很多，如果将一些名菜经过工艺定型，研究开发，制成风味别致、方便食用的食品打入国际市场，一定会受到消费者的欢迎。

4．挖掘现有潜力，充分利用已有的冷库设备

目前，全国冷库的总容量为700多万吨，很多冷库只限于肉类、鱼类的冷冻贮藏，而当生产淡季和资源不足时，往往使冷库处于闲置耗能的状态，如果将这些冷库稍加改造，添置一些必需的速冻设备，则可在保证完成原生产项目的前提下，生产一些速冻蔬菜和调理食品，这样企业可以获得良好的经济效益。

5．以科技进步为先导，加速我国的速冻机械和食品加工机械的研发工作

目前使用的国产速冻机能耗大、制冷量小、冻结温度高，达不到速冻要求；产量小，不能满足大批量生产的需要；而进口速冻机价格太高，一般企业难以承受，因此应大力开发国产速冻机。除目前使用的带流化床的速冻机外，还应开发螺旋速冻机和液氮喷淋速冻机。现在我国约有80%生产厂家的食品加工过程是手工操作，而美国、台湾及日本速冻食品加工95%以上都是机械加工。为了减少速冻方便食品手工操作引起的微生物污染、规格大小不一、单位质量不均、成型不良和速冻蔬菜分级、前处理、热烫及冷却等问题，应大力发展自动化生产线，使产品成型、填制、包装、密封、热烫及冷却等关键工序采用机械化、自动化生产。为此，食品机械行业主管部门要高度重视速冻食品机械的开发工作，本着"设计一代，研制一代，开发一代"的原则，集中物力、财力，加快速冻食品机械的研发工作，提高速冻食品工业的装备水平。

总之，速冻食品在国内外是发展速度较快的食品之一，我国速冻食品从生产厂家至商店及家庭冷冻链已经形成，所以随着人民生活水平的提高，对食品的卫生、营养、保鲜和方便性等方面的追求，以及速冻食品在国际贸易份额不断增大，速冻食品的发展前景是十分广阔的。

郑州三全食品股份有限公司
三全牌饺子、汤圆

郑州三全食品股份有限公司 Zhengzhou Sanquan Food Co., Ltd.

郑州三全食品股份有限公司是目前国内规模最大的速冻食品股份制企业，固定资产3.6亿元（含分厂），员工16000人（含分厂），2002年速冻产品产量已达120000吨，销售收入近10亿元（含分厂） 据国内贸易部统计三全速冻食品市场占有率已达20%，位居国内首位，其中速冻汤圆系列单品产量已达25324吨、产值已达17220万元;速冻水饺系列单品产量已达26398吨、产值已达12143万元。国内第一粒速冻汤圆、第一粒速冻粽子都由"三全"开发成功，现已相继开发了速冻汤圆、速冻水饺、速冻面点、速冻馄饨等六大类200多个品种，并相继荣获了十多项专利证书；在上海、广州、北京等全国各地设有20个销售分公司及办事处，外加工厂达16个之多。

随着社会的发展，人们生活节奏的加快，为了把轻松还给生活，三全公司急顾客之所急，想消费者之所想，让广大消费者从繁琐的厨房解脱出来，1996年公司不惜重金从欧美国家引进了世界上最先进的速冻生产设备，并于1996年首次推出速冻水饺系列产品。

三全水饺皮薄、料精、馅嫩、味鲜、口感松软，经济实惠，深受广大消费者喜爱，先后出口到加拿大、新加坡、和我国香港等地。由于三全水饺得到全社会的广泛认可，相继荣获"河南知名品牌质量推荐"、"河南省质量管理小组成果三等奖"、"河南省卫生监督名牌保护产品"、"重质量 守信誉著名品牌"、"河南省计量工作先进单位"等诸多荣誉称号。

Under the great support of leaders at different levels of Henan Province, Zhengzhou Sanquan Food Co. Ltd was awarded the honor of "Famous Brand of Henan Province at September 27,2001. The implementation of brand strategy makes us deeply realize that brand is capital, and brand is benefit. Now we are actively respond to the call of the government to apply for "China Famous Brand", and make preparation for the creation of world famous brand, below is an introduction of the company.

With the development of society, people's living rhythm is accelerating. In order to return lightness and easiness back to life and liberate consumers from the time-consuming troubles of kitchen, Sanquan Company introduced the world up-to-date quick-frozen production equipment from Europe and US and Switzerland and put to market quick-frozen dumplings series products for the first time in 1996.Since then, it has been well received by the customers. Now there are more than 20 varieties in 5 series, such as tomato and beef dumplings, green pepper and chicken dumplings, Sanxian vegetable dumplings, fresh meat and fennel dumplings, fish meat mini dumplings, and chicken liver mini dumplings are in short supply on the market. In 2002 the annual output of Sanquan dumplings reached 26398 tons, and the output value 121.43 million yuan.

Sanquan dumplings has a thin in cover, using choice material and fresh fillings, soft and cheap in price, are very popular with the customers, and are exported to Canada, Singapore and Hongkong. Because of the wide recognition by society, it has won many honors and titles including: "Famous Brand Quality Recommendation of Henan Province", "Third Prize of Quality Control Group Achievements of Henan province", "Hygiene Supervision Famous Brand Protection Products of Henan Province", "Quality and Integrity Famous Brand", "Advanced Unit in Metrological Work of Henan Province", etc.

上海国福龙凤食品股份有限公司
龙凤牌饺子、汤圆

上海国福龙凤食品股份有限公司 Shanghai Guofu Long Fong Foods Co.,Ltd.

"龙凤"于1977年成立于台湾，长久以来即以前瞻性的眼光，积极投入速冻食品的开发工作，建立消费者对速冻食品的正确观念。

1993年9月18日龙凤产品在上海首度上市，立即获得消费大众的肯定，更奠定了"龙凤"成为速冻食品第一品牌的基础。

2000年，上海龙凤全面导入ISO及HACCP（危害分析重点管制）体系，并于同年10月通过ISO及HACCP双重国际认证，成为全国第一家获此殊荣的速冻食品企业。十年来，公司稳步发展不断成长，注册资本从原来的2500万元增加到现在的12000万人民币。2003年3月，公司经国家经贸部批准更名为上海国福龙凤食品股份有限公司，成为一家中外合资经营的股份制公司。

目前"龙凤"在已有的上海、天津、成都、广州4家工厂的基础上，又在浙江嘉善、上海松江、浙江湖州建立或合资建立工厂，逐步形成集中生产，统一物流，全国行销的格局，使"龙凤"的品牌得以再次提升。

"龙凤食品"现有水饺类、汤圆类、发面类、点心类、副食类、火锅类、冰品类和肉制品类等10大类产品，多达100多种产品，都代表着龙凤不变的坚持，它意味着新鲜原料的选择，卫生的自动化生产与配送，以确保消费者可以享受到零时差的新鲜美味。

作为我司的主导产品——龙凤芝麻汤圆，更受广大消费者的喜爱。龙凤芝麻汤圆，特别采用上等的糯米和精心挑选的芝麻，香甜细腻的芝麻内馅与香滑软糯的外皮紧紧地包裹在一起，轻轻地咬上一口，一种难以言喻的香郁滋味在舌尖跳动，每一口都令你齿颊留香，回味无穷。

Ever since its establishment in 1977 at Taiwan, Long Fong Foods has aggressive y engaged in the development of the instant-frozen food market, making all the efforts in promoting the advantages of the instant-frozen foods, that is delicious,nutritious,hygienic and convenient. In twenty years, Long Fong Foods has made tremendous contribution to the development of the instant-frozen food industry in Taiwan. In 1991, company initiated its China market research in Shanghai, only to discover that to truly satisfy China consumer's need, one had to invest in China with determination. By carefully study the taste of Chinese delicacy from different parts of the China and in combination with modern manufacturing technology, Long Fong Foods was able to provide convenient, healthy products to the consumer and at the same time faithfully retain the traditional taste in each every product. We in Long Fong Foods believe only to produce the best is by put in the best.

Over the years, Long Fong Foods has developed a network of distribution through out the entire China. From the Shanghai production facility in Eastern China, the company has extended its business to Nothern China with the establishment of the Tianjin plant, to Southwest China with Chengdu plant and to Southern China with Guangzhou plant. All these plants have same operation standard with unifiec process to provide consumer with consisitent quality products. Today, Long Fong Foods has been accepted not only as a well-know brand, but also as a synonym of instant frozen foods. However, we at Long Fong Foods will not satisfy as we are still a long way to achieve our ultimate goal of "carry forward the Chinese gastronomy culture to the world." Only through the company's stride for excellence and continuous development that Long Fong Foods will achieve its goal in the future.

祐康食品集团
祐康牌饺子、汤圆

祐康食品集团 Youcan foods Group

祐康食品集团有限公司成立于1992年7月，现已发展成为浙江省冷食行业龙头企业。"祐康"商标是浙江省著名商标，"祐康"牌速冻主食品是浙江省名牌产品、国内强势品牌，其系列产品行销全国20余个省市。公司是浙江省"五个一批"名牌产品企业、浙江省四星级企业和杭州市百强工业企业。近年来，又相继被列入浙江省电子商务试点企业、省首批信息化示范企业，以及省首批诚信示范企业，同时，也是全国创名牌重点企业和全国乡镇企业质量管理先进单位。公司现有资产3.08亿元，固定资产为2.05亿元。公司目前具有速冻食品3万吨、冷饮8000吨的年生产能力。同时，公司已经建立了一个较为完善的电子商务销售系统和城市物流配送系统，通过www.96188.com网络和定购电话96188，可以为客户实施365天24小时全天候定购和快捷方便的送货上门服务，目前已在全省包括杭州、宁波等7个城市开通和运营。

长期以来，公司秉承"自豪,源于福人类;杰出,乃是不断追求"的企业宗旨和"创新，源于实干"的核心理念，希望通过不懈的努力与持续的创新，以高品质的祐康产品和高质量的专业服务为社会群体带来时尚、健康、欢乐的生活方式和文化体验，为改善人类生活质量、推动社会的发展和进步奉献自己的力量。

Established in July 1992, Youcan Group has grown into a chief enterprise in frozen foods industries in Zhejiang Province.The trademark "Youcan" has become the noted trademark of Zhejiang Province,Youcan frozen foods have become the famous products of Zhejiang Province and domestic dominating brand. The frozen foods of series put on sale nationwise in over 20 Provinces and cities. Youcan Group is listed into Zhejiang provincial leading enterprises in term of five indices , four-star enterprises and one of hundred outstanding enterprises in Hangzhou city.And recently, Youcan Group is listed into e-commerce experimental enterprise in Zhejiang Province , one of first batch of Zhejiang provincial informational demonstrating enterprises,and honest and faithful demonstrating enterprises by one after the other,And also,Youcan Group is countrywide important name-brand setting-up enterprise and an advanced unit on quality control of countrywide townish enterprises. The total assets of the group is RMB 308 million yuan with the capital asserts of RMB 205 million yuan. At the present time , we have the abilities for producing the frozen foods of 30 thousand ton and the cold drinks of 8 thousand ton .On the same time, Youcan Group has built up such entire sales system of E-Commerce network and delivering system of modern logistics in the city zone that the customs can make an order in any time of all day and night and receive convenient and quick goods-delivering service by www.96188.com or 96188 call , which has been opened and operated in seven cities of Zhejiang Province,such as Ningbo,Hangzhou,and so on.

河南思念食品股份有限公司
思念牌饺子、汤圆

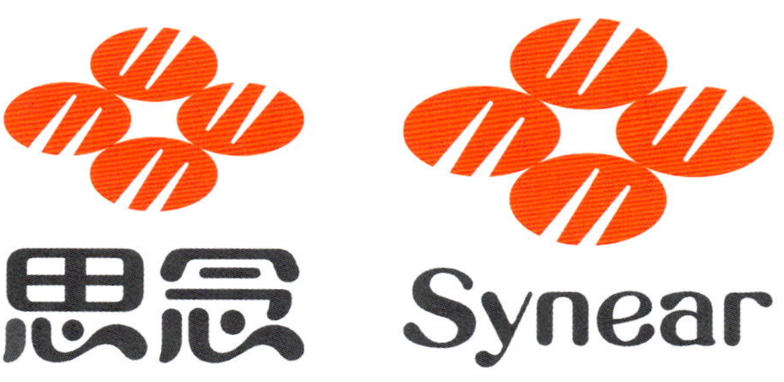

河南思念食品股份有限公司 Henan Synear Food Joint Stock Co.,Ltd.

河南思念食品股份有限公司位于郑州市金水区，是国内最大的速冻食品生产企业之一，具有20万吨速冻食品的年生产能力，拥有国内最大的、国际标准化的出口生产基地，员工人数达到2万4千人。

思念公司已通过ISO9002国际质量认证。

"思念"牌速冻汤圆获得国家"绿色食品"认定。"思念"牌速冻饺子获得"河南省名牌产品"称号。

"思念"牌速冻食品获得"中国驰名品牌"称号。

"思念"产品已经销往美国、加拿大、意大利等国家和我国香港、澳门等地区。

2000年4月，被省政府命名为"河南省速冻食品重点大型企业"；2001年3月，被河南省发展计划委员会确定为"重点扶持粮食加工转化龙头企业"；被河南省经贸委确定为"全国食品生产基地"；2002年7月，被河南省外贸厅、省计委、省乡镇企业局等确定为"河南省乡镇企业出口基地"；2002年7月，被河南省发展计划委员会、河南省对外贸易经济合作厅、河南省乡镇企业管理局、中国建设银行河南省分行确定为"河南省出口创汇基地"；2002年8月，被郑州市人民政府确定为"农业产业化经营优秀龙头企业"；2002年12月思念公司被农业部、财政部等国家九部委确定为"农业产业化国家重点龙头企业"。

Henan synear food joint stock co.,ltd. Is one of the largest fast-freezing food enterprises,located in jinshui district zhengzhou.the company has a outpur of 200,000mt per year with the biggest export base in china conformed to international standard.at the staffs are 24,000.

The company has established a quality management system in compliance whith quality management system standard of: iso9002.

Fast-freezing sweet-cumpling of "synear"brand has been named "health food".

Fast-freezing vegetable-dumpling of"synear" brand has won the title of "product of henan famous brand".

Fast-freezing food of "synear" brand has won the title of "china celebrated brand".

Food of "synear" brand has been exported to u.s.a, canada,italy,hongkong,macao,etc.

April, 2000 synear company was named "keystone enterprise in fast-freezing industry in henan" by the state government.

May, 2001 synear company was confirmed "bibcock enterprise be supported in machining and transform of foods" by the development project committee and " china food product base" by economy and trading committee.

July, 2002 synear company was authorized " henan villages & towns enterprise export bsae" by foreign economy and trading office, family planning committee, villages *towns' corporation and "henan export & creating foreign exchange base" by development project committee, foreign trading and economical cooperation office, villages and towns' administering authority, china constriction bank, henna branch.

August, 2002 synear company was confirmed "excellent enterprise in agriculture industrialization management" by zhenzhou government and "the national keystone bibcock enterprise in agricultural industrialization" by agricultural ministry, finance board etc. Nine of the national ministries and commissions.

科迪集团
科迪牌汤圆

科迪集团 Kedi Group

科迪集团是一家集科、工、农、牧、商于一体的现代化大型综合性食品企业集团，自营进出口企业。年综合生产能力16亿元。属国家八部委联合认定的“全国151家农业产业化重点龙头企业”、“中国食品工业优秀企业”、“全国出口创汇先进单位”、“河南省重点企业”、“河南省10家粮食转化重点企业”、“省农行资信AAA级企业”和“河南省三大畜牧养殖基地和乳品加工基地”。公司下属速冻食品厂、乳制品厂、河南科迪生物工程股份有限公司、方便面厂、河南罐头食品有限公司、河南冠生园科迪食品有限公司、农业开发公司、科迪便民连锁超市公司等10多个生产企业和商贸企业。拥有各类食品生产线100多条。主导产品有乳制品、速冻食品、方便面、罐头食品、优质奶牛胚胎等九大系列200多个品种。其中，科迪汤圆在2001年“中国十大城市春节家庭食品消费调查”中市场占有率第一，科迪面产销量列全国中档面市场前列；速冻蔬菜产销量居全国榜首；速冻产品和和罐头产品出口连续八年在河南省居第一位；“绿色快车”系列乳品在上市较短的几年内已经成为具有较高知名度的品牌。也是中原地区新兴的乳业发展基地。“科迪”品牌已经成为知名的食品品牌。

科迪集团是中国最大的速冻食品加工基地之一，年加工速冻产品20万吨，其中汤园10万吨，速冻甜玉米5万3千吨。公司每年组织农户种植玉米10万余亩，有效促进当地农业结构的调整和带动当地农民共同致富。目前围绕科迪集团从事种植、养殖和加工的农户有3万余户，约10万人口在企业带动下脱贫致富。

Kedi group which is comprehensive food group was established in 1985 . It's the key leading enterprises of agricultural industrialization in our country . And it is the grain transforms key leading enterprises in HeNan province . In addition , Kedi group is the processing base of dairy products and the Cultivating base of cow's . Kedi group has been devoted to improve the added value of the agricultural resource and market-based degree all the time , and it has brought remarkable social benefit .

Kedi group has more than ten manufacturing enterprises and trade and business enterprises at present .Those are Dairy products factory , Quick-frozen food factory , Instant noodles factory , Kedi bioengineering Co., Ltd. , Tinned food factory , Chain-supermarket, etc. Kedi group's leading products are : Such 9 major series and more than 200 varieties as the Dairy products , the Quick-frozen food , the Tinned food , the Instant noodles , the cow's embryo of high quality , etc. Kedi- stuffde dumplings is China's famous brand ,and The sales volume of Kedi- stuffde dumplings£"Kedi-dumpling £"Quick-frozen wheaten food and corn occupies the top three in the country . The Instant noodles's sales volume occupies the top in the Middle-grade noodles markets . The sales volume of Asparagus can and Quick-frozen asparaguses which are for exportation aslo occupies the first place in HeNan province . Kedi group has already built up the largest processing base of dairy products of the central plain of China . In addition , kedi group has already built up the High-quality cow's base and the High-quality cow's embryo's base . The dairy products is developing powerfully , and the building-up work of cow's base is also developing at the high speed with the help of the Government department .

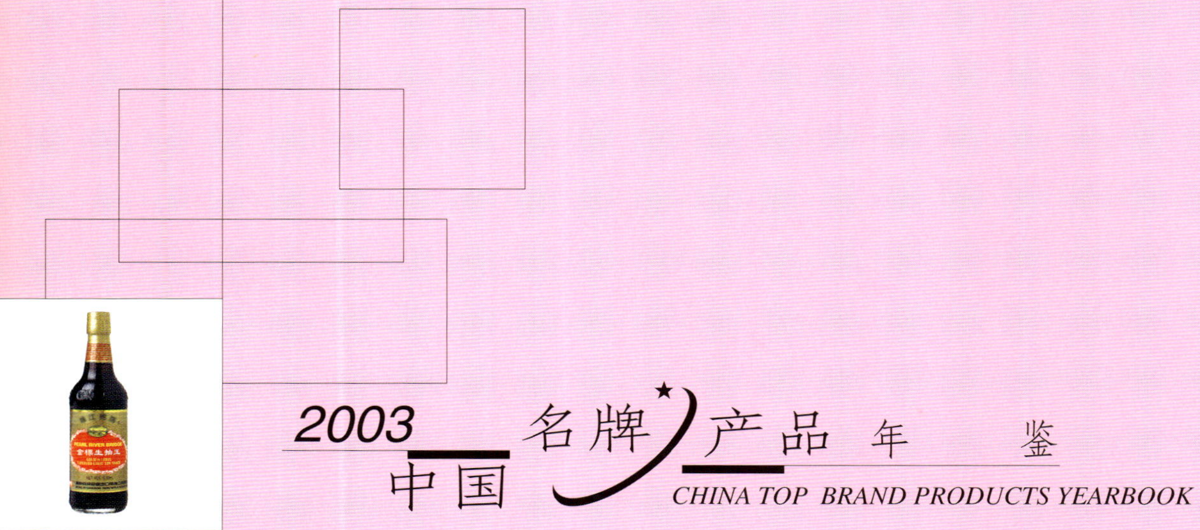
2003
中国名牌产品年鉴
CHINA TOP BRAND PRODUCTS YEARBOOK

J

调味品

中国调味品业的发展现状

随着21世纪的到来和人民生活水平的提高，我国的调味品工业获得了迅猛发展，总产量已超过1000万吨，成为食品行业中新的经济增长点。调味品产业"小产品、大市场"的格局正在形成，发展前景非常广阔。

一、行业现状

1、产品产量稳步增长，产品结构得到有效调整

据国家统计局统计和典型抽样数据显示，2002年我国调味品工业总产值按1990年不变价格计算为人民币380.5亿元，按当年价格计算为205亿元，实现利税为15.3亿元，利润3.2亿元。主要产品的产量为：酱油500万吨，食醋260万吨，酱类95万吨，酱腌菜270万吨，复合调味料达到120万吨以上。传统调味品如酱油、食醋的产量保持稳定，产销两旺；调味品新产品层出不穷，产销量逐年上升，具有广阔的市场空间和发展前景。

高档酱油形成了东西南北的发展格局：北方以河北珍极、北京王致和和北京和田宽为主；南方以广东海天、致美斋、美味鲜、李锦记、美味源为主；西部以大王和千禾香为主；东部以淘大和统万为主。食醋行业以江苏恒顺醋业为龙头，形成天津独流、北京龙门和田宽和北京龙门醋、山西水塔和东湖、四川保宁醋点状分布的格局，竞争日趋激烈。

在传统调味品生产增长的同时，其消费领域越来越宽泛，已不仅仅是过去的"调味"和"佐料"，而是作为人们不可缺少的消费品和食品工业的原料，向食品工业领域的深度和广度延伸发展。

2、国有企业在深化改革中逐步建立现代企业制度，跨国食品集团涉足调味品生产，民营调味品企业发展迅猛

目前，我国调味品市场被三大类企业所分割：一是原国有调味品生产企业在国家政策的指导下，加大了改制的力度，明晰产权，转变机制，取得了显著成效。如江苏镇江恒顺集团，积极建立现代公司制度，通过资本运营实现成功上市，为调味品行业的资本经营开了先河；成都、杭州、哈尔滨等城市的大型调味品企业通过改革、改制，增强了企业竞争能力和活力，通过市场创新、产品创新，实现了企业的跨越式发展。二是与国际上著名的跨国食品集团合作的企业。如达能控股的上海淘大食品公司收购上海海鸥酿造公司的酱油生产车间、品牌和上海金山食品酿造厂，酱油年产量达到10万吨；美国亨氏集团收购广东美味源食品厂后，正欲向北方扩张；联合利华在收购老蔡酱油后正谋求新的发展，家乐品牌的鸡精和铁强化酱油已上市销售；香港李锦记在广东新会的4万吨高档酱油生产线已投产；国内著名的食用油生产企业福临门公司2002年已在天津投资两条酱油生产线，以定牌加工的形式和其品牌优势欲在传统调味品行业占领一席之地。跨国食品集团凭借雄厚的资本实力，先进的经营理念和经营手段，对国内的酿造业形成了强烈冲击，同时促进了国内调味品生产技术和管理水平的提高。第三是迅猛发展的民营企业。一些民营企业在调味品行业虽然起步较晚，但起点较高，定位明确，市场意识强烈，发展很快，成为行业的后起之秀。可以说，通过市场的优胜劣汰，各种所有制企业纷纷抢占位置和市场，占领一部分原国有企业让出的市场份额。中国调味品行业正处在重组、改革的大转折时期。

3、企业和行业的国际意识增强，不断加强国际间的合作与交流

随着经济全球化进程的加快，一些调味品企业引进国外技术与资金，学习国外先进的管理经验，立足国内，开拓国际市场，参与国际竞争取得一定成绩。如广东省食品进出口集团公司生产的"珠江桥"牌酱油，广东佛山海天调味食品公司生产的"海天"牌酱油，长期坚持开拓欧盟等国际市场，外销量逐年增长。进入20世纪90年代，部分传统调味品生产企业纷纷投资进行技术改造，引进国际先进设备和技术，提高产品品牌的技术含量，从而跃上行业先进水平。以河北珍极、北京和田宽为代表的采用日本工艺的高盐稀态发酵酿造酱油的生产水平和工艺水平达到了世界先进水平。很多企业通过加强管理，引进ISO9000系列质量管理体系和14000环保认证体系，通过参加GMP和HACCP认证，增强了企业的发展后劲。随着我国加入WTO步伐的加快，一些国外调味品企业与我国部分调味品优势企业合作，已显示出强大的生命力和竞争态势。可以说，在中国这个全世界最大的调味品市场上，国际间的竞争将日趋激烈。

5、调味品的行业管理也越来越规范

近两年来，国家质监局发布了《酿造酱油》、《酿造食醋》国家标准。原国家内贸局发布了《配制酱油》、《配制食醋》和《酸水解植物蛋白调味液》行业标准，五个新标准的发布实施，与我国现有的《酱油卫生标准》、《食醋卫生标准》和《调味品卫生管理办法》相结合，完善了我国调味品标准体系，是近年来我国调味品行业的一件大事，也是标志着我国调味品行业标准化管理的里程碑。配套发布的五个调味品标准，是我们国家第一次颁布酿造酱油、酿造食醋国家标准；第一次颁布配制酱油、配制食醋行业标准，从而有利于对酿造和配制两种产品给以规范管理；第一次颁布酸水解植物蛋白调味液行业标准，从而首次把酸水解植物蛋白调味液的产品标准及管理工作列入国家行业标准的管理范畴，这五项标准的颁布对指导调味品工业的发展有着十分重要的作用和意义。

二、存在问题

1、企业小而分散，行业集中度低

作为酱油类调味品的发源地，中国目前的酱油产量已居世界首位，但放眼国际市场，优质酱油及调味品的大部分市场份额却为日、韩企业所占据。企业小而分散，行业集中度低，阻碍了中国调味品行业做大做强。我国酱油市场规模500万吨，最大的酱油类调味品生产企业广东海天只占全国产量的4%。而日本最大的龟甲万，年产量占国内总产量的1／4，另外，第二到第五名的企业又占1／4，市场集中程度非常高。目前，由中国出口到国外的酱油，估计每年已超过3万吨，但量多质不高。从企业规模和品牌名气来讲，我国调味品行业以区域品牌为主，缺乏全国性的强势品牌，更无法产生世界品牌。中国调味品在全球市场尚未占据其应有的地位。

2、市场上产品质量问题比较突出，假冒伪劣情况比较严重

假冒侵权产品直接冲击了调味品市场，坑害消费者，破坏著名品牌调味品生产企业的正常生产秩序。随着城市打假工作力度的加大，假冒伪劣产品有向农村转移的趋势，市场监管的任务日益繁重。

三、发展展望

我国加入世界贸易组织后，调味品生产销售面临着新的发展机遇，产品结构调整和上规模、上档次将是未来调味品行业的发展主流；国有企业的改革和改制将促使一部分企业兼并或破产，市场竞争将越来越激烈；食品工业的发展和餐饮业的兴旺，将为各类调味品提供更加广阔的市场空间；东方谓味品与西方调味品的融合，发酵调味品与各种香辛调味品的融合将呈现百花齐放的局面；各种方便调味品和保健调味品的发展将有新的突破。资本市场的全球化将促使我国传统调味品工业提高技术和管理水平，国外先进的生产技术和食品卫生标准也将进一步促进我国调味品与国际接轨。从生产产量和市场来看，除酱油产品市场基本饱和，重点是提高质量和调整结构外；其他产品如食醋、酱类、酱腌菜和各种复合调味料将以较快的速度增加。我国及世界调味品市场正蕴育着巨大的发展潜力。

广东美味鲜调味食品有限公司
岐江桥牌酱油

广东美味鲜调味食品有限公司 Guangdong Meiweixian Flavoring Foods Co., Ltd.

广东美味鲜调味食品有限公司坐落于美丽的城市——广东省中山市，是一家专业生产酱油的现代化大型企业。公司资产总额1.9亿元，注册资本5000万元人民币，占地面积33公顷，现有员工950人，年生产酱油能力13万吨，2002年酱油产量8.59万吨，生产规模、产品市场占有率位于广东省同行第二名，在全国同行业中亦位于前列。

公司始建于1856年，100多年来，美味鲜人始终专注于酱油产品的研究和开发，经过十几代人的执着追求，酱油生产技术已达到较高的水平，产品质量不断提高，市场不断扩大。现在，岐江桥牌美味鲜系列酱油已畅销全国，成为全国消费者喜爱的著名品牌。尤其是在中山、宁波、杭州、深圳、北京、长春、海南、呼和浩特、珠海、东莞等地，是当地消费者首选品牌。此外，岐江桥牌美味鲜系列酱油还远销至东南亚、美国、加拿大、澳大利亚等15个国家和我国香港地区，深受海外消费者喜爱。

岐江桥牌酱油产品执行GB18186—2000标准，采用高盐稀态发酵的天然酿造工艺，生产的酿造酱油香气浓郁，味道鲜美，可长期保存不变质，适用于凉拌和烹调。其中公司生产的岐江桥牌特鲜厨邦酱油，氨基酸含量达1.3克/100毫升，是目前全国质量最好的酱油。

岐江桥牌美味鲜系列酱油已获省优、部优、地方名牌称号多项。公司也获强优企业、中国调味品著名品牌企业等称号。

随着我国加入WTO，酱油生产行业迎来了新的机遇和挑战。为实现企业的持续发展，目前公司正在筹建一间占地66公顷，年产酱油30万吨的新厂，计划投入资金5亿元，预计2005年可竣工投产。美味鲜人将与时俱进，不断创新，为全国乃至全球人民提供更好的产品和服务。

Guangdong Meiweixian Flavoring Foods Co., Ltd. is stipulated in the beautiful city of Zhongshan named after a great man - Dr. Sun Yat-sen, and is a professional large and modern manufacturer in the soy sauce industry. The company occupies an area about 333 thousand M^2, and employs 950 staff currently with a total asset about RMB 190 million and registered capital of RMB 50 million. The annual production capacity of soy sauce reaches 130,000 tons. It is ranged as the second position in Production Capacity and Occupation Ratio of Soy sauce Market in Guangdong Province, also is listed in the advanced position in the domestic flavoring industry. The actual production reached about 85,900 tons in 2002.

With China's accession into WTO, soy sauce manufacturing industry is confronted new challenge and opportunity both. To pursue the persistent development, a new plant occupies area about 667 thousand M2 with soy sauce Production Capacity 300,000 tons is under construction. This budgeted plant counts RMB 500millions, and is expecting to start production in 2005. Meiweixian will keep abreast of the times, be creative and innovative and make the best flavoring food and best serve for the people in China and in the world.

李锦记(新会)食品有限公司
李锦记牌酱油

李锦记（新会）食品有限公司 Lee Kum Kee(Xinhui)Foods Co.,Ltd.

李锦记始创于1888年，创始人李锦裳先生在中国广东创办蚝油庄。李锦记已成为家喻户晓的品牌，只要有华人的地方，就有李锦记的产品。李锦记的总部设在香港，中国，美国、英国、马来西亚等多个国家及地区设有分公司或生产厂房，产品分销网络遍及全球五大洲80多个国家及地区。

李锦记（新会）食品有限公司成立于1995年12月25，位于广东江门新会七堡工贸城，占地1200亩。李锦记（新会）食品有限公司于1997年4月开始逐步投产，现已拥有酱油、芝麻油、虾酱、辣椒酱、豆豉、芝麻酱、香料粉等大型生产厂房和先进的产品包装线。其中酱油的生产能力已达年产43000吨，并拥有一条12000瓶/小时的意大利包装线。2003年我们将会再增加3条先进的进口包装线，使酱油的生产能力飞跃发展。我们已成为李锦记集团中最大的生产基地。

李锦记作为调味品行业的先行者，以品质为本，精益求精，产品受到国内外消费者赞赏。美国品牌管理公司于1999年评选的“亚洲50大品牌”中（不含日本品牌），李锦记排在第四位，并被评为“亚洲第一食品品牌”。1999年12月获得中华厂商颁发的“香港十大名牌”奖。李锦记的产品被评为中国保护消费者基金会之长久推荐产品，第七届中国专利新产品新技术博览会金奖，中国食品科学技术学会长久推荐产品等等。本企业在2001年在国内被评为外商投资先进技术企业，并荣获中国调味品著名品牌企业二十强称号等，2002年酱油产品获得美国国家消费者金牌奖，2002年获得国家质量监督检验检疫总局颁发的酱油产品免检证书。

目前，李锦记的产品日益受广大消费者的欢迎及爱戴，根据中国食品工业协会信息部2003年1月统计，李锦记的产品全国销售收入在同行业中排第三位，利税总额排第二位，已成为中国调味品行业中一个飞速发展的品牌。

Lee Kum Kee was founded in 1888, when Mr. Lee Kam Sheung established an Oyster Sauce Plant in Guangdong, China. Lee Kum Kee has become a popular band all over the world. Where there are Chinese people, there are Lee Kum Kee products. Lee Kum Kee Group ltd. has set up its Headquarter in Hong Kong and its factories and companies in such countries and areas as the PRC mainland, the USA, the United Kingdom and Malaysia. Its distribution network spans over 80 countries in five continents in the world.

As a leader of the sauce product manufacturers, Lee Kum Kee treats the product quality as the base, and tries to better the better to be the best. The company's achievements have been recognized by institutions in China and abroad. In 1999 Lee Kum Kee has been recognized as Leading Asian Brands at the forth place Top 50 Asian Brands List, and as the No. one in foods and beverages category, except the Japanese bands, according to the American Interbrand's ltd,. Lee Kum Kee has won the Awards of Top Ten Brand Names in Hong Kong in Dec., 1999. Lee Kum Kee's products have also been recognized as "Permanently Recommended Products" by the Consumer Protection Foundation of China. We got the Golden Award for Infinities Health Tonic in the New Technology Expo98, Permanently Recommended Products by Institute of Food Science & Technology China, etc. Lee Kum Kee (Xin Hui) Food company has been recognized as the Foreigner Investment Advanced Technology Enterprise, and the top 20 Famous Sauce Enterprise in China in 2001. The soy sauce products have been accredited the Certificate for Product Exemption from Quality Surveillance Inspection by State General Administration of the People's Republic of China for Quality Supervision and Inspection and Quarantine. (Any details, please find the awards list of Lee Kum Lee group as the attached file.)

开平味事达调味品有限公司
味事达牌酱油

开平味事达调味品有限公司 Kaiping Weishida Seasonings Co. Ltd.

开平味事达调味品有限公司始创于1956年，是一家经验丰富的高品质酱油酿造厂家。1996年味事达正式加盟新加坡福达食品集团，后成为其属下的中外合作企业。公司占地面积3.8万平方米，厂房建筑面积3.2万平方米，在职员工600多人。味事达公司以其独特的传统配方及现代化的生产设备，生产出味事达牌味极鲜、特鲜生抽、金标生抽、儿童酱油、辣椒酱油等一系列高品质调味品。其拳头产品味事达牌味极鲜酿造酱油属国内首创，近年来先后被评为"广东省优质产品"、"国家轻工优质产品"和"广东省名牌产品"，"味事达"商标也被评为广东省著名商标。奉行"质量是企业生命"的准则，味事达拥有一套完整的质量检验体系，已通过ISO9001国际质量体系认证。同时味事达酱油在2002年被国家质检总局认定为国家免检产品。

Set up in 1956, Kaiping Weishida Seasonings Co. Ltd. is experienced in producing quality seasoning produces. In 1996, the company became a subsidiary of Foodstar Holdings, as a Singapore Foreign Corporation Joint Venture. With a building area of 32,000m2,the company occupy 38,000 m2 local area, and employs 600 plus employees. With it's unique traditional recipe and modern manufactory facility, the company produce a series of high quality condiments such as Highly delicious soy sauce、Savory light scy sauce、Gold label light soy sauce、Child soy sauce、Chili soy sauce. As a pioneer production of our company, Highly delicious soy sauce of Weishida is also a prime in China and it has been granted as "High Quality Production of GuangDong province "、"high grade quality light industry production of China "、"famous production of GuangDong province". The brand name "Weishida" has also been granted as "famous trademark of GuangDong province". Under the guide line "quality is the life of enterprise", Weishida Company has set up a comprehension quality check system and it has already passed the attestation of ISO9001. Furthermore, Weishida soy sauce has been recognized as a quality-check-free product by Chinese National Quality Check Department.

北京王致和食品集团有限公司
金狮牌酱油

北京王致和食品集团有限公司 Beijing Wangzhihe Food Group Co.,Ltd.

北京王致和食品集团有限公司是一家以生产酿造调味品为主业的科工贸一体化、跨行业经营的集团公司。全公司总资产3亿多元，现有员工1700余人。

集团生产酱油、食醋、腐乳、酱、酱油粉、酱油膏、咖喱卤、清酒、料酒及其它复合调料等几大类百余种产品，与人们日常生活息息相关，拥有"王致和"、"金狮"、"龙门"、"老虎"、"宽"牌五大品牌，是北京市最大的生产经营酿造调味品的专业化公司，其规模和创利税水平在全国同行业中名列前茅。现年产腐乳3.5亿块、酱油8万吨、食醋3万吨、酱1万吨。腐乳在北京市场占有率为90%，其它调味品在北京市场占有率为60%，并畅销全国各地，远销欧美、东南亚等各国。

集团拥有历史悠久的产品，有创制于1669年（清康熙八年）的王致和腐乳、创制于1820年（清嘉庆26年）的龙门牌米醋及创制于1938年的金狮牌和创制于1939年的老虎牌酱油。各类产品百余次在全国性或地区性的博览会、展评会上获奖。"王致和"牌、"龙门"牌被评为北京市著名商标。王致和系列腐乳、金狮系列酱油、龙门系列食醋被评为北京名牌产品。其中，王致和腐乳作为具有浓郁民族特色的中式调味品，更是深受全球华人的喜爱。

集团拥有王致和食品厂、金狮酿造厂、三河北京龙门醋业等7个生产厂，1个销售分公司，1个科研中心及北京和田宽食品有限公司、北京龙门和田宽食品有限公司、北京虎王和田宽食品有限公司、北京宝酒造酿造有限公司4家合资企业及5A智能型的长新大厦。

"酿人间美味，造百姓口福"是王致和集团的经营宗旨。集团将进一步借鉴国内外先进的管理经验，开拓进取，加快发展，为消费者提供更多、更好的调味品，为繁荣振兴民族食品工业作出自己的贡献。

Beijing Wangzhihe Food Group Co.,Ltd.is a specialized group Co.producing and managing fermented seasoning. It is composed with seven factories ,one sales subsidiary ,four joint venture enterprises ,one institute mainly engaging in brewage seasoning and other food science study.

It has 1700 employees, with a prestigious family of brands. Its products include eight kinds and hundreds prouducts, they are ,Wangzhihe brand fermented bean curd,Golden Lion brand soy sauce,Longmen brand vinegar, Laohu brand soy sauce, Kuan brand soy sauce,vinegar, paste, compound seasoning ,sake ,mirin,high purity edible edible alcohol,now producing soy 80,000 tons,vinegar 30,000 tons ,fermented bean curd 35 million.

These products can meet not only Bejing's demand, but also are sold far to domestic, European, American and Southeast Asia.

佛山市海天调味食品有限公司

海天牌酱油

佛山市海天调味食品有限公司 Foshan Haitian Flavouring & food Co.,Ltd.

佛山市海天调味食品有限公司起源于300多年历史的佛山酱园。经过多年的发展，海天已成为全国最大的酱油等调味品生产基地，生产包括酱油、蚝油、味精、醋类、酱类、汁类、调味粉等七大系列130多种产品，其中酱油连续多年产销量名列全国第一，海天产品远销世界60多个国家和地区。

多年来，海天坚持走"质量——规模——效益"的可持续发展之路，全面实施名牌战略，使海天品牌在国内外享有很高的知名度和美誉度。在海天，建有面积达20多万平方米的全国最大规模的超大型天然晒池。海天牌酱油、蚝油、酱、醋、味精等各类调味品共获80多项国家、部、省级优质产品称号。2000年"海天"商标被认定为"中国驰名商标"，2002年"海天"牌酱油、米醋获得国家免检产品的称号。

在海天，建有广东省唯一的"酿造工程技术研究开发中心"和"产品检验中心"，承担国家、省、市的一批重点科研项目，仪器装备、人才队伍、科研实力均具有国际领先水平。

未来几年，海天将进一步扩大生产规模，达到年产调味品100万吨的生产能力。同时，海天将继续大力推进企业的技改创新，塑造国际名牌，使海天味业继续快速发展，成为亚洲乃至世界最大的调味品生产基地。

Foshan Haitian Flavourirg & food Co. Ltd originated from formerly Foshan Sauce Yard which was with a history of over 300 years. With years' development, it has become the biggest flavouring production base in China for flavouring products such as soy sauce, oyster sauce, vinegar, sauce, gourmet powder, juce, etc (total 7 series and more than 130 kinds of products). Its production and sales volume in soy sauce have continued to be No.1 in China and its products have been enjoying good selling in over 60 countries and areas .

The only provincial Brew ng Engineering Technology Research & Exploration Center and the Provincial Product Inspection Center of GuangDong Province locate in Haitian, responsible for many significant scientific research projects of national, provincial and municipal levels. The instruments, talents and scientific research ability are of international leading level.

In the following years, Haitian will further enlarge its production scale to the procuction capacity of annual 1 million tons flavourings. Meanwhile, Haitian will contiune to cultimate its corporate technology innovation and enhance its international well-known brand. We sincerely believe that we will be the biggest flavouring production base in Asia and the world with such high speed development.

广东省食品进出口集团公司
珠江桥牌酱油

广东省食品进出口集团公司
Guangdong Foodstuffs Import & Export (Group) Corporation (GDF)

广东省食品进出口集团公司，始创于1954年，得毗邻港澳之地利，改革开放之先机，人杰地灵之先惠，历48载，风雨兼程，商海沉浮；经几代员工艰苦创业，奋力拼搏，如今已发展成为拥有40家子公司、投资企业和生产基地，资产总额和年营业额均超10亿元的大型企业集团，为广东省113家出口大户之一，累计出口超百亿美元。获银行信用AA+和海关授予A级企业称号，连续4年被评为"全国外经贸质量效益型先进企业"；荣获"欧洲国际质量技术金奖"。广东食出还拥有中国驰名商标"珠江桥"牌、中国最受欢迎商标GDFOK等知名品牌和"新仑"牌、"御品"牌、"广得福"牌、"百成"牌、"宝鼎"牌等多个商标及巨额无形资产。

在全球经济日趋一体化的今天，广东省食品进出口集团公司将继续坚持"产销结合、内外销结合、境内外结合、商品经营与资产经营相结合"的发展战略，向构建多元化、国际化大型企业集团的目标迈进！

"珠江桥"牌酱油是由广东食出于1957年经营至今的中国名牌产品，历史悠久，长期行销海外。"纯天然酿造"是"珠江桥"酱油的特色，"天然、健康、美味"是珠江桥酱油长期奉守的宗旨，以其不断创新的优质内涵，"珠江桥"赢得了世界各地消费者的认可。1988年荣获巴黎国际食品博览会金奖，2000年被评为中国驰名商标，2001年获欧洲国际质量金奖等荣誉。近50年来，"珠江桥"酱油把烹饪的美味享受带给世界各地120多个国家和地区的人们，成为国际市场上优质中国食品的标志。

Since its establishment in 1954, Guangdong Foodstuffs Import & Export (Group) Corporation (GDF), has taken advantage of its geographic position in the proximity of Hong Kong and Macao, caught the opportunity of the earliest reforming and open policy in the country and benefited from the outstanding personality on its glorious land. In the past 48 years, it has experienced trials and hardships on its development way, the rise and fall in the business world. With the hard work and great efforts of the staff of generations, it has grown into a large-size enterprise group consisting of 40 sub-companies, investment enterprise and manufacturing bases, whose total capital and annual turnover both surpass RMB1 billion. As one of the 134 large-size export enterprise in Guangdong, its turnover accumulates to over USD10 billions. It ever won the honor of Nationwide Advanced Foreign Trade Corporations in Quality and Profit, and was awarded with (Arch of Europe) Quality and Technology. Moreover, GDF possesses great incorporeal assets and famous brands such as Pearl River Bridge, a Well-known mark of China; GDFOK, Most popular Trade Mark of China, and other registered brands like Sunny, Yupin, Topin, Besthing, etc. In the nowadays global economic market, GDF will persevere in the strategy of "the union of manufacturing and trading, domestic sales and international sales, domestic cooperation and international cooperation, commodities trading ad capital investment," stride forward the objective of construction of multi variety and international large-scale group corporation.

天津市天立独流老醋股份有限公司
天立牌食醋

天津市天立独流老醋股份有限公司
Tianjin Tianli Duliu Aged Vinegar Incorporated Company

天津市天立独流老醋股份有限公司是中华老字号企业，现有员工360人，占地面积79000平方米，总资产8000余万元，年产优质老醋25000吨，是全国最大的食醋酿造厂家之一。

天立老醋始创于明朝嘉靖年间，距今已有五百多年的历史。天立独流老醋色泽酱红、口味纯鲜、酸而回甜、久存不霉，享有"三伏老醋"之美誉。产品已形成八大系列50余个品种，同时还生产"天立"酱油、老抽、"天立天"牌果醋饮料。天立独流老醋在津、京地区家喻户晓，并畅销全国二十余个省、市、自治区并出口东南亚各国及欧洲、美洲地区，深受国内外消费者好评。

产品曾荣获天津市名牌、全国供销社名牌、全国食品名牌、国家免检产品等100余个称号，2002年独流老醋被国家质检总局批准实施原产地域产品保护。

企业曾先后荣获国内贸易部先进企业、中国食品行业优秀企业、全国重合同守信用单位、全国商业优秀企业、中国调味品著名品牌20强等250余个称号，"天立"被评为天津市著名商标。公司于2002年通过了ISO9001-2000国际质量体系认证。

为了适应中国加入WTO的挑战，公司从提高科技生产水平入手，于2001年10月投资2500万元建成了采用微机控制和现代生物技术改造独流老醋传统工艺项目，实现了现代技术与传统工艺的成功对接，使天立公司年生产能力提高到3万吨，产值将超过1个亿，实现利税1350万元。

Tianjin Tianli Duliu Aged Vinegar Incorporated Company is an aged famous brand enterprise in China, which inhabits the area 79,000M2 and has the assets RMB 80, 000,000. There are 360 employees in the enterprise. The annual output of the company has reached 25,000 tons. It is one of the largest vinegar brew factories of China.

Tianli Duliu aged vinegar was found in Ming dynasty (A.D. 1521) and has a history of nearly five hundred years. Tianli Duliu aged vinegar is prepared by Chinese traditional technique and made of choice high quality rice, Chinese sorghum and so on, then goes through for three years. Therefore it is called "Thee Dog's Day" aged vinegar, too. The colour and taste of Tianli Duliu aged vinegar is dark reddish brown and limpid. It tastes sour but aftertaste is sweet, and it can be kept a long time without mildew.

In order to meet the challenge of WTO, the company increases the level of science and technology and enlarges the production scale. The item "Rebuild the Traditional Tianli Duliu Aged Vinegar Technic by PC-controlling and Biology Fermenting", which invested RMB2,500 in October 2001, has brought into effect in production. This will increase the annual throughput up to 30,000 tons, the production value over RMB100,000,000, and the profit and taxation up to RBM1,3500,000.

山西水塔老陈醋股份有限公司
水塔牌食醋

山西水塔老陈醋股份有限公司 Shanxi shuita superior Mature vinegar Co.,Ltd.

山西水塔老陈醋股份有限公司位于"中国老陈醋之乡"清徐县，是国家八部委重点扶持的"151"家农业产业化龙头企业，中国调味品著名品牌企业20强和中国保健食品50强企业。公司拥有总资产1.18亿元，员工850余人，占地30万平方米，具有现代化的厂房、制醋生产线、配套工程及全套先进的分析检测仪器。公司主要产品有"水塔"牌陈醋、老陈醋、风味醋、保健醋、精品醋五大系列80多个品种，食醋年生产能力3.28万吨，是目前国内规模最大的山西老陈醋生产基地。2002年2月，公司"水塔牌"商标荣获"中国驰名商标"称号，2002年8月，"水塔"牌陈醋、老陈醋被认定为"国家免检产品"。

Shanxi shuita superior Mature vinegar Co.,Ltd.is situated in Qingxu county , the well known home of mature Vinegar in china ,It is one of 151 key enterprise of agriculture industrialization focally supported by eight ministries and commissions of our country , It is also ´China 20-Strong of Famous Enterprise of Condiment´ and ´50-Strong of Health Protection Food´.With the assets of 118 million yuan , more than 850 staffs and workers ,300 thousand square meters occupied area .It includes modem workshops , production lines of making vinegar public auxiliary project and a complete set of modern instruments for analysis and testing .It mainly products 80 varieties of 5 series products: shuita superior Mature vinegar , mature vinegar typical local vinegar ,health vinegar and superfine vinegar. With the annual output of 32800 tons , the company is the largest production base of shanxi superior mature vinegar .In February 2002, "shuita" brand won "china famons Brand", In August 2002, "shuita" brand mature vinegar ,surperior mature vinegar were attested as "china Frec-test products".

山西老陈醋集团有限公司
东湖牌食醋

山西老陈醋集团有限公司 Shanxi Mature vinegar group Co., Ltd.

山西老陈醋集团有限公司是始创于1368年的"美和居"醯坊逐步发展而来的，是山西省人民政府、太原市人民政府为弘扬晋醋文化，实施名牌战略，,加大老陈醋在国内和国际市场的竞争力而设立最早、规模最大的醋业集团。公司占地面积16.34万平方米，企业总资产1.21亿元，净资产5160万元，资产负债率57.42%，公司设备先进。1996年，1998年、1999年先后投资数千万元进行了技术改造，建起了具有国内领先水平的系列醋包装车间，微波灭菌，双排码喷机，除沉过滤等技术均属于国内领先水平，公司检测设备先进，检测手段完善，检测项目全面，检测人员全部经过岗前技术培训和考核，公司年产老陈醋珍品系列，精品系列，保健功能系列，陈醋系列和白醋系列5大类，58个品种约30000余吨，公司产品畅销全国26个省市的大中城市，与400余个代理商建立了销售网络，产品还出品至美国。

东湖老陈醋数次荣获全国调味品评比第一名，三次蝉联国家质量银奖，多次荣获山西省著名商标称号，是国家质检总局注册的山西省唯一老陈醋原产标记企业，2000年12月，公司顺利通过了ISO9002国际质量体系认证，2001年"东湖"牌老陈醋被山西省名牌推荐委员会确认为山西省标志性名牌产品，保健醋被确认为山西省名牌产品，2002年4月山西省唯一一家获国家质量监督检验检疫总局颁发"原产地标记注册证"的企业；2002年东湖牌老陈醋，保健醋获国家产品质量免检证书和全国工业产品生产许可证。

"东湖"牌老陈醋精选优质高粱、大麦、豌豆为主要原料，以大曲为发酵剂，通过天然发酵、陈酿而成。具有绵、酸、香、甜、鲜的口感，其他品种食醋以老陈醋为醋基经科学加工精制而成。

Shanxi Mature vinegar group Co., Ltd changed from "Meiheju" vinegar workshop, which was originated in 1368. It is the earliest and larger-scale group that founded by Shanxi government and Taiyuan government to strength the competition of Shanxi vinegar in the international market. The company covers an area of 163400 square meters and has 121 million Yuan total capital, 51.6 million Yuan net capital, and asset liability ratio is 57.42%. Tens million Yuan has been invested to process technical improvement in 1996, 1998and 1999, and we have founded advanced vinegar package workshops, micro-wave sterilizing equipments, double printer. And our sediment-remove technique is advanced in the country .The company has advanced checking equipments, checking item is all-sided. All inspectors have all been well trained. The productions are divided into more than fifty kinds, including treasure series, superior quality series£" health protective series mature vinegar series and white vinegar series. Annual output is more than 30 thousand tons. And they are quick-selling products in 26 provinces in China, and our sales net has been established, the distributors are more than 400. The vinegar series have been exported to the countries and regions such as American, Japan, Canada, Australia, Singapore, Thailand, Malaysia and so on.

"Donghu" mature vinegar adopts high-quality sorghum, barley and peas as its main raw materials and brewed naturally, and tastes mellow, sour, fragrant, sweet and fresh. And other kinds of vinegar are all made as mature vinegar is their base vinegar.

北京王致和食品集团有限公司
龙门牌食醋

龙门牌

北京王致和食品集团有限公司 Beijing Wangzhihe Food Group Co.,Ltd.

北京王致和食品集团有限公司是一家以生产酿造调味品为主业的科工贸一体化、跨行业经营的集团公司。全公司总资产3亿多元，现有员工1700余人。

集团生产酱油、食醋、腐乳、酱、酱油粉、酱油膏、咖喱卤、清酒、料酒及其它复合调料等几大类百余种产品，与人们日常生活息息相关，拥有"王致和"、"金狮"、"龙门"、"老虎"、"宽"牌五大品牌，是北京市最大的生产经营酿造调味品的专业化公司，其规模和创利税水平在全国同行业中名列前茅。现年产腐乳3.5亿块、酱油8万吨、食醋3万吨、酱1万吨。腐乳在北京市场占有率为90%，其它调味品在北京市场占有率为60%，并畅销全国各地，远销欧美、东南亚等各国。

集团拥有历史悠久的产品，有创制于1669年（清康熙八年）的王致和腐乳、创制于1820年（清嘉庆26年）的龙门牌米醋及创制于1938年的金狮牌和创制于1939年的老虎牌酱油。各类产品百余次在全国性或地区性的博览会、展评会上获奖。"王致和"牌、"龙门"牌被评为北京市著名商标。王致和系列腐乳、金狮系列酱油、龙门系列食醋被评为北京名牌产品。其中，王致和腐乳作为具有浓郁民族特色的中式调味品，更是深受全球华人的喜爱。集团拥有王致和食品厂、金狮酿造厂、三河北京龙门醋业等7个生产厂，1个销售分公司，1个科研中心及北京和田宽食品有限公司、北京龙门和田宽食品有限公司、北京虎王和田宽食品有限公司、北京宝酒造酿造有限公司4家合资企业及5A智能型的长新大厦。

"酿人间美味，造百姓口福"是王致和集团的经营宗旨。集团将进一步借鉴国内外先进的管理经验，开拓进取，加快发展，为消费者提供更多、更好的调味品，为繁荣振兴民族食品工业作出自己的贡献。

Beijing Wangzhihe Food Group Co.,Ltd.is a specialized group Co.producing and managing fermented seasoning. It is composed with seven factories ,one sales subsidiary ,four joint venture enterprises ,one institute mainly engaging in brewage seasoning and other food science study.

It has 1700 employees, with a prestigious family of brands. Its products include eight kinds and hundreds prouducts, they are ,Wangzhihe brand fermented bean curd,Golden Lion brand soy sauce,Longmen brand vinegar, Laohu brand soy sauce, Kuan brand soy sauce,vinegar, paste, compound seasoning ,sake ,mirin,high purity edible edible alcohol,now producing soy 80,000 tons,vinegar 30,000 tons ,fermented bean curd 35 million.

These products can meet not only Bejing's demand, but also are sold far to domestic, European, American and Southeast Asia.

四川保宁醋有限公司
保宁牌食醋

保 宁

四川保宁醋有限公司 Sichuan Baoning Vinegar Co. Ltd.

四川保宁醋有限公司坐落在中国历史文化名城阆中，是我国最大的食醋生产基地之一，中华老字号企业和ISO9002国际质量体系认证企业,独家拥有中国四大名醋之——保宁醋及系列产品的生产专利。酿造历史源于1618年，横跨五个世纪，其注册商标“保宁”牌系四川省著名商标。

公司主导产品保宁醋以纯粮为料，名贵中药为曲，唐代古“松华”井水为体，采用麸醋经典工艺和现代科技，经38道工序精酿而成。它汇酿醋技师之匠心，生物工程专家之精要，独具“色泽红棕，酸味柔和，醇香回甜，久存不腐”之特点，系调味之佳品。因富含铜离子的螯合物被现代科技证明具有防腐抑癌、养生滋容、平血脂、降血压、预防动脉粥样硬化等功效。早在1915年保宁醋就荣获巴拿马太平洋万国博览会金奖，1921年荣获四川省第二次劝业会银质奖章,1982年起多次荣获部省双优，1988年荣获"中国首届食品博览会金奖"、1992年荣获"中国首届医疗保健精品博览会金奖"、1993年荣获"四川省名特优新产品博览会金奖"、"四川省巴蜀食品节金奖"、1994年荣获"蒙古国乌兰巴托国际博览会金奖"、"四川省工业品博览会金奖"、1997年荣获"全国食品行业名牌产品"、1999年荣获"四川省名牌产品"、2000年被国家绿色食品发展中心批准为绿色食品并荣获21世纪绿色消费品展览会金奖;2002年保宁醋被批准为全国食品行业首批“国家免检产品”和首批国家质量安全产品等殊荣。"保宁"牌保健醋于1997年被国家卫生部批准为保健食品。

Sichuan Baoning Vinegar Co. Ltd. is located in Langzhong City-one of the Chinese Famous Historic Cities. It's one of the largest bases for edib e vinegar production in China. It is also one of the Chinese old-fashioned enterprises, certificated by the ISO9002 international quality system. It is the only owner of the patent of Baoning Vinggar, which is one of the Four Chinese famous vinegars. The vinegar production can date from 1618 A D — more than Five centuries update, and " Raoning Brand " is the famous brand in Sichuan Province.

The company has a staff of 800, 240 of whom are high or middle-class technicians and there are more 260 college graduates who form the high technical personnel. The company has the most advanced demestic technology for making vinegar, relying on the latest and hi-tech of computer control. working in fully closed potting production, adopting hi-tech bacteria-killing method and continuous automatic potting production system, au of which has realized the joint between traditional craftsmanship and international advanced production technology. Its annual output 30,000 tons. It can fully supply the markets with over 50 varieties including beverage, edible gelatin as well as Baoning vinegar, health-care vinegar and Baoning soy under the 3 series of flavouring, nutrition by health care and drinks. It has been sold to all cities and provinces in China and many other countries and areas, such as Japan, America, Southeast Asia, HongKong and so on.

In 2001, Baoning Vinegare Co. Ltd, joined in the Chinese Alcohol Giant-Luzhou Brewery Group, brought in the advanced managing ideas and operation system, renewed the production facilities, which greatly improved its output and promoted. its economic-benefit obviously, the outlook of the enterprise and the traditional brand has been greatly improved.

江苏恒顺醋业股份有限公司
恒顺牌食醋

恒顺

江苏恒顺醋业股份有限公司 Jiangsu Hengshun Group Co.,Ltd.

江苏恒顺醋业股份有限公司(前身镇江恒顺酱醋厂)是一家创建于1840年的大型企业集团，公司总资产约10亿元，下辖40余家子公司。其中，江苏恒顺醋业股份有限公司是中国规模最大、经济效益最好的酱醋生产企业，2001年，由该公司发行的4000万A股股票正式上市，恒顺也由此成为国内同行业首家上市公司。

江苏恒顺醋业股份有限公司主要生产香醋、酱油、酱菜和色酒等近200个品种的系列调味品，所产恒顺食醋以其"酸而不涩，香而微甜，色浓味鲜，愈存愈醇"的特色誉满中外。恒顺酱菜则选用新鲜蔬菜和自制优质甜面酱精心制作，以其"香、鲜、甜、脆、嫩"的特色深受广大消费者的青睐。恒顺产品畅销全国和世界43个国家及地区，供应我国驻160多个国家的200多个使(领)馆，落户中国南极长城考察站和北京人民大会堂，被认定为绿色食品，恒顺商标也被认定为我国酱醋业中首件中国驰名商标。2002年，恒顺香醋又被国家技术监督总局批准为原产地域保护产品、国家免检产品。

近年来，恒顺集团在壮大酱醋主业的同时，稳步推进其"集团化、规模化、股份化"战略的实施，逐步涉足生物工程、生物保健、房地产、光电等全新领域，先后成功开发出了恒顺醋胶囊、恒顺虫草胶囊、降糖胶囊等一批保健新品。公司于2002年设立国家级博士后工作站，全面提升企业创新实力。今天，古老的恒顺企业正以一个全新的面貌，崛起在古城镇江——这片欣欣向荣的热土之上。

Jiangsu Hengshun Group Company (formerly Zhenjiang Hengshun Soy & Vinegar Factory) is a large-scale enterprise group established in 1840, with total assets of 84 million and more than 40 subsidiaries, and postdoctoral programme. Jiangsu Hengshun Vinegar Industry Co. Ltd. is the largest and most beneficial factory of soy and vinegar industry in China. In 2001, 40 million A stock of the Company were issued publicly, which made Hengshun the first among the circle.

Jiangsu Hengshun Vinegar Industry Co. Ltd. is principally engaged in manufacturing soy, vinegar, pickle, rice wine, etc, more than 200 assortments of serial condiments. Hengshun Vinegar is famous for the character of "sour, fragrant and slightly sweet, rich color and delicious taste, the smelling the longer stored". Hengshun Pickles are manufactured from the selected fresh vegetables and with high-quality sweet soy, beloved by the customer for its "fragrance, Delicacy,Sweetness, Crisp and Tenderness". Hengshun product are sold all over the nation and 43 foreign countries and areas, supplying China embassies/consulates in 160 foreign countries, settling the China South Pole Great Wall Station and the people's Great hall in Beijing, and are also verified as green food. Hengshun brand is also ratified as the first China well-known Trade Mark. In 2002, Hengshun vinegar is approved as products of designations of origin and geographical indications of the P.R.China and inspection-free state product.

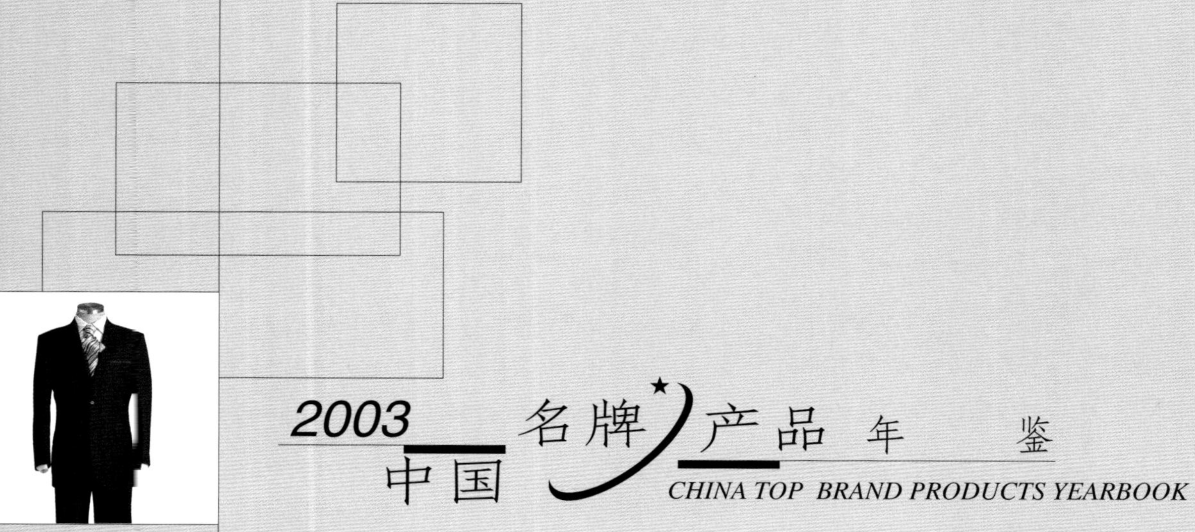
2003
中国名牌产品年鉴
CHINA TOP BRAND PRODUCTS YEARBOOK

K

男西服套装

2003年中国服装产业状况及中国名牌服装企业

服装是我国重要的传统支柱产业，从20世纪80年代初为解决中国占世界1/5人口的温饱问题发展到今天成为世界最大的服装生产国、服装消费国、服装出口国，为中国现代化建设做出了重大贡献。

一、行业概况

根据国家统计局统计，2003年我国规模以上服装企业9061家，年产服装98.43亿件。根据调查推算，我国服装生产企业数量已超过11万家，服装生产总量达361亿件，其中，梭织服装产量136亿件,针织服装产量225亿件。

服装的主要产区集中在我国的沿海地区。服装的生产基地主要有广东省、浙江省、江苏省、山东省、上海市、福建省、河北省、天津市、辽宁省、湖北省、北京市、江西省、安徽省，这13个地区的服装产量占中国服装总产量的96.96%。

近几年，中国服装制造业的竞争已从单个企业战略逐步向全方位的集聚地战略演变，中国服装业分布上最突出特点就是产业集聚。根据中国服装协会对各地区的调查，中国现有39个服装产业集聚地，主要分布在珠江三角洲、长江三角洲、环渤海地区和东南沿海地区。服装产业集聚地区的生产发展速度明显高于其他地区。初步推算,中国服装业有近70%的生产能力集中在服装产业聚集地。

中国服装出口始于20世纪60年代，产品出口到世界220个国家和地区，我国服装总产量中出口产量占49.2%，是世界上服装出口第一大国。2003年我国服装及附件进出口总金额为533.08亿美元,比上年增长4.8%。其中,全年服装及衣着附件出口金额520.66亿美元，进口金额14.22亿美元,贸易顺差508.24亿美元，比上年增长30.3%，对拉动全国贸易实现顺差有着其他行业无法替代的作用。

二、中国名牌企业在行业的地位

在中国名牌战略推进委员会的正确引导和大力支持下，我国服装业的名牌发展战略得到进一步深化和提高。自2001年至2003年，中国名牌服装已评价了三类产品：衬衫、羽绒服和男西服（套装）。服装行业内共有26个品牌荣获“中国名牌”产品称号，其中衬衫11个、羽绒服装6个、男西服（套装）12个。

这26个“中国名牌”服装虽然仅占我国这三类产品品牌总数的千分之一点四，比例非常小，但是这些品牌在我国服装行业却有举足轻重的地位和作用。这些企业不但具有规模优势，更是在市场竞争中的佼佼者，在国内外市场享有很高的声誉。中国名牌企业是中国服装由世界生产、出口和消费大国向世界服装强国迈进，创世界名牌服装的生力军和核心竞争力。

中国名牌服装企业分布在我国的浙江省、江苏省、上海市、山东省、北京市、福建省、辽宁省和江西省。其中，中国名牌衬衫：浙江省4家，江苏省3家，上海市3家，北京市1家；中国名牌羽绒服装企业：江苏省3家，山东省2家，江西省1家；中国名牌男西服（套装）企业：浙江省6家，江苏省2家，上海市、福建省、山东省、辽宁省各1家。有雅戈尔、FIRS杉杉和红豆三个品牌荣获衬衫、男西服（套装）两项“中国名牌” 称号。

2003年我国规模以上服装企业生产再创历史新高，衬衫产量同比增长9.09%、羽绒服同比增长33.14%、男西服（套装）同比增长15.42%。11家“中国名牌”衬衫企业2003年的衬衫生产总量10000万件，占国家统计局统计服装行业规模以上企业衬衫总产量69649万件的14%；6家“中国名牌”羽绒服企业羽绒服生产总量约为2900万件，占规模以上企业羽绒服总产量11080.8万件的26%；12家“中国名牌”男西服（套装）企业总生产量约为3300万件，占国家统计局统计服装行业规模以上企业男西服总产量22579万件的15%。

2003年“中国名牌”企业的产品以不同形式出口到亚洲、欧洲、北美洲、大洋洲和非洲的一百多个国家和地区。并能够承接世界著名品牌和跨国公司的加工制作，达到和超过其质量要求，有良好的质量信誉。中国名牌衬衫、羽绒服和男西服（套装）是我国服装行业中发展较早和较成熟的大类品种，“中国名牌”服装产品近几年在国家产品质量监督抽查和出口商检中，产品质量均达到所标标准等级或合同要求，有些企业的产品还获得出口免检。

三、服装行业发展趋势

1、市场需求始终是中国服装业发展的根本动力

（1）我国经济也进入了一个新的经济景气周期，有关专家预测2004年我国GDP增长8.5%。各个行业都能在增长中获得收益。2003年服装增长的巨大惯性会在相当一段时间内发挥作用。

（2）2003年我国GDP人均达到1090美元,我国消费已经进入了一个新的发展阶段，一个新的起点。我国发达地区的城市人均GDP已达到3000美元。国际经验表明，当一个国家或

地区人均GDP达到3000美元以上，经济和社会发展将进入一个新的持续、快速增长阶段，工业化进程将明显提速，产业结构将进一步优化，消费结构将进一步升级，消费需求增速也会加快，发达地区城市居民生活水平开始进入富裕型阶段，据有关部门预计，2004年我国社会消费品零售总额增长率为10.4%，服装需求也相应增长。

（3）2004年，世界经济将保持温和复苏的态势，国际货币基金组织预测2004年全球经济增长4.1%。中国服装的主要出口国：日本经济增长为1.4%，美国将达到3.4%，欧元区为1.7%。发达国家经济的增长将直接带动世界消费和贸易的增长。

（4）我国服装产品在国际大采购商的供应链和价值链上有了一定地位和信誉，物美价廉的中国服装是遍布世界各地的生活必需品。在一些国家给人安全感减少的时候，中国的稳定和安全，会使世界各地的客户考虑增加在我国的服装订单。同时，稳定安全的发展环境也将会使我国继续成为世界各国服装制造业转移的首选，这将进一步拓宽了我国服装销往世界各地的渠道，因此2004年我国服装出口依旧会保持一定的增长速度，中国有望成为经济全球化中世界服装业资源汇集地。

（5）行业经济增长的内在动力不断增强。行业内高起点，高效能的生产能力不断扩张，有一批植根在市场经济的土壤之中，久经市场考验和整合，具有相当的实力和韧性，永不言败的企业。这些企业都有畅通的销售渠道，和很强的市场拓展能力。

（6）国外知名服装品牌和公司进入中国，为中国服装带来了鲜明的创新风格和全新的销售理念，这些都为我国服装产业提升和全方位满足各消费层次的服装需求，吸引消费提供了有利条件。

（7）从“九五”至今我国农民收入增幅逐年递减，农民人均服装购买量很低，这一群体服装消费的潜力巨大，但由于收入低，购买能力难以满足自身服装的潜在需求。2004年公布的《中共中央国务院关于促进农民增加收入若干政策的意见》，国家把增加农民收入放在如此突出的位置，我国农民收入增幅有望提高。这种小幅收入提高对于提高农村消费中服装消费的比重有利。

（8）据测算农村城市化，每年约有1000万农村人口转为城市居民，农村到城市务工人员每年增加500万。

（9）我国振兴东北老工业基地的政策，可以使东北地区的居民收入有一定的提高。东北地区四季分明，冬季寒冷，人均服装需求是南方和沿海地区的几倍，而且，冬季服装价值高，利润空间大。

（10）我国各行业为体现职业精神和文化修养，职业装需求量逐年增长。服装企业将高科技、环保、时尚、品位引入职业服生产中，以全新的文化理念、崭新的视觉感应和综合功能，进一步促进了职业服装需求的增长。

2、国内及国际市场竞争核心为品牌竞争

2004年的国内服装市场，总体情况是总量供给有余，但有效供给不足，产品的结构性矛盾依然突出；地区市场供求矛盾突出，个性化、品牌服装产品售价较高，一般产品价格逐年下降，服装消费逐渐转为品牌消费为核心。国内的服装市场各类服装的名牌效应正在形成。

我国服装的制造水平已具备世界主流市场的首先条件。现在已经完全有条件进入大力发展自主品牌，提高产业附加值的新阶段。随着配额的取消，国际市场一体化进程的加快，国际竞争日趋激烈，针对我国服装产品的贸易摩擦增加，迫使我国必须从以价格优势为主的竞争转向高层次的品牌竞争中去。国际市场也将更加注重品牌竞争。中国服装最缺乏的是具有国际竞争力的原创品牌，创世界品牌已成为中国服装行业及相关部门的最重要使命。我国服装在国际市场上面临着双重压力，即区域贸易的增长和低成本国家的冲击。解决这一问题的主要方法，就是要不断调整产品结构，提高产品的设计水平，树立品牌意识，创立世界品牌，提高水平、提高产品附加值上竞争。

3、强化供应链，构建国际市场营销网络

21世纪的竞争将会趋于强化供应链之间的竞争，加强供应链管理已成为大型跨国企业进一步提高竞争力的战略选择。供应链管理利用计算机网络技术全面规划供应链中的商流、物流、信息流、资金流并对供应链各环节的活动加以协调和整合，使企业能以最快的速度将产品由概念变成产品，及时、高质量、低成本满足用户需求，从而增强各企业的供应能力和供应链整体竞争力。

面对世界经济一体化、中国服装业要克服国际营销所存在的种种的不足，必须逐步构建全球性市场营销网络，这一重担要由中国名牌企业承担。

21世纪的世界经济是无国界的一体化经济时代，实施名牌战略是企业参与国际竞争的需要。目前我国的国内高档乃至部分中档服装市场几乎完全被国外品牌占领，中国服装业如果再不转变缺乏品牌实力的粗放型发展路子，那么随着我国按加入世贸组织的承诺进一步关税减让，有可能丧失对国内中高档市场的控制时机。

我国出口服装量虽大，但原创品牌出口较少，面对国际竞争，加快我国服装产业升级和扩大品牌知名度已经刻不容缓。我国服装产业在未来的发展中任重而道远。品牌是服装品质、品位、文化、艺术、科技、营销、管理等各个因素的综合体现，通过以品牌为核心竞争力的提高，服装产业将通过实施名牌战略完成由服装大国向服装强国迈进的历史使命。

报喜鸟集团有限公司
报喜鸟牌男西服套装

报喜鸟集团有限公司 Baoxiniao Group Co., Ltd.

融汇了东方丝绸与西方服饰文化的精髓，报喜鸟将"东情西韵"完美地揉合在一起，形成了"浑然天成"的产品风格，同时也孕育了报喜鸟独具风韵的"古风新律"文化。2002年，报喜鸟进行品牌整合全面提升，拓宽产品线，建立综合性品牌。从单一的主导产品西服向多元化产品系列过渡，西服、休闲装、衬衫、大衣、领带、皮具等构建了报喜鸟服饰国度。报喜鸟连锁专卖网络现已遍布全国20多个省、直辖市、自治区的200多个城市，450多家专卖店，形成了国内服装业规模最大、管理最规范的连锁专卖体系。"报喜鸟"品牌已成为中国最具实力的服装品牌，"报喜鸟"商标也被认定为中国驰名商标。"大鹏一日同风起，扶摇直上九万里"。未来，对报喜鸟将是一片新的蓝图！

Baoxiniao is a prefect amalgamation of the Eastern tradition and the Western trend.Its style is elegant and spontaneous. Baoxiniao has also cultivated its unique culture that integrates tradition with modern values.In 2002 Baoxiniao consolidated its and expanded the brand from single product to a full range of collections.Suits/ casual / shirt/ overcoat/ shoes and so on. "Baoxiniao" has become a mix-product brand. Now Baoxiniao has established the largest and most advanced franchised chain-store system in China, with over 450 stores in 200 major cities. Baoxiniao has become one of the most popular brands in China. In 2002 "Baoxiniao" was recognized as the Well-known trademark of China. Looking ahead, Baoxiniao will fly even hig

法派集团有限公司
法派牌男西服套装

FAPA 法派 I

法派集团有限公司　Fapai Group Co., Ltd.

法派集团有限公司创建于1997年9月，是国家级无区域企业。公司先后组建了香港法派国际集团有限公司、深圳市法派服饰有限公司、上海法派服饰有限公司、意大利佛罗伦萨法派服饰有限公司、佛罗伦萨法派服饰设计研究中心、法派服饰设计研究所和20多个信息网站。致力于法派品牌的国际化运作。全国各地有30多个销售公司和400余家专卖店。企业已通过ISO9001国际质量管理体系、ISO14001国际环境管理体系和OHSAS18001国际职业安全卫生管理体系认证。并成为全国第一家取得ISO14001和OHSAS18001"双绿色"认证和将三个国际管理体系整合为一的服装企业。

法派集团有限公司是国际纯羊毛标志使用特许权企业、连续三年荣获全国服装行业"双百强"企业、法派工业城被确定为市重点工程、市纳税大户、市功勋企业、全国民营企业500强、省"五个一批"重点骨干企业、市"三型"重点企业、市资信百佳企业、省名牌企业、市轻工"百强"企业、科技创新先进单位、中国建设银行和广东发展银行资信等级AAA级企业，还被中国建设银行评为"黄金客户"称号；同时，法派品牌是中国最具时尚的男装品牌、中国男装趋势主导品牌，并以绝对优势夺得第十届大连国际服装博览会"双十佳品牌奖"囊括中国国际服装服饰博览会"质量优秀金奖"、"设计金奖"和"制作工艺金奖"、"中国男装最佳设计奖"，并连续多年来被国家服装质量检测中心评定为最高等级优等品。

法派宗旨：融汇东西文化，共创世纪经典

法派精神：永远拼第一

法派方针：人如品牌，品牌如人

法派目标：缔造世界名牌服饰帝国

China Fapai Group Co., Ltd, a national company of non-region, was established n September 1997. Dedicating to internationalize the brand, the production and the design of Fapai, the company has successively, during the past years, set up Hong Kong Fapai International Group Co., Ltd, Shenzhen Fapai Garment Co., Ltd, Shanghai Fapai Garment Co., Ltd, Italy Florence Fapai Garment Co., Ltd, Florence Fapai Garment Research & Designing Center, Fapai Garment Research & Designing Institute and more than 20 information web sites. The company well sells its products to countries and areas like Japan, France, Italy, and Hong Kong whereas it has several large-scaled production bases in Florence, Shanghai, Shenzhen, Wenzhou, etc, over 30 sales companies and 400-odd specialty chain stores throughout the country. With the Approvals from ISO9001 International Quality Management System, ISO14001 International Environment Management System and OHSAS18001 International Occupational Health and safety Audit System, Fapai is the first company in Garment Industry to obtain the Certificates of ISO14001 and OHSAS18001 and the one who has integrated these three international management systems.

The 21st century is full of opportunities and challenges. From the year of "Embryo" in 1998 to the year of "Grow-up" in 1999, to "Innovation" in 2000, "Management" in 2001, "Emotion" in 2002 and "Emulation" in 2003, the company has stepped into the present upgrading "Boxing Era" from the developing "Sprint Era " after four years' rapid development. Under the leadership of Mr. Peng Xing, CEO of Fapai, a young elite in Chinese apparel and an appointed Tutor of MBA in Zhejiang University, Fapai people, full of vigor and vitality, are working together with their great wisdom and efforts to create a wonderful future.

虎豹集团
虎豹牌男西服套装

虎豹集团 HUBAO Group

崛起于长江之滨的虎豹集团，是近年来中国服装行业的个中翘楚，是中国民族工业的一个成功的典范，其飙进的发展势头，在国内服饰市场犹如一段强劲的旋风，短短几年间获得诸多风光的殊荣。

从名不见经传的乡镇小厂到名闻遐迩的大型服装企业集团，从"江苏名牌"到"中国名牌"，从"江苏省著名商标"到"中国驰名商标"，从"江苏省明星企业"到"中国服装行业十强企业、优势企业"，从拥有自营进出口权到拥有名牌出口商品，虎豹人创造了中国服装史上一个又一个奇迹。时至今日，虎豹集团已拥有总资产7亿元，员工3600多人，占地近30万平方米，年产衬衫1000多万件，西服120多万件/套，西裤100多万条，茄克300多万件，针织服装200多万件，成为中国服装业的一颗璀璨明星。2002年，虎豹集团实现销售17.68亿元，实现利税3.2亿元。

作为中国服装行业的知名企业，虎豹集团多次得到党和国家领导人的亲切关怀。原全国人大常委会委员长乔石同志在视察虎豹时感慨地说："虎豹集团拥有一流的工厂、一流的设备、一流的技术、一流的产品、一流的质量、一流的管理、一流的人才、一流的效益"，"我曾参观过美国、法国、意大利的一些服装企业，与其到那里去看，还不如到虎豹来看看。"时任国务院副总理、现任全国人大常委会委员长吴邦国同志前来视察曾深情地说："象虎豹这样的发展速度，可称得上中国乡镇企业的佼佼者"。

虎豹的昨天是改革开放的一首赞歌，虎豹的明天将伴随着改革开放走向新的辉煌。不断进取的虎豹人，将牢牢把握发展这个第一要务，解放思想，与时俱进，紧紧围绕"做透做精内销市场，做强做大外贸业务，猛攻制式服装定点，坚持搞好资本运作"的发展战略，朝着既定的"争创中国名牌，组建跨国集团"的宏伟目标，勇往直前，迈步新征程！

HUBAO Group, raised in the bank of Yangtze River, is an outstanding enterprise in China's clothing industry and a successful model of China's national industry in recent years. Its rapid development likes a powerful whirlwind in the domestic clothing market and it has won special honors within a few years.

From a little unknown factory of township to a large-scale famous group enterprise, from a famous brand of Jiangsu Province, to a famous brand of China, from a famous trade mark of Jiangsu Province to a famous trade mark of China, from a star enterprise of Jiangsu Province to the Ten Strongest Enterprises of Clothing Industry of China, the people of HUBAO have created one and another miracles in the Chinese history of clothing industry. Till now, HUBAO Group has total assets of 700 million RMB, more than 3600 staff, covers an area of approx. 300,000 square meters, with an annual capacity of 10 million shirts, 1.2 million western-style clothes, over one million western-style trousers, 3 million jackets and 2 million knitted dresses, and has become a dazzling star in Chinese clothing industry. HUBAO Group realized sales of 1768 million RMB, and realized profits and tax of 320 million RMB in 2002.

Yesterday of HUBAO is a song of praise of reform and opening up to the outside world, Tomorrow of HUBAO will move towards new brilliance as reform and opening up to the outside world. The people of HUBAO with enterprising spirit will grasp a task of primary importance that is development, emancipate the mind, grow with each passing hour, advance bravely around a strategy of development of "Extending domestic and international market and strengthen capital operation" and towards the fixed magnificent goal of " Creating Chinese famous brand product, set up a transnational group", and step on a new long journey!

庄吉集团
庄吉牌男西服套装

JUDGER 庄吉

庄吉集团 Judger Group

庄吉集团是一家无区域性服装企业集团，其前身为温州庄吉服装有限公司，创建于1993年，是一家生产男士高级成衣系列的专业公司。1996年成立庄吉集团有限公司，总部坐落在温州市经济技术开发区2号小区。现有成员企业12家，员工2000多人，在全国各大、中城市拥有400余家连锁专卖店。专业生产"JUDGER庄吉"牌西服及高级成衣系列产品。现年产高档西服68.8万套，2002年实现销售收入8.15亿元。

庄吉几年来的企业文化建设实践告诉人们：追求企业卓越精神的原动力是企业文化，文化创新是企业永续发展的灵魂。

庄吉具备清醒紧迫的危机意识和锐意进取的创新思维。面对国际国内两个瞬息万变的市场和两种稍纵即逝的资源，以及机遇和挑战的动态并存，庄吉已经做好了从容应对的准备，加快企业内部改革，狠抓市场开拓、产品开发、成本控制、质量管理和顾客满意，站在战略的高度，不断推进主导产业领域的优化升级和经济增长方式的根本转变。庄吉集团正以领先一步的战略态势，以振兴民族服装品牌的使命感与拼搏进取的团队精神，来共同塑造庄吉谐美、奋进的企业文化，进而实现企业管理现代化、产业规模化、产品多元化、团队职业化、资本社会化、品牌国际化，以保障企业不断走向辉煌，永续发展。

Judger Group was called Wenzhou Judger Garment Co. Ltd, which was established in 1993 specially producing all kinds of suits. In 1996 Judger Group was created, located in No.2 Sub-district Wenzhou Economic and technological Development Zone. They have 12 member companies with 2000 staffs and 400 franchising shops all over the country. They mainly produce suits besides jackets, women's wear, shirts, ties and shoes. Their production capacity reach 688,000 suits per year. In 2002 its sales income increased by 815,000,000.

Company's honor: Judger has been ranked in four in the same field as far as scales and profits concerned and in 500 strongest privately-owned enterprises since 2000. It has been assessed to be one of the best economic efficiency enterprises. It has been awarded as the bone enterprise in Zhejiang Province, Zhejiang Star Enterprise, Zhejiang Credit Enterprise. It is a member of Wenzhou Fashion Association, the lead ship of building Fashion Wenzhou.

Judger group has successfully changed into brand operation from original products operation. He is building enterprise spirit to create harmonious enterprise culture, furthmore to realize capital socialization, management modernization, staffs professionalization, his estate to be standardized, products multiplied ,brand internationalized , to assure that he will achieve remarkably in the future.

宁波培罗成集团有限公司
培罗成牌男西服套装

宁波培罗成集团有限公司　Progen Group Co., Ltd .

宁波培罗成集团有限公司是国内专业生产男西服的大型服装企业之一。公司位于宁波市下应镇，距宁波市中心仅5公里，公司于1984年创立以来稳健发展，截至2002年底，员工3800余人，专业人员400多人,公司引进了德、日、意等国最先进的整套西服生产流水线，业已形成年产男西服150万套件的生产能力，2002年实现销售收入7.2亿。在同行中率先实行了ISO9001：2000国际质量管理体系和ISO14001：1996环境管理体系认证，"培罗成"西服是浙江名牌，培罗成集团是国家大型二档企业和全国十佳诚信企业，资信AAA，且屡获各类国家殊荣。

"培罗成"西服积极倡导"培罗成,坚持经典"的鲜明品牌个性，耕耘于中国男西服的开发、设计和生产以及中国男西服市场的品牌拓展，是目前国内服装企业以经典男西服工艺、金牌精纯制作服务于现代商务西装领域的先驱者和领先者，培罗成男西服的设计和生产自成一体，并构建了覆盖全国所有省份大中城市与广大消费者诚信面对面的直销网络，为商务精英提供了符合时代精神和行业风范的服装概念。目前在国内品牌西服企业当中,培罗成是涉及行业最广，团购客户最多，经营时间最长，服务体系最全（远程/全程面对面量体裁衣服务）的西服专业企业，已成功为各行各业(国家公、检、法、海关、中国远洋、中国出入境检验检疫局、中国电信、移动、邮政、水利、农林、国内外民航、金融、教育等)提供了培罗成一针一线的真诚服务。

Progen group co., ltd founded in 1984, which specifically design and manufacture all kind of classical western-style suit, shirt, T-shirt, tie. After 19 years accumulation and it has grown into the top 10 western-style suit producers in china.

Progen is not only the condensation of traditional western-style tailoring but also the reincarnation of modern dressing ideology, to make outstanding contribution in garment design and to be the pioneer in image creation. Melting modern international ideology of technology and design,Progen has initiated the professional spirit of fineness, elaboration,delication,precision. Company explores the chinese business suit market by making use of the name brand and technologic equipment. Progen has a sincere collaboration with Ministry o Public Security of China,China Customs,China Telecom,China Unicom,China Mobil,China Post,Air China,COSCO, Shanghai Subway, and Bank of China.

Progen it is a combination of Red-gang traditional western-syle technology and advanced equipment and it melts the popular world material and special case-hardened technology, Progen is perfect compounding of international standard and scientific production process, which leads Progen garment to popular international direction by straightness,thinness,and lightness, whatever the designing, selection anc other hundreds of craftwork which embody the professional spirit of fineness,elaboration, delicacy and precision.

罗蒙集团
罗蒙牌男西服套装

罗蒙集团 Romon Group

罗蒙集团始创于1984年，是一家以设计、生产和销售中高档西服及系列服饰的现代化大型股份制企业集团。现有高素质员工队伍万余名，固定资产10亿元。集团下属10家核心企业，5家海外办事机构，160家全国销售分公司，并通过先进的ERP管理体系运作，罗蒙集团建立了国内最大规模，最规范的销售网络，共有超值服务、设施一流的30多家旗舰专卖店，2000家专卖店（厅），销售网点遍布全国31个省市自治区、200多个大中城市。主导产品罗蒙西服年产、销量达200多万套，国内市场综合占有率名列全国第二名。同时公司还积极拓展国际市场，产品销往美国、德国、意大利、日本等20多个国家和地区，累计出口西服400多万套，位居全国第一。2002年实现销售16亿元，利税2.4亿元，在中国服装行业销售利税〝双百强〞企业中名列前茅，罗蒙商标为中国驰名商标。

Romon Group is first founded in 1984,and it is a large modern joint-stock enterprise which is famous for designing, producing and selling medium and top grade business suits and series of trappings. Now there are more than fifty thousards of high-qualified employee working for the Group which has fixed assets of a billion RMB. Romon Group consists of 10 core enterprises, 5 oversea agencies and 160 marketing subsidiary companies all over the country. And under the operation of modern ERP management system, Romon Group has established the largest anc standardest marketing network, there are totally more than 30 flagship monopoly sale shops and 2000 smaller sale shops and halls which are well equipped and provide perfect service. The sale sites of the network are spread 31 provinces (autonomous regions are included), and over 200 medium and large cities all around the county. Romon business suit is the dominant product of the Group, its annual product and sale figure reaches more than 2000 thousand, and also its comprehensive possession of home market ranks second. The group also try to develop the oversea market, now the products are sold to more than 20 countries and areas including the United States, Germany, Italy, Japan and so on. The total number of business suit exported comes out to be over 4000 thousand, which rank first in the country. In the year of 2002, Romon Group achieves total sales of 1.6 billion RMB, and profits tax of 0.24 billion RMB, it comes out top in the one hundred enterprises which are excellent in both of the two upper aspects, and the trade mark of Romcn has become a well-known mark in China.

福建柒牌集团有限公司
柒牌男西服套装

福建柒牌集团有限公司 Fujian Seven Brand Group Co., Ltd

福建柒牌集团有限公司是一家以服饰研究、设计和制造为主，集贸易为一体的综合性集团公司。公司占地面积22公顷，建筑面积12万平方米，拥有高素质员工3000多名。拥有西班牙艾维斯服装CAM系统等世界一流的西服生产设备。目前，柒牌已在全国各省、市自治区拥有形象统一、管理规范的专卖店（厅）1800多家。

集团公司已连续三年跻身全国服装双百强企业前列；公司系国家公安部九九式人民警察软肩章定点生产企业；全国产品质量、售后服务信誉双保障企业；福建省百家重点企业（集团）；公司连续5年被授予AAA级信用企业；连续7年被评为"重合同守信用"单位；企业多次被评为"甲"类、"A"类纳税企业；公司于1999年通过ISO9002质量体系认证。

柒牌系列西服以其风格时尚、做工考究、款式经典、品质优良、质量稳定而著称，具有东西文化经典结合的全新特色。柒牌系列西服曾先后荣获：中国服装博览会金奖、中国奥委会第十三届亚运会代表团唯一指定专用出国西服、中国十佳过硬品牌、全国质量稳定合格产品、福建省名牌产品等数十项殊荣。

Fujian Seven Brand Group Co., Ltd is a comprehensive group company that combines clothing research, design, production and trade. With land area 335mu (about 222, 000m2), building area 120,000m2, qualified employees over 3,000, the company has world-level suit equipment, such as Spanish Investronica clothing CAM system. At present, Seven Brand has over 1,800 specialty stores nationwide of uniform image and standard management. The group company has been in the leading position for 3 years among the main clothing enterprises throughout the country; a designated police soft epaulet production enterprise by the Ministry of Public Security; a national double guaranteed enterprise for quality and after-sale service; one of the 100 key enterprises in Fujian Province; AAA grade credit firm for 5 years continually; 'honest credit unit' for 7 years continually; 'model tax-paying enterprise' for many times; passed ISO 9002 quality certification in 1990.

Seven Brand serial suits are well known for their vogue, fine craftsmanship, classic style, good and stable quality, and characteristic combination of oriental and western culture. Dozens of prizes have been conferred to Seven Brand serial suits, gold medal in China clothing fair, the only designated wearing for Chinese 13th Asian Olympic Delegation, one of 10 Chinese best brands, qualified products nationwide, Fujian provincial famous brand products, etc.

大杨集团有限责任公司
创世牌男西服套装

大杨集团有限责任公司 Dayang Group Co.,Ltd.

国家大型、二级企业 ---- 大杨集团有限责任公司是以生产经营出口服装自有品牌经营为主，拥有三级法人的综合性、股份制集团企业，并享有进出口自营权，由全国人大代表全国劳动模范李桂莲女士创建于1979年9月。集团现有直属成员企业30家，员工7000余人，资产总值12亿元，年服装综合生产能力达1000万件/套。其西服、男女时装等20多个系列服装，出口30多个国家，并畅销国内20多个省、市，在国内外市场享有盛誉，现与100多家外商和国内近千家客户建立了密切的贸易合作关系，并在美国、德国、日本、韩国、俄罗斯、香港等地设立了办事处和贸易公司，开展跨国经营。2002年全年出口服装621万件套，产值12.29亿元，创汇1.03亿美元。

创建20多年来，大杨集团实现了从生产加工—生产经营—自创品牌到资本经营的发展历程，"大连创世"股票已于2000年6月在上海证券交易所上市交易。

1994年以来，大杨集团一直跻身"全国最大经营规模乡镇企业"、"全国服装行业十强企业"、"全国乡镇企业出口创汇十强企业"、"1999-2000年度中国1000家最大企业"，1991年晋升为国家大型、二级企业，1997年、2000年两次通过香港KEMA公司ISO9001质量保证体系国际认证。2002年通过了国际准入的ISO14001环保认证。

目前，大杨集团拥有国内外一流的设计师群体和国际一流的服装生产加工设备和生产工艺，采用国际流行的最先进的设计手段，并建立国内外信息和营销网络工程，在巩固扩大服装出口的同时，同步开发自有品牌的国内外服装市场，其"创世"牌男装、已成为我国男装的高尚品质代表，1997年就荣获巴黎国际新产品博览会"国际金奖"，1999年荣获大连市和辽宁省名牌产品称号；2001年荣获"中国出口名牌"、"辽宁省十大轻工名牌产品"称号；2002年2月"创世"又被国家工商总局命名为"中国驰名商标"。

Dayang Group is the leading garment manufacturer and exporter in China, which was built in Sep.1979, with over 7000 staff and general assets 1.2 billion, and annual capacity of ten million pieces (sets).

Dayang Group has over 30 manufacturing factories, specializing in a great variety of clothes, including suits, blazer, pants, coats, jacket, shirt, overcoat, ladies' dress, sports coat, ski wear, corporate wear, student's uniform, down garments etc.

With over 20 years' experience to manufacture private labels for foreign buyers, Dayang Trands established close trade relation with over 100 clients from Japan, U.S.A., France, Italy, England, Germany, Spain, South Korea, among others. Dayang manufactures and markets its own men's wear brand "Trands". With styles, tailoring techniques, fabrics all from Italy.

In the past over 20 years, Dayang Group has developed from product processing-production management--brand establishment to capital management.

"Trands" men's wear earned a great reputation from its targeted markets. For example, Trands was named as Priority Brand Name for Export, Well-known Trademarks of China

Dayang Group's aim is: To be the first-class world processing factory, and set up the first-class international multinational company and world first- class garment brand. Till 2005, Dayang Group plans to create annual production value 3.5 billion, annual sales value 3 billion, annual profit tax 500 million, and annual export foreign exchange US$ 300million. And the employees reach 10, 000. Till 2007, it plans to create annual production capacity 7 billion, annual sales value 6 billion, annual profit tax 1 billion, annual export foreign exchange US$700million and has 1,8000 employees. And go all out to make trands into the world famous brand of men's wear.

雅戈尔集团股份有限公司
雅戈尔牌男西服套装

雅戈尔集团股份有限公司　Youngor Group Co.,Ltd.

创建于1979年的雅戈尔集团是以纺织服装为主业，房地产开发、国际贸易为两翼的大型企业集团。经过二十多年的发展，已发展成为中国服装行业当之无愧的龙头企业，2002年集团完成销售69亿元，实现利润5.86亿元，出口创汇3.7亿美元，连续两年成为中国服装行业销售和利润双百强企业第一名，综合实力列全国最具竞争力大企业集团500强第49位。现拥有净资产30多亿元，员工20000余人，旗下的雅戈尔集团股份有限公司为上市公司。

2001年10月，占地23公顷的雅戈尔国际服装城全面竣工，成为目前无论规模、设备、功能都堪称世界一流，集设计、生产、销售、展示、商务于一体的综合性服装生产基地，形成了年产衬衫1000万件、西服200万套、休闲服、西裤等1500万件的生产能力。作为中国最大的服装生产企业，雅戈尔不断努力和创新，提升综合竞争能力，1997年，"雅戈尔"商标被认定为服装行业首批"中国驰名商标"。主打产品雅戈尔衬衫已连续六年获市场综合占有率第一位，2001年获得中国名牌产品荣誉。西服已连续三年（2000-2002年）保持全国市场综合占有率第一，入选"中国十大西服上榜品牌"、"中国2001年度最受消费者欢迎的男装品牌"。

依托品牌优势，加快房地产业的发展。运用"雅戈尔"品牌的优势和资金优势，对各种资源优势进行整合，在资金实力、专业人才、开发规模、配套能力、产品质量、物业管理等方面形成较强的竞争实力。同时以此为依托，进军酒店业和旅游业。

积极推进国际贸易，参与国际市场竞争。在保持已有的外贸优势基础上，加大雅戈尔服饰产品出口力度。继在香港、日本、美国设立海外分公司后，将在法国和意大利设立分支机构，加快国际化步伐，实现建跨国集团的目标。

Youngor is founded in 1979, over a period of 25 years of rapid development, it has evolved into a giant enterprise and commonly recognized leader in the Chinese apparel industry as well. With garment production as its mainstay, real estate development and international trading as its two wings, Youngor realized a turnover of RMB 6.9 billion (about USD 840 million) in 2002, made profit of RMB 586 million (about USD 71 million) and exported USD 370 million of products abroad. For the past two consecutive years, Youngor ranks TCP 1 in both of the sales volume and profit in apparel industry, and ranks TOP 49 among 500 most competitive companies in China.

Youngor will develop a scientific operational system in light with a careful analysis of the Chinese market and the potential consumers; Youngor will make more input in building specialty shops, especially flagship shops to form a new marketing system with these shops as the mainstay; Youngor will continue to work on the brand promotion and complete their informationalized distribution system so that Youngor can offer flawless service to their customers.

Taking advantage of its brand and financial resources, Youngor will consolidate its competitiveness in real estate. Youngor will also foster its cutting edge in hotel business and tourism.

Finally, Youngor will be actively involved in international market competition. In addition to the branches always set up in HK, Japan, and USA, more branches will be established in France and Italy. Youngor believes the effort made in internationalization will open up new areas for development and bring about unprecedented opportunities and promises.

红豆集团
红豆牌男西服套装

红豆集团 Hongdou Group Co., Ltd.

红豆集团是江苏省重点企业集团，国务院120家大型深化改革试点企业之一，注册商标"红豆"是中国第一批驰名商标，红豆服装在全国服装行业中居领先地位。拥有总资产近30亿元，2002年实现销售收入50.62亿元。2001年1月8日，红豆实业股份有限公司在上海证交所成功上市。

红豆西服是红豆服装家族中的拳头产品，2001年产销西服150万套，2003年2月，红豆高档西服车间全面竣工投产，单层面积达13000多平方米，能同时容纳2500名生产工人，日产西服2500套，是全国最大的生产车间，年产西服将增加80多万套。1994年，红豆西服被评为"中国十大名牌"之一，1995年，又被推举为中国四家名牌西服之一，并荣获95全国畅销商品金奖；2000年，红豆西服荣获全国西服检测优等品称号。红豆西服于1999年通过了ISO9002质量体系认证，2002年又一次性通过了ISO9002：2000版质量体系认证。

红豆集团作为中国的服装王国，以雄厚的资金实力为保证，率先引进了世界最先进的法国力克CAD服装设计系统、CAM自动裁床设备及打版工作站，每套西服的裁剪只需五分钟。同时为保证红豆西服服合身贴体，初裁的毛片将经过世界顶级的德国凯尼萨粘合机粘上德国骏马西服专用粘合衬。红豆西服还引进世界最先进的瑞典铱腾电脑自动智能化输送吊挂线，采用德国杜克普自动开袋机、上袖机、切垫肩机、自动上袖里机、长缝机、锁眼机、钉扣机及德国士多宝暗线敲边机等，并采用了意大利迈牌人体模特立体整烫设备，红豆西服的每一个细节，都力求尽善尽美，真正让穿红豆西服的用户感受到从上到下，从里到外精致与舒适。

红豆西服寓情于物，使物超所值，款款如意，款款吉祥。红豆西服，让每位拥有她的成功人士真爱一生。

Hongdou Group Co., Ltd is the most important enterprises in Jiangsu province and one of 120 natinal testing companies in deepening reforms, which acts the leader position in garment line over China.

Hongdou Group Co., Ltd holds the flag of national industry. It outputs the most apparel series and the main products were maintained as famous brand separately by the national and provincial department. It occupies 4.1 square kilometers with total capital of 2.168 billion RMB and 13800 employees including 1300 members who have college diploma at least and 200 designers, technicians and engineers.

Hongdou Group Co., Ltd has institution advantage. It creates " Four system union" to say " Mother & sons company system, internal market system, internal share holder system and changeable cost with fixed proportion on benefit contract", which suits for modern enterprise running system requirement promoting the company health and steadily development on today's social market economy. " hongdou" share runs on Shanghai stock exchanging house since Jan, 8, 2001, meanwhile, it set up sub-companies in Los Angeles and New York.

Hongdou group Co., Ltd invites most advanced equipment from German, Italy, U.S.A and Japan. "Creative management and technology" is the basis intends to success. So backing on that, we try our best to built the company as a famous enterprise over the world , which contains scale economy, internationalization, modernization, information and enterprise education, so as to create Hongdou globalization famous brand.

杉杉集团
杉杉牌男西服套装

杉杉集团　Shanshan Group

创新求发展、控制求稳定。杉杉以其独特的企业文化，汇聚着6000余名中外员工，截至2002年12月底，杉杉集团总资产已达37.26亿元，2002年销售额32.85亿元，列国务院确定的全国520家重点企业。

杉杉集团以中国驰名商标——"杉杉"为依托，实施国际化多品牌战略，积极拓宽产品线。目前集团服装板块拥有杉杉（含杉杉西服、杉杉衬衫、杉杉羊绒、杉杉皮件、杉杉休闲、杉杉羽绒服、杉杉服饰、杉杉家纺、杉杉内衣等）、法涵诗（男、女装）、麦斯奇来、意丹奴、小杉哥等不同风格的品牌系列。集团下属一家上市公司、7家海内外（公司）事务机构、20家产业公司、70家（区域主加盟商公司）、近3000家专卖店（厅）遍布中国各大中城市。为建现代化、国际化大型产业集团的发展需要，适应全球经济一体化的新经济时代的到来。1999年初，杉杉集团总部搬迁上海浦东，随着企业对人才结构、组织结构、管理结构、经营结构、投资结构的进一步调整，形成了作为投资运作为主体的全新概念的集团化管理模式，明确了服装、高新技术、资本运作三大板块作为新世纪的发展战略。

今天，杉杉在依旧保持着这些荣誉的同时，又开始新一轮的创业步伐：深化改革，加快与国际接轨，积极参与国际竞争，进一步营造新经济时代杉杉集团的核心竞争力，力争到2010年实现200亿的资产总量，小于35%的负债率，并为进一步跻身世界著名企业行列打下坚实的基础。

The innovation strives for development and the control strives for stability. Shanshan Group has gathered more than 10 thousand employees from home and abroad for its unique enterprise culture. Shanshan Group was ranked as one of the State 520 key enterprises by the State Council, with RMB 3.7 billion in total assets by the end of the year 2002 and RMB 3.3 billion in total sales in 2002. Shanshan Group carries out the international & multi-brands strategy to widen its product lines based on its famous brand in China "SHANSHAN". Shanshan Group now owns many brands in garments field differed in style, such as "SHANSHAN"(Suits, Shirts, Cashmere, Leather, Casual, Ornments, home textile, Underwear & etc.), FIRS (for Men & for Ladies), MASKILE, ITANO, FIRS BOY, LA TUTU, GEONESS and etc.. Shanshan Group owns two public companies listed in stock exchange office, 7 companies or offices abroad, over 20 industrial companies, 70 area sales companies and over 3000 stores (corners) in big & medium cities in China.

Now, Shanshan Group has started a new run of development, keeping the historical honors at the same time. Innovate deeply and keep pace of international development, participate in international competition, create the core competitiveness, Shanshan Group tries to get the target of total assets of RMB20 billion, its liability ratio lower than 35% by the end of the year 2010. Further to build the strong foundation to be a world famous enterprise.

耶莉娅集团
耶莉娅牌男西服套装

耶莉娅集团 Shandong Yeliya Group

耶莉娅集团是以生产各类服装为主，集科、工、贸于一体的国家级企业集团。核心企业——山东耶莉娅服装服饰有限公司，现拥有国际先进水平的服装专业化设备1700台（套），14条先进的生产流水线，年产西服及各类服装180万套（件）。经营范围已拓展到外贸出口、团体服装度身定做和商业销售三大领域。在国际市场上，公司已同日本、韩国、美国、加拿大、意大利、法国等国家建立了长期稳定的经贸合作关系，并在日本、美国、香港设立了子公司，充分利用自营进出口权，广泛开展进出口业务，年实现出口创汇3000多万美元。耶莉娅集团至今已有二十余年承做团体服装的经验。先后在国家税务总局、国际航空、东方航空、南方航空、航空信息集团、中国移动通信、公安部、最高人民法院、司法部、中国航运、日本JAL、JAS航空集团、韩国世界杯工作团以及金融、保险、邮电、电力、烟草、教育等系统的服装招标中，凭借经典的设计、精致的做工和周到的服务先后中标，被确定为标志服、西服定点生产企业。充分显示了企业在技术、设备、管理和服务等方面的雄厚实力。成为中国主要的团体服装生产企业之一。在国内市场上，耶莉娅产品通过专卖店（厅）和推行特许经营制已销往全国二十多个省、市，构筑起庞大的营销网络。耶莉娅集团拥有专门从事度身量体，单裁单做西服的雄厚技术力量，依托各地专卖店积极开展度身量体、单裁单做业务，保证了个性化西服生产的需要，开辟了市场空白。目前，集团该项业务在国外也得到了顺利开展。集团现已通过了ISO9001质量管理体系、ISO14001环境管理体系、OSHMS职业安全健康管理体系和美国RAB质量管理体系认证。主导产品西服历年来经国家检测中心抽验，均为优质产品。"耶莉娅"商标于2000年9月被国家认定为驰名商标，2003年9月耶莉娅西服又被国家评选为首批"中国名牌"，成为中国长江以北地区西服行业的"双冠王"。

Shandong Yeliya Group,mainly engaged in producing high quality gaments of various styles,is a sate-scaled enterprise merging scientific research,manufacturing and trade, Equipped with 1700 sets of advanced professional machines and 14 assembly producing lines of world-level, the key enterprise---Shandong Yeliya Clothing &.Accessories Co.Ltd.has an annual production capacity of 1,800, 000sets(pcs)of westem-style suits and garments of various kinds.With a selling system covering three fields,such as exportation,cut-to-measure business of group and retailing,we have established long and steady business relationships with many corporations in Japan,Korea,U.S.A,Canada,Italy,France,etc.and have set up the subsidiaries in Japan,U.S.A,and Hongkong.Through fully utilizing our own import & .export right,we have widely expanded the business and earned more than 30 million dollars annually.For experiences of over 20 years in garment-making of group and the classical design,perfect workmanship and thoughtful service,we have successfully gained the bids and been affirmed as the fixed manufacturer of uniforms anc westem style suits For General Tax Bureau of the State,Lnternational Airline Company, Eastern Airlines,Southern Airlines,Airline Information Group.China Mobile,the Ministry of Justice,China Shipping,Japan JAL and JAS,Korea World Cup Staff and some organizations of finance,insurance,post & telecom, electric power,tobacco and education,which fully showed the solid strength in technology,Equipment,management and service of our group.A large selling network on domestic mardet hasBeen set up through monopolized shops and franchise operation system established in over 20 provinces,We have professional technicians to promote the cut-to-measure business in all monopolized shops to satisfy the requests of individual suits from different consumers.This business has filled up the gap in China and been favorably developed abroad.

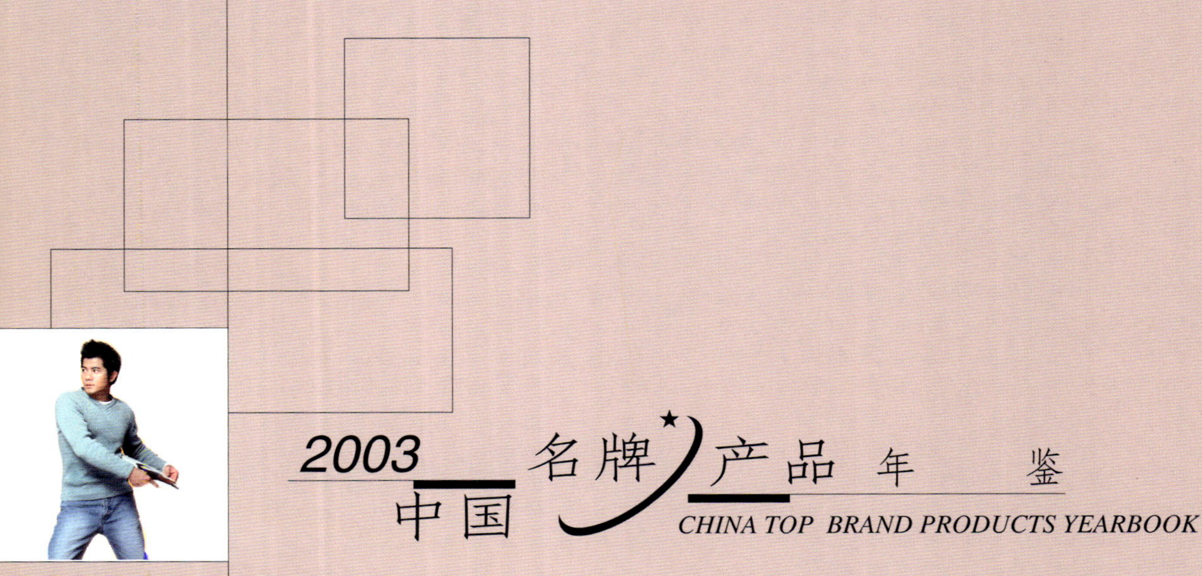
2003中国名牌产品年鉴
CHINA TOP BRAND PRODUCTS YEARBOOK

L

羊毛衫

2003年羊毛衫、精纺呢绒行业发展概况

我国是毛纺大国，生产规模居世界首位，并已建成产品门类齐全的工业体系。改革开放以来，在国家技术进步政策支持下，推动了毛纺工业技术创新，产品品种质量都有很大提高，使行业经济稳定增长，经济效益持续上升。据统计，2003年全国规模以上毛纺企业实现工业总产值（不变价）、销售收入达到1121亿元、1119亿元，分别比上年增长18%、23%；全行业产销率达到98.39%，比上年提高了1.01个百分点；管理费用、财务费用占销售收入比重同比下降1.25个百分点；利润比上年增长11%。

2003年世界经济有所复苏，给我国毛纺出口带来新的增长机会，加上我国毛纺工业调整结构、技术进步提高了国际竞争力以及配额的逐步取消，全年毛纺原料及制品（羊毛、羊绒、兔毛、毛纱、面料、毛毯、长毛绒、毛针织服装及毛梭织服装合计）出口比去年同期增长22%，进口贸易顺差达24亿并且美元。在国内外市场需求拉动下，2003年全社会生产毛线66万吨；生产面料4.4亿米；毛毯产量预计1.5亿条；毛针织服装产量预计20亿件。

2003年毛纺行业荣获名牌的两大类产品为精纺呢绒和羊毛衫。精纺呢绒是毛纺行业最具代表性的高端产品；羊毛衫是毛纺行业量大面适应当今休闲服装发展趋势的、很有发展前景的大类产品。

精纺呢绒是毛纺行业骨干产品，其生产能力（毛纺锭数）约占毛纺总锭数的一半，近5年来，1998年至2002年分别为43%、46%、49%、50%和53%，并且逐年上升。我国精纺呢绒生产能力相当集中，它们大都建在工业发达的长江三角洲地域，江苏是毛纺大省，以江阴地区精纺呢绒生产尤为发达。已建成有亚洲最大，世界第二的特大规模毛纺织厂：江苏阳光集团，年生产精纺呢绒2000万米以上。这次被评为中国名牌精纺呢绒的7家企业中有6家企业的年产量均在500万米以上，名牌产品企业的生产能力，占了全国精纺呢绒的30%左右。精纺呢绒是毛纺行业技术难度大、加工工序多、产品档次高的大类产品。近年精纺呢绒加工企业发展快，行业中涌现出一批优势企业。这批企业通过技术改造提高了装备水平，加强了

产品开发和创新的手段，基本实现了毛纱无结化、织造无梭化，少数精纺企业生产的高档毛纺产品，已经接近或达到国际先进水平。

但是产品的整体水平与国外先进水平比较，还存在一定差距。目前精纺呢绒出口量虽然逐年增长，进口大于出口的数量也在缩小，近5年变化情况是：1999年进口为出口数量的1.9倍（进口3663万米，出口1919万米），到2003年进口为出口的1.05倍(进口5684万米、出口5380万米)，但是毛纺面料仍以内销为主，占80%左右。

羊毛衫是毛针织行业主要的终端产品，它是劳动密集型产业，随着相关行业的发展，为羊毛衫生产发展奠定基础。近年来，随着纺织原料日新月异，毛纱线结构变化层出不穷，加工技术不断创新，推进羊毛衫趋于时尚化、功能化、休闲化、易护理的方向发展，加快了羊毛衫升级换代步伐。毛针织服装是毛纺行业出口的骨干产品，出口基本保持稳定增长，2003年出口2.94亿件，同比增长14%，出口额增长18%。羊毛衫出口主要集中在日本、美国及我国香港地区，占羊毛衫年出口总额的80%左右。2003年评为中国名牌的羊毛衫企业是具有竞争力的优势企业，其产品畅销国内外市场。这些企业贴近国际市场，产品以出口为主，接受了国际先进的技术和管理模式，在生产经营中注重强化企业管理，通过技术改造使企业装备水平进一步提高，为新产品开发奠定了良好的基础，产品品种和质量正在逐渐缩小与国际先进水平的差距，一些企业还通过培育和创建品牌，使产品在国际国内市场深受欢迎，为行业整体水平的提高起到领头羊和作用。

我国毛纺行业通过长期建设已具规模，将来要致力于把毛纺大国建设为毛纺强国，要结合企业实际加速技术进步，狠抓技术创新、开发市场畅销的产品品种、提高产品质量、争创国际名牌，以提高市场竞争力，2004年是使用配额的最后一年，要巩固并扩大现有的市场，开拓新领域，为2005年后更加激烈的国际竞争作好准备，为争创毛纺强国而拼搏。

美特斯邦威集团有限公司
美特斯邦威牌羊毛衫

Meters/bonwe
美特斯·邦威

美特斯邦威集团有限公司 Meters Bonwe Group Company Ltd

美特斯邦威集团有限公司始建于1994年，目前拥有温州、上海、北京、杭州、中山、重庆、成都、广州、沈阳、西安等公司，在国内率先采取"虚拟经营"模式，采取定牌生产，走品牌连锁经营的发展道路，采用计算机信息化管理，到2002年底，开设全国连锁专卖店800多家，销售总额突破15亿元，连续五年跻身全国服装行业销售利税"双百强"行列，2001年度在全国民营企业500强中排序120位，2003年度被浙江省消协评为第五届消费者信得过单位。"美特斯·邦威"2000年度被评为浙江省著名商标、浙江名牌产品。

该公司是以生产销售羊毛衫及休闲系列服饰为主导产品的企业，其中羊毛衫产品分男女两大系列，每季有60多种新款上市，新产品产值率达85.3%，2002年度羊毛衫产品产量达342万件，销售额超4.4亿元。目前主要款式有圆领、V领、长（短）袖和背心等，产品设计风格定位在休闲时尚化，且严格按照国家标准及仿毛针织品一等品要求进行生产标准纤维含量偏差小于3%，而抗牢度3-4级，抗起球采用国家优等品标准3-4级，符合国际先进水平。

目前，羊毛衫产品质量达到国际标准和国外先进标准，某些项目品质指标已达到国家优等品标准。

Meters Bonwe group company Ltd and its productions.

Meters Bonwe group company Ltd founded in 1994,has many branches in Wenzhou, Shanghai, Beijing, Hangzhou, Zhongshan, at present. Meters Bonwe adopts the model of "suppositional management", fixed product and walks the way of "one brand of products made by several manufactures". Also, the company adopts computer information administration .By the end of 2002, Meters Bonwe has more than 800 branches all over the country. The total sales volume is over 15 hundred million. Meters Bonwe becomes one of the "two hundred well done industry" in sales tax of country clothing industry. In 2001, Meters Bonwe took the 120th place in the best 500 civil enterprise al over the country. In 2003, Meters Bonwe was praised and elected "the 5th consumer believing unit". In 2000, Meters Bonwe was praised and elected famous brand of ZheJiang and famous product of ZheJiang.

The company mainly produce and sale woolen shirts and series of informal clothing. The woolen products include mans' and women's series, and has more than 60 kinds of new design each season. The rate of new products' output is 83.5%. In 2002,the output of woolen shirts is 3. 42million,the sales volume is 4.4hundred million. At present, the main style is "round collapsible ", "V collapsible", underwaist and so on. The style of products is informal and fashionable, what's more, the products is according with the national standard .The deviate of fibre content is less than 3%. The degree of stable is 3-4, preventing appearance of ball adopts national excellent product standard, which is in according international advanced standard.

At present, the quality of woolen shirts has achieved international standard and abroad advanced standard. The index quality of some of the products has achieved national excellent product standard.

浙江珍贝有限公司
珍贝牌羊毛衫

羊毛衫

浙江珍贝有限公司 Zhejiang Zhenbei Co., Ltd.

浙江珍贝有限公司坐落在美丽富饶、人文荟萃的杭嘉湖平原，是一家以生产羊毛、羊绒制品为主的民营企业，公司下属有湖州珍贝羊绒制品有限公司、浙江中新毛纺织有限公司、金利宝针织制衣有限公司及湖州碧友毛纺有限公司四个分公司；公司现占地40万平方米，总资产6亿元，在职职工3000多名。

公司引进英国和意大利的先进纺纱设备，并采用瑞士的环保型染料和德国的电脑编织系统，形成了羊毛、羊绒水洗、分梳、染色、纺纱到针织成衣一条龙的生产体系；公司现已形成年产各类针织服饰300万件的生产能力，而且公司能不断根据市场需求的变化，开发研制新产品，先后推出防蛀、防静电、抗起球、可机洗羊绒衫以及丝光防缩羊毛衫等产品；“珍贝”牌羊绒衫、羊毛衫从1995年至今，连续8年被国家信息中心、北京商委评为北京市亿元商场销量第一名。

公司于2002年顺利通过ISO9001质量体系认证，公司始终以市场为导向，以顾客满意为目标，以创名牌为已任，将以最精美的产品和最完善的售后服务奉献给广大消费者。

Zhejiang Zhenbei Co., Ltd. is located in the Hangjia Lake Plain, which is the beautiful and abundant Delta with many talents. It is a private enterprise, which is specialized in wool and cashmere products. It has four subordinates such as Huzhou Zhenbei Cashmere Products Co., Ltd., Zhejiang Zhongxin Woolen Spinning Knitting Co., Ltd., Jinlibao Knitting Clothes Co., Ltd. and Huzhou Biyou Woolen Textile Co., Ltd. It covers 400,000 M2 and total assets of RMB600 million. It has more than 3000 workers. Zhejiang zhenbei company import advanced spinning machines from England and Italy, adopt the environment-protecting dyes of Switzerland and the computerized knitting system of Germany, forming the complete production cycle of washing, combing, dyeing, spinning, and knitting. It has the annual output of 3 million knitting clothes. Furthermore, it can continually develop new products according to the changeful market. It has produced mothproof, anti-static, anti-pilling and washable cashmere sweaters and mercerized-shrinkproof wool sweaters. From 1995 to now, Zhenbei Brand cashmere and wool products were rated by the State Information Center and the Beijing Municipal Committee of Commerce as No. 1 products in Beijing shops with an annual sales volume of RMB 100 million yuan each.

The company has passed the ISO9001 Certificate of Quality System. It is always in the direction of market, regarding the satisfaction of customers as its target, regarding obtaining the Name Brand as its task. It will do its best to offer our numerous consumers the fine products and perfect after-sale service.

新疆天山毛纺织股份有限公司
天山牌羊毛衫

新疆天山毛纺织股份有限公司 Xinjiang Tianshan Wool Tex Stock Co,Ltd.

新疆天山毛纺织股份有限公司素有"天山北麓一颗珍贵的雪莲"之称，公司依托新疆地域广阔、牛羊遍野，地处亚州中心，四季分明，寒冷期较长的独特优势，充分发挥合资企业管理严格、技术先进的特点，与世界接轨，紧跟国际流行趋势，深加工羊绒、羊毛产品，生产羊绒、羊毛衫，产品销往世界各地，在国内市场占有率达到6%，尤其在西北市场，多年来一直处于行业领头羊的地位。

公司一直注重品牌的管理和维护，建立了以品牌管理为核心的经营体系，针对不同消费者群体对产品及品牌的偏好，提出梳理、整合，提升和发展品牌，延伸产品线，扩大"世界的天山，你我的天山"的大众品牌定位，确立和实施了以品牌复兴为核心的"天山复兴工程"，使"天山"这一驰名商标获得更大的发展。

渠道上，在原有"天山"280家专卖店（店中店）的基础上，整合及新开设"天山"阳光专卖店25家，在全国一级市场新开设及整合"天山"优雅店中店及专卖店15家，同时，在2003年国内主要商业渠道统计排名中保持在前5名。

公司还着眼于长远发展规划，突出绿色环保意识，使用的原材料均是纯天然纤维及可再生纤维，面对保护自然、保护生态这一世界主题，公司大力开发的新产品有：天丝、大豆蛋白、竹纤等产品，为广大消费者提供更多更好的纯天然纤维及可再生纤维服饰。

通过"天山复兴工程"的深度实施，进一步推进公司的品牌经营水平，实现公司经营管理的持续改进，计划到2005年国内市场实现销售收入5亿元，使公司成长为行业内的龙头企业。

Xinjiang Tianshan Wool Tex Stock Co,Ltd. Is always named "A precious snow lotus in North Tianshan Mountains". Locating in wide Xinjiang, the center of Asia, lots of sheep and cattle, obvious four reasons, special superiority of long cold period, the company uses strict administration and advanced technology, so she can link the world and follow international popular fashion fast. The company processes cashmere and wool products, produces cashmere and woolen sweaters. The products are sold to all over the world.

The company was found in 1980 and appeared on Shenzheng effect exchange with 12 hundred millions yuan (RMB)of the general assets in 1998 . A working staff is 2, 500 now. She has set up the whole industrial chain: studying improved breeds from sheep and goats; feeding; raw wool and raw cashmere initial processing; spinning; weaving; sale; service after sale. 14 sale companies were set up in China, while the products were sold all over the country. The company earned 30 millions dollars(U.S.) every year. The products were sold to more than 10 countries and regions such as: Hong Kong, U.S.A. Canada, England, Germany, Switzerland etc.

The company was the first China-Foreign joint ventures in textile industry. In the past 23 years, the company gained much high honor, for example: in 1999, the trade mark of " Tianshan" was identified as " Chinese Famous Brand " by China National Administration of Industry and Commerce; " Tianshan" serial products gained China national quality laissez-passer in 2002; "China Brand-name Products" in 2003. In the world, the company got the medal of Spain International Quality Garments Contest in 1996; "BON GENIE" brand ranked the 1st on the list of domestic cashmere products quality contest in Swiss in 2001.

恒源祥（集团）有限公司
恒源祥牌羊毛衫

恒源祥

羊毛衫

恒源祥(集团)有限公司　Heng Yuan Xiang (Group) Co., Ltd.

恒源祥（集团）有限公司是一家以毛纺织品为主，集针织、服饰、家纺为一体的国内大型纺织品企业。集团公司现有员工160余人，80余家加盟工厂共有员工4万余人。公司拥有遍布全国的4200多家经销网点，2002年品牌销售额达30亿元，其中绒线生产规模居全国同行业首位，羊毛衫销售510万件居全国第一。目前，恒源祥年使用羊毛量超过10000吨，是世界上使用羊毛量最多的企业之一。恒源祥企业技术中心于2001年通过上海企业技术中心认定办公室的认定，成为全国商业企业第一家市级企业技术中心。

恒源祥集团下属有12家子公司，以及位于无锡的家纺、服饰、毛针织三大工业园区，其中毛针织工业园区占地面积1平方公里，拥有国内一流的生产厂房、国际先进的设备和工艺技术，专业生产恒源祥牌羊毛衫。公司引进日本先进的电脑提花横机100余台，12针、14针及16针野马横机2000余台，600台缝合机和先进的后整理设备，配备了一流的高素质员工队伍3200余人，其中管理人员300余人，质量管理人员120人，专业技术设计开发人员80人。从1992年起恒源祥牌羊毛衫连续12年被评为上海市名牌产品。

通过恒源祥公司全体员工的努力，近年来，公司获得了一系列荣誉。其中，恒源祥于2002年被评为“全国质量效益型企业”，并获得“上海市质量管理奖”、“全国商业质量管理奖”的荣誉称号；1999年恒源祥商标被国家工商行政管理局认定为中国驰名商标，1992年起“恒源祥”商标被上海市工商行政管理局认定为上海市著名商标。2003年4月，恒源祥牌“毛针织品”被评为上海市商业“领头羊”品牌。1999年恒源祥公司被中国环境标志产品认证委员会授予中国环境标志产品开拓奖。

Heng Yuan Xiang (Group) Co., Ltd. is a wool textile enterprise integrating categories of knit wears,garments & ornaments,and householc textiles, with approximate2,000 varieties of products. The sales volume of woolen knitwear and shirts of Heng Yuan Xiang is located in the first place in Mainland China ,While the production scale of its hand knitting yarn also occupies the first position in the same society . For the momen: ,Heng Yuan Xiang's products are sold throughout more than 30 provinces and cities in China .With the current consumption volume of 10,000 tons per year , Heng Yuan Xiang is considered as the one who consumes the largest amount of wool as raw msyrtisl per year in the world . In the year 1999 , the trademark was awarded by National Industrial & Commercial Administration the title of "Brand of Great Fame".

Heng Yuan Xiang owns advanced elaborating technology and equipments of wool textiles , and has 7 products lines such as , respectively, hand knitting yarn ,garments & ornaments , woolen knit wears, underwear , household textiles , hosiery and daily-use chemical products . In recent years ,most of Heng Yuan Xiang products have won the honor of "New Product of National Level" , "New Product of Shanghai" , "Brand of Great Fame in China" ,etc. Among which, Heng Yuan Xiang's hand knitting yarn has been given the title of "Green Product in China" , with production volume of 10,000 tons per year ,which makes and maintains itself leadership in the industry in China . In the year 2003, Heng Yuan Xiang knitted sweater has won the honor of the brand name products in China.

By means of economic running , Heng Yuan Xiang aims at realizing enterprise's strategy ,vividly depicting and specifying enterprise's culture . When applying globalbrand strategy , Heng Yuan Xiang has also been establishing technology , designing and information center .Headed by technology and depending on its advantages in technology , furd , brand , scale ,management and human resources ,Heng Yuan Xiang has been preparing to participate in the world wide competition .

上海春竹企业发展有限公司
春竹牌羊毛衫

羊毛衫

上海春竹企业发展有限公司
Shanghai Spring Bamboo Enterprise Development Co. Ltd.

上海春竹企业发展有限公司是一家以集团化管理的专业生产经营品牌服装的企业。公司已通过ISO9001：2000版国际质量体系认证。在上海市众多的纺织服装企业中首家获得了上海高新技术企业的认证。总公司下属十几家公司，拥有3G~16G的各类粗细针型的生产设备及各类电脑提花设备近2500台/套。是集设计、生产、销售管理为一体的品牌经营公司。主要产品有毛针织羊绒和羊毛成衣、梭织时装、针织内衣袜业和童装系列等。产品的原料主要有澳大利亚纯新羊毛、超细美丽诺羊毛、中国山羊绒、丝绒、绢丝、天丝、纯棉及其他混纺产品。除出口贸易外，公司拥有春竹为首的多个著名品牌，在中国内销市场建有较大的营销网络，销量名列前茅，产品不断提升，逐步实现向中高档品位的品牌经营战略。

春竹作为全国仅剩的专业生产毛针织服装的老牌企业，已有近50年的历史，专业技术达到了独特的水平。公司前身于上世纪50年代开始生产出口毛针织服装，产品主要销往欧洲及香港。经过多年的悉心经营，公司不仅稳居了国内市场前列，而且不断向海外扩展，产品远销欧美、日本、韩国、东南亚及港台地区。出口产品均能合格通过各方检测，且被上海出入境检验检疫局评为一类管理企业、羊绒产品被国家质量监督检验检疫总局评为质量免检产品和中国名牌。

尽管企业不断获得了国家和政府的多项荣誉，但是更重要的是企业能够为客户提供更好的产品和服务。能够把企业的专业技术融入产品，全新服务于社会，并能不断适应人们日益进步的需求，才是春竹企业最重要的追求目标。

Shanghai Spring Bamboo Enterprise Development Co. Ltd. is an enterprise, which is specialized in manufacturing brand name garments with group management. The company has got ISO9002 certification. We are the first Enterprise that won the Shanghai High-Tech Enterprise authentication among many enterprise in the same field. Spring bamboo has over ten subsidiaries, which owns about2500pieces of equipment varying between 3G~16G, computer Jacquard devices, etc.. Meanwhile, as a brand company, it conglomerates it's own design, production and sales management Our main products are knitting sweater for wool & cashmere, wovenwear, underwear, hosiery, children series, etc.. Our main materials are Australia New Pure Wool, Super-fine Merino, China cashmere, Silk-cashmere blend, Silk, Tencel, Pure cotton and other wool blend. The company has several famous brands besides the leading brand "Spring Bamboo" and has established the extensive marketing network, With the high sales records and continous improvements in our products, we plan to make our brands become Mid-to-High class in China. Spring Bamboo has 50 years of history. It is only classical enterprise left in China with both unique professional skills in manufacturing wool knitting garments and a long history of good credits.

In addition, it is awarded as one of the Top ten Enterprise in Shanghai and one of the Top 100 in china, Abide by contract and keep good faith Enterprise, Grade A enterprise in tax, Model unit and the best Industry Enterprise in Shanghai. We are very honored to get so many awards, the more important thing for Spring bamboo is to provide better quality and services. We serve society with our professional technology and satisfy our customers with our products and services, which has always been the goal we pursue.

南京海尔曼斯集团有限公司
海尔曼斯牌羊毛衫

南京海尔曼斯集团有限公司 Nanjing Haiermansi Group Co., Ltd.

南京海尔曼斯集团有限公司坐落在风景绮丽的紫金山山脚下。其主打产品羊毛衫品牌"海尔曼斯"是德语寓"幸运"之意。

海尔曼斯现拥有设计、供应、生产、销售、办公五大系统：有五个设计室、质检部、生产部、技术部、供应部、织造车间、成衣车间、八个市场部、企划部、培训部、行政工程部、海尔曼斯已是一个机构健全的企业。

"海尔曼斯"品牌毛衫是采用100%纯新澳毛，集高新技术、精湛考究的工艺、具时代特色的设计于一体的高档精纺产品，其产品定位于30～50岁年龄段的消费阶层，并坚持不懈致力于开拓中国羊毛服饰时装化的道路。目前，企业产品丰富多彩，涵盖了毛、棉、麻、丝和混纺服装、针织与梭织服装并举发展，事业领域进一步扩大，产品销往全国各地和海外地区。销售网点从最初的4家发展至现在680余家。

九年的奋斗，海尔曼斯产品已深入人心，被人们誉为北有"鄂尔多斯"，南有"海尔曼斯"。企业曾获多项荣誉，'96江苏省优秀纺织新产品称号；'97年军队名牌产品称号、南京市地方名牌；1997年底在同行业中率先通过ISO9001，在设计、生产、销售三方面达到标准的质量体系认证；'98江苏省著名商标、全面导入CIS企业形象系统工程，进一步提升了企业形象；从1998年至今连续成为江苏省销售、利税前五十强企业、并获得了进出口自营权；江苏省名牌产品、全国羊绒羊毛衫同类产品销售位居前十名。这些都是企业在发展过程中新的动力和新的发展源泉。

振兴中华民族，海尔曼斯企业责无旁贷。海尔曼斯人将拿出舍我其谁的勇气和魄力，为祖国的经济腾飞写下自己辉煌的一页！

Nanjing Haiermansi Group Co., Ltd. (Former Nanjing Haiermansi Garment Factory) is specialized in knitted sweaters and woven garments of wide range in all seasons, which is a group enterprise integrates the R&D, the designing, the production and the sales. We are capable of developing abcut 1000 new styles and producing about 3 million pieces of all kinds of products per year. We have been one of the "Top 100 best garments enterprises in China" for 3 years continuously. Our annual sales in woolen industry ranks high among "Top 10 best enterprises in China" for 5 years in succession. We enjoy high fame in China. Not only our administrators could meet the demand of the customers, domestic or overseas, but also designers could keep abreast of the international fashion trend. We have skilled garments making technique, advanced equipments and 5000 skilled employees. We have adopted CIS and we have more than 800 terminals of sales network with 360 boutiques included. We always cooperate with our customers with sincerity and cordiality and our products sell very well in Japan, Korea, Europe and USA. We get interested into doing the businesses and providing our services all over the world.

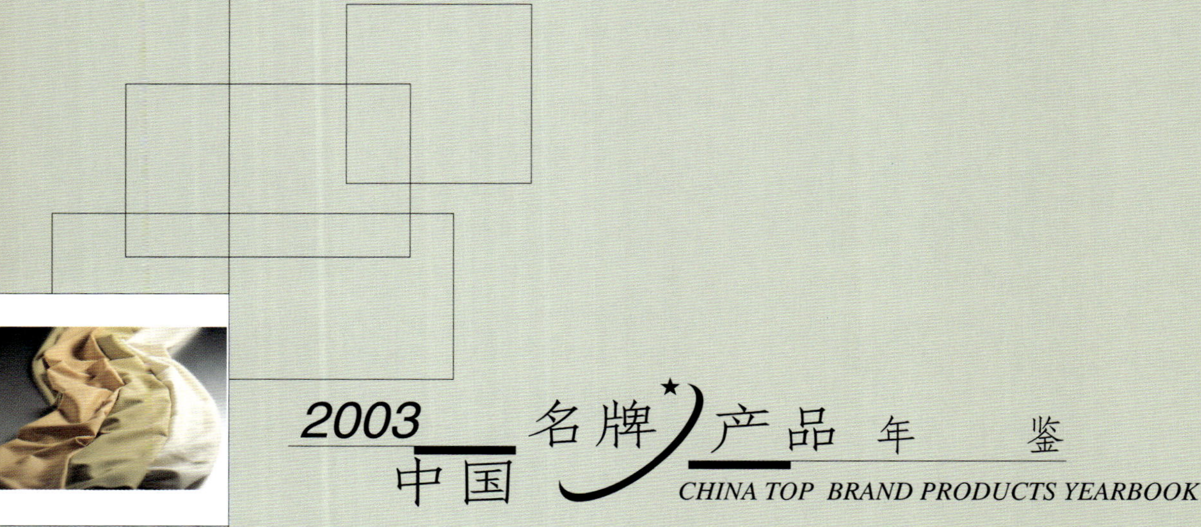
2003
中国名牌产品年鉴
CHINA TOP BRAND PRODUCTS YEARBOOK

N

精纺呢绒

山东南山实业股份有限公司
南山牌精纺呢绒

山东南山实业股份有限公司 Nanshan Group

山东南山实业股份有限公司1996年和1999年相继引进世界先进精纺呢绒面料成套设备生产线，形成拥有6万精纺纱锭的中国北方最大的现代化精纺呢绒面料生产企业，年开发上万个花色品种，被国家纺织品开发中心列为纯毛高支产品开发基地。

公司全面实施创新战略，凭借一流的设备，雄厚的技术力量和科学的管理，迎接中国加入WTO的机遇和挑战，提供优质产品和周到、完善的服务，2002年实现生产精纺呢绒面料768万米，其中混纺面料192万米，完成销售收入30821.6万元，市场占有率在5%的基础上稳步提高，全行业排名列第二位。

公司1998年通过ISO9001国际质量体系认证，2001年又通过ISO14001环境管理体系认证，被国际羊毛局批准使用纯羊毛标志并率先获得国际羊毛局SUPER X′s超细羊毛织物认证。"南山"牌精纺呢绒面料已成为国内众多知名西装品牌的首选面料，被国家公、检、法、税务、工商等多个行政部门和铁路、林业、邮政、网通、电信等10多个行业确定为职业装面料定点生产企业，产品被评为"最受消费者欢迎的产品"和中国流行面料。产品跻身于国际市场并远销美国、加拿大、意大利、日本、韩国、等国家和我国香港地区，出口量稳步攀升。

Nanshan Group, locatec at Longkou which is a port City of the rich and beautiful Shandong peninsula is a national class enterprise group with join-stock playing a dominant role. It covers 36.5 squa-e Km, has enterprise more than 40 with 36 thousand employee, fix asset has reached 7.5 billion Yuan, Nanshan Industrial stock A was on the list at Shanhai Security Exchange in Oct. 1999. Nanshan Worsted General Factory which is the pillar of the Nanshan Group was built in 1996. It covers 268 thousand square meters with 1.2 billior Yuan fixed asset and has 60 thousand spindles with annual production 12 million meters.

Fully pursuing the strategy of creative, Nanshan Industrial Co, LTD invested 900 million Yuan to import 583 sets of advanced processing line including spinning weaving dying and finishing machine from Germany France Italy Switzerland at the same time Nanshan Industrial Co, LTD increased the input cf found to buy all kinds of test instrument to assure the quality of its production from Australia Switzerland Germany England Japan.

According to the technical criteria, Nanshan Industrial Co, LTD could provide the goods with high quality and service in all-around way through it' s first-class equipment, profound technical fore, scientific modern management and the successful experience in producing worsted fabric Advanced processing line and first-class quality management make "Nanshan" the famous brand in China . It was qualified by ISO9002 and ISO14001 in 1998 and 2001, and was author zed to use "Wool Mark" by IWTO . The fabric branded "Nanshan" is the first selected fabric by famous suit and fashion in China and has been authorized to produce professional fabric for Railway, Tex, Military, Ministry of Forest, China TELCOM, China NET The product has been sold to international market such as South East Asia, Japan, Korea, Europe and

湖北迈亚股份有限公司
仙桃牌精纺呢绒

湖北迈亚股份有限公司 Hubei Maiya Co.,Ltd .

湖北迈亚股份有限公司是一家大型纺织上市公司，现有总资产9.6亿元。共有员工2000人。多年来，公司一直坚持走质量效益型道路，诚信经营，滚动发展，取得了很好的业绩。公司连续多年每年创利税5000万元以上，年出口创汇1000万美元。

按照高起点、高档次、高品质的发展思路，公司经营的"仙桃"牌精纺呢绒处于国内领先水平。20世纪90年代，公司投资3亿元全套引进欧洲精毛纺染整生产线，并与意大利公司合作引进先进的生产技术，率先在国内批量生产高档精纺呢绒。仙桃呢绒以优质澳毛和羊绒为主要原料，纱线细度在80～120支，单位重量在180克/米^{2}以下。面料手感滑糯挺括、弹性足、光泽自然持久，产品质量达到国际先进水平，具有原汁原味意大利风格，被评为"国际先进，顶替进口"的国家级重点新产品。仙桃呢绒以其优异的质量、高支轻薄的形象，成为众多知名服装企业制作高档西服的首选面料。

公司以"创消费者心目中的名牌"为宗旨，着力塑造品牌，坚持以高新技术改造传统纺织产业，力争在2004年底建成具有国际影响力的国家高档服装面料生产基地。

Hubei Maiya co.,ltd., a large-scale textile company whose stocks are on the market, with ￥0.96 billion RMB total assets, which amount to 2000 staff. It has been insisting in the concentration on quality & efficiency, sincere and faithful management and rolling development for years, and a great achievement's been made. The firm has been creating continuously the annual profits tax of over ￥50 million RMB and the annual export foreign exchange of morn than $10 million Dollars for years.

On basis of the development direction of high start-point, top-grade and high-quality, worsted Wool Fabric of "Xiantao" brand managed by the company are all in the leading level at home and abroad. In 1996, it invested ￥0.3 billion RMB to introduce a complete set of European worsted wool fabric dyeing & finishing production line. And it also co-operated with an Italian firm and introduced the advanced production technologies, and takes the lead in the batch process of top-grade worsted wool fabric. Xiantao wool fabrics, with super-quality Australian wool and cashmere as the main materials, of the yarn fineness in the range of 80 - 120 count and the unit weight below 180 g/ m^2 are of soft and silky hand, great elasticity and natural and lasting luster. The products in original- Italian style, achieves the internationally advanced level in quality and are appraised as a state key & new product of "the internationally-advanced and the substitution of the imported". Xiantao Wool fabric, for the image of outstanding quality, high-count and lightness, becomes one of the first chosen fabrics by many famous garment enterprises to manufacture top-grade Western-style clothes.

海澜集团公司
圣凯诺牌精纺呢绒

海澜集团公司 Heilan Group Corp.

海澜集团公司（成立于1994年4月）位于江苏省江阴市新桥镇，拥有厂区面积50万平方米，总资产40亿元，公司拥有职工5800余名，目前已形成1500万米精纺呢绒和200万套高档服装的年生产规模优势，是国内最大的职业装生产基地。

海澜集团公司立足高起点，发展高科技，通过系列技术改造和技术创新，公司全程生产线设备和科研检测仪器设备均达到国际先进水平，此外企业不断加强产学研联体发展，实现技术经济共融，先后成立省级技术中心、博士后科研工作站，用高新技术改造传统产业，形成产学研一体化的技术自主创新体制，力争率先创建中国毛纺业绿色"硅谷"。集团先后从德国、意大利、瑞士、法国等8个国家全套引进当今世界最先进的纺、织、染、检测和服装智能生产线。

公司在行业中率先通过了ISO14001环境管理体系认证和ISO9001：2000版质量管理体系认证，检测中心通过ISO/IEC17025标准认证，成为CCIBLAC认可实验室。

"圣凯诺"精纺呢绒是选用多种天然纤维、应用先进纺纱织造工艺、通过功能性整理加工成的高支轻薄面料，该类呢绒集多种天然纤维优良风格，补其不足，达到FZ/T 24002－1993、FZ/T 24008－1998一等品标准，符合IWS国际羊毛局标准。

Heilan Group Corp.is located in Xinqiao Town, Jiangyin City, Jiangsu Province, and was set up in April 1994. It covers an area of 500,000 square meter, it now possesses gross assets of 4 billion RMB and more than 5,800 employee, its annual production capacity attains 15 million meters worsted fabrics and 2 million high-grade set suits, and it's the largest business suit production base in the nation.

Heilan Group Corp. bases itself upon high starting point, develops high technology, and makes the equipment of the whole production line and research, testing equipment come up to the advanced world standards by series technique reform and technique innovation. Besides, it strengthens the development of the production, study and research, accomplishes the fusion of technology and economic, it has founded the provincial Technology Center, the Postdoctoral Research Station. It transforms traditional industry with high-tech, and forms the production, study, research unified new system with innovating the technology independently, and it is striving for creating the green "silicon valley" of China wool spinning trade initially. It imported the most advanced and complete set of equipment for spinning, weaving, dyeing, for inspection and garment production successively from 8 Germany, Italy, Switzerland and France, etc.

"SANCANAL" worsted fabricis a kind of high count and light fabric made from fine natural fiber and processed by advanced spinning and weaving technology and functional finish. This fabric incorporates the advantage of kinds of natural fiber, attaches the first quality standard of FZ/T24002－1993、FZ/T24008－1998, and conforms to IWS International Wool Burea Standard.

无锡协新集团有限公司
协新牌精纺呢绒

XIEXIN

无锡协新集团有限公司 Wuxi xiexin Group Company Ltd

无锡协新集团公司创办于1935年，是我国历史上最早的精纺面料生产企业，1989年被国务院首批确定为毛纺行业唯一的国家一级企业。

公司集洗毛、梳条、纺纱、织布、染整、服装、服饰生产于一体，拥有资产总额10亿元，精纺纱锭38000枚，年产毛纱3500吨，精纺面料600万米，服装20万套（件），70%以上的面料和毛纱远销北美、欧洲、日本、等国际市场。1997年通过两家质量认证机构的ISO9002国际质量管理体系认证。协新呢绒是国内外众多名牌服装企业和政府采购的首选面料。

Established in 1935,Wuxi xiexin is engaged in manufacturing and marketing of worsted wool fabric, weaving and knitting wool yarn, apparel and accessories, which sells well and won good reputation in domestic and overseas market. Xiexin owns total assets of 10 billion RMB , with an annual production yield of 6 million meters of all wool worsted fabric, 3500 tons of weaving and knitting yarn and 200,000 sets of garment, from which 70% are sold well in more than fifty countries and regions, thus becomes the first choice of numerous renowned garment manufactures in home and abroad. State Council in 1997 named Xiexin as one of the 520 major state-owned enterprises. Xiexin has made due contributions to development of the national textile industry. Xiexin is one of the leading textile manufacturers in China and is always striving for quality and excellence. Customer's satisfaction is always a priority for us.

山东济宁如意毛纺织股份有限公司
如意牌精纺呢绒

山东济宁如意毛纺织股份有限公司　Shandong Ruyi textile Group Co,,ltd .

山东济宁如意毛纺织股份有限公司是大型国家级高新技术企业，进入国家520家重点企业行列，资产总额16亿元，职工近万人。如意集团以毛精纺、制衣为主，兼有棉印染、兔毛纺纱、针织、化纤、牛仔布、房地产等产业。拥有进出口自主权、国家级企业技术中心和博士后工作站，拥有各类现代化生产线，年产精纺呢线800万米，服装100万套，兔毛纱300吨，棉印染布1.2亿米，针织内衣2000万件，牛仔布2000万米。其主导产品"如意"牌精纺呢绒有1000多个品种，近万种花色，多项产品填补国内空白，达到国际先进水平。企业被国家纺织工业协会列为毛纺行业国家级新产品开发基地。集团通过ISO9001和ISO14001认证，"如意"商标是中国驰名商标，产品获"中国名牌"称号。

如意集团拥有强大的核心技术及科技创新优势，如意产品多次获国家金质奖、国家银质奖、全国纺织质量管理奖、设备管理奖，企业有16个产品准挂国际羊毛局标志、企业被国家纺织局列为"以产顶进"十家企业．"如意"牌精纺呢绒连续多次获"中国流行面料"称号。公司的核心技术赛络菲尔纺纱工艺已获得专利认证，2002年"赛络菲尔纺纱技术及系列产品"获国家科技进步二等奖，这是毛纺行业最高奖项。

如意投巨资兴建如意高新技术工业园，占地66公顷，园区分为高新技术纺织材料区；高技术、高性能、多功能面料区；功能化服装区；其它高新技术产业区；研发中心。如意产品拥有广阔的国内外市场，有遍布全国的20多个分公司及办事处，上千个销售网点，产品出口到欧洲、非洲、北美、南美、西亚、东南亚等二十多个国家和地区。

The former company of Shandong Ruyi textile group co, ltd is Shandong jininng woollen factory. It was changed into state individual proprietorship company in 1996. Main product is wollens spinning industry, and in addtion, we manage clothing process,knitting, carpet, cotton dyeing and rabbit spinning. Ruyi group is nation large-scale enterprise, Shandong top 100 emphasis enterprise, nation 520 emphases enterprises, Shangdong 51 experimental unit enterprise of set modern enterprise system. Ruyi company have var ous modern productive lines, we manufacture 4 million meters worsted wollen goods annually, 4 hundred thousand sets clothings , 300 tons rabbit spinnings , 70 million meters cotton clothes ,20 million knitting underclothes, 3 million sq.m. chemical fibre carpets, fifty thousand sweaters. Leading products Ruyi brand worsted wollen goods are more than 1000, almost ten thousand color, many products have fill up domestic blank in these fields and achieved international advanced standard. Products have high technology content, high culture taste, superior quality, it is first-elelcted material to replace the import products.

The productive line of 1.5 million meters high-level western-style clothes was invested RMB 0.2 billion, we have collected the advanced equipments of in the world, advanced technology, the knotless yarn and shuttleless weaving in the manufacture course, products are achieved first-class standard of Italy etc nation. Group have the decision-making power of imports and exports, nation enterprise technology center, and passed ISO9001 quality certification.

江苏阳光集团有限公司
阳光牌精纺呢绒

江苏阳光集团有限公司 JIANGSU SUNSHINE GROUP CO., LTD

江苏阳光集团有限公司是一个以生产经营毛纺面料、服装为主产品的跨行业、跨地区，集科、工、商、贸为一体的国家大型一级企业，是中国最大的精毛纺面料生产企业、国家重点高新技术企业、国家520家重点企业和国家重点扶持的33家企业之一，本公司拥有12.5万纱锭，形成了年产2200万米精纺呢绒、200万米粗纺呢绒、150万套服装的生产能力，精毛纺面料全程生产量世界第一。拥有员工9000余名，其中各类专业技术人员1800多名。总资产59亿元，固定资产20亿元。2002年实现销售收入58亿元，利税5.2亿元。

"阳光"商标为中国驰名商标，阳光牌精纺呢绒和服装为江苏省重点名牌产品，自1994年起连续被评为江苏省免检产品、江苏省重点保护产品、江苏省质量信得过产品等称号，连续十年免除省内质量监督抽检，并在历年的国家质量监督抽检工作中产品质量均达到合格。

"阳光"牌服装，采用意大利、法国、日本国际顶级品牌的加工技术，并由其派驻专家对工艺质量进行指导，依托中外文化艺术根基，追求灵感与创意的精致结合，沉稳中包含热情，高贵中闪现浪漫，风格独特，版型时尚，做工细致，赢得客户好评。

江苏阳光靠严谨完备的质量体系、先进的装备、充实的科技力量、优秀的员工队伍、顾客第一的经营宗旨，精心铸造卓越品质，创建世界品牌，使得企业的市场占有率稳步增长，同时公司的内部管理水平明显提高，员工素质和精神面貌明显提高，公司综合绩效全面提升。

Jiangsu sunshine group co., ltd —— the largest worsted wool textile enterprise in china and production base for high yarn counts and light — weighted fabrics,which has total assets of 59 billion yuan,120,000 worsted spindles and 9,000 personnels.it manufactures 20 millon meters of high quality worsted wool fabrics of "sunshine" brand,2 millon meters of woolen and cashmere fabrics and 1500, 000 sets of high quality suits. Sunshine has the speciality of the highest market possession rate,the most advanced equipments, the most cesing and qulities and the best products'quailty. In 1999,it had been listed as one of 520 key enterpeises in china.

The main products over one thousand qulities of "sunshine" brand worsted wool fabrics are:high yarn count suiting, serge, doskin, wool&silk, stretch, cashmere, mohair suiting, 100's, 120's, 180's high yarn count and tropical series, and so on.fabrics are for high — grade classical famous suits, casual clothes and women's wear, pants, jackets and some other kinds of garments. All sunshine fabrics are made og australian merino wool, and are carefully treated by all the importes machines from europe, under strict control of iso9000 quality system. Sunshine fabrics are well — known in chinese market, also have good reputat on in international market.

Sunshine group always insists in technological progress, industrial upgrade, quailty first, reputation first, honest cooperation. In the future, sunshine still insists in developing in the direction of " nternationlization,famous brand, high grade and high technology".

富润集团有限公司
富润牌精纺呢绒

富润集团有限公司　Furun Group Co. Ltd.

富润集团有限公司坐落于风景秀丽的西施古代故里——浙江省诸暨市，紧邻上海、杭州、宁波等开放城市，地理位置优越，交通便捷。集团公司由浙江省人民政府直接授权委托经营，现有总资产12亿元，净资产6.4亿元，职工10800人。集团各项主要经济技术指标，在全国同行业中名列前茅。

富润集团主要产品有精纺呢绒、丝绸面料、桑蚕绢丝等，拥有纺、织布、染、印、制衣全套生产线。集团主导产品为精纺呢绒，其主要产品系列有哔叽系列、贡丝锦系列、中厚花呢系列、薄花呢系列、啥味呢系列、智能科技系列等。

富润集团是全国“五一劳动奖状”获得单位，国家重点高新技术企业，浙江省“五个一批”重点骨干企业，浙江省首批技术创新试点企业和浙江省首批诚信示范企业。被授予全国纺织工业“双文明”建设优秀企业、全国纺织工业企业管理优秀企业、全国纺织思想政治工作优胜企业、全国纺织工业科技进步先进单位等荣誉称号。“富润”商标为浙江省著名商标。

集团党委书记、董事长赵林中获全国“五一”劳动奖章。被授予全国劳动模范、全国优秀党务工作者、浙江省突出贡献企业经营者等荣誉称号。当选为第九届、第十届全国人大代表。

历经风雨的富润人正以全新的姿态站在二次创业的起跑线上，他们将以工业园区建设为依托，提升产业结构、扩大产业规模，实现企业发展的第二次飞跃。富润期待着与更多的国内外客商和各界朋友的交流与合作。

Furun Group Co. Ltd. is located at Zhuji,Zhejiang Province ---- the beautiful hometown of the ancient beauty Xisi. It is near to Shanghai,Hangzhou and Ningbo and very convenient on transportation. The managing of the Group is consigned and authorized directly by the government of Zhejiang Province. It has now a gross assets of RMB1. 2 billion and net assets RMB640 million,

The main productions of Furun are woolen fabric, silk fabric, spun silk. Furun possesses whole product lines on spinning, weaving, dyeing, printing and garments making. The leading product is woolen fabric, which has varies series of it.

Mr. Zhao Linzhong, the secretary of the Group committee, is the owner of "The National Working Diploma of May Day". He is also the owner of "The National Working Model", the "Excellent Party Business Worker" and the "Manager of The Enterprise with Standing Out Contribute". He is commissary of the National People's Congress.

Furun is now standing on the scratch line and ready for the second turn of carving out. Based on the constructing of Zhuji Industry Area, it will upgrade its producing structure, enlarge its producing scale, realizes its second spring. Furun is expecting more cooperation opportunity with its business partner both at home and abroad.

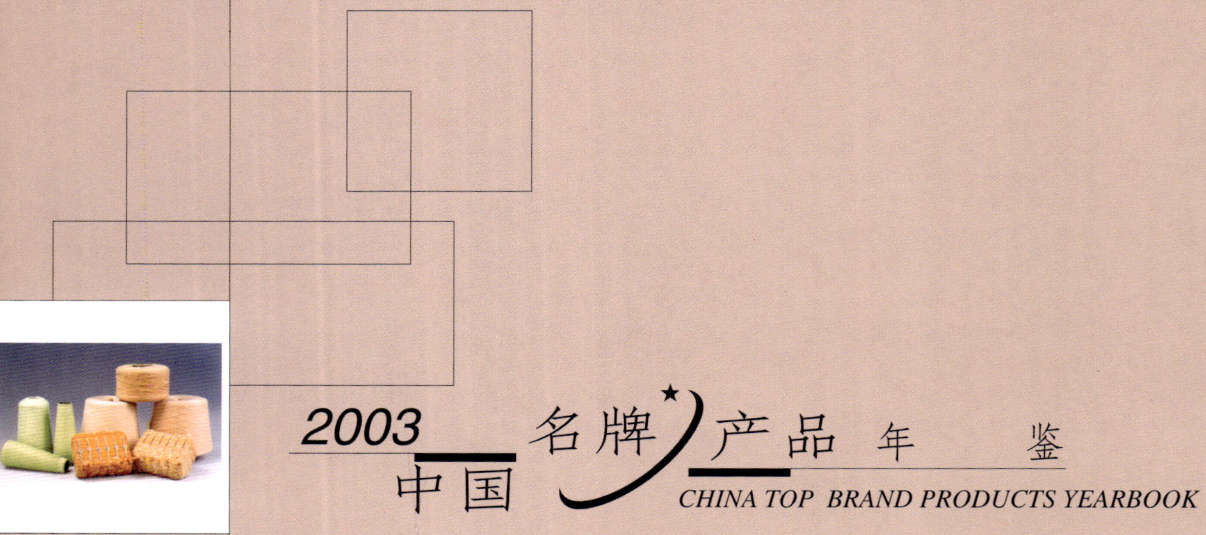
2003
中国名牌产品年鉴
CHINA TOP BRAND PRODUCTS YEARBOOK

M

彩棉纱

彩棉纱行业概况

绿色消费已成为全球消费的新潮流和新时尚，以国际环保纺织协会颁布的Oeko-Tex Standard100标准的“绿色壁垒”已成为纺织品及服装贸易的关键性技术标准。减少工业污染，发展生态和绿色纺织品已成为我国纺织工业实施可持续发展战略的重要工作。

天然彩棉是采用现代高科技生物基因工程技术培育出来的一种新品种棉花，它在种植过程中不施用农药、化肥、除草剂等化学物质，棉纤维在生长、成熟过程中就具有了天然色彩，这种自身具有天然色彩的制成的纺织品无需漂白、印染等传统工艺的处理，在加工过程中不会对土地、水源产生污染，洗涤后的纤维色彩还能逐渐加深。

彩棉纱是以彩棉为主要原料，通过棉纺织设备采用不同工艺加工出的一种新产品。用彩棉纱生产加工成纺织品，不产生任何化学污染，也没有任何化学物质残留，可以免去印染工序，降低生产成本，避免因人为染色造成的环境污染和在印染中的化学物质对人体伤害，是天然绿色环保产品。

天然彩棉纺织品穿着柔软、舒适，符合人类和社会对环保、健康的“绿色”消费需求，顺应了人们追求纯天然时尚、环保与健康的时代潮流，天然彩棉纺织品能够突破进口国的“绿色壁垒”，将拉动我国纺织品新的增长点，拥有广阔的发展前景。

新疆中国彩棉股份有限公司
天彩牌彩棉纱

新疆中国彩棉股份有限公司 China colored-cotton Co., Ltd. of Xinjiang

新疆中国彩棉股份有限公司是以农业高新技术研究与推广应用为主的股份制企业，主要从事天然彩色棉花科研、育种、种植、加工及其产品销售等业务，是国家火炬计划重点高新技术企业。公司注册资本为1亿元人民币；法定代表人赵小林；注册地在新疆乌鲁木齐高新技术开发区钻石城18号。公司拥有国内唯一的专门从事天然彩色棉花研究的科研机构——新疆天然彩色棉花研究所。公司始终坚持科技领先、OEM经营、创新管理、实现双赢的经营方针，建立了规范的法人治理结构和以ISO9000：2000为标准的全面的质量管理体系。

公司现有自主产权的新彩棉1号（棕）、新彩棉2号（棕）、新彩棉3号（绿）、新彩棉4号（绿）四个彩棉品种。公司承担着多项国家级星火计划、火炬计划、"863"子课题项目及省区技术创新等10多个科研攻关项目。由公司申报并参与起草的《天然彩色细绒棉》地方标准已经新疆维吾尔自治区质量技术监督局颁布实行，目前正在起草《天然彩色细绒棉》国家标准。公司委托生产的32支天然棕色、绿色精梳棉纱被评为自治区级新产品；40支棕色精梳棉纱被国家科技部等五部委认定为国家重点新产品。公司开发的"天彩"牌彩棉系列产品已获得国家"绿色环境标志"认证和"生态纺织品"检测认证。2002年"天彩"牌天然彩色棉花、棉纱、棉布及其棉制品获得国际环保纺织协会"环保纺织标准100"（Oeko -Tex Standard 100）认证，并在第93届法国巴黎国际博览会上荣获金奖。

公司的主要产品有：天然彩色棉棉种、皮棉、棉纱、各类男女式彩棉服装、童装及家纺产品。用彩色棉花制作加工的服装具有质地柔软、亲和肌肤、改善睡眠、无污染、不起球、不带自由电荷；抗静电、止瘙痒、透汗性好；色泽儒雅、天然时尚等特点。

China colored-cotton Co.Ltd., of Xinjiang is a enterprise of joint-stock system taking agricultural high and new technology research and application and dissemination as main. The company is mainly engaged in scientific research, breeding, planting, processing products sales and other business of national colored cotton and is key high and new enterprise of State Torch Plan. Registered capital of the company is one hundred million yuan RMB. The legal representative is Xiaolin Zhao and registered place in No.18 Zuansh cheng, Urumqi High And New Technology Develop District Xinjiang China. The company has two proprietary companies and two joint stock companies and the only scientific research organization of specially engaged in natural colored cotton research—Xinjiang Research Inst tute of Natural Colored Cotton. The company all along persists in operating policy of science and technology leading, OEM operating, innovation management and realizing double profits, sets up normalized legal person administering structure and taking ISO9001:2000 as standard overall quality management system.

The main products of the company are: natural colored cotton seeds, lint, yarn, several kinds of man and woman's style natural colored dress, children's dress and domestic fabric.

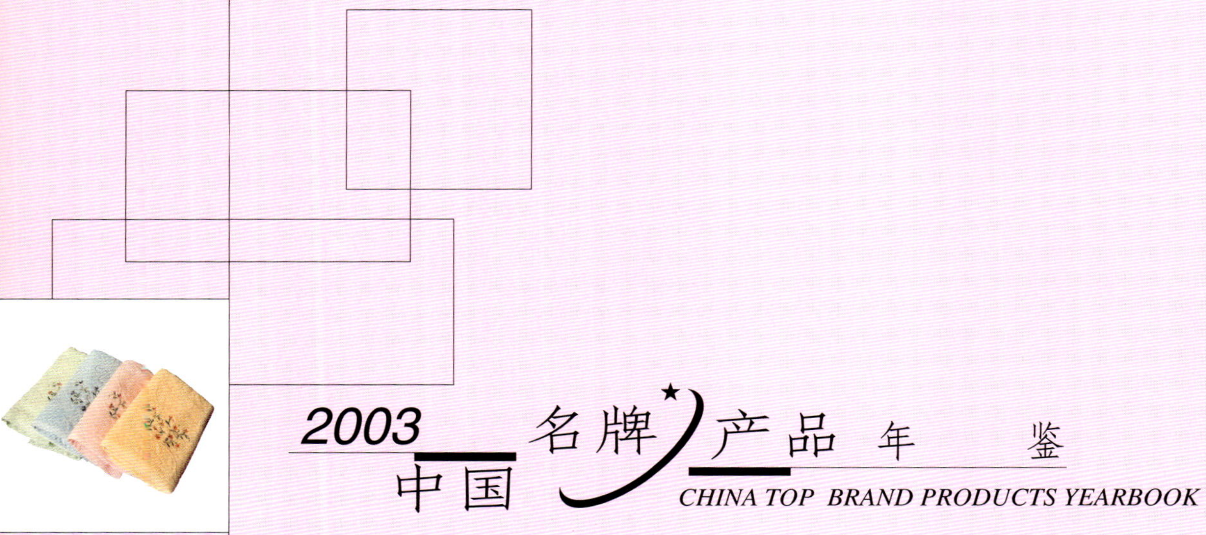
2003
中国名牌产品年鉴
CHINA TOP BRAND PRODUCTS YEARBOOK

O

毛巾系列

大有作为的我国毛巾行业

我国是一个毛巾生产大国，毛巾产量和出口量均居世界前列。在我国经济发展和人民生活中毛巾行业曾为满足消费者各种需求和出口创汇作出了较大贡献，并在继续发挥更大的作用。

一、我国毛巾行业的特点是：企业多，分布广；品种多，用途广；从业人员多，综合效益广

毛巾产品是“家家必备，人人必需，天天必用”的日常生活必需品。按其用途可分为浴室用，餐厨用，起居厅室用，壁挂装饰用，医疗保健用，旅游运动用等等。

我国现有上万家毛巾企业，产地遍布全国各地，年消耗棉纱近百万吨，年产值500多亿元。产品种类齐全，品种丰富，从普通用品到国际流行的高、中档产品应有尽有，特别是近几年，我国毛巾行业及其花色品种和产品档次的发展呈现出日新月异、蒸蒸日上的态势。

二、毛巾产品以其独有的功能发挥着其它任何产品所不能替代的作用，其社会经济地位越来越重要

毛巾产品大多采用纯天然纤维制成，质地蓬松、柔软、厚实，其洗、擦、护、暖、吸、饰等属性功能，其它任何一个产品无法替代。根据国际流行趋势和市场需求，毛巾行业加大了对保健、功能、装饰、配套型等多用途系列产品的开发的生产。

以毛巾行业作为重要组成部分的我国家用纺织品行业是三大最终纺织品行业之一，且是处于上升发展并被列于纺织重点发展的行业。2003年我国家纺行业产值（现值）全社会口径约为3630亿元，与2002年3000亿元相比增长21%。

另据海关统计，2003年我国家纺产品出口额达85.09亿美元，同比增长29%。

三、毛巾行业精英企业开始形成，国际化进程加快

我国是一个毛巾生产大国，但目前还不是毛巾生产强国，还需努力打造国际品牌。近几年我国毛巾行业在发展过程中形成了数十个大型和较大型毛巾骨干企业，有的年销售收入超过了10亿元。这些脱颖而出的行业精英企业，经过了几个循环的技术改造和深入的企业改制，与国际市场和国外同行有着密切的接触和交往，企业除拥有先进的装备硬件，工艺技术软件和一批高级技术管理人才外，还建立了现代化的管理运作模式和品牌创新战略，其综合品质已接近或达到国际先进水平。

四、我国毛巾行业及市场具有较强的国际竞争力，发展前景广阔

根据国外发达国家的总体趋势，社会越发达，毛巾产品的需求量就越大。目前，人均年消耗毛巾产品我国不足250克，发达国家为1000～1500克，有的高达2500克。国内市场潜在着很大的发展空间。随着人们生活水平、健康意识的提高，及毛巾应用领域的发展，宾馆、餐饮、旅游、航空、铁路等对毛巾的需求日益加强。社区生活的改善，城镇建设步伐的加快，“假日经济”的日益繁荣都对毛巾的需求有大量上升。

由于我国毛巾具有较强竞争力，产品出口到世界许多国家和地区，在世界毛巾进出口贸易中占有较大的份额。近两年出口毛巾产品的品质和价值都有进一步的提高。

创建中国毛巾名牌，乃至世界名牌，是我国几代毛巾人的愿望，并为之付出了艰辛的努力。行业名牌的崛起，将在国际市场提高我国毛巾产品的形象和身价，在行业树立起榜样和表率，引导和激励全行业健康迅速地发展前进。

浙江双灯家纺有限公司
双灯牌毛巾系列

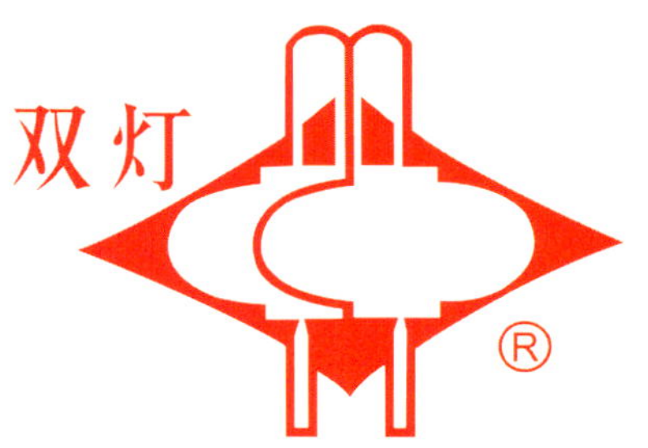

浙江双灯家纺有限公司 Zhejang Twin Lantern Home Textiles Co., Ltd.

浙江双灯家纺有限公司位于浙江省级旅游胜地——兰溪市，占地面积20.56万平方米，建筑面积6.5万平方米，拥有资产12000余万元，下属企业12家，员工1500余人，各类专业技术人员120余人，其中高、中级职称20人；是从事科研开发，生产经营，自营出口，工贸结合等全方位、多领域的经济实体；是集漂、染、印、整理为一体的全能型企业；是浙江省最大的家用纺织品生产基地之一。

公司一贯奉行“质量第一、信誉至上”的经营宗旨，把为用户提供符合需求的优质产品作为公司的唯一追求。公司建有完善的质量管理体制和规章制度，并于2001年顺利通过ISO9001国际质量体系认证，2003年二季度又开展了ISO9001：2000的翻版和ISO14001国际环境管理体系的认证，通过体系认证，使质量管理更加制度化、科学化，更加强化了职工的质量意识，有效地保证了产品质量。公司依托技术、产品、人才和科技优势，秉承“团结、拼搏、求实、奉献”的企业精神，弘扬“爱岗敬业、严谨精细、开拓创新”的工作作风，以雄厚的技术力量，一流的管理水平，可靠的产品质量，诚信的优质服务构筑高档毛巾、室内装饰用品、印花装饰布等三大生产产业结构，以主业发展为基石，多种经营为新的经济增长点，多元化发展的战略步入全面发展的轨道，把公司建成具有市场竞争实力的新型工业化企业集团。

创双灯非凡业绩，展双灯名牌雄风。“双灯人”将致力于民族经济的振兴和发展，铸就双灯公司更加灿烂辉煌的明天。公司愿一如既往地同国内外各界朋友密切合作，共同发展。

Zhejang Twin Lantern Home Textiles Co., LTD locates on a tourist attraction of Zhejiang province - Lanxi city, covers a total area of 0.2056 mil ion sq. Meters, building area 65 thousand sq. meters. The current property is 120 million RMB Yuan, we have 12 branches and more than 1500 employees. There are 120 people of technical personnel in our company, among them 20 people get senior or intermediate professional title. Our company is engaged in scientific research, manufacturing and trading. We are the one of biggest company in home textile line in Zhejiang province and professional manufacturer in bleaching, dyeing, printing & finishing.

Company carry out the aim of 'Quality First', take the 'Supply Qualify Products To Clients' for the only purpose. Company set up a perfect quality control system, passed the ISO9001 quality management systems attestation in July 2001. Now, we are ready to pass the attestation of ISO9001-2000 and ISO14001environmental management systems in order to make sure producing high quality products. Company obedience to the spirit of ' Unity, striving, realistic, offer as a tribute', take advantage of solid technology, excellent management, high quality and sincere service to produce super quality towel, home decoration and printed decorate cloth. We'll do our best to set up a new and competitive industry group. We looking forward to cooperation with friend both in domestic and abroad, expanding together.

山东亚光纺织集团
亚光牌毛巾系列

山东亚光纺织集团 Shandong Yaguang S&W Group Corp.

山东亚光纺织集团为中国综合实力最强的家纺企业之一，主要生产各类浴巾、面巾、毛巾被、睡衣、棉毯、羊绒制品、晴纶毯、服装等。1999年8月取得ISO9002国际质量体系认证，2002年6月取得ISO14001环境管理体系认证，产品出口到欧洲、日本、美国、澳大利亚等三十多个国家和地区。2002年9月份，被中国家用纺织品行业协会评为中国毛巾行业唯一一家"三星级"标志企业。

公司拥有总资产10亿元，职工6000人，占地60万平方米，各类专业技术人员1000人。生产规模：棉纺纱锭80000枚，各类织机1200余台，年产各类巾被8000万条。拥有意大利印花生产线17条，剑杆织机100台及其他先进的染色和后整理设备，产品精加工、深加工在国内同行业属先进水平。

"十五"期间，亚光集团计划投资12亿元，引进毛巾剑杆织机、平网印花生产线等设备，使毛巾剑杆织机总量达到300台，印花机总量达到20条，生产高档毛、浴巾和高档毛绒服装面料。

亚光集团将以最优质的服务，最有竞争力的价格，向客户提供最优质的产品。亚光集团诚望与国内外新老客户进行合作，共创辉煌。

Brief Introduction of Shandong Yaguang Spinning and Weaving Group Corp.

Shandong Yaguang S&W Group Corp. is one of the most powerful

Comprehensively enterprises. Its main products include bath towel, face towel, pajama, cotton carpets, cashmere products, polyester blanket, garments, ect. It had passed the ISO 9002 in August 1999 and ISO 14001 accreditation in June 2002. Our products are exported to 30 overseas countries and areas such as Japan, EU, USA, Australia, and so on. It has been granted the "Three -star"Credit Enterprise in China by China Home Textile Industry Association.

With the total assets RMB 1,000 million, covering an area of 600,000 sqm.It possesses 6,000 staff and members, including 1,000 odd technicians.

With 80,000 spindles and 1,200 kinds of weaving machines, it is capable of producing 80 million pieces of towel. Of the weaving machines, rapier looms are 100. Besides other advanced dyeing and finishing equipment, plain-net printing machines are 17. Products deepening and refining tops at home industry.

By the end of the year of 2005, RMB 1,200 million will invest to import rapier looms and plain-net printing machines and other high-tech equipment. Rapier looms will amount to 300 and printing machine, 20.

It will strive for producing towel and garments with high quality.

With the best service and the best competitive price, we will provide the high-class products. We hope that we can cooperate and build a splendid future with the old and new customers overseas and at home.

孚日家纺股份有限公司
孚日牌毛巾系列

孚日家纺股份有限公司 Sunvim Hometextiles Co.,Ltd.

孚日家纺股份有限公司是全国生产规模最大、出口创汇最多的家用纺织品公司。公司初建于1987年，十几年来，公司以出口创汇为导向，以连续不断地进行技术改造为手段，抓住发展机遇，不断膨胀规模，获得了超常规的发展，在中国家纺行业中脱颖而出。公司现有资产15亿元，下设21个分公司，拥有全套从瑞士、德国等国家引进的世界最先进的生产设备，主要生产毛巾系列、床上用品、装饰布等家用纺织品，技术装备水平和生产能力居世界同行业前列。

公司以生产毛巾系列、床上用品、装饰布等家用纺织品为主，其中"孚日"牌毛巾系列为"中国名牌"。公司已通过ISO9001:2000质量管理体系认证和ISO14001:1996环境管理体系认证，今年初又取得了环境标志产品证书。产品畅销日本、美国、欧洲等十几个国家和地区，主要产品代表中国最高水平，并与国际最先进产品保持同步。企业连续多年荣获"全国出口创汇先进企业""全国出口商品质量稳定企业""全国守合同重信用企业""山东省优秀自营进出口生产企业""山东省进出口百强企业"等荣誉称号，是中国家用纺织品行业协会首批使用"毛巾星级产品标志"的企业之一。根据中国家纺协会统计，公司2003年出口创汇居全国家用纺织品出口百强企业榜首，毛巾系列产品出口创汇连续8年居全国同行业第一位。各项指标均保持全国同行业领先位次。

Sunvim Hometextiles Co.,Ltd.is the largest scaled hometextile manufacturer with the largest export value in China.It was established in 1987.Sunvim has grasped opportunities and greatly expanded the scale under the guidance of emphasizing export income and by means of continuous technology improvements in the past decade. Sunvim has achieved great improvements by leaps and become a protruding hometextile manufacturer in China. Sunvim owns fixed assets of RMB1.5 billion and 21 branch companies.Sunvim is equipped with the most advanced machinery in the world from Switzerland,Germany and other countries.The equipments condition and production capacity top the same industry in the world.

The main products of Sunvim are towel series,bed-linen, decorative fabrics and other hometextile items,among which "SUNVIM" towel series are listed as "CHINESE FAMOUS BRANDS". Sunvim passed ISO9001:2000 AND ISO 14001:1996.Sunvim also got ENVIRONMENT MARK PRODUCTS CERTIFICATE at the beginning of this year.All the products has won prosperous markets in Japan,USA,Europe and other countries and districts.The main products of sunvim represent the highest level in the same industry in China and keep the same step with the international highest level.Sunvim has been awarded as "NATIONAL ADVANCED EXPORT INCOME EARNING ENTERPRISE","NATIONAL EXPORT PRODUCTS QUALITY ENSURED ENPERPRISER","NATIONAL ABIDING BY CONTRACTS AND KEEPING PROMISES ENTERPRISE", "EXCELLENT SELF-OPERATED IMPORT AND EXPORT MANUFACTURER IN SHANDONG PROVINCE","TOP 100 IMPOET AND EXPORT ENPERPRISE IN SHANGDONG PROVINCE".What's more,Sunvim is one of the first enterprises to use "TOWEL STAR MARK"certified by Chinese Hometextile Association.According to the statistics of Chinese Hometextile Association,Sunvim ranked No.1 in the top 100 hometextile products export enterprise in 2003.Its towel export value remains the first in 8 successive years

浙江洁丽雅毛巾有限公司
洁丽雅牌毛巾系列

浙江洁丽雅毛巾有限公司 Zhejiang Grace Towel Co., Ltd.

浙江洁丽雅毛巾有限公司是中国家用纺织品行业协会常务执行理事企业，浙江省毛巾行业的龙头企业，浙江省重点福利企业，跻身于"中国民营企业500强"。在全国同行业中排名第四，在民营毛巾生产企业中位居全国第一。注册资本5000万元，年产毛巾系列产品5000余吨，2002年企业总资产规模12531万元，实现销售额20156万元，其中出口788万美元。2002年实现利税2582万元，工业成本费用利润率14.5%，总资产贡献率28.5%，企业新产品产值率14.1%，企业研发费用占销售收入总额的3.6%。公司占地面积近20万平方米，已建成一流的现代化厂房和办公大楼5万余平方米，目前实际总资产规模已超2亿元。洁丽雅毛巾是中国家纺名牌产品，浙江省名牌产品，洁丽雅商标是浙江省著名商标。在历年全国毛巾行业星级产品评比中，目前为止获得最高三星级产品称号的仅有三个品牌，洁丽雅是其中之一。公司先后通过"ISO9001质量管理体系"、"ISO14001环境管理体系"和"中国环境标志产品保障体系"认证，是中国毛巾行业率先取得生态纺织品"双绿色认证"的企业。公司多年被评为浙江省"AAA"级信用企业、浙江省首批诚信示范企业、绍兴市四星级企业、诸暨市工业规模企业、纳税大户等称号。公司下设染整、汽修、贸易等分公司，在本地区的丽水、绍兴、萧山、富阳等地有联营企业21家，织机856台。拥有国际一流的瑞士苏尔寿公司的剑杆毛巾织机，配备法国史陶比尔公司的6144和7168针电子大提花笼头，台湾产的高温高压筒子染色机及浙江大学CAD电脑设计系统等设备，技术装备处于国内领先地位。目前正在进行总投资1.2亿元的引进世界最先进毛巾生产设备的技改扩建项目，完工后生产能力将比现在翻一番。公司确立了多元化发展之路，最近已升格为洁丽雅集团公司。

Hewing grace towel co., ltd.was founded in 1986 with total floor occupation of 200000 square meters, is the largest towel manufacturer, and one of large scale industries in zhuji, zhejiang. Equipped with sulzer rapier weaving machines, staubli eletronic jacquard machines, high tempreture and high presure dyeing machines, cad computerized design system. Her annual output is 5000 tons of terry products, sales turn over of 2002 is rmb0.2016 billion. She has import and export licence herself.

The company is the largest private owned towel manufacturer, a director member of china home textile association, one of 500 biggest privated companies in china. It has set up iso9001 quality managemnt system and iso14000 environmental control system. She was granted as "aaa" enterprise by bank of china for 8 years. "grace" is the provincial well known brand and was granted as three star product of china in 2002.

She has gained a big achievement in every respect, and enjoys a good reputation and nice outlook. She has efficient management, sales and marketing team. All of 1000 employees are awaring that lasting brand and quality are the essentials of the company.

Grace company has several shareholding companies, such as grace automobiles garage, trading company, dyeing company, 21 cooperated partners. She has a branch or an office in every big city in china.

All grace employees are emphasizing on setting up a modern and brand new outlook company.

We, grace employees sincerely hope the "grace" towel will lead you to enjoy a clean, beautiful and graceful life.

青岛喜盈门集团公司
喜盈门牌毛巾系列

青岛喜盈门集团公司　Qingdao Xiyingmen Group Company

青岛喜盈门集团公司，中国最大的毛巾生产企业之一，1969年生产毛巾，1984年更名青岛第四毛巾厂，1992年组建集团公司。1998年通过ISO9001：1994认证，2003年初通过了ISO9001：2000、ISO14001、OHSMS18001标准认证和中国环境标志产品认证，是中国家纺行业唯一通过"双绿"和职业健康安全管理认证的企业。自2000年开始，企业进入高速增长期，每年以50%的速度增长，2002年销售收入7.88亿元，出口创汇3100万美元，成为青岛市工业企业发展最快的三个亮点之一。

公司现有员工3600名，中高级专业技术人员、大专以上学历人员260名；引进国际先进水平的毛巾专用设备600多台套；拥有自主研制开发的"国家级重点新产品"二项；发明和外观设计专利各一项；新产品产值率达38%以上。

"喜盈门"牌毛巾系列，款式新颖、手感舒适、吸水性强、享誉国内外，国内市场占有率排名第一。先后被评为"青岛名牌"、"山东名牌"、"中国家纺行业名牌"和"山东省著名商标"，连续15年为中共中央办公厅、国务院办公厅、京西宾馆、燕莎、赛特等高级消费场所专供优质产品。"喜盈门"牌毛巾有纯棉、无捻、卫生保健、天然彩棉等多种系列，不含有害物质，符合OeKo-Tex标准，产品质量经山东省纺织产品监督检验站多次抽查，各项指标均优于FZ/T62006-93标准，连年被评为"山东省免检产品"、"青岛市放心满意产品"。

Qingdao Xiyingmen Group Company is one of the largest towel makers in China. It began operation in 1969 and renamed as "Qingdao No.4 Towel Factory" in 1984. It became a group company in 1992. In 1998, the company passed ISO9001:1994 certification, and in 2003, it passed ISO9001:2000, ISO14001, OHSMS18001 and China's "Environmentally-friendly Product" certification. It is the only enterprise in the domestic textile industry that has passed the "Double Green" certification. Since 2000, the group has stepped on a fast development road, keeping the annual growth rate at 50%. In 2002, the company's sales income reached RMB788 million and the export earnings reached USD31 million. It is one of the three industrial enterprises with the fastest development in Qingdao.

福建龙岩喜鹊纺织有限公司
喜鹊牌毛巾系列

福建龙岩喜鹊纺织有限公司 Fujian Longyan Xique Textile Co.,Ltd.

福建龙岩喜鹊纺织有限公司是福建省最大的毛巾生产企业，集织造、印染、整理于一身的大型专业毛巾生产企业。公司拥有包括瑞士苏尔寿剑杆织机在内的各种毛巾织机600多台、奥地利齐玛磁棒印花机等10多台印花机、意大利莱姆伯蒂烫剪联合机及各种染整设备，有以CAD开发为主的省级企业技术中心，具有领先的开发、技术、生产能力。

公司秉承严、细、实的工作作风，建立可靠的质量保证体系，通过了ISO9001国际质量体系认证并实施企业ERP管理系统。生产的“喜鹊”牌毛巾系列产品品种齐全、款式新颖、品质优异而享誉市场，先后被评为中国家纺首批名牌产品、福建省著名商标、全国毛巾企业首批星级挂标产品。

公司地处福建省龙岩市，距厦门国际机场仅90分钟行车路程，319国道、铁路（福州—深圳线、厦门—广州线）及龙赣铁路距离公司3公里，物流十分畅通。

“您的满意，就是我们的追求”，喜鹊人将不断为顾客提供一流的产品与服务。

Fujian Longyan Xique Textile Co.,Ltd. is the biggest towel-making enterprise in Fujian province.It is a large-scale, professional towel-making enterprise integrated with weaving,printing,dyeing,and after-treatment.The company has more than 600 sets of various looms,including Swiss SULZER Towel Rapier Loom,has more than 10 sets of printing machines,like Austrian ZIMMER Magnetic Flatbed Printing Machine,has Italian LAMPERTI Combined Polish-Shearing Machine,and all kinds of printing,dyeing and after-treatment machines.The company also has a provincial enterprise's technological center,focusing on the CAD developing project.It has a leading capacity in development,technology,and production.

The company is obedience to the strict,exquisite,dependable working style and sets up the dependable quality guaranteed system.The company has got the authentication of ISO9001 International Quality System and enforced the ERP management system.The XIQUE brand towel series products enjoy high reputation in market with their good varieties,up-to-date styles and high quality and are appraised"the China Hometextile Famous Brand" by the Chinese Hometextile Trade Association,Fujian Provincial Famous Brand and the first batch Star Grade products in the national towel enterprises.

The company is located in Longyan City of Fujian province. It is 90 minutes'travel distance from Xiamen International Airport.The 319 National Road,Fuzhou-Shenzhen, Xiamen-Guangzhou and Longyan-Ganzhou Railroads are only 3 kilometers from the compay.It is very convenient for the interflow of commodities.

"Your satisfaction is our pursue."Our Xiqueer will unceasingly provide you with the best products and services.

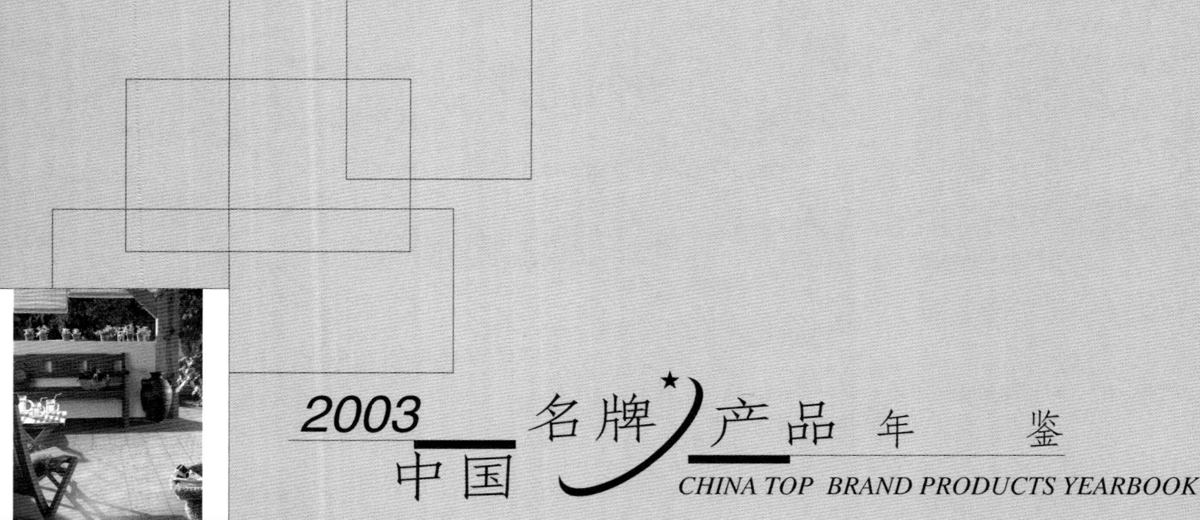
2003
中国名牌产品年鉴
CHINA TOP BRAND PRODUCTS YEARBOOK

P

建筑及卫生陶瓷

2003年建筑陶瓷、卫生洁具行业发展状况

2003年建筑陶瓷和卫生洁具行业产量、销售额、出口等各项经济指标都达到历史最好水平。统计数据显示全行业在产量大幅度增加的同时，企业的经济效益有很大提高。随着结构调整的进一步深化，企业的产量和赢利能力大幅增加。全国范围的大规模基本建设，特别是房地产开发保持高速发展和农民居住条件的改善，为建筑陶瓷、卫生洁具产品的需求提供了广阔的市场空间。2003年 全国共有建筑卫生陶瓷企业约2000余家。全行业利税约100亿元，其中利润约60亿元，年销售额在1亿元以上的企业约50家，5000万元以上的企业200家以上。2003年建筑陶瓷砖产量超过25亿平方米，占世界总产量的近50%；卫生洁具产量约8000万件，占世界的30%左右，已连续7年居世界第一位。我国建筑陶瓷和卫生洁具行业具有很强的国际竞争能力，预计在未来的5至10年内中国的建筑陶瓷和卫生洁具产量将超过世界产量的一半，出口数量也将大大增加。

2003年全行业总体运行特点有以下几个方面。

1、产量持续增长。

广东、山东、福建、四川、浙江等建陶主产区继续保持稳定发展势头，江西、辽宁省建陶产量增幅超过100%；山东、福建省的增幅在50%以上；四川、湖北省增幅也在30%以上；建陶产量增幅在10%以上的省份还有广东、海南、甘肃、河北等省，2003年全国建筑陶瓷总产量超过25亿平方米。江苏、湖南、广西等省卫生陶瓷产量增幅超过30%，广东、河北省卫生陶瓷主产区增幅也超过20%，其中潮州卫生陶瓷产区产量将超过全国总产量的50%，全国卫生陶瓷总产量超过8000万件。浙江温州、广东开平和福建南安等卫浴配件企业的生产、销售、出口和效益增长很快，据对287家卫浴配件生产企业统计，销售额增长31.08%，利润增长67.0%，出口增长52.52%，全年卫浴配件行业出口有望超过8亿美元。

2、燃料、原材料价格上涨，企业生产成本提高。

由于新产品开发增长不大，全行业销售收入的增长与产量的增长相近，从去年下半年开始，国内油、煤、电、原材料价格不断提高，大多数建陶企业生产成本增加5%以上；从今年夏季开始，由于电力供应紧张，对江浙、福建等地企业的生产带来一定困难。下半年，国际铜材市场价格不断上涨，卫浴配件企业生产成本增加，给部分出口企业带来一定困难。

3、企业实力增强，管理水平提高。

全行业经济效益明显，根据对1437家大中型企业的调查统计，这些企业在产品销售收入增加29.0%的同时，财务费仅增加3.02%，管理费用增加15.04%，利息支出下降3.38%。其中，卫生洁具企业进步尤为明显，新产品产值增长34.17%，利润率增长达51.62%。

4、民营经济充满活力，企业竞争能力进一步提高。

山东等地的一批集体所有制的建陶企业相继转制，技术改造形成的产能增加使今年山东建陶产量增幅超过50%；广东潮州的部分卫生陶瓷企业已具备较强的扩张实力，企业管理水平、技术装备和产品质量有很大提高。全国各地的一些大型民营企业正在深化内部管理，向现代企业管理过渡，企业核心竞争能力不断提高。

5、出口继续保持快速增长势头。

2003年我国建筑陶瓷出口超过2亿平方米，比上年同期增长65.36%，出口额超过5.2亿美元，增长60.64%，平均出口价格每平方米下降约7.4美分；预计卫生洁具全年出口将超过10亿美元,其中卫生陶瓷出口1800多万件，出口额近2.2亿美元，分别比上年同期增长55.66%和53.69%，平均出口价格每件下降15.6美分。这表明我国建筑陶瓷、卫生洁具产品出口竞争力进一步增强的同时,面临的国外反倾销的风险也越来越大。我国陶瓷墙地砖出口对象75%以上集中在亚洲地区；卫生陶瓷出口地区以欧美国家和富裕地区为主，向这些地区的出口约占全部卫生陶瓷出口量的75%；卫生洁具配件主要出口目的地是欧美国家和中东地区。

6、企业品牌意识增强，新产品研发投入增加。

今年九月国家质监总局和名推委公布“马可波罗”、“东鹏”、“新中源”、“蒙娜丽莎”、“钻石”、“斯米克”、“鹰牌”、“亚细亚”、“冠珠”和“金舵”等十个建筑陶瓷和“四维”、“惠达”两个卫生洁具产品为“中国名牌”，更激发了企业争创名牌的热情。企业知识产权保护意识逐步增强，研发投入大幅增加，新产品开发速度加快，全行业新产品产值增长17.66%。

7、2003年评为“中国名牌”的12家建筑卫生陶瓷企业在规模、产量、质量、市场占有率、出口额、效益等各方面都处于行业前列。2家卫生陶瓷企业的产量约占全国总产量的10%，出口卫生陶瓷占总出口量的近20%；10家建筑陶瓷企业的产量约占全国总产量的12%，出口陶瓷砖占总出口量的12%左右。

广东唯美陶瓷有限公司
马可波罗牌建筑陶瓷

广东唯美陶瓷有限公司 Guangdong Wonderful Ceramics Co., Ltd.

广东唯美陶瓷有限公司创建于1998年，是一家集建筑装饰陶瓷制品开发、生产、销售为一体的大型企业，拥有唯美、马可波罗等品牌，外墙砖、印花砖、广场砖、产品配件四大系列，上千个花色品种，获得了50多项专利，被评为广东省高新技术企业，并多次被评为产品品质信得过企业。马可波罗磁砖以仿古墙地砖为主，其仿古风格尽显欧式建筑装饰的艺术魅力，被誉为"个性化艺术装饰全集"。经国家质监部门检测确定为绿色环保建材，在全国拥有660多家专卖店，建立了完善、密集、稳定的营销网络。唯美牌广场砖(铺石)和外墙砖获得了由国家质量技术监督局和广东省质量技术监督局共同颁发的《采用国际标准产品标志证书》，经国家检测机构检测，其破坏强度、断裂模数、耐磨强度、莫氏硬度、吸水率等指标均优于水泥混凝土铺路砖及天然石材，且无辐射，适应社会倡导的环保趋势，为绿色环保建材，成为城市装饰的首选饰材。

在"为实为适，唯新唯美"的企业理念倡导下，本着"从本务实，同创共享，永续经营"的经营宗旨，唯美公司高度重视产品质量和品牌形象，在内部建立了由英国BSI公司认证的ISO9001国际质量和品质保证体系，还先后与意大利、日本等多家国际知名公司保持长期紧密的合作，并在香港建立了马可波罗海外实验室，可随时跟踪并自主开发具有世界顶尖水平的技术，使产品始终保持国际水平。

The Guangdong Wonderful Ceramics Co. LTD, founded in 1988 is a large enterprise that both develops, produces and sells constructional decorative ceramic products. It owns the brands like Wonderful, Marco Polo, etc and four big series of outer wall tiles, printing tiles, plaza tiles and products fittings in more than one thousand different designs and colors, which obtained more than 50 patents and made the enterprise appraised as the Guangdong Province Hi-new Tech Enterprise and as the enterprise with credible product quality for many times.

Marco Polo ceramic tiles are mainly archaized tiles, whose archaized style has fully showed the artistic charm of European construction and decoration and is praised as the corpora of the individualized artistic decoration. The materials have been examined and approved as Green Environment-friendly constructional materials. The company owns more than 660 monopoly shops throughout the country and sets up a complete tense stable market network.

Under the instructive enterprise concept of For Factuality and Stability, only novelty and wonderfulness counts and the operation principle of being realistic and practical, mutual creation and enjoyment, ever-lasting continuous operation, the Wonderful Company attaches great importance to the products quality and brand image and set up an internal ISO9001 International Quality and Guarantee System authenticated by the British BSI Company. The company has maintained long-term close relationship with many internationally famous companies in Italy, Japan, etc and set up Marco Polo Abroad Lab, which always traces and self-develops technologies of the world's top level and make the products Maintain international level.

广东东鹏陶瓷股份有限公司
东鹏牌建筑陶瓷

广东东鹏陶瓷股份有限公司 Guangdong Dongpeng Ceramic Co.,Ltd.

广东东鹏陶瓷股份有限公司成立于2001年，其前身为佛山市石湾东鹏陶瓷集团有限公司。东鹏公司地处历史悠久的南国陶都佛山石湾镇，是佛山地区乃至全国规模最大、品种规格最齐全、产品信誉最好的专业生产墙地砖及配套洁具的陶瓷企业之一，其属下有金鹏艺术砖分公司、东乐陶瓷分公司、佛山华盛昌陶瓷有限公司、佛山市东鹏洁具有限公司等近十家企业，固定资产6亿元，管理先进，设备优良，技术力量雄厚。东鹏公司自成立以来，陆续从德国、意大利引进世界先进技术和设备，目前拥有十多条墙地砖生产线和抛光线，其中，从意大利引进的7200吨压机及1800mm × 1200mm抛光线均为世界一流设备。

东鹏公司主要生产"东鹏牌"健康瓷质渗花抛光砖、大颗粒梦幻抛光砖、大规格银河系列抛光砖、仿古砖、华丽石、艺术拼花砖、脚线砖及环保节水卫生洁具、卫浴系列等配套产品，砖类年生产能力达1500万平方米，洁具年产100多万套，年产值达10亿多元。

此外，东鹏公司还与德国合作，研制开发了纳米易洁陶瓷，在陶瓷行业中首家将纳米技术应用在陶瓷上。在服务领域，东鹏公司在行业内率先全面导入TCS（全面顾客服务）体系，不断开创企业新格局。目前，东鹏公司已形成了一整套较为完善的生产管理、质量管理和服务管理体系，产品质量、性能稳定、可靠，服务优良，处于同行业先进水平。东鹏公司已先后通过ISO9002和ISO9001国际品质体系认证。2002年，销售额近9亿元，为全国单一品牌销售额最大的陶瓷企业。"东鹏陶瓷"已被评为广东省著名商标，广东省知名品牌，2003年被评为国家免检产品，正向着中国驰名商标大步迈进，东鹏陶瓷正日益成为广大消费者和建筑装饰行业人士推崇的名牌。

Guangdong Dongpeng Ceramic Co.,Ltd. was established in 2001, which was named Foshan Shiwan Dongpeng Ceramic Group Co.,Ltd. It is located in Shiwan, Foshan, well-known as " Ceramic Capital" for its long history. And it is one of the leading ceramic enterprises specializing in manufacturing wall/floor tiles and sanitary wares by large scale, most varied products and best credit not only in Foshan area, but also in China. The enterprise now has nearly 10 subordinate companies with advanced equipments, technology and management, such as Dongsheng Ceramic Company, Jingpeng Art Tile Company, Dongle Ceramic Company, Foshan Huashengchang Ceramic Co.,Ltd. Its total fixed assets amount to 600 million yuan. Since its establishment, advanced technology and equipment have been introduced from Germany and Italy in succession. And now it has more than 10 production and polishing lines for wall/floor tiles , among which the 7200t press and the 1800mm x 1200mm polishing line introduced from Italy are both the best equipment in the world by far.

Dongpeng Company mainly manufactures "Dongpeng Brand" healthy polished tiles with soluble salts, macro-granite, large-sized galaxy polished tiles, Tianshan stone rustic tiles, glazed tiles, art-combination work torder, steps and environment-protection water-saving sanitary ware, toilet series for complete set. Its manufacturing capacity of tile is up to 15000 thousand sq.m. and more than 1000 thousand sets of sanitary ware per year, which amounts to one billion yuan value of output.

上海福祥陶瓷有限公司
亚细亚牌建筑陶瓷

上海福祥陶瓷有限公司 Shanghai Fortune Co., Ltd.

上海福祥陶瓷有限公司是由亚细亚集团控股有限公司投资兴建的中外合作企业。1993年在沪注册，1998年在新加坡挂牌上市，是全国陶瓷业首家在新加坡上市的公司。现总投资达3000万美元，以"亚细亚"为注册商标，生产的产品以多样化、系列化以及高品质著称建陶界。最近，亚细亚产品又获得国家免检证书，更加奠定了亚细亚在建陶界的地位。

公司以领先、服务、艺术为经营宗旨，切合市场需求为导向，长期与国外一流厂商保持技术合作，引进当今世界最先进的全自动磁砖生产设备，主要生产各种大规格的世纪石、仿大理石壁砖以及高级立体艺术釉面砖，同时也是国内最大的磁砖零配件生产厂商。亚细亚磁砖因品质出众、设计一流、服务周到而广受同业间的推崇和广大消费群体、建筑设计院、房产开发商及专业施工单位的青睐。

亚细亚现已通过最新版ISO9001.2000'质量体系、新加坡SETSCO权威机构认证，并已获得上海市著名商标、上海市名牌产品、高新技术企业等荣誉称号，同时被评为上海市用户满意企业、全国用户满意产品以及国家免检产品。

Shanghai Fortune Co., Ltd. has been invested by Singapore ASA Ceramic Group In 1993,and has gone public in the market in 1998, as the first company that listed in Singapore. Now it has invested US$ 30,000,000 in total. With "ASA" as the registered trademark, the product are famous for ceramics because of diversification, seriation and high quality. Recently, ASA has acquired certificate for product exemption, which further consolidated its leading position in the ceramic industry in China. The company takes "Ahead, Service and Artistic" as the operation principle anc aimed at meeting the market demands. It introduced advanced automatic ceramic tile production equipment and cooperated with the first-class foreign ceramic producers. It is specially engaged in producing large Century stones, Rotocolor series and high-grade artistic wall tiles, The company is also the largest special pieces' producer in China. We're well known as the ceramic manufacturer of the best design taste and service. We also completed have product range and outstanding quality. Our products had been adopted by counterparts as well as extensive consumers, construction design institutes, property developers and construction teams widely.

ASA has credited with certifications from ISO 9001 version 2000.in China and SETSCO in Singapore. In addition, it acquired famous brand in Shanghai, as famous brand products and awarded the honorable title of High-tech Enterprise. also has acquired the municipal or state User's Satisfactory Enterprise/Product ,and certificate for product exemption.

南海市金舵陶瓷有限公司
金舵牌建筑陶瓷

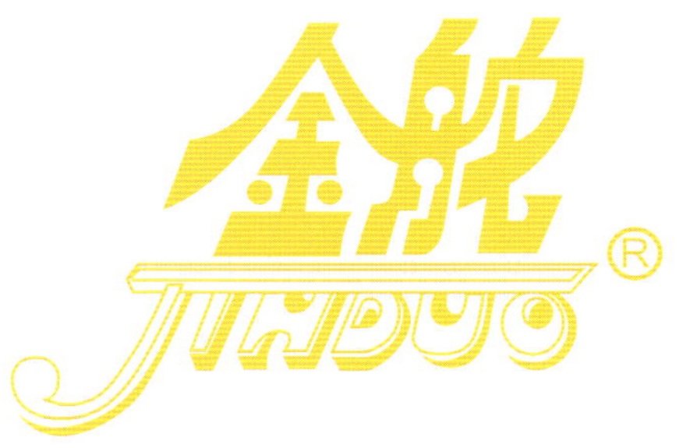

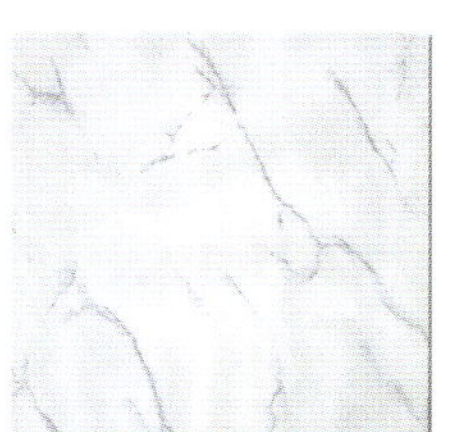

南海市金舵陶瓷有限公司 Jinduo Ceramics Co., Ltd

金舵陶瓷有限公司位于广东省佛山市，成立于1993年，是中国最早大规模采用进口设备生产抛光砖的企业，享有"中国抛光砖鼻祖"的美誉。在十年的发展过程中，一直走在同行前列，是国内著名的大型优质建陶生产企业之一，是陶瓷界知名的卓著品牌；金舵陶瓷以敢为人先的气魄，以创造五星级的装饰为已任，心无旁骛，造就了中国市场上屈指可数的品牌奇迹，缔造了中国建陶发展史上的典范。金舵陶瓷，不断为千家万户带来美好家居享受，赢得了顾客的青睐，并成为他们心目中理想品牌的选择。

公司拥有强大的科研开发和生产管理力量。创新产品曾多次荣获国家、省、市级质量奖、科技进步奖，"金舵"陶瓷已被率先评定为"国家免检产品"、"广东省名牌产品"、"绿色环保产品"；金舵企业2000年被国家建材局科学开发中心核定为"建筑陶瓷定点科技开发、生产基地"，入选为ISO优质管理企业，佛山市陶瓷十强企业。生产一块好砖并不难，难的是十年如一日的倾尽全力，始终如一，专心致志，像舵手一样专注于方向的苛刻态度。在别人一味追求"全面开花"，金舵人把握着自己的方向，始终专注于抛光砖的出品，从全国最大的抛光砖生产企业到国家级的抛光砖生产研发基地，金舵一直保持百舸争流，力争上游的态势。在风云变幻的建陶市场，在此起彼伏的竞争领域，金舵一直默默耕耘、努力拼搏，务求做得精彩。如今，金舵成为行家对抛光砖的首选品牌之一，就是我们专注一心，全心投入，十年努力经营的必然结果。

Jinduo Ceramics Co., Ltd is located in Foshan City. Guangdong province. Established in 1993. It is one of the enterprise that imported producing line in large scale to produce tiles, it says that "polished tile come from Jinduo originally in china". Jinduo is always ahead of other factories in the last ten years, It is one of the famous big tile-produce Enterprise with a famous brand in China. Jinduo people have the sprit to be the first, to make a five start decoration for customer is his task, with one heart at one time.have made out a few famous brands in China. created a model of Chinese construction tile history .Jinduo. continuously provide good products ,the customer always enjoy it's high quality, Jinduo brand becomes the first choice in their mind.

Jinduo is powerful in technical development and production management. Our new products were awarded many honor for its high quality and technique. Jinduo is the first company awarded 'National Inspection-free Products' 'Guangdong Famous Brand Products' 'Green Environment Protection Products'. In 2000, Jinduo enterprise is named as "Construction Ceramics Pointed Technical Developing & Producing Base' by National Construction Materials Bureau as an ISO excellent-managed enterprise, Jinduo is one of top ten ceramics enterprises in Foshan. It is easy to make out only one piece good tile; the difficult thing is to do our best in ten years as one day , stare at one target and work hard like Jinduo who has a strict attitude toward his way to develop. Many factories produce different products at the same time, only Jinduo, just go his own way, pay more attention to producing porcelain polished tile. From the biggest polished tile producing enterprise to national class polished tile producing & researching Base, Jinduo always goes up straight at this competitive market. Jinduo always keep silent to explore, work hard and strive up, to go step by step, to be highly praised. Now Jinduo's products are well sold in the market domestic and abroad, it is the result of our ten-year hard work.

广东新明珠陶瓷有限公司
冠珠牌建筑陶瓷

广东新明珠陶瓷有限公司 Guangdong New Pearl Ceramics Group Company

广东新明珠陶瓷有限公司地处珠江三角洲腹地--佛山市禅城区南庄镇，是一家专业生产陶瓷墙地砖及卫生洁具的现代化大型企业，始建于1993年，十年来不断发展壮大，引进意大利萨克米7200吨压机和全自动电脑控制生产线，生产200×200至1200×1800等不同规格的陶瓷产品，有300多个花色品种，产品系列专业化、多元化，年产量达4000多万平方米，营销网络遍布全国各地。

公司以“创民族品牌，耀中华风采”为经营理念，生产高档抛光砖、内墙砖、仿古外墙砖、浮雕、仿古砖、梯级砖等中、高档系列产品。产品包括有地球砖王、弧形砖、丽晶石、花岗石、云影石、彩云石、奇彩石、金碧石、金花玉石、云宝石、汉白玉、雪花白等多规格多种花色的系列产品，新近又研发聚晶微粉、微晶玻璃等高科技含量的产品推广上市。2002年公司全面通过ISO9001:2000国际质量体系认证，产品荣获佛山陶瓷十强、广东省著名商标、国家免检产品等众多荣誉称号，由中国人民保险公司承保产品责任保险，被业界誉为“皇冠上的明珠”。

冠珠品牌经多年悉心打造，已享有较高的知名度、美誉度，产品不仅在国内市场受到广大消费者欢迎，而且远销中东、东南亚、澳洲、欧洲、美洲、非洲等40多个国家和地区，连续三年被评为佛山地区出口状元，2001年出口量名列前茅，2002年又翻了一番。

Guangdong New Pearl Ceramics Group Company, located in the Pearl River Delta-Nanzhuang Town, Chancheng Zone, Foshan City, is a large modern enterprise specialized in wall and floor tiles as well as sanitary ware. The company was appraised as "national Township Famous Brand-Building Key Enterprise" and "the 10 Advanced Ceramics Enterprises in Foshan". Established in 1993, the company has been developing by introducing 7, 200-ton presser and full automatic computerized production line from Italy, which manufacture the products of various specifications ranging from 200mm × 200mm to 1200mm × 1800mm and of over 300 colors and designs. The products, popular across the country, are characterized with specialization, diversification and completion. The annual yield amounts to more than 40 million M^2. Adhering to the operational notion of "Build national famous brand, reveal the elegance of China".

For long time devote all one's attention,The brand of the GuanZhu applaud "a bright pearl on crown" by same trade and not only like by consumers in home market, further more the products are exported to over 40 more countries and areas, as Middle East,Asia Southeast, Europe, America, Africa, Australia etc. concatenation three year export quantity firstly in FoShan areas, in 2002, the export quantity is increase 2 times than 2001.

佛山钻石陶瓷有限公司
钻石牌建筑陶瓷

佛山钻石陶瓷有限公司 Foshan Diamond Ceramics Co., Ltd.

佛山钻石陶瓷有限公司是由广东佛陶集团钻石陶瓷有限公司、佛山市工业投资管理有限公司、佛山市禅本德发展有限公司共同出资组建。公司具有雄厚的资金实力和规范高效的公司法人治理结构，拥有原知名企业石湾建国陶瓷厂、石湾瓷厂、石湾建华陶瓷厂、英瓷公司、顺瓷公司的主要生产制造资源，是钻石陶瓷机构中的决策中心、管理中心和制造中心。

佛山钻石陶瓷有限公司的主要产品有釉面内墙砖、有釉（仿古）地砖、瓷质（抛光）地砖、瓷质外墙砖、卫生洁具等四大系列3000多款花色品种。公司具有雄厚的科研和新产品开发实力、产品制造技术和花色品种开发均处于国内领先水平，是省科委定点的广东建筑陶瓷工程技术研究开发基地，国家级节水型卫生洁具生产制造基地。

本公司以“好品质在乎天长地久”为品牌口号，以创新中国绿色环保陶瓷为已任，以提升制造科技含量为突破口，成功首创钻石生态陶瓷。公司的主要品牌“钻石牌”和“白鹅牌”产品均采用国际标准组织生产，1996年率先在中国建陶行业荣获ISO9002国内、国际质量体系认证；2003年通过了2000版ISO9001质量管理体系认证，质量管理与国际标准接轨，产品质量超过同行业水平。钻石陶瓷曾连续四年荣获全国同行业质量评比第一名，是国家外经贸部、国家建材局优质产品，国家科委与国家建设部小康住宅建设推荐产品，国家质量监督检验检疫总局批准免检产品，全国用户满意产品，广东省名牌产品。

佛山钻石陶瓷有限公司将一如既往，坚持“制造优质产品，提高优良服务”的经营宗旨，与时俱进，开拓创新，以科技造钻石生态陶瓷，为您拓展美好的“钻石生活空间”。

Foshan Diamond Ceramics Co., Ltd. is established by Guangdong Fotao Group Diamond Ceramics Co., Ltd., Foshan Industry Investment &Management Co., Ltd. and Foshan Chanbende Development Co., Ltd. With powerful capital ability and standardized efficient management structure, the company owns the main manufacturing resources of the former well-known Shiwan Jianguo Ceramics Factory, Shiwan Porcelain Factory, Shiwan Jianghua Ceramics Factory, Yingci Company and Shunci Company. The company is the strategy centre, management centre and manufacture centre of Diamond Ceramics organization.

The company mainly produces five products series of glazed interior wall tile, (rustic) glazed floor tile, porcelain (polished) floor tile and porcelain exterior wall tile in more than 3000 varieties and styles. The company has strong power for scientific research and development of new products. The company leads in manufacturing technology and development of new varieties and styles in the domestic ceramics industry society. The company is Guangdong building ceramics engineering and technology research and development base pointed by the Provincial Science and Technology Committee, the company is also the national manufacture base for water-save sanitary wares.

上海斯米克建筑陶瓷股份有限公司
斯米克牌建筑陶瓷

上海斯米克建筑陶瓷股份有限公司 Shanghai CIMIC Tile Co., Ltd.

斯米克品牌名称，来源于上海斯米克建筑陶瓷股份有限公司之母体投资公司，中国工业管理与投资公司（CHINA INDUSTRY MANAGEMENT &IN-VESTMENT CORPORATION）的英文缩写"CIMIC"，取中文谐音为"斯米克"斯米克品牌以及产品在中国注册与生产为中国自主品牌，虽然斯米克为中外合资企业，外资的比例达到96%，但公司的高层领导均为华人，本着吸引外资，发展中国民族企业为己任，公司创业宗旨为"提供舞台、成就人才、东西合璧、共创事业，"以创造一个属于中国的世界级品牌为公司发展的最高目标。

斯米克陶瓷为上海斯米克建筑陶瓷股份有限公司（原上海斯米克建筑陶瓷有限公司）所生产的产品，公司成立于1993年6月，1995年初正式投产，当时只有2条窑、一条抛光线，资本额6600万元人民币，到现在已发展到拥有9条玻化砖窑、13条抛光线、2条釉面砖生产线、1条三度烧生产线，注册资本2.85亿人民币，总资产规模达到9.1亿元人民币，而第10条玻化砖生产线于2003年7月投入生产，玻化砖的生产产量可达到1000万平方米，于2001年进入釉面砖市场，目前已有2条窑投入生产，釉面砖产量每年300万平方米，总生产能力可达1300万平方米。

CIMIC brand was addressed from the investment company of Shanghai CIMIC Tile Co., Ltd., the abbreviation of "China Industry management & Investment Corporation). And read it in Chinese way of pronunciation. CIMIC brand products are registered and manufactured in China. Top management team is build up with Chinese persons even the foreign investment is reached 96%. Company goal is inviting more investment and developing Chinese own enterprises. Company culture is "Provide stage, Promote people, Mix west & east cultures, Improving together" which will lead to a goal that Chinese owned company with world famous brand.

CIMIC tile are products of Shanghai CIMIC Tile Co., Ltd. Founded in June, 1993. start the mass production with two kilns, one polishing line in the beginning of 1995. It is now has been improved with nine porcelain kilns, thirteen polishing lines and registered capital of 0.285 billion RMB. Total assets is over 0.91 billion RMB. And we will have our latest new production line in July 2003. Production capacity is over 10 million sqm. CIMIC started monoporosa in 2001 and now has two kilns with capacity of 3 million sqm. It will reach a total production capacity of 13 million sqm.

广东新中源陶瓷有限公司
新中源牌建筑陶瓷

广东新中源陶瓷有限公司 Guangdong NEW ZHONG YUAN Ceramics Co., Ltd.

新中源集团是我国大型现代建筑陶瓷生产企业集团。自1995年进入陶瓷行业以来，新中源以其强大的生产能力、卓越的价格性能比、广泛而通畅的销售网络以及惊人的发展速度，引起业内人士的广泛关注。

目前，新中源集团已在广东禅城、广东三水、广东南海、广东河源、广东顺德、广东清远、四川夹江等地建成了庞大的生产基地，具备了大规模的制造能力。其生产的新中源牌世纪砖王、精工石、琥珀石、幻彩石、白底渗花、金花米黄和星点金花米黄、雪花白、天源石、昆仑石、雪晶石、自然石以及哑光砖、水晶砖、超石韵超大规格内墙砖、哑光瓷片、银光瓷片、水晶瓷片、地框花、地爬墙、艺术拼花、外墙砖、广场砖、耐磨砖、防滑砖等各大系列建筑陶瓷墙地砖产品，密切跟踪国际潮流，深入了解花色品种动态，捕捉迎合生活应用需求，拥有45x45mm至1200x1800mm等配套齐全的上万个花色品种的产品，有效地拓宽产品市场空间，全方位巩固新中源产品的品牌形象。公司通过ISO9001国际质量体系认证，所有产品均严格按照国家标准检验出厂，并由中国平安保险公司承保产品责任。

近年来，经过公司全体员工与经销商的共同努力，新中源以骄人的创新佳绩成为国家建材局咸阳陶瓷研究设计院新中源陶瓷开发中心，至目前止，已有超过500项产品申报了国家专利，300多项产品获国家专利局授予专利证书；被国家质量监督检验检疫总局授予“全国质量管理先进企业”称号，并获国家免检产品、全国用户满意产品、广东省名牌产品、广东省著名商标、广东省用户满意企业、广东省质量效益型先进企业、佛山陶瓷十强企业、佛山市质量优胜企业、广东省用户满意产品、全国乡镇企业创名牌重点企业等殊荣，获中国Ⅲ型环境标志证书和Ⅲ型环境标志的双优产品推荐证书。

Guangdong NEW ZHONG YUAN Ceramics Co., Ltd is one of the largest scale modern enterprise producing ceramic wall and floor tiles in China, as well as in the world with complete varieties and specifications. The company has introduced over all world advanced ceramic production machinery and equipment, and complete set of production line of nineties. At the same time, the company digests, absorbs and makes use of the research, development and production means of the excellent ceramic production enterprise abroad. NEW ZHONG YUAN has honoured a good reputation with it's complete varies. The company has obtained ISO9002 international quality system certification. All the tiles have to be strictly tested according to the national standards of China, and further more, in order to guarantee the benefit of consumers, the Pin'an Insurance Company covers the insurance of all of our products.

Looking for the future, NEW ZHONG YUAN Ceramics Co., Ltd. Will go hand in hand with all walks of life to create a beautiful tomorrow for modern architectural and decoration ceramic industry based on "creating life culture and focusing on personnel by NEW ZHONG YUAN" and insisting in the spirit of "producing excellent tile with solid work".

广东蒙娜丽莎陶瓷有限公司
蒙娜丽莎牌建筑陶瓷

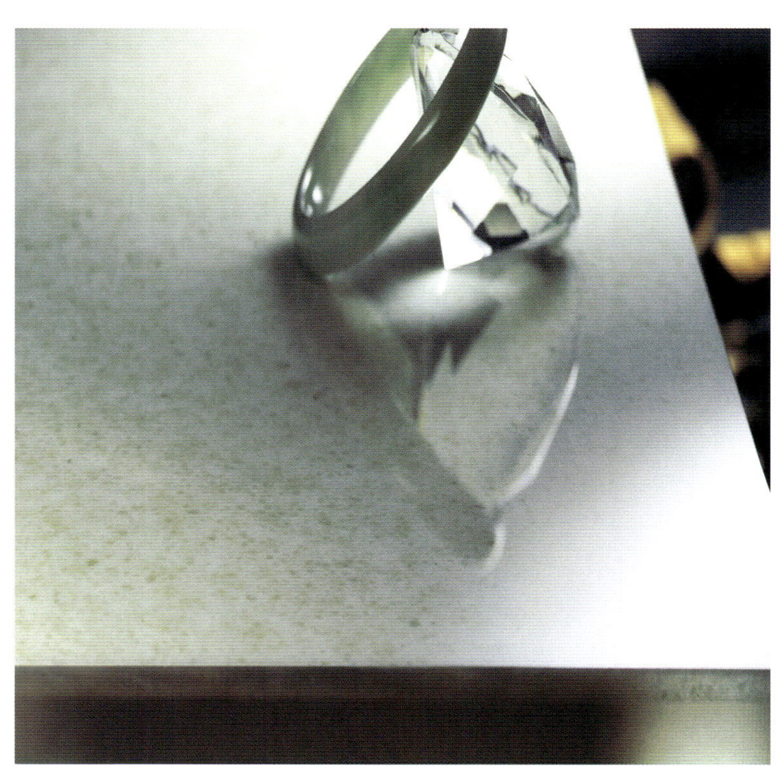

广东蒙娜丽莎陶瓷有限公司 Guangdong Monalisa Ceramic Co., Ltd.

广东蒙娜丽莎陶瓷有限公司坐落在南国陶都——佛山，位于中国百强县级市二甲之一的南海、美丽的西樵山旅游度假区，占地23万多平方米，拥有18条大型辊道窑炉，17条先进抛光线，年产各类陶瓷墙地砖近2000万平方米。公司产品主要有瓷质抛光砖、釉面内墙砖、仿古砖和艺术拼图砖等系列，以其档次高、质量稳定、花色品种多、价格合理等优点畅销国内外，目前拥有覆盖全国所有省区的3000个和海外40多个国家与地区的300个销售网点。年产值7亿元，年销售额6.6亿元，出口创汇1300万美元。公司十分注重科研的投入与研发，1999年投资1500万元建立研发中心，目前已向国家专利局申请并被授权的专利项目有发明专利2项，实用新型专利4项，外观设计专利80项。公司先后与华南理工大学、武汉理工大学、景德镇陶瓷学院等院校进行产学研合作，与德国、意大利、西班牙多个知名陶瓷釉料公司、陶瓷研究机构进行经常性的广泛交流，对陶瓷专业技术、边缘科学、美学与实用等研究课题进行探讨、攻关，为公司的技术创新、产品创新奠定了扎实的基础。

公司全体人员一贯恪守“质量第一，用户第一”的服务宗旨，注重加强售前、售中、售后服务，以真诚的服务开拓市场。2001年，开发出售前服务系统——“微笑天使”陶瓷消费预知系统，让消费者在购买前享受到方便、快捷、可视的服务，体验全程增值的服务。

公司将秉承“以市场为导向，以科技作后盾，以人才为根本”的发展方针，不断开发新产品，致力于为消费者提供多选择高品质的陶瓷产品，美化家居环境，提高生活品味。新思路，新形象，新发展，打造中国陶瓷的国际品牌。

Situated in Taiping Industrial Zone Xiqiaoshan Tourism Resort, Guangdong Monalisa Ceramic Co. Ltd is a large joint stock company specialized in manufacturing the construction ceramic products with over 1800 employees and over 400 technologists strengthening our technical advantages. We offer a comprehensive line of rustic tiles, crystal tiles, polished tiles and artistic piecing pattern tiles in a range of colors, designs and finishes, and over 200 types. Monalisa company has annual productivity of approximately 20 million square meters, and sale in the year ending December 2002 was 660 million RMB, on the other hand, annual export amount reached around 1.3 million U.S.Dollars. We were awarded as " The Top 10 Ceramic Companies of Foshan City".

We have been exporting to U.S.A, Middle East, Singapore, Malaysia, Korea, and so on. Furthermore, Monalisa company is marching forward to the outside world and walking up to the future with grand vigor.

佛山石湾鹰牌陶瓷有限公司
鹰牌建筑陶瓷

佛山石湾鹰牌陶瓷有限公司 Foshan Shiwan Eagle Brand Ceramics Co., Ltd.

鹰牌控股有限公司是新加坡股票交易所的上市公司，其辖下拥有鹰牌陶瓷、华鹏陶瓷及鹰牌卫浴（AQUILA奥古拉）三大品牌，年产瓷砖1580万平方米，卫生洁具180万件。主要产品有仿天然大理石、大颗粒瓷质抛光砖、渗花瓷质抛光砖、超微粉渗花抛光砖、釉面砖、仿古砖，以及卫浴系列,包括座便器、洗手盆、淋浴房、浴缸、五金配件等，产品齐全、品种繁多，是当今世界上最具规模的集建筑陶瓷、卫生陶瓷及其它卫浴设施为一体的生产企业之一。

多年来，鹰牌人开创进取，以“超越你的要求！”为理念，坚持“人无我有，人有我优，人优我新”原则，以质量创品牌,以服务赢市场,在行业和消费者中树立了良好的口碑；1999年在建国50周年成就展中被选定为陶瓷界的代表参展,并获得国家级表彰。凭借优异的业绩和良好的信誉，鹰牌公司分别被评为“广东省用户满意产品”、“广东省著名商标”和“广东省名牌产品”，并于2003年行业内首批获得“国家免检产品”认证,同年获得ISO 9001国际质量管理体系认证.鹰牌公司一直注重产品的绿色环保，以“创绿色建材,建康居工程”为目标,2002年产品通过“中国Ⅱ、Ⅲ型环境标志”认证，被建设部列为“国家康居示范工程选用部品与产品”,被中国建筑卫生协会推荐为“中国绿色建筑卫生陶瓷”,并首家获得“中国节水产品”认证。

鹰牌公司自1998年起，连续代表中国参加意大利世界陶瓷博览会,为鹰牌拓展国际市场打下了坚实的基础。2002年,鹰牌陆续与日本松下电工等多家跨国集团进行技术与销售的合作，以更佳的姿态，更强的实力跨进国际市场。目前，公司产品远销美国、加拿大、意大利、英国、葡萄牙、比利时、中东、印度、日本、韩国、新加坡、马来西亚、印度尼西亚、泰国、菲律宾和我国台湾、香港等十多个国家和地区。

Eagle Brand Holdings Limited (EAGLE) is an International ceramics company Listed on the Stock Exchange of Singapore.Major shareholders include Governmernt of Singapore Investment Corporation (GIC), E.M. Warburg Pincus & Company Asia Limited, China International Capital Corporation Limited (CICC) and Hong Leong Holdings Limited. A leading player in the tiles and sanitary ware industries in China, EAGLE's keen pursuit in quality excellence and product development can be seen from its ISO9001 certification. With "Exceeding Consumers' Expectations" as our corporate motto, EAGLE envisaged to provide quality products and first-class after-sales service. Since 1998, EAGLE has been representing the People's Republic of China at the annual CERSAIE exhibition in Bologna, Italy. Till date EAGLE's products have been exported to more than * 20 countries and has two representative offices in Hong Kong and Singapore. With its collaborations with multinational corporations in the areas of technical knowledge transfer and sales channels, EAGLE continues its relentless quest to assume a signficant role in the International market.

重庆四维瓷业(集团)股份有限公司
四维牌卫生陶瓷

swell®

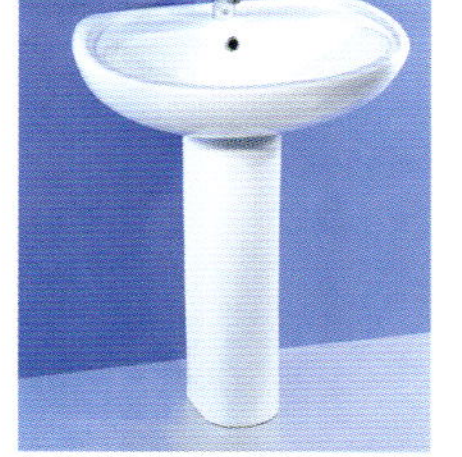

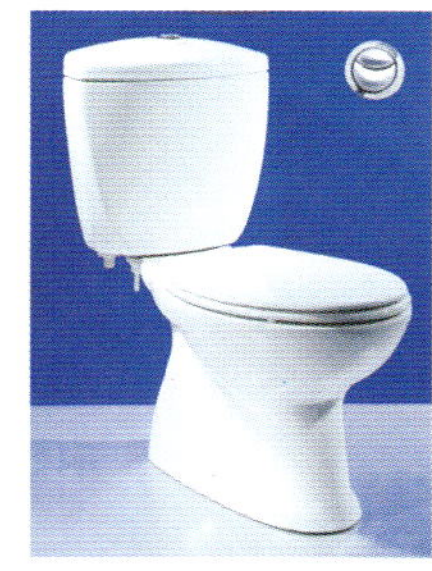

重庆四维瓷业(集团)股份有限公司
Chongqing Swell Ceramics Industry(Group) Co.,Ltd.

重庆四维瓷业(集团)股份有限公司，位于重庆市江津油溪镇，是国家“七.五”期间在西南布局建设的唯一大型卫生陶瓷基地。1992年企业正式投产，在短短10年的时间里，四维公司通过高效率的运作，滚动式发展，一跃成为中国专业卫浴第一家上市公司，连续多年保持陶瓷行业中的产品销量第一，生产量第二的纪录。公司产品结构完善，具有强大的配套生产能力，其四维品牌已成为国内卫浴行业最具成长性与知名度的卫浴品牌，挤占了一直由国外品牌占据的中国高档卫浴市场份额，四维集团也由此成为了中国卫浴行业发展速度最快的强势卫浴企业集团。

四维集团内销与外销并重，以健康的营销体系、销售服务体系为支撑，积极拓展国内市场，满足不同消费层次的需求。同时全面推进品牌国际化战略，产品先后出口中东、奥地利、俄罗斯、西班牙、英国、德国、法国、美国等国家和我国香港地区，出口额逐年增长，2002年出口额已达1296万美元，95%以上出口产品销往欧美发达国家，成为卫浴行业的佼佼者。

作为重庆市30家优势扩张型企业之一和连续5年获重庆工业企业50强的企业，四维集团计划通过5年的发展，使卫生陶瓷年产量达500万件，釉面砖700万平方米，五金配件达100万套，工业产值8亿元，把四维集团建设成为中国特大型陶瓷配套产销基地，并进入世界卫浴十强之列。

Chongqing Swell Ceramics Industry(Group) Co.,Ltd. Is located in Youxi town,Jiangjing, chongqing city, which is only a large scale mamufacturing site in southwest of china during "七.五"planning time, The company was put into production in 1992, after ten years, swell company have becomed the first share company in the ceramics field. Through hight efficient operation and rolling development, swell company keep records of first place in sale and the second place in capacity for continuous years.The structure of products of company is perfect and the company have strong ability of forming a complete set. The "swell"brand has becomed the fast growing up and quite well known brand in china, and replaced the hight quality ceramics market which always occupied by foreign brand. "swell group" also became strong sanitary ceramics company..

As one of the 30 expanding enterprise and top 50 enterprise in chongqing, swell company plann to reach the annual capacity with 5millions pieces sanitary wares, 7millions square meter glaze tiles 1millions sets of fitting through 5year efforts, and the output value reach 800millions RMB, make swell group become large scale ceramics completely manufacturing and sale site and enter into top10 enterprise in the world.

唐山惠达陶瓷(集团)股份有限公司
惠达牌卫生陶瓷

唐山惠达陶瓷(集团)股份有限公司 Tangshan Huida Ceramic Group Co.,Ltd.

唐山惠达陶瓷（集团）股份有限公司现拥有资产总额5亿元，职工6600名，年生产中、高档卫生陶瓷500万件（折150万套），生产规模位居全国同行业第一位。

公司质量保证体系完善，通过了GB/T19001－2000质量体系认证和GB/T6952－1999产品认证。公司具备整体配套实力，坐便器水箱配件、坐便器盖板、高档浴缸、蒸汽浴房、水笼头、高档墙地砖等产品全部由公司设计生产，为消费者提供高质量的整体配套产品和优质的售后服务。公司具有强大的市场销售网络，产品覆盖全国，远销美国、韩国、加拿大等50多个国家和地区。公司经济效益和社会效益显著。2002年，公司实现利税1.6亿元，出口创汇2500万美元，经济效益居全国同行业之首。公司被国家人事部批准设立"博士后科研工作站"。连续多年被评为省级先进企业，并荣获全国质量效益型先进企业称号，跻身全国首批520家"重合同、守信用"企业。

惠达坐便器全部采用大水道、全挂釉新工艺，且为6升水节水型产品；釉面为纳米自洁釉，具有抗污、抗菌和自洁效果；产品实行优等品一个等级出厂，实物质量高。因此，惠达洁具从品质到功能均处于国内同行业领先水平。2002年"惠达"荣获全国同行业唯一的中国驰名商标。惠达产品被选入人民大会堂精品展示中心。

Tangshan huida ceramic group co.,Ltd posseses fixed assets 50 million yuar, 6600 employess. The annual sanitaryware production capacity of the group is 5000, 000PCS(1500,000 sets), it is the biggest sanitaryware manufacture in China.

Tangshan huida ceramic group co.,Ltd enjoys perfect quality guarantee system, authenticated with quality system certificate of GB/T 9001-2000 and products certificate of GB/T6952-1999. the company also provides with a wide range of sanitaryware accessories. the cistern fittings, toilet covers, high-class bathtubs, shower rooms, lever taps, wall and floor tiles are also designed and produced by themselves. All of this offers exquisite and elegant suites of products and excellent service after sale. Huida sanitaryware has spread over China and exported to America, korea, Canada and so on, more than 50 overseas region and countries. The company has gained prominently economic and social effects. The firm reach its profit and taxes 1.6 billion in 2002 and the export sales is 25 million US dollars. The economic effects occupy the primacy in the same products industry in China. The group is approved as the "postdoctoral research station" by the Ministry of Personnel and honored in succession with the title of "Provincial Model Firm" and "National Model Firm With High Quality and Efficiency" it also remarks among the first 520 lot of "Good Reputation and Credible Strength Enterprise" in China.

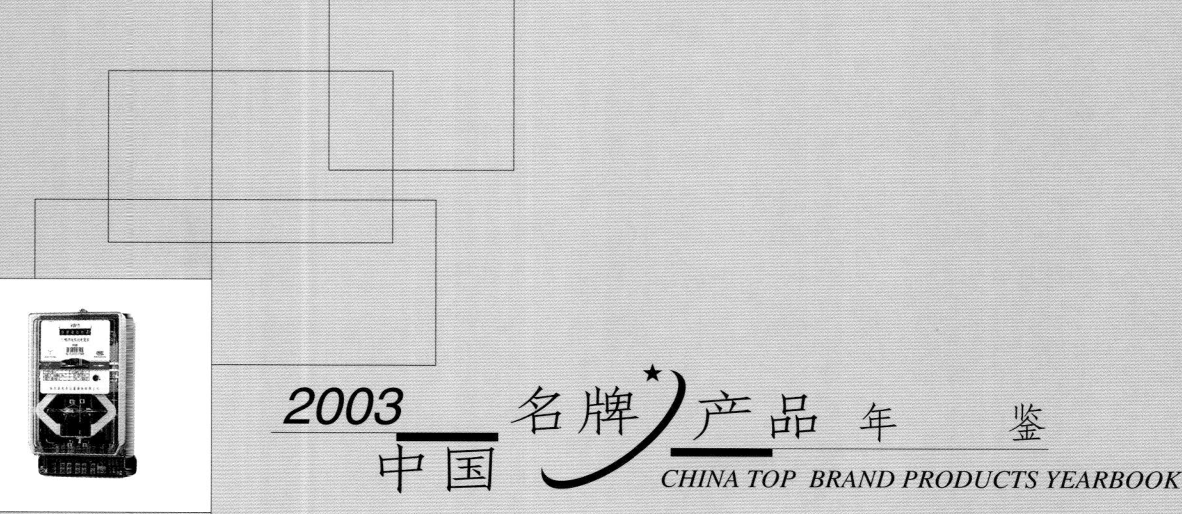
2003
中国名牌产品年鉴
CHINA TOP BRAND PRODUCTS YEARBOOK

Q

电度表

三表（电度表、水表、煤气表）行业状况

一、 电度表：包括单、三相感应式电度表、全电子式表及多功能全电子表

1、行业总体状况

现有生产企业500余家左右，年销售额70亿元人民币。

单相感应式表产量8500万只，三相感应式表800万只。

单、三相全电子表：1000万只、多功能电子表180万只。

2、企业的生产集中度

电度表随着近几年两网改造市场需求量大，企业发展很快。虽然生产企业在增多、但原来基础好的企业，特别是实力强的民营股份制企业规模发展迅速，生产更先显集中。在500多家企业中，前7家企业的生产集中度达60%。

3、产品技术水平

由于用户不断提出高过载、高精度、长寿命的技术要求，近几年电度表行业除生产能力大幅度提高外，技术水平也不断提高，1/3以上感应式电度表采用磁推、或磁悬浮轴承代替原宝石轴承结构、铁芯制造普遍应用高速叠铆冲压、性能稳定、一致性好、感应式电度表、、总体技术水平达到国际同类产品先进水平。电子式单、三相表达到国际同类产品先进水平、多功能电表达到国际同类产品水平。

4、产品质量情况

总体上看电度表质量情况良好。但由于企业数量增加很快难免良莠不齐，根据近几年质量监督抽查情况看，属于中国仪器仪表行业协会会员单位的100家左右老企业不合格情况很少，而其余400余家有近1/10出现过不合格情况。

5、产品出口状况和进口情况

感应式电表、单三相电子表，基本没有进口表。全部是国产产品占领国内市场，并有部分出口，出口额约6000万人民币。

多功能电子表是用户需求的技术档次比较高的表。以前全部依靠进口通过近几年的发展，近70%的市场被国内生产企业占领、需要进一步扩大生产能力、提高技术水平、特别是通过名牌产品工作，扩大其在用户中的影响进一步挡住进口。

6、用户满意度情况

电度表行业较早地开展了质量承诺工作。通过多年来质量工作及用户服务体系的健全，使用户满意度逐年提高，未发生过用户大量退货、赔赏的现象。

二、水表：包括民用、工业用水表

1、行业总体状况

现有生产企业250余家左右，年销售量1500万只，年销售额8.5亿元人民币。

2、企业的生产集中度

前5家企业的生产量总和为总额的1/3。

3、产品技术水平

民用水表目前国内用户采用大量仍是低水平的一般水表。主要是价位问题，但出口产品及我国可以制造的产品，比如干式表、液封表、食用水水表、大口径表等均已以达到国际同类产品水平。

4、产品质量情况

产品普遍达到一等品水平，历届产品质量监督抽查合格率都在70%~80%左右。

5、产品出口状况和进口情况

除特殊用途外国内没有进口水表。高水平的干式、液封式水表大量出口，出口量250~300万只。出口额约2亿元人民币。

6、用户满意度情况

用户满意度良好，服务体系的健全，未发生过用户大量退货、赔偿的现象。

三、煤气表

1、行业总体状况

现有生产企业50余家左右，年销售量400万台，年销售额4亿元人民币。

2、企业的生产集中度

前3家企业的生产量总和为总额的1/3。

3、产品技术水平

主要骨干企业能较稳定地生产国标中的B级，即目前国际上的最高准确度标准。产品可以达到国际同类产品水平。随着IC卡煤气表技术的发展，已有不少企业在生产IC卡煤气表，建设部门已制定了IC卡煤气表的行业标准。

4、产品质量情况

品质量情况较好，1/3以上企业质量稳定，历届产品质量监督抽查合格率都在60%以上。

5、产品出口状况和进口情况:

出口量30~40万台。基本能挡住进口。

6、用户满意度情况

用户满意度良好，服务体系的健全，未发生过用户大量退货、赔偿的现象。

德力西集团
德力西牌电度表

DELIXI 德力西

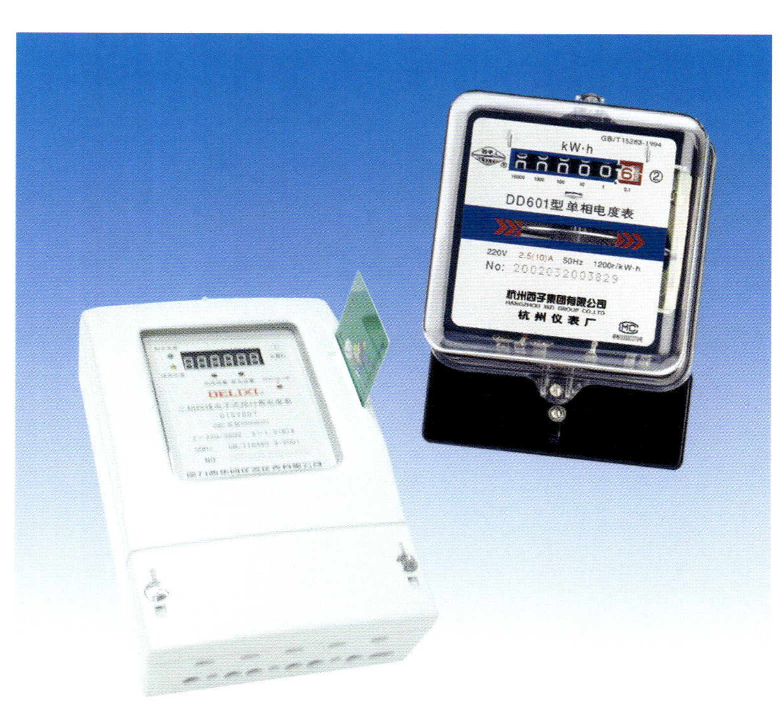

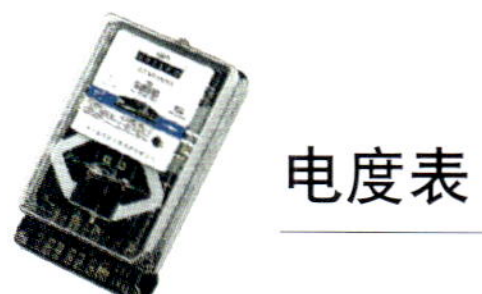

德力西集团 DELIXI Group

德力西集团创业于1984年7月，1996年经国家工商局批准，企业晋升为全国性无区域企业集团。德力西集团是以输配电气为主业的国家大型工业企业，主要生产高低压电器、成套电气、交通电器、仪器仪表、电缆桥架、母线槽、高速公路护栏等产品，同时涉及金融业、房地产业、贸易业、服务业、运输业，是一个同心多元发展的现代企业集团。现有员工13000余人，集团下属企业60多家，协作企业700多家，同时还在全国300多个城市和40多个国家与地区设立了600多家销售公司，生产产品已达300多个系列3万多个规格，综合实力位居中国民营企业500强第5位。

德力西集团坚持"德报人类，力创未来"的崇高理念，致力于"创造中国人自己的国际品牌"，为中国电气行业创造出了辉煌的业绩。企业先后获得中国明星企业、全国机械工业管理示范企业、全国重合同守信用企业、全国质量管理先进企业、农业部最高利税总额企业、中国最大低压电器出口基地、全国出口创汇先进企业、国家火炬计划重点高新技术企业等荣誉称号，"德力西"商标还被认定为"中国驰名商标"。董事局主席胡成中乜因业绩卓著而先后当选为全国政协委员、全国工商联执委、浙江省九届人大代表等。

Established in July 1984, DELIXI was upgraded as a national trans-regional corporation in 1996 under the approval of national industry & commerce bureau. DELIXI's main products include high and low electric apparatus, series electric apparatus, traffic electric apparatus, meters and instruments, cable and etc, it also includes finance, estate, trade and transportation fields, it is a modern corporation with multi-dimension developing trends. Now the number of DELIXI people amounts to 13000 and DELIXI's branch companies are over 60 and it also co-operates with over 700 enterprises. DELIXI has built more than 600 sales companies in over 300 cities of china and in more than 40 foreign countries, its products have more than 300 series including over 30 thousand specification and it hits the fifth place among china 500 famous private-owned corporations.

DELIXI sticks to " For the people, For the future", it devotes itself to become a global famous brand owned by Chinese. Now DELIXI has won china famous brand and other reputations. DELIXI has made great achievement in china electric field. DELIXI corporation has also been given reputations such as "china star corporation", "advance quality management corporation in china" ,"China biggest low voltage electric apparatus import&export base" and so on. Mr. HuChengZhong, president of DELIXI, is given as china excellent entrepreneur,

宁波三星科技股份有限公司

三星牌电度表

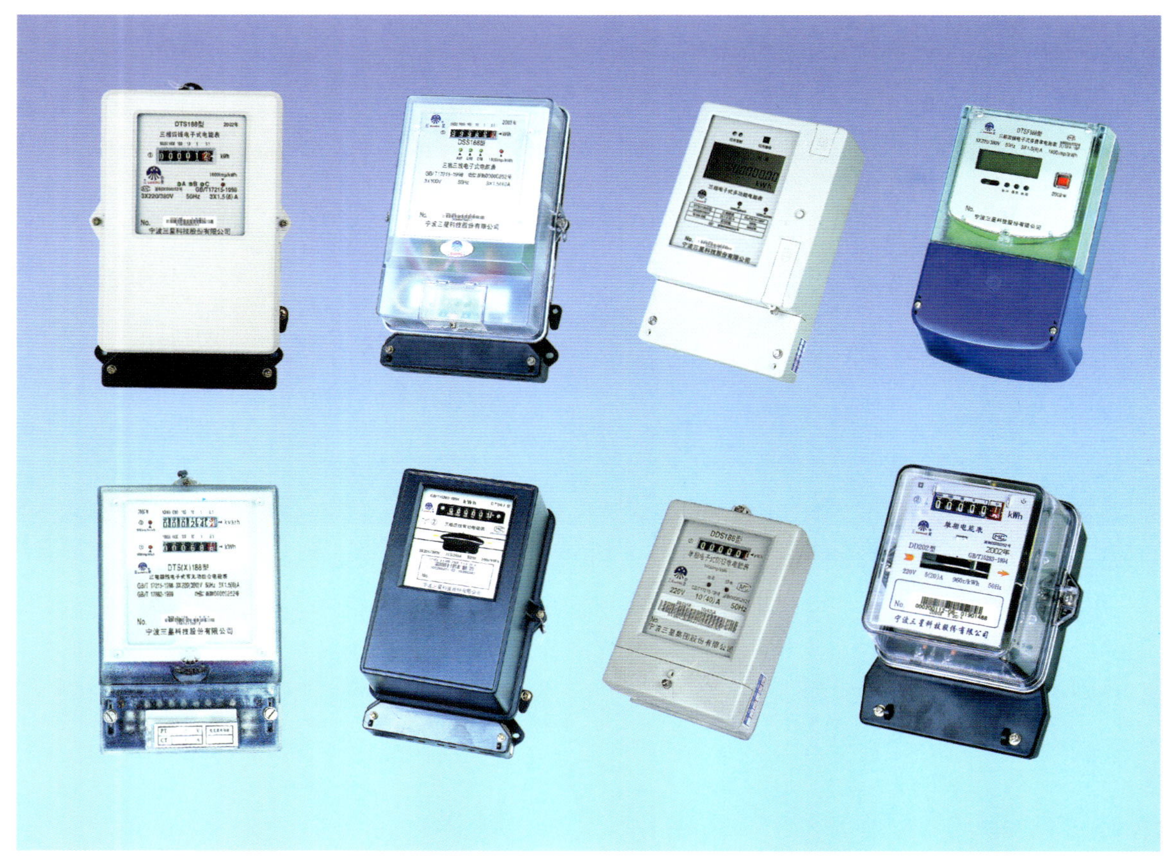

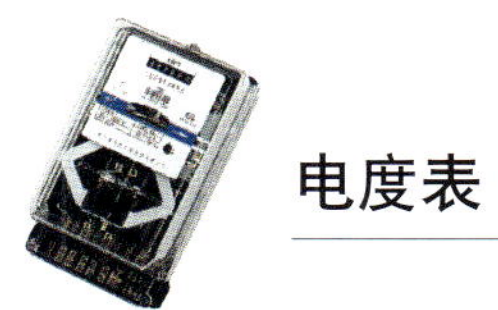

宁波三星科技股份有限公司 Ningbo Sanxing Technology Co., Ltd.

宁波三星科技股份有限公司，系经宁波市工商行政管理局注册的股份有限公司，注册资金5100万元，主要从事电能表、变压器、开关柜、仪器仪表、配电自动化设备及相关配件的制造和研发，为宁波三星集团股份有限公司的骨干核心企业，目前电能表年产能已达到2500万只，成为全球最大的电能表仪表供应商之一。

"三星"牌电能表的高品质，来自于宁波三星科技股份有限公司对产品质量的精益求精和对电能表前沿科技的不断探索。业内首家成立的国家博士后工作站和省级工程技术中心，汇集了一批专业权威级博士、硕士；投资1.1亿元引进了世界顶级研发制造设备——瑞士SMT高频电磁场抗扰度实验设备、南韩产贴片机等；原材料采购网织全球，机械表零部件自制率达到95%以上，电子表关键零部件全部自制，不仅实现三星电能表全部购件从生产装配到售后维护的一致性、可靠性、稳定性，而且将制造成本控制到最低；从零部件生产的自检、互检、专检，到每个部件的质量检测，从每台整机的质量测试到包装出厂，跌落实验、运输模拟实验，共有100余道质量检测工序；对表计生产全过程实行条形码管理，赋予每台电表独一无二的"身份证"，质量追踪准确、迅捷，方便电力用户进行管理。精兵锐器，铸就"三星"牌电能表一流品质。

抓住国家城乡"两网"改造机遇，宁波三星科技股份有限公司投资10亿元建成了25万平方米的智能工业城，生产能力跃至全球第一，并在全国各地建立了高效健全的营销网络。产销量、全国市场占有率、市场覆盖率等经济指标均名列前茅。"三星"牌电能表经全国1.76亿个家庭、企事业单位使用，证明质量可靠、服务良好。

Ningbo Sanxing Technology Co., Ltd. is a company registered with Ningbo City Industrial and Commercial Administration, with registered capital of RMB 5,1000,000. The Company mainly engages in the manufacturing and R&D of electricity meters, transformers, switching cabinets, instruments, power distribution automation equipment and related parts, and is one of key and core enterprises of Ningbo Sanxing Group. At present, it can produce 25,000,000 electricity meters per year, and is one of largest electricity meter suppliers in the world.

Ningbo Sanxing Technology Co., Ltd., by seizing the opportunity of national urban and rural electric network reforms, invested RMB one billion to build 250,000m2 intelligent industrial town, and its production capacity comes the first in the world. Besides, it established efficient and sound marketing network across the country. Hence, its production output, sales volume, market shares percentage, market coverage rate and other economic index ranks the first. "Sanxing" brand electricity meters are used by 176 million households and organizations, which proves that "Sanxing" brand electricity meters have reliable quality and excellent services. At present, Ningbo Sanxing Technology Co., Ltd. has smoothly completed the progress from rear-end products to front-end products of electrical power industry, and has become a modern electrical equipment manufacturer in electrical power industry in our country. In next two years, the Company is expected to be the first enterprise that will be listed directly in electricity meter industry in China, and enter a new capital-operating stage.

正泰集团
正泰牌电度表

正泰®

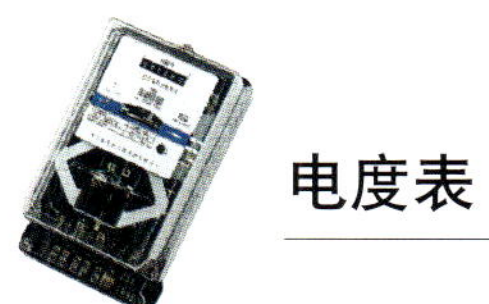

正泰集团 Chint Group

正泰集团总部地处风景秀丽的雁荡山南麓——温州柳市工业区，紧靠104国道，距温州机场和温州火车站各25公里，交通便利。

集团始创于1984年7月，现辖6大专业公司、50余家持股企业、800多家专业协作厂，并在全国各地设有1020家销售公司和特约经销处，在国外设立了5家分公司和30多家销售总代理。主要生产经营高低压电器、输配电设备、仪器仪表、建筑电器、通信设备、汽车电器等100多个系列、5000多个品种、20000多种规格的产品。集团综合实力名列全国民营企业500强第4位。"正泰"商标被国家工商局认定为驰名商标。正泰电器在国内20多个省市被列为"免检"产品，畅销世界30多个国家和地区。集团员工13000多人，厂房面积30万平方米，总资产22.95亿元，工业总产值81.47亿元，销售收入80.58亿元，系中国低压电器行业最大产销企业。

创新是正泰事业发展的前提和基础，"创新意识、团队精神"是正泰企业文化的精髓。正泰集团坚持以产权制度改革为核心，坚持不懈地进行企业创新，先后经历了股份合作、公司制、集团制、(控股)集团公司制四个发展阶段。初步形成了以集团公司为投资中心，以专业总公司为利润中心，以基层生产公司为成本中心的母子公司管理体制；初步建立了现代企业制度，实现了"家族企业"向"企业家族"的跨越。同时，在温州电器行业中首开网络营销先河，建立了以省城和主要工业城市为中心，以地级城市为重点，以县级城市为辐射点的三级分销体系，从而赢得了市场营销的主动权，使正泰电器的市场份额名列前茅。

面对新世纪，面对经济全球化，正泰人决心立足工业电器产业，坚持"股份社会化、产业科技化、营销全球化、品牌国际化"发展方向，不断创新，努力将"正泰"塑造成为长盛不衰的知名企业。

We hope to bring power and light into the world, as we are specialized manufacturers of electrical appliances. Chint Group Corporation produces first-class products and offers consummate services for our customers.

Headquartered in Zhejiang Province, China, Chint was established in July, 1984. Thanks to the reforming and opening-up policy of Chinese Government, Chint has been developing from a home workshop to a large modernized enterprise group with 13,000 employees and a turnover of US$970 million in 2002. Chint has six specialized branches, more than 50 holding companies and over 800 specialized cooperative partners. Its main products covers the following categories: high and low voltage electrical appliances, power transmission and distribution equipments, measuring meters and instruments, telecommunication equipments, automobile appliances and construction appliances.

In a dynamic and ever-changing world, Chint determines to march further into the international market. With its state-of-the-art technologies, production expertise and the emphasize on innovation, Chint is anticipating more cooperations with our friends home and abroad, hoping to bring more power and light into every corner of the world.

华立集团有限公司
华立牌电度表

HOLLEY® 华立

华立集团有限公司　Holley Group Co., Ltd.

华立集团有限公司是跨地区、多元化、外向型的民营股份制企业，公司总部设在杭州，现有员工7160人。产业涉及计量仪表、电力自动化、信息电子、植物制药、房地产开发等领域，总资产达43亿元。控股上市公司4家，其中，国内上市公司3家、美国纳斯达克上市公司1家。2002年，公司共实现营业收入35.8亿元，利税5.1亿元。

电能表是华立集团的核心产业，已经有33年的发展历史，是全国乃至全球最大的电能表产品制造商。公司生产基地分布在杭州、重庆、深圳、沈阳和国外的泰国等地，在美国、加拿大设有研发机构。公司拥有一支专业的营销服务队伍，销售分公司遍布在全国27个省市自治区、直辖市，保障了华立能24小时为电能表用户提供最快、最好的服务，让用户感受到"华立就在您身边"。依靠不断的技术创新、卓越的产品质量和周到的服务，华立电能表赢得了国内外市场的广泛认可。从1993年开始，华立集团电能表产业产销量、出口额、利润、市场占有率等七项主要经济指标已连续十年名列全国同行前列。与此同时，"华立"牌电表还远销至中东、东南亚、非洲、南美等国际市场，2002年出口创汇1800万美元。

新世纪，华立为自己确立了"成为全球领先的公共计量仪表及系统集成与服务的供应商"的战略目标。

2002年，华立开始涉足燃气表业务，2003年，投资7亿元人民币的华立（五常）工业园区破土动工，该工业园立足电力计量仪表终端产品，向燃气表、热力表、水表等多个领域拓展，最终形成国际一流的公共计量仪表及系统集成生产制造中心。

华立将通过十年的努力实现上述战略目标，产品50%的销售收入来自于国际市场，实现"创世界名牌、树百年华立"的远大目标。

Holley Group Co., Ltd with its headquarters in Hangzhou is a cross regional; mult -line operational and export-oriented privately owned enterprise. Holley has 7160 employees and its business line extends from metrological instrument to power automation, biopharmaceuticals, information technology ard real estate, etc. With total assets of RMB 4.3 billion, Holley realized RMB 3.58 billion of total sales and RMB 510 million of tax revenue in 2002. The company now possesses more than 40 types and 200 specifications of electricity meters for civil and industrial use, catering to the needs of different customers. Based on the international advanced technology, Holley developed a new product, long life meter with its performance reaching the same level of the advanced products in the world. Latest technology has been adopted in producing electronic meters. The combination of technology of micro-electronic, computer, network and communication together with the metering technology facilitates Holley's meters to be the electricity managing instruments with characteristics of electricity measuring and information exchanging. It realized the goal of "high accuracy, multi function and cybernation" and indicates the direction for the development of the meters in the future. Since the beginning of the 9th five-year project, Holley has successfully developed more than 30 types of new products and gained 47 national patents. Among them, LD68, DM68 etc. were listed as state level new products and were awarded of Zhejiang technological advancing products and Hangzhou excellent new products.

Holley Group will spare no effort to become the leading supplier of metrological meters, system integration and service in the world within 10 years, hence to realize its great project of "establishing world famous brand, cultivating lifetime Holley".

河南金雀电气股份有限公司
金雀牌电度表

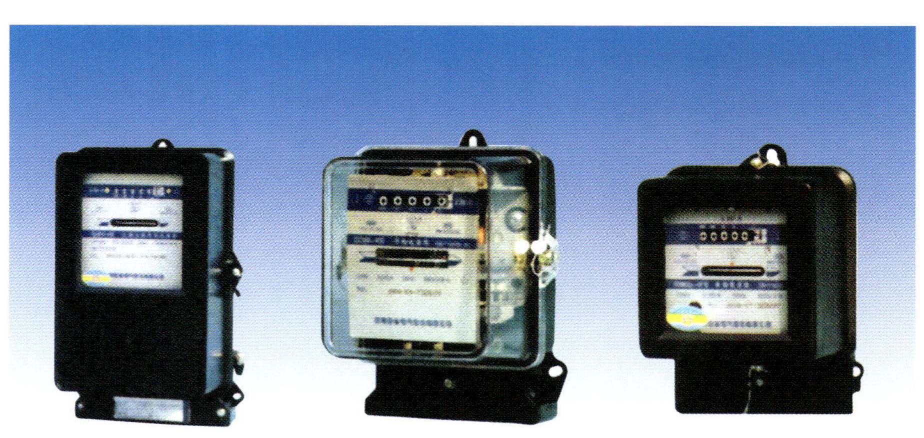

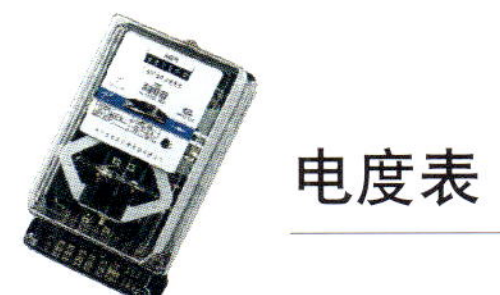

河南金雀电气股份有限公司 Henan Jinque Electric Co., Ltd.

河南金雀电气股份有限公司成立于1975年，是国家大型计量仪表生产企业。公司下属4个生产基地、4个研究开发中心和国内及国外20个多办事处，拥有员工2000余人。为更好地满足市场对高技术含量电能计量产品的需求，公司投资人民币2亿元于2000年11月建成了占地25万平方米的现代化计量仪表生产基地-金雀高科技工业园。

公司主要研发、生产和经营七大类产品：1)感应式、电子式和机电一体多功能电度表系列；2)水表系列；3)热能表系列；4)煤气表系列；5)校验台装置；6)自动抄表系统；7)低压电器产品系列。公司下设智能化三表事业部、国际电工事业部等专注发展新产品及新项目。

公司生产、检测设备齐全，其中有日本松下公司的SMT贴片生产线、日本东芝公司的机械人组装生产线、德国西门子公司的波峰焊生产线，还有高精度自动高速冲压设备、高效率自动注塑设备、高精度智能校验设备等数百台具有世界先进水平的自动化生产设备。

公司已通过ISO9001：2000质量体系认证，成为国家重点高新技术企业，并于2000年获得"全国质量管理先进企业"称号。公司产品符合国际质量及安规标准，在市场上享有很高的声誉。公司产品元部件通过全球采购，价格极具竞争力。

Henan Jinque Electric Co., Ltd., one of the biggest measuring instruments manufactures in China, was established in 1975. Our company employs over 2,000 staffs in four manufacturing plants, and four research & development centers. We invested more than 200 million RMB to develop a 250,000m2 Jinque Hi-Tech Industrial Zone in Zhumadian city. The industrial zone was opened on November 2000 and it is a part of our ongoing strategy to meet the needs of nowadays hi-tech measuring instrument market.

Our main business is to research & develop, manufacture and sell the following seven categories: 1) Inductive, electronic and multi-function electro-mechanical meter series, 2) Water meter series, 3) Gas meter series, 4) Thermal meter series, 5) Meter calibration equipment 6) Remote meter recording system, 7) Low voltage products.

We have full range of production and testing facilities which includes Panasonic SMT equipment, Toshiba robotic assembling production line, Siemens double wave soldering machines, Automatic hi-precision punching machines, Automatic plastic injection machines and Automatic hi-precision calibration equipment. All these first class hi-tech machines can meet nowadays high quality and high efficient production requirement.

We have already obtained ISO9001: 2000 certificate , become one of Hi-Tech Enterprises of China, and awarded the Advanced Quality Management Enterprise in Year 2000. Our products are made to international quality and safety standards and award a good reputation in the market. We source the material and components globally and get the best purchasing price and quality in order to provide the most competitive price to our customers.

哈尔滨电表仪器股份有限公司
哈仪牌电度表

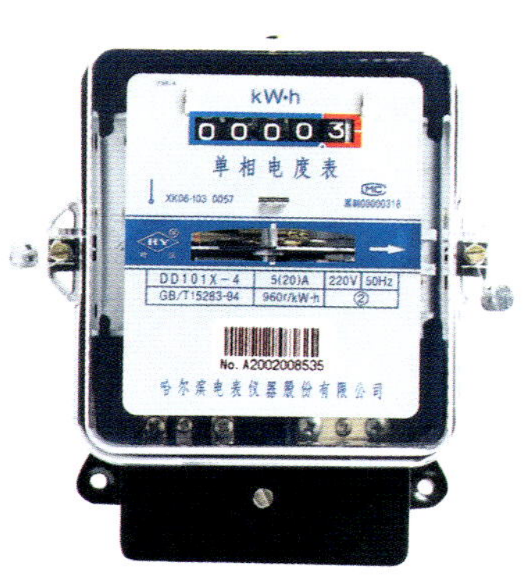

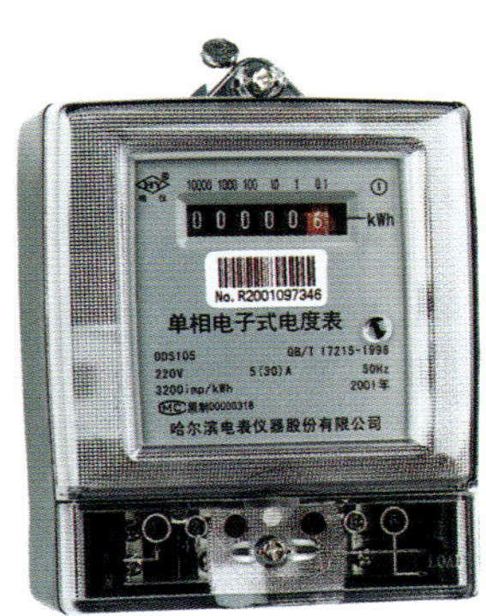

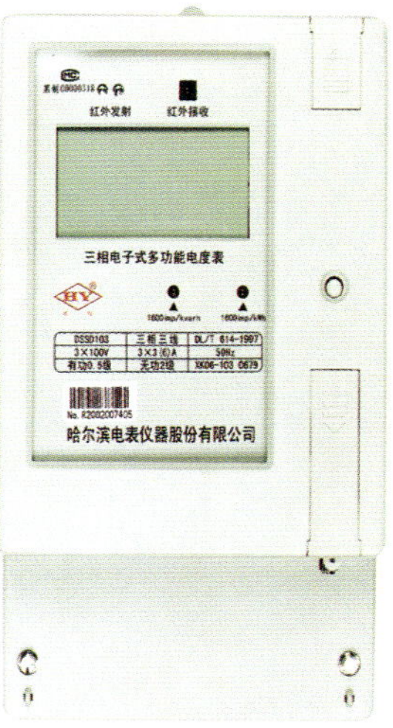

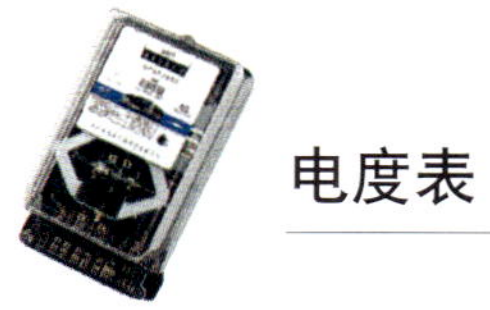

哈尔滨电表仪器股份有限公司 Harbin Electrical Measuring Instrument Co., Ltd.

哈尔滨电表仪器股份有限公司是以主发起人——哈尔滨电表仪器有限责任公司（原哈尔滨电表仪器厂）为投资主体，于1998年12月与四家企业共同发起组建的规范化股份制企业。公司的前身哈尔滨电表仪器厂始建于1953年，1956年6月正式投产，是国家"一.五"期间的156项重点工程之一，是我国电工仪器仪表的摇篮和发祥地。我国第一台自行研制的电能计量仪表、第一台红旗轿车仪表都在该厂诞生。

公司占地面积12万平方米，现有职工1008人。各种主要机电设备1000余台。公司不但具有机加、冲压、电镀、塑压、磁钢压铸、热处理等专业加工的能力，而且具有电火花、线切割、数控机床、精密镗床等精稀设备的加工优势。"八五"以来又新增设备216台，其中进口设备30余台。所添设备都是保证质量、扩大产量的关键。如瑞士的电流、电压铁芯自动铆合机，瑞士的高速冲床、电脑注塑机、圆盘转轴一次成型自动机，日本的自动压铸机等。检验设备完善。其中引进瑞士兰迪斯·盖尔公司及法国斯伦贝谢公司的电脑控制电能表校验装置都是国内仅有的设备。这不但保证了现行产品质量，而且也是开发新产品的坚强后盾。

公司现行生产的产品有电能表、计度器及其校验装置；实验室仪表、安装式仪表及附件；电量变送器及控制屏和仪器与条形码设备等四大类产品。

公司的宗旨是向国内外电业部门、工贸系统等用户提供机械感应式电能计量仪表、机电一体化仪表、电子式电能计量仪表、精密电子仪器仪表、电站自动化设备、条形码打印设备与系统等优质产品。

Harbin Electrical Measuring Instrument Co., Ltd. (HEMI) is a standardize enterprise established in December 1998 sponsored by Harbin Electrical Measuring Instrument Company (HEMIC), the holding company of HEMI and the successor of Harbin Electrical Measuring Instrument Works (HEMIW), and other 4 enterprises. The initial stage of the founding of HEMIW started in 1953. As one of the "156 major projects" during "the first five-year-plan" of the state, it went into operation regularly in June 1956. Being known as the cradle of China electrical measuring instruments, the first Chinese single-phase inductive type watt-hour meter and automobile meter for Hongqi Car were designed and manufactured in HEMIW.

MANAGEMENT PURPOSE

The purpose of HEMI is to provide quality products for electricity boards, industrial & trade organizations and customers in China and all over the world. The products include: Electronic/ electromechanical/ inductive electrical energy measuring meters, precision electronic instruments, electrical controlling panel and bar-code printing equipments and system.

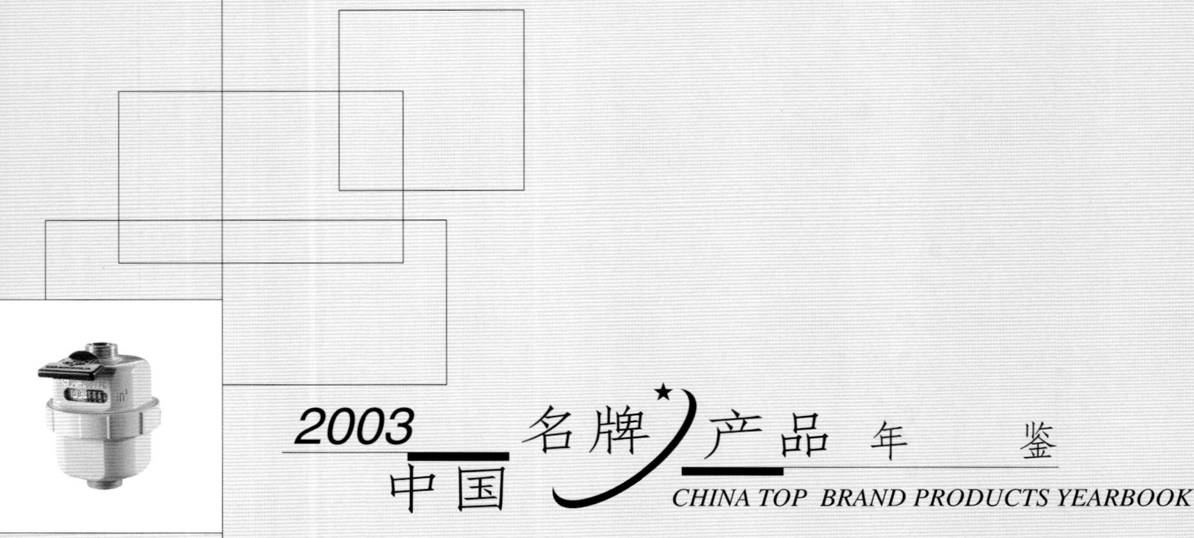
2003
中国名牌产品年鉴
CHINA TOP BRAND PRODUCTS YEARBOOK

R

水表

宁波水表股份有限公司
宁波牌水表

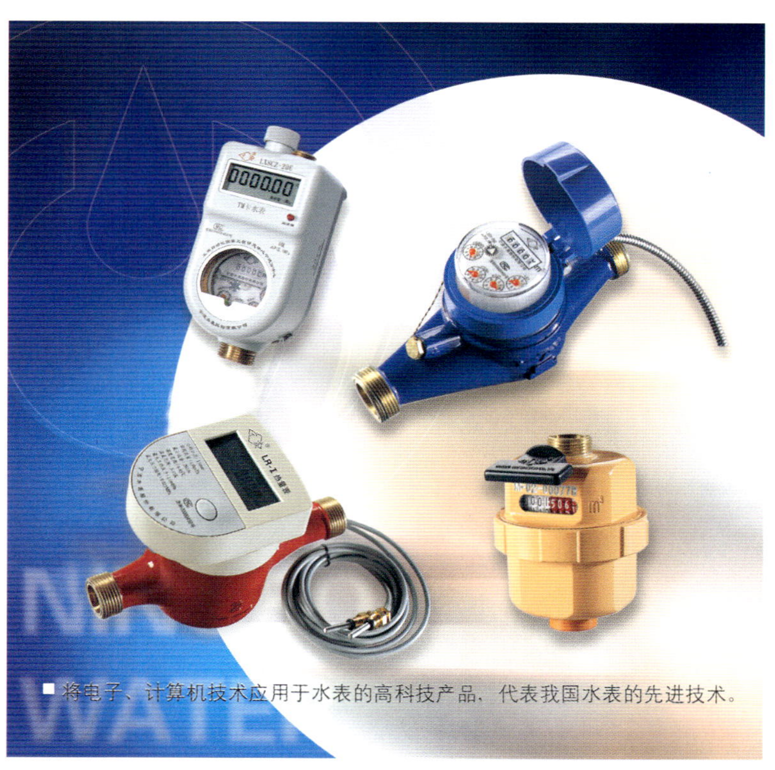

■ 将电子、计算机技术应用于水表的高科技产品，代表我国水表的先进技术。

宁波水表股份有限公司 NingBo Water Neter Co., Ltd.

拥有半个世纪生产水表历史的宁波水表股份有限公司（前身宁波水表厂）位于长江三角洲下游、著名的港口城市宁波市区内。近二十多年来一直是中国水表行业的龙头企业和最大的水表生产和出口基地。公司拥有国内最雄厚的水表研发机构，〈宁波〉牌水表的技术档次、产品质量和年销售量始终占据行业领先地位。公司开发、生产、销售8～500毫米全系列民用、工业用冷热水表、智能水表、热量表、远程抄读系统、水表校验装置及阀门、厨卫龙头系列产品。

公司一贯重视产品的技术创新和产品质量，不断引进国内外先进技术，采用高精度专用机床进行加工，建立了严格的质量管理体系，并拥有技术精湛、经验丰富的员工队伍，使〈宁波〉牌水表精益求精，深得消费者青睐和推崇。〈宁波〉牌水表不仅品种繁多，规格齐全，而且具有外形美、性能佳、品质优的特点，产品荣获行业唯一的国家优质产品金、银质奖、中国机械工业名牌产品、国家计量一级单位等称号，4个系列水表被国家经贸委认定为国家级重点新产品，并于1994年在水表行业率先通过ISO9001质量保证体系认证。水表年销售量达200万台以上，其中40%供出口，销售网络遍及29个省、市、自治区，产品远销欧、美、非洲、中东、东南亚等30多个国家和地区，在国际、国内享有盛誉。

质量、信誉、服务共创一流是我们长期奉行的信念，致力于高品位、高档次的新品开发是我们努力的方向，我们将一如继往与各界同仁共创长久辉煌。

NINGBO WATER NETER CO., LTD. (Formerly named Ningbo Water Meter Works was founded in 1958), who has been manufacturing water meters for half of century, locates in Changjiang River Delta Downriver, the famous port city Ningbo. In more twenty years, it is a leading manufacturer who possesses the largest scale, the strongest technology and the best quality in Chinese water meter industry. The technical class, product quality and annual sale of <宁波> Brand Water Meter keep ahead in Chinese Water Meter industry. It specializes in various full series cold/hot water meter size rang fom 8mm to 500mm for residential and industrial applications, intellectual meter, heat meter, automatic reading system, water meter test bench, and various valves, sanitary appliances.

It all along attaches importance to the technical innovation and product quality, keeps introducing the domestic and overseas advance technique, and special machine tools with high accuracy, establishes strict quality control system, and possesses the seasoned employee teams with good skills, so that <宁波>brand water meters are very popular to market and consumers. <宁波>brand water meters not only cover various types with complete specifications, but also with the features of good look, good performance and good quality. The products won the only National Goden/Silver Medal in water meter industry, reputation of Famous Brand Products by Machinery Ministry and the National Grade One Measuring Enterprise. 4 series water meters are approved to be National emphasis new products by National Economic Trade Committee. It took the lead in gaining ISO9001 Qualified Quality System Certficate in 1994.The annual sale quantity reach more than 2 million pcs, therein 40% for export. The sale network extend all over 29 provinces, cities, municipalities. Its products are exported to more than 30 countries and places in Europe, America, Africa, Middle East, Southeast Asia etc., take a high reputation in international and domestic market.

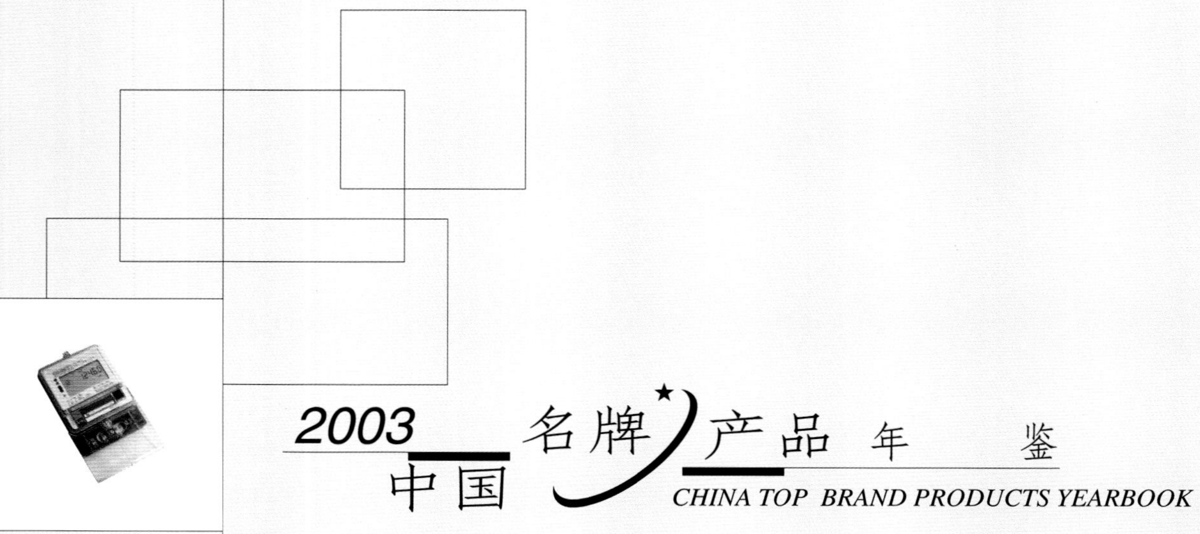
2003
中国名牌产品年鉴
CHINA TOP BRAND PRODUCTS YEARBOOK

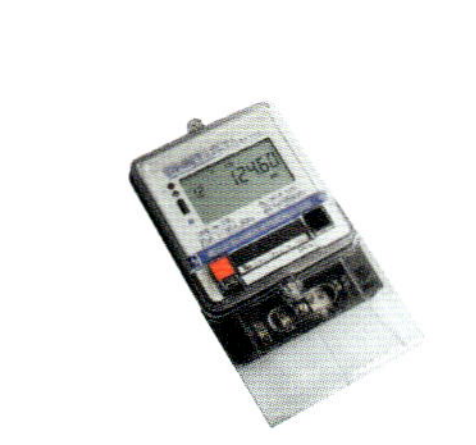

S

低压电器

低压电器行业状况

低压电器通常是指在低压配电系统和控制系统中起通断、控制、保护、调节、转换、指示和报警等作用的元件或装置。它的品种规格繁多，应用面很广，几乎涉及到所有的产业部门，甚至家庭也越来越多地使用低压电器。它是一种量大面广的基础元件。

低压电器产品是为发电设备、配电设备、电气传动自动控制设备等配套的产品。发电设备所发出电能的80%以上通过低压电器分配使用的。据估计新增加1万千瓦发电设备，约需8万~10万件各类低压电器产品与之配套，低压电器与电动机的配比约为4:1，其费用往往接近或超过主机的投资。因此历年来国家颁布的低压电器产品标准大部分均列入强制性标准。

我国低压电器经过50年的发展，目前已形成了比较完善的体系。就低压电器品种、规格、性能、产量来看，基本上满足了我国国民经济发展的需要。

我国目前生产的低压电器产品约600多个系列，产值约150亿人民币，生产企业1500多家，职工约30万人，目前市场销售的产品可谓三代同堂。

行业总体情况

低压电器行业目前约有生产企业1500家。根据企业性质和规模，低压电器的制造业有四种主要类型：

（1）国有骨干企业（国有股份制企业）：其生产设备相对较先进，有的达到国外20世纪80年代水平，有一定的技术力量，产品技术水平和质量水平处于中高档，大多有质量保证能力，用户中有较高的信誉，有些企业正在转为股份制。代表性企业有上海人民电器厂、常熟开关厂（已转为股份制企业）、北京开关厂、遵义长征一厂和九厂、广州南洋电器厂等。在这些企业中，常熟开关厂和北京开关厂、上海人民电器厂处于较好的良性循环中，其余大部分企业处于维持简单再生产的境地。

（2）国有中型企业、集体企业：具有一定的生产规模与能力，生产设备比较陈旧，主要设备进行了更新。生产品种多，批量小，产品结构不完全合理，产品质量各企业水平不一，质量不稳定。这类企业目前大多运行艰难，估计每年有10%～20%的企业关停并转。

（3）民营企业：多数以手工作坊式生产起家，以简单、普通的加工设备生产低压电器零件或产品。也有一部分企业经过近几年的“资本积累”，发展成颇具规模的企业群体或企业集团，而且走到了市场经济下股份制改造、资本经营的前列，其发展状态十分活跃，产品质量有较大提高。其中比较有代表性的企业有浙江温州的正泰集团、德力西集团等。

（4）三资企业：国外电器行业的一些跨国公司近年来纷纷来华投资，建立合资的或独资的生产制造企业。这些企业大多由国内原骨干、重点企业与国外大公司的结合而建立，多由外国公司控股，以国内市场为主要目标，利用外国公司的先进制造技术，打着跨国公司的品牌，生产、销售跨国公司的产品，发展趋势十分强劲。几乎所有国际著名的生产低压电器的跨国公司都在我国投资办厂，如施耐德、西门子、ABB、默勒、伊顿公司、GE公司等，开办了30多家低压电器合资企业或独资企业，总投资在25亿元以上。预计今后几年有更多的合资企业将建立。

从低压电器产品的技术水平看，在数量上，20世纪70年代设计（第一次统一设计）产品的市场占有率约25%，80年代设计（"六五"、"七五"更新换代和技术引进）产品的占有率约50%，90年代设计（"八五"设计、合资市场和直接进口）产品占有率约25%。在价值上，70年代设计产品的市场占有率约25%，80年代设计产品的占有率约40%，90年代设计产品占有率约35%。

从企业群体的类型及产品价值来看，国有重点骨干企业目前的市场占有率在25%左右，但有缩小的趋势。国有中型企业、集体企业市场占有率15%左右，将有较大降低。民营企业市场占有率约40%，增长将趋缓，但部分国营或集体企业的转制又壮大了这一群体的市场。三资企业产品和进口产品目前的市场占有率20%左右，有较高的增长趋势。

我国加入WTO后可能对本行业产生的影响

(1)买方市场情况下的产需矛盾更加突出。低压电器产品市场供过于求，企业生产能力放空50%以上。资金周转不灵，发出商品不能及时回款。一方面地区间和企业间的产品趋同化，国产低压电器产品及其附件严重积压，另一方面市场急需的产品无人生产或生产不出来，从而造成了国外产品大量进入我国市场，国产低压电器产品的市场占有率大幅度下降，使相当一部分国有企业陷入了前所未有的困境之中。

市场是企业生存和发展的空间。目前国内低压电器买方市场已经形成，产品的结构性过剩日趋明显，行业结构性矛盾更加突出，正在加快向市场为中心的转变，国有企业的市场、体制和机制方面长期存在的问题进一步显现。切实转变市场观念，一切从市场需求出发，使企业的产品开发、机构调整、机制转换不断适应市场经济发展的需要，成为当前企业改革的首要任务。90年代以来，由于国内经济的迅速发展，带动了低压电器行业的突飞猛进，企业数量快速增长，行业固定资产投入膨胀，生产能力过度扩张，生产力严重过剩，一大批国有企业利润下降，不少企业已处于亏损的状态。为求生存，生产厂竞相压价，尤其是一些乡镇企业、私营企业，受利益驱动，盲目发展，导致低压电器产品大幅度降价。另外，改革开放以来，国外电器行业一些跨国公司已经纷纷来华投资，建立合资或独资的生产制造企业。几乎所有的国际著名的生产低压电器的跨国集团公司都已在我国投资。我国正式加入WTO以后，又有一大批国际上的中、小企业纷纷来华投资。这样就使我们低压电器行业面临前所未有的

经济环境，企业面临的产需矛盾更加突出。

进入WTO以后，将使我国低压电器行业挑战及机遇并存，首先最根本的是我国加入WTO以后，将会使我国现有生产低压电器的企业更进一步地失去一些市场，据海关统计2000年我国进口1千伏及以下断路器6512万美元，开关36804万美元，继电器15450万美元，就这三类低压电器产品进口将近6亿美元。我国加入WTO以后，也会带给我国企业一种机遇，据海关统计2000年我国出口1千伏及以下断路器6756万美元，开关30060万美元，继电器25373万美元，这三类低压电器产品出口也将近6亿美元，但肯定是属于中、低档的产品，随着产品国际化交流日益的深入，对我国低压电器产品发展肯定也是有所促进。只要我们抓住机遇，迎接挑战，脚踏实地、艰苦不懈的努力一定会迎来低压电器行业蓬勃发展。

(2)产品结构、企业组织结构、经济规模、布局等方面差距。在产品结构方面，通过“六五”、“七五”、“八五”和“九五”的产品更新换代、科技攻关、技术引进与消化吸收，传统低压电器产品的技术水平有了较大的提高，产品系列比较齐全，有一些产品亦达到了国际20世纪80、90年代水平。但总的来说，国内产品同国外同类产品相比，差距仍然很大，主要表现在低档产品多，高性能、高档次、有特色的产品少；主要系列产品品种单一，派生规格少，附件少，产品外观设计落后，质量稳定性和可靠性等方面。由于我国的制造工艺水平低，尚不形成经济规模，不能满足用户提出的需求和市场的需要，同时，科研与新产品开发投入少，科研与设计手段落后，新技术得不到应用，关键技术研究不够深入，难以创造性地开发高性能、有特色的产品。市场宣传也相对滞后，产品更新换代及产业化步伐进展缓慢。

在企业组织机构方面，随着社会主义市场经济体制的确立及市场环境的不断变化，现存的“大而全”、“小而全”的组织形式，在一定程度上制约了企业市场经营的健康发展。

(3)行业、企业（公司）技术经济效益等方面差距。低压电器行业从产值或产品销售营业额来看，20世纪80年代初期全国全年产值只有40亿～50亿元，至90年代初为70亿～80亿元，现在年产值约在100亿～120亿元。基本能够满足国民经济各行各业发展需求，但一些重点工程和出口配套产品还在一定程度上依赖进口。

企业的经济效益普遍不理想，主要表现在：市场规模不大，出口创汇能力不强，企业负担较重，平均全员劳动生产率不高，资金周转率低，大部分企业利润指标连年下滑。

产品质量状况

(1)主要系列产品品种单一，派生规格少，产品技术经济指标低。目前市场上的产品很大一部分是60年代至80年代设计的，这些产品体积大，耗材多，技术经济指标不能与90年代产品水平相提并论。

(2)技术创新能力、知识产权保护意识差。从对中国专利局公告的发明专利申请的统计，近几年80%以上的中国专利为外国人申请，而低压电器产品的专利由国内企业申请的更少。外国公司非常重视新技术、新原理、新产品的研究与开发，一有新东西就申请专利，以求得法律保护。国内企业在这方面的能力和意识都存在较大差距。另一方面，在低压电器行业产品知识产权保护意识较差，造成部分企业什么产品好就仿制什么产品，严重影响企业开发创新产品的积极性，使产品水平难以提高，甚至某些企业生产假冒其它企业厂名和商标的产品，在这方面政府主管部门采取的打击力度还不够。

(3)专用工艺装备和检测设备缺少，工艺不稳定，产品质量分散性大，难以形成规模效益。

(4)科研投入太少，研究设计手段相对落后，新技术得不到应用，关键技术攻关研究不深入，忙于急功近利，难以形成自主开发的良性循环。

(5)产品可靠性差。电器产品运行早期故障率高，产品在规定的使用期内偶然失效现象多，致使用电系统不能可靠运行。长期以来由于产品设计、制造工艺、材料、检测、管理等诸多方面原因，使我国低压电器产品与国外产品相比在可靠性方面存在较大差距。早期故障、常见故障屡见不鲜，不同程度上影响了低压配电系统与控制系统运行可靠性，以致部分行业（如机床、造船等）出口产品和国内重点工程配套用的低压电器不得不采用进口产品。零部件结构设计不合理、材质差、加工工艺落后等无法保证零部件质量，造成产品稳定性、一致性差，致使产品不可靠。

(6)质量管理体制与模式有差距。外资企业靠制度，国营企业靠职工素质，而许多民营企业靠产品价格。部分企业（尤其是温州的一部分企业）在生产中采用“按价论质”的办法，无法保证产品性能的统一和可靠使用，使用户对低压电器产品质量产生怀疑。

(7)产品外观质量差。国内早期产品设计不太重视产品外观设计，产品外观缺少美感。零部件加工工艺装备落后，塑料模具制造粗糙，使塑料件表面不光滑；零部件表面处理（电镀、喷漆、喷塑）质量差等也是造成产品外观质量差的原因。

(8)在环保绿色技术方面，同国外发展到开始注重生态环境保护的阶段相比，我国无论在技术上、意识上、还是在法律法规都存在很大的差距。国内很多新设计产品仍然采用银氧化镉触头材料，包装采用泡沫填料，这些都会给生态环境带来负担。一些劣质产品，如温州地区有企业以每极2～4元销售的小型断路器纯粹耗用材料资源生产垃圾，产品无法正常使用却给生态环境增加很多负担。

德力西集团
德力西牌塑料外壳式断路器

DELIXI 德力西

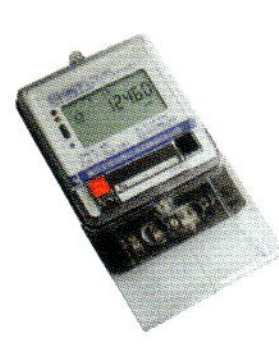

德力西集团　DELIXI Group

德力西集团创业于1984年7月，1996年经国家工商局批准，企业晋升为全国性无区域企业集团。德力西集团是以输配电气为主业的国家大型工业企业，主要生产高低压电器、成套电气、交通电器、仪器仪表、电缆桥架、母线槽、高速公路护栏等产品，同时涉及金融业、房地产业、贸易业、服务业、运输业，是一个同心多元发展的现代企业集团。现有员工13000余人，集团下属企业60多家，协作企业700多家，同时还在全国300多个城市和40多个国家与地区设立了600多家销售公司，生产产品已达300多个系列3万多个规格，综合实力位居中国民营企业500强第5位。

德力西集团坚持"德报人类，力创未来"的崇高理念，致力于"创造中国人自己的国际品牌"，为中国电气行业创造出了辉煌的业绩。企业先后获得中国明星企业、全国机械工业管理示范企业、全国重合同守信用企业、全国质量管理先进企业、农业部最高利税总额企业、中国最大低压电器出口基地、全国出口创汇先进企业、国家火炬计划重点高新技术企业等荣誉称号，"德力西"商标还被认定为"中国驰名商标"。董事局主席胡成中也因业绩卓著而先后当选为全国政协委员、全国工商联执委、浙江省九届人大代表等。

Established in July 1984, DELIXI was upgraded as a national trans-regional corporation in 1996 under the approval of national industry & commerce bureau. DELIXI's main products include high and low electric apparatus, series electric apparatus, traffic electric apparatus, meters and instruments, cable and etc, it also includes finance, estate, trade and transportation fields, it is a modern corporation with multi-dimension developing trends. Now the number of DELIXI people amounts to 13000 and DELIXI's branch companies are over 60 and it also co-operates with over 700 enterprises. DELIXI has built more than 600 sales companies in over 300 cities of china and in more than 40 foreign countries, its products have more than 300 series including over 30 thousand specification and it hits the fifth place among china 500 famous private-owned corporations.

DELIXI sticks to " For the people, For the future", it devotes itself to become a global famous brand owned by Chinese. Now DELIXI has won china famous brand and other reputations. DELIXI has made great achievement in china electric field. DELIXI corporation has also been given reputations such as "china star corporation", "advance quality management corporation in china" ,"China biggest low voltage electric apparatus import&export base" and so on. Mr. HuChengZhong, president of DELIXI, is given as china excellent entrepreneur,

天正集团
天正牌塑料外壳式断路器

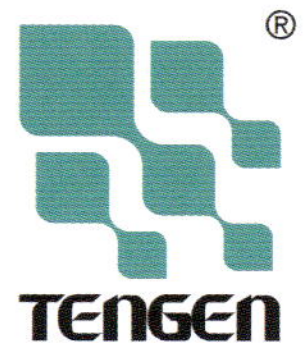

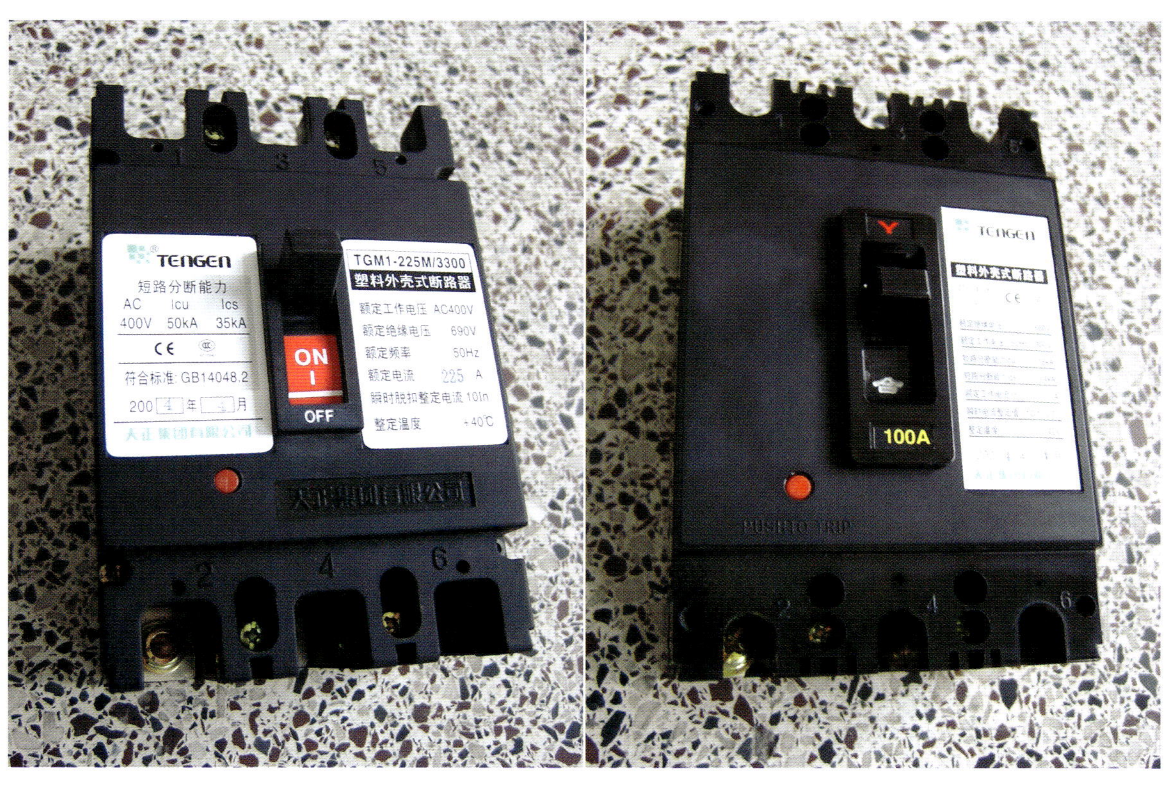

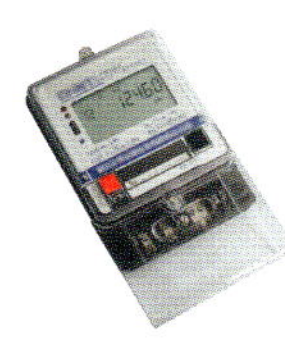

天正集团 Tengen Group

天正集团，中国工业电器行业规模最大的企业之一，总部位于"中国电器之都"--温州柳市 曾先后荣获国家大型企业、国家级企业集团、中国电气百强企业、浙江省质量管理奖、浙江省"五个一批"骨干企业、浙江省最佳经济效益工业企业等荣誉称号，2002年被全国工商联公布为全国民企500强第10位。

天正集团以工业电器为主导产品 以电力自动化、金融投资为辅，集制造、贸易、科研、信息、服务等多功能于一体，生产80大系列10000余种规格的产品。目前员工5100余人，总资产13.9亿元，2003年创产值51亿元。天正集团设有电气股份事业部、仪器仪表事业部、电源事业部、营销事业部、海外事业部、投资科技事业部、上海明日自动化事业部、上海成套事业部、流量科技事业部、建筑电器事业部、电力变压器事业部等11大事业部，在国内拥有2000多家销售网点、600多个协作单位、50多家成员企业，国外拥有10个贸易机构。

天正在美国硅谷、上海浦东、温州柳市分别建立了科研基地、高科技工业园和技术开发中心，每年投入销售收入的5%用于新产品的研制开发，拥有国内首家与国际接轨的第一方实验室--"低压电器测试中心"，"天正科技研发中心"也是经浙江省政府确认的省级技术中心。

天正集团秉承"求新、求学、求和"的企业精神，致力于把企业打造成学习型组织，实现员工和公司共同成长。面对新经济的挑战，天正集团全面推进以"战略人力资源管理为重点，从劳动密集型产业向技术密集型产业转移、从商品经营向商品与资本并举转移、从国内市场向国内与国际市场并重转移"的发展战略，为实现天正"五年创国内一流、十年创世界品牌"的宏伟蓝图而奋斗。

Tengen Group is a diversified industrial corporation engaged in developing, manufacturing and marketing a wide variety of products for the transmission, distribution, control and utilization of electricity as well as industrial automation and system software. It is headquartered in Wenzhou, Zhejiang province.

Tengen focuses on low and medium voltage electrical appliances and has been a leading Chinese exporter in this industry since 1993. The State Ministry of Foreign Trade and Economic Cooperation have listed its products as a "foundational export". In 2002, Tengen was the 10th largest private company in China as ranked by the National Association of Industry and Commerce.

Tengen offers over 90 series of products with close to 10, 000 different specifications, and has the flexibility and resources to meet customer's demands in the fast-changing global market. In addition, most of our products have CE and CCC approval, ensuring that our products meet the highest quality and safety standards. Tengen also holds ISO9001 and ISO14000 approval for management, and is an industry leader in research and development, quality control, as well as environmentally-conscious manufacturing.

Nationally, our products have attained numerous awards for quality and customer satisfaction. Internationally, these same qualities have helped Tengen to establish long-term business connections with clients in over 100 countries on five different continents.

Tengen is committed to the quality of its products and the satisfaction of its customers. Feel free to browse our website and if there are any further questions, our international business department would be happy to help.

常熟开关厂
日月牌塑料外壳式断路器

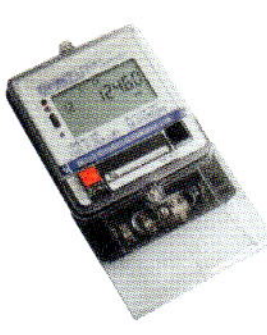

常熟开关厂 Changshu Switchgear Plant

常熟开关厂作为我国低压电器行业的骨干企业，专业生产低压电器元件和高低压成套开关设备。企业领导坚持"科技兴企业、管理出效益"的发展方针，在国内同行中率先建立CAD/CAM/CAE系统，并积极引进和培养技术人才，完成CM1系列塑料外壳式断路器和CW1系列万能式断路器等产品的自主开发和生产，满足了国内配电行业对高性能、高品质元器件的需求，改变了国外产品完全占据国家重点工程和项目的局面，夺回了过去一直被国外产品占领的国内高端产品市场，产生了巨大的经济效益和社会效益，确立了行业主导地位。为此产品被认定为"国家级新产品"、"国家重点新产品"、"江苏省名牌产品"、"江苏省优秀专利产品"，荣获中国"机械工业科技进步二等奖"，并被列入"121"计划，创出了"日月"品牌。

常熟开关厂以"质量为核心"开展企业各项管理工作，在全国同行中率先通过了ISO9001质量体系认证，使企业管理走上了规范化和制度化；产品通过"3C"认证和"CE"认证，取得了市场通行证。1994年起产品参加了中国人民保险公司产品责任保险，此举开创了低压电器行业中对产品进行投保的先例，自投保以来，十年无保险责任赔款，从而证实了产品质量的可靠性。高品质的产品、完善的售后服务使企业于2001年获全国机械工业"用户满意产品/工程"和"质量效益型企业"称号。

常熟开关厂以新厂、新面貌、新发展为动力，继续"科技兴企业、管理出效益"的发展方针，努力实现企业可持续发展，以实现重塑我国低压电器行业新形象的雄心大略。

Changshu Switchgear Plant, the backbone enterprise of the domestic low voltage electric apparatus industry, mainly produces low voltage electric component and high & low voltage complete set of switchgear equipment. For many years, the plant follows the guideline of Technology Progress and Strict Management, recruits and bring up large numbers of technical talents. It took the lead in setting up the CAD/CAM/CAE system among the domestic low voltage electric apparatus industry. Thanks to the great endeavor, the plant succeeded in developping and producing many new high-tech. products such as CM1 Series Moulded Case Circuit Breakes and CW1 Series Intelligent Universal Circuit Breakers by itself, meeting the demands of the domestic power distribution industry on electric components of high quality and high performance, recapturing the market share of high-end products which used to be owned by the overseas products. Great achievements have been achieved, which ensures the plant keep the leading positon among the industry. These products have been assessed as the State New Product, the Key State New Product, Jiangsu Famous Product, Jiangsu Excellent Patented Product, awarded Second-class Prize on Technology Progress of Machinery Industry, listed in the "121" catalogue. Sun & Moon brand registered for these products has got good reputation.

Moving in the new site, the plant takes on a new look. Following the guideline of Technology Progress and Strict Mangement, it will stick to make futher progress and push forward the domestic low voltage apparatus industry.

正泰集团
正泰牌塑料外壳式断路器

正泰®

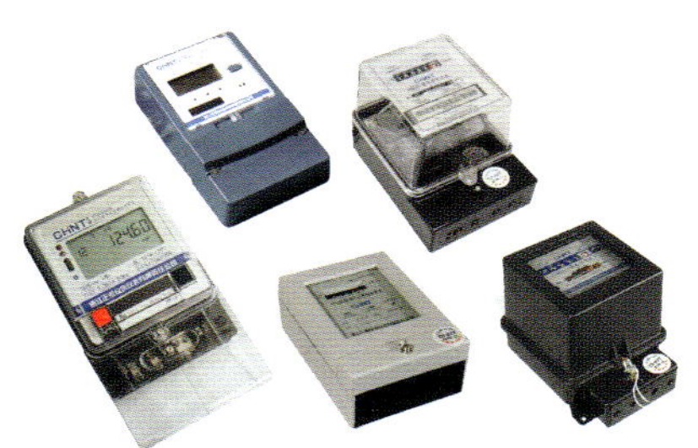

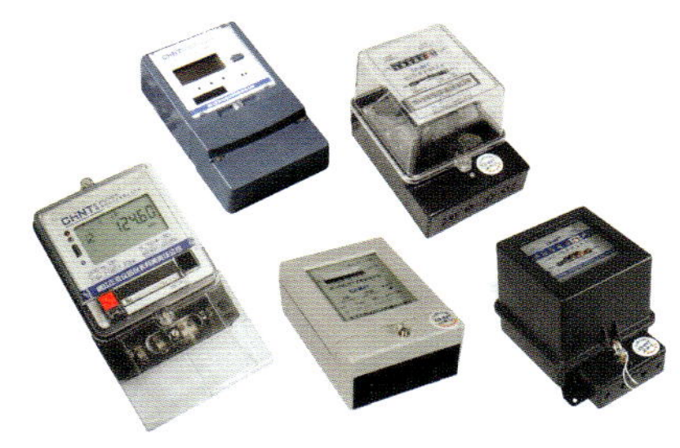

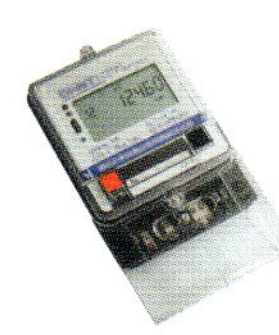

正泰集团 Chint Group

正泰集团总部地处风景秀丽的雁荡山南麓—温州柳市工业区，紧靠104国道，距温州机场和温州火车站各25公里，交通便利。

集团始创于1984年7月，现辖6大专业公司、50余家持股企业、800多家专业协作厂，并在全国各地设有1020家销售公司和特约经销处，在国外设立了5家分公司和30多家销售总代理。主要生产经营高低压电器、输配电设备、仪器仪表、建筑电器、通信设备、汽车电器等100多个系列、5000多个品种、20000多种规格的产品。集团综合实力名列全国民营企业500强第4位。"正泰"商标被国家工商局认定为驰名商标。正泰电器在国内20多个省市被列为"免检"产品，畅销世界30多个国家和地区。集团员工13000多人，厂房面积30万平方米，总资产22.95亿元，工业总产值81.47亿元，销售收入80.58亿元，系中国低压电器行业最大产销企业。

创新是正泰事业发展的前提和基础，"创新意识、团队精神"是正泰企业文化的精髓。正泰集团坚持以产权制度改革为核心，坚持不懈地进行企业创新，先后经历了股份合作、公司制、集团制、(控股)集团公司制四个发展阶段。初步形成了以集团公司为投资中心，以专业总公司为利润中心，以基层生产公司为成本中心的母子公司管理体制；初步建立了现代企业制度，实现了"家族企业"向"企业家族"的跨越。同时，在温州电器行业中首开网络营销先河，建立了以省城和主要工业城市为中心，以地级城市为重点，以县级城市为辐射点的三级分销体系，从而赢得了市场营销的主动权，使正泰电器的市场份额名列前茅。

面对新世纪，面对经济全球化，正泰人决心立足工业电器产业，坚持"股份社会化、产业科技化、营销全球化、品牌国际化"发展方向，不断创新，努力将"正泰"塑造成为长盛不衰的知名企业。

We hope to bring power and light into the world, as we are specialized manufacturers of electrical appliances. Chint Group Corporation produces first-class products and offers consummate services for our customers.

Headquartered in Zhejiang Province, China, Chint was established in July, 1984. Thanks to the reforming and opening-up policy of Chinese Government, Chint has been developing from a home workshop to a large modernized enterprise group with 13,000 employees and a turnover of US$970 million in 2002. Chint has six specialized branches, more than 50 holding companies and over 800 specialized cooperative partners. Its main products covers the following categories: high and low voltage electrical appliances, power transmission and distribution equipments, measuring meters and instruments, telecommunication equipments, automobile appliances and construction appliances.

In a dynamic and ever-changing world, Chint determines to march further into the international market. With its state-of-the-art technologies, production expertise and the emphasize on innovation, Chint is anticipating more co-operations with our friends home and abroad, hoping to bring more power and light into every corner of the world.

德力西集团
德力西牌万能式断路器

DELIXI 德力西

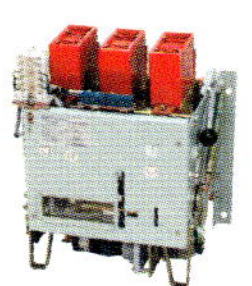

正泰集团
正泰牌万能式断路器

正泰®

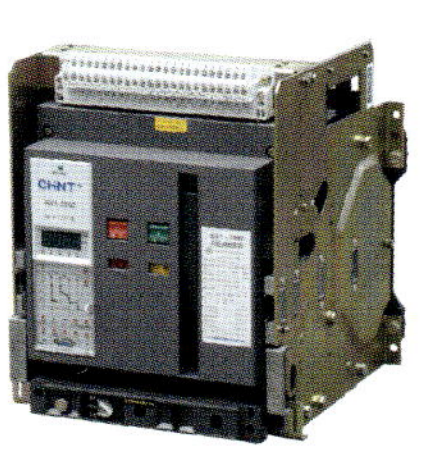
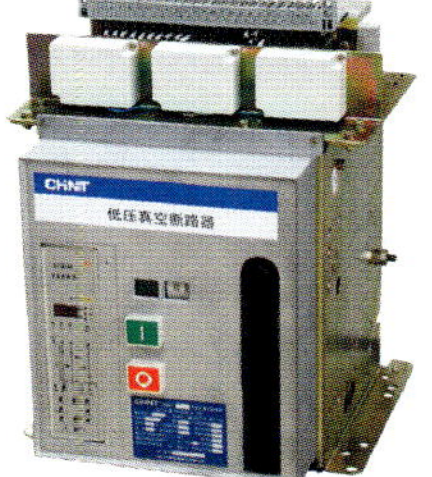

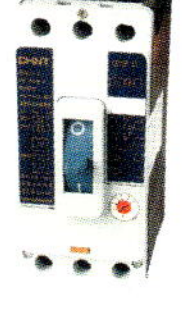
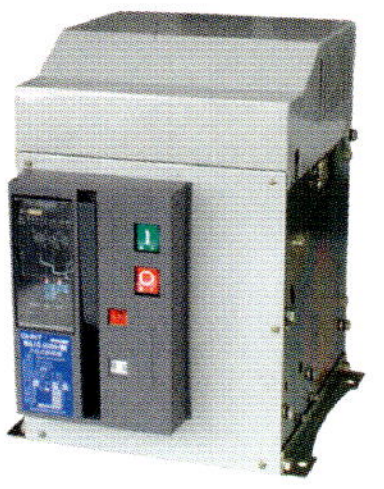
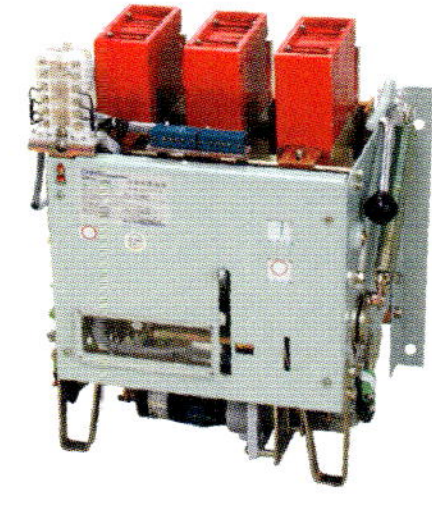

上海电器股份有限公司人民电器厂
上联牌万能式断路器

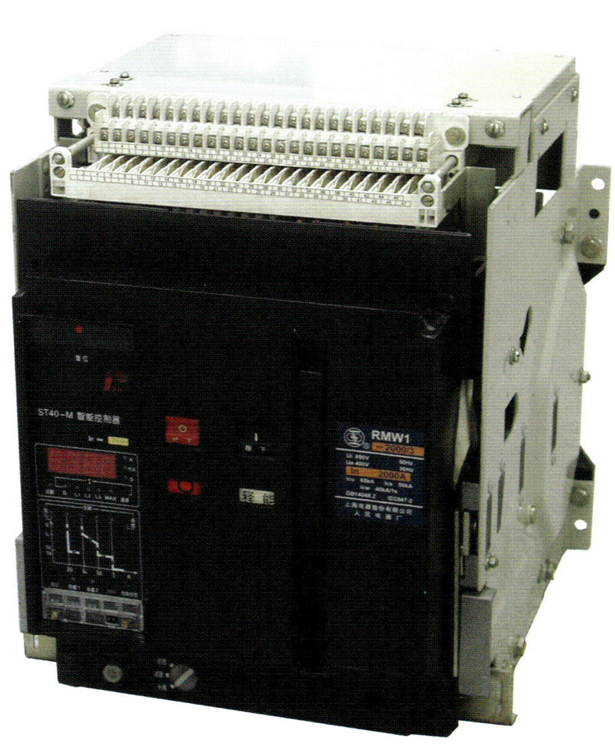

上海电器股份有限公司人民电器厂
Shanghai Renmin Electrical Apparatus Works (hereinafter called SREAW)

上海电器股份有限公司人民电器厂于1914年创立，1952年经登记注册后开始使用“上联”牌商标，1999年认定为上海市著名商标。目前职工人数1450余人、中高级工程技术人员200余人，中高级管理人员100余人，占地面积46251M²，建筑面积60347M²。2002年固定资产1.33亿元人民币，销售额3.3亿人民币。企业通过世界银行贷款项目和国家"双加"项目的实施，加快了企业技术进步，拥有具有世界先进水平的模具加工中心、生产制造中心和检测中心。企业建立了上海市技术中心，齐全的产品开发能力，完善的质量保证能力能够可靠地保证向用户提供满意的产品和服务。

工厂生产的主要产品有万能式断路器、塑料外壳式断路器、带剩余电流保护塑壳断路器、交流接触器、热过载继电器、电磁起动器、转换开关、双电源自动切换装置等，被电力、建筑、石化建设项目和国家城网、农网改造项目广泛采用。产品符合现行GB14048系列国家标准，同时等效采用IEC60947系列国际电工技术委员会标准。部分产品曾荣获上海市经委颁发的“上海市级新产品奖”和由国家经委授予的“国家级新产品奖”。

工厂曾被评为上海市质量标兵企业、七届上海市高新技术企业、五届上海市文明单位、上海工业系统优秀企业形象单位等荣誉。1994年在全国低压电器行业率先通过ISO9001质量体系认证。本企业生产的72个单元的低压电器产品全部获得中国国家强制性产品认证证书（即“3C”认证）和生产许可证，连续七年被评为上海市名牌产品，并被列入“上海市名牌产品100强”。

Shanghai Renmin Electrical Apparatus Works (hereinafter called SREAW) was established in 1914. SREAW began to use "ShangLian" brand from 1952 and the brand was considered as the famous brand of Shanghai in 1999. Now SREAW has a staff of more than 1450 including more than 200 senior and medium engineers, above 100 senior and medium managers. The construction area of factory is 60347 M2 and the in-use area of factory is 46251 M2. The assets of SREAW were RMB 133 million and the gross sales were RMB 330 million in 2002. With the aid of World Bank loan, SREAW has made rapid progress in technology and has possessed world advanced Tooling Manufacturing Center, Products Manufacturing Center and Testing Center by the enforcement of national "Double Quicken" project. The enterprise has set up Shanghai Technology Center having the capability to develop kinds of products. SREAW has perfect quality guarantee systems to provide satisfied products and service to the customers.

The main products of SREAW include Conventional Air Circuit Breaker, Moulded Case Circuit Breaker, A.C. Contactor, Thermal Overload Relay, Electromagnet Starter, Transfer Switch and Double Power Supply Transfer Switch etc. The products of SREAW are widely adopted in the projects of power station, city construction, city power net reconstruct and rural power net reconstruct. The products comply with the GB14048 standard and the equivalent IEC 947 standard. Shanghai Committee of Economic awarded some products as Shanghai New Product and National Committee of Economic awarded some products as National New Product.

常熟开关厂
日月牌万能式断路器

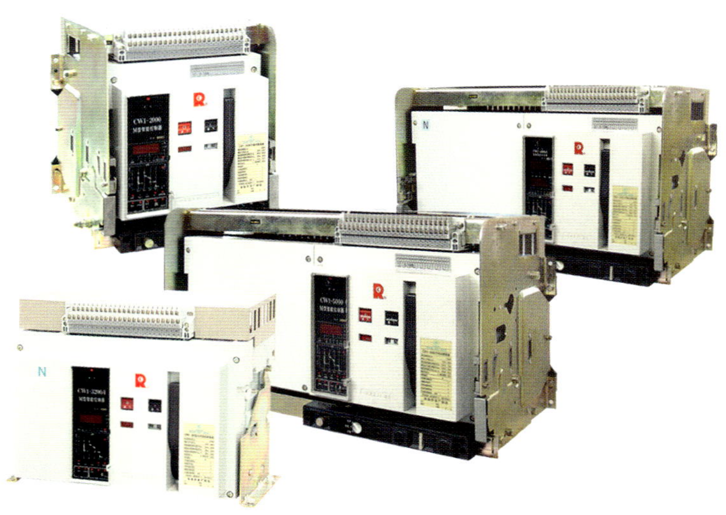

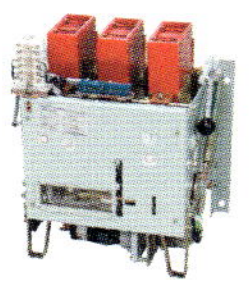

常熟开关厂　Changshu Switchgear Plant

常熟开关厂作为我国低压电器行业的骨干企业，专业生产低压电器元件和高低压成套开关设备。企业领导坚持"科技兴企业、管理出效益"的发展方针，在国内同行中率先建立CAD/CAM/CAE系统，并积极引进和培养技术人才，完成CM1系列塑料外壳式断路器和CW1系列万能式断路器等产品的自主开发和生产，满足了国内配电行业对高性能、高品质元器件的需求，改变了国外产品完全占据国家重点工程和项目的局面，夺回了过去一直被国外产品占领的国内高端产品市场，产生了巨大的经济效益和社会效益，确立了行业主导地位。为此产品被认定为"国家级新产品"、"国家重点新产品"、"江苏省名牌产品"、"江苏省优秀专利产品"，荣获中国"机械工业科技进步二等奖"，并被列入"121"计划，创出了"日月"品牌。

常熟开关厂以"质量为核心"开展企业各项管理工作，在全国同行中率先通过了ISO9001质量体系认证，使企业管理走上了规范化和制度化；产品通过"3C"认证和"CE"认证，取得了市场通行证。1994年起产品参加了中国人民保险公司产品责任保险，此举开创了低压电器行业中对产品进行投保的先例，自投保以来，十年无保险责任赔款，从而证实了产品质量的可靠性。高品质的产品、完善的售后服务使企业于2001年获全国机械工业"用户满意产品/工程"和"质量效益型企业"称号。

常熟开关厂以新厂、新面貌、新发展为动力，继续"科技兴企业、管理出效益"的发展方针，努力实现企业可持续发展，以实现重塑我国低压电器行业新形象的雄心大略。

Changshu Switchgear Plant, the backbone enterprise of the domestic low voltage electric apparatus industry, mainly produces low voltage electric component and high & low voltage complete set of switchgear equipment. For many years, the plant follows the guideline of Technology Progress and Strict Management, recruits and bring up large numbers of technical talents. It took the lead in setting up the CAD/CAM/CAE system among the domestic low voltage electric apparatus industry. Thanks to the great endeavor, the plant succeeded in developping and producing many new high-tech. products such as CM1 Series Moulded Case Circuit Breakes and CW1 Series Intelligent Universal Circuit Breakers by itself, meeting the demands of the domestic power distribution industry on electric components of high quality and high performance, recapturing the market share of high-end products which used to be owned by the overseas products. Great achievements have been achieved, which ensures the plant keep the leading positon among the industry. These products have been assessed as the State New Product, the Key State New Procuct, Jiangsu Famous Product, Jiangsu Excellent Patented Product, awarded Second-class Prize on Technology Progress of Machinery Industry, listed in the "121" catalogue. Sun & Moon brand registered for these products has got good reputation.

Moving in the new site, the plant takes on a new look. Following the guideline of Technology Progress and Strict Mangement, it will stick to make futher progress and push forward the domestic low voltage apparatus industry.

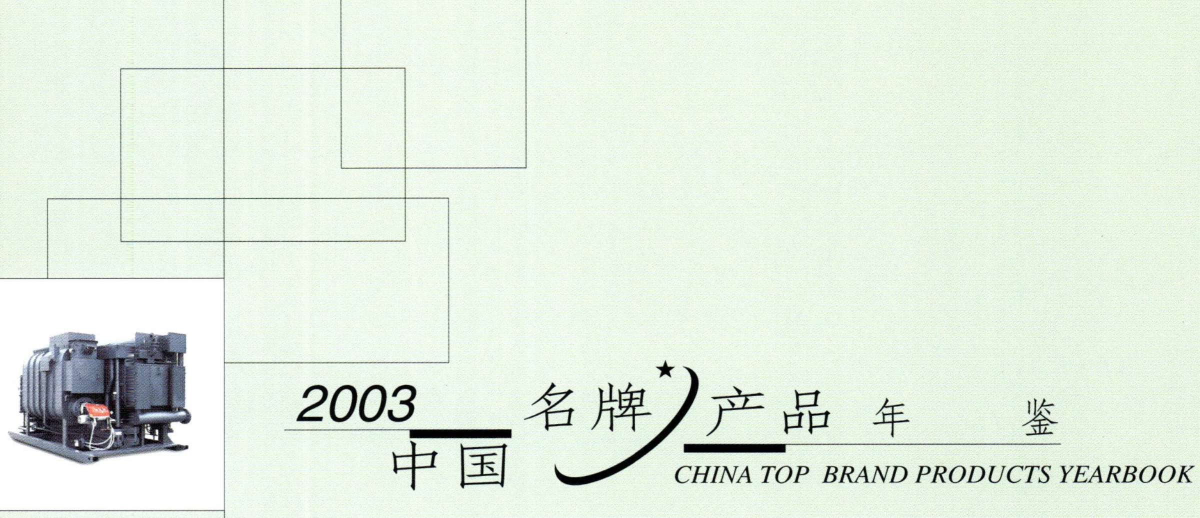

2003 中国名牌产品年鉴

CHINA TOP BRAND PRODUCTS YEARBOOK

T

溴化锂吸收式冷(热)水机组

溴化锂吸收式冷（热）水机组行业状况

一、该产品行业的基本情况

溴化锂吸收式冷（热）水机组是以燃油、燃气、蒸汽、热水为热源，水为制冷剂，溴化锂水溶液为吸收剂，在近真空状态下交替或都同时制取空气调节或工艺用冷热水的设备。

我国溴化锂吸收式冷（热）水机组的发展始于20世纪60年代中期至今已有三十余年历史，其发展大致可分为三个阶段。即起步阶段（产品研制阶段）、初步发展阶段（基础传热研究）和全面发展阶段，开始吸收式制冷机组主要以蒸汽型机组为主，主要用于纺织工业的工艺空调，90年代以后，我国在吸收国外技术的基础上自行开发研制了直燃型吸收式机组，从此溴化锂吸收式冷（热）水机组的发展很快，已成为我国中央空调系统中自主开发的重要主机产品之一。

二、该产品行业的产值，以及在国民经济中的地位和作用

20世纪90年代中期，由于国家环境保护政策的要求（减少CFCS的排放量）以及缓解国内电力供应方面区域不平衡的矛盾，使得溴化锂冷（热）水机组的市场需求量迅速增加，生产量最高时达到年产3400余台，制冷量达到约120万冷吨，接近当时我国生产的电力制冷机组制冷量的总和。生产企业达50～60家，随着市场优胜劣汰的规律，目前有一定实力和生产规模的生产企业约有15家左右，生产量由于对小制冷量的机组有市场，显得产量又有所上升。1995～2001年溴化锂吸收式冷（热）水机组的市场总规模如下：（据行业统计资料整理）

年度	1995	1996	1997	1998	1999	2000	2001
生产量（台）	3500	3049	2600	2800	2613	3285	3955

总产值约35亿人民币。

三、该产品行业的生产集中度

国内主要生产企业：

大连三洋制冷有限公司

江苏双良集团有限公司

远大空调有限公司

烟台荏原空调设备公司

以上4个企业的产量约占总产量的85%。

国内其他生产企业：

上海一冷开利空调设备有限公司

浙江联丰股份有限公司

洛阳东信中央空调有限公司

四川希望深蓝空调制造公司

山东日照华冷制冷有限公司

以上6个企业的产量约占总产量的15%。

四、该产品行业的出口状况

由于美国2000年曾发生加州电力危机，所以对该产品不需大功率电力即可制冷空调感兴趣，作为备用制冷空调设备，所以对我国有需求。我行业目前有三家企业均有出口，据2001年协会统计资料：烟台荏原公司（中日合资）出口额为13405万元（主要出口美国，为OEM方式）；远大空调公司在美国建立公司，出口额为8358万元；大连三洋制冷设备公司（中日合资），主要返销小制冷量的产品，出口金额约为1.2亿元。

五、该产品的质量水平及与国外先进水平的差距

由于该产品的基础研究工作开展得较好（传热机理等），加上国际著名企业如日本三洋、荏原、美国开利等公司均与我国骨干企业建立合资关系，引进了若干先进的工艺、设计和管理技术，经过几年来的消化吸收，我国已具备国际水平的产品制造技术，因此该产品可以说与国外先进水平是同步的。

六、 加入WTO后，该产品面临形势

（1）该产品的国内企业（包括合资企业）生产能力约为5000～6000台/年，呈供大于求状态，因此在入世后，可以大力向外出口，国内的生产集中度已较大，已基本处于稳定阶段。

（2）由于我国燃气供应将在未来的几年内持续增长，燃气在该产品的使用量也可根据当时当地情况而增加，以填补燃气的峰谷差问题，因此在西气东输管线、陕—京津管线、国际管线的沿线城市都可以充分利用燃气优势来发展直燃型吸收式冷（热）水机组，这样可能在未来的十年中，该产品可能会突破5000台/年的大关。

江苏双良空调设备股份有限公司
双良牌溴化锂吸收式冷(热)水机组

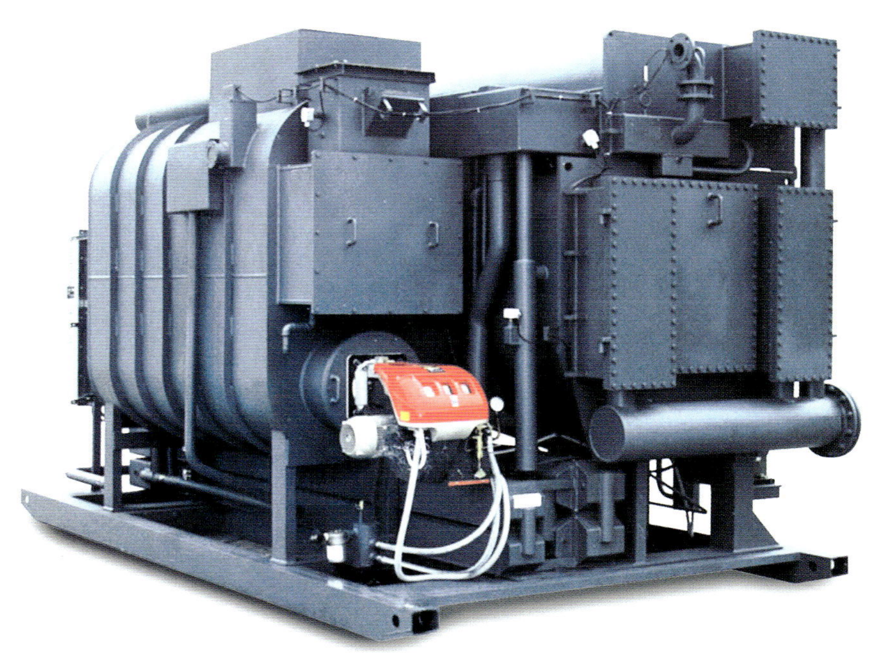

江苏双良空调设备股份有限公司
Jiangsu Shuangliang Air-Conditioning Equipment Co., Ltd.

江苏双良空调设备股份有限公司是从事溴化锂吸收式冷（热）水机组系列产品、电制冷机组、空调器产品、大型燃油燃气热水器等生产的大型企业。公司占地面积22万平方米，建筑面积7.2万平方米，现有员工1200多名。溴化锂吸收式冷（热）水机组系列产品主要有蒸汽型、直燃型和热水型三大类，包括从230~5200千瓦的多系列数百个品种。本公司H型溴化锂吸收式冷（热）水机组2002年经江苏省科技厅组织的科技成果鉴定认为达到了国际领先水平。

电制冷机系列产品，主要有螺杆式冷水机组、风冷热泵机组等，包括从240~1680千瓦的多系列数百个品种。螺杆式冷水机组2002年经江苏省科技厅组织的科技成果鉴定认为达到了国际先进水平。

公司拥有一支高素质的技术服务人员队伍，85%以上的技术服务人员具有暖通专业大专以上学历。公司具有覆盖全国29省市自治区、80多个地区极其完备的技术服务网络，实行“挂牌服务”，定机定位定人，提供全天候24小时不间断的技术支持服务。投资数百万元建成的双良远程监控中心可为所有的双良客户提供远程维护、远程巡检及远程诊断应答等服务，力求向客户提供真正贴心的服务。

江苏双良空调设备股份有限公司将以高品质的产品，优质的服务赢得用户的信赖，实现与客户的持久双赢。

Jiangsu Shuangliang Air-Conditioning Equipment Co., Ltd., occupying an area of 220,000 square meters with a constructed area covering 72,000 square meters, is a large-scale enterprise with 1200 employees, engaged in manufacturing a series of LiBr absorption chillers (-heaters), electrical chillers, air-conditioning products, gas or oil fired water heaters of large-capacity, and etc.

Based on the views of satisfying the end-users, customers orientation, Shuangliang keeps maintaining good services as an advantage for competition through active, specialized, standardized, and multiple help to the users. We insist on the idea of "good products and better services" and consider our reputation as the life of our company.

Shuangliang has an experienced technical service engineers team, of which over 85% enjoyed at least a normal college education in HVAC. Our technical service network covers 29 provinces and more than 80 areas, providing technical support and service 24 hours a day with our name-badged engineers responsible and fixed on every equipment. Shuangliang remote long distance monitoring center, invested with dozens of dollars, can supply long distance maintenance, monitoring and diagnostic answers to all the end-users so as to serve the clients better.

,Jiangsu Shuangliang Air-Conditioning Equipment Co., Ltd. will keep on winning the confidence of the clients with high-quality products and services for persisting mutual benefits.

远大空调有限公司
远大牌溴化锂吸收式冷(热)水机组

溴化锂吸收式冷(热)水机组

远大空调有限公司 Broad Air Conditioning Co.,Ltd.

远大是全球规模最大、技术水平最高的吸收式空调制造企业。创业于1988年，总部设于北京，生产基地设于长沙。员工约1800人，资产约20亿元，连续9年无贷款。远大产品销往30多个国家，在中、美、德、西、法等国市场占有率为同行业之首。已为世界众多重要建筑采用、甚至为整座城市提供中央空调。

远大专门生产以热能为动力、以溴化锂为冷媒的中央空调产品。

功能：制冷、制热、卫生热水

能源：天然气、燃油、蒸汽、热水、发电及工业废热、太阳能

制冷量：16千瓦～23260千瓦。

技术：远大所有技术均为自行开发，从未模仿过任何厂家的产品，共有70余项专利，其中部分专利在30余国申请。

1992年开发成功中国第一台直接以燃料制冷的直燃机，改变了中国电空调一统天下的局面。

2000年独创发电尾气制冷技术，在全球掀起冷热电联产热潮。

2003年独创超小型燃气空调，逾越了吸收式空调小型化的世界性障碍。

远大是全球唯一的全部吸收式空调通过欧洲CE、美国UL、ETL、ASME认证的企业。

BROAD AIR CONDITIONING Co.,Ltd. is the biggest absorption chiller manufacturer with the most edge-cutting technologies in the world. BROAD is headquartered in Beijing, China and BROAD's manufacturing base is situated in Changsha (the capital city of Hunan Province), China. Established in 1988, BROAD has about 1,800 employees with total assets of US$ 250 million and has been loan-free for nine straight years.

Today, BROAD's products are in more than 30 countries. In China, the U.S., Germany, Spain, France BROAD chillers are No.1 choice in the industry. BROAD has supplied many central air conditioners for high profile buildings in the world and even one whole city.

Products

BROAD specializes in manufacturing absorption chiller/heaters using lithium bromide and water as the refrigerant agent respectively.

Function: cooling, heating, hot water

Heat source: natural gas, diesel, steam, hot water, exhaust from generator and industrial waste streams, solar energy

Cooling capacity: 16kW ~ 23,260kW

Technologies

All BROAD technologies are developed by BROAD itself with over 70 patented rights, some patents are registered in more than 30 countries. BROAD has never copied any other manufacturers.

In 1992, China's first direct-fired absorption (DFA) chiller/heater was developed by BROAD, which changed the compressor-dominated Chinese market dramatically.

In 2000, BROAD invented exhaust gas-fired cooling technology which triggered off a BCHP System (buildings, cooling, heating and power) Fever worldwide.

In 2003, minimal gas air conditioner was successfully developed. The intractable global barriers for the small absorption chillers are overleapt.

BROAD is the only company in the world that all the absorption chillers are CE marked, UL and ETL listed and ASME certified.

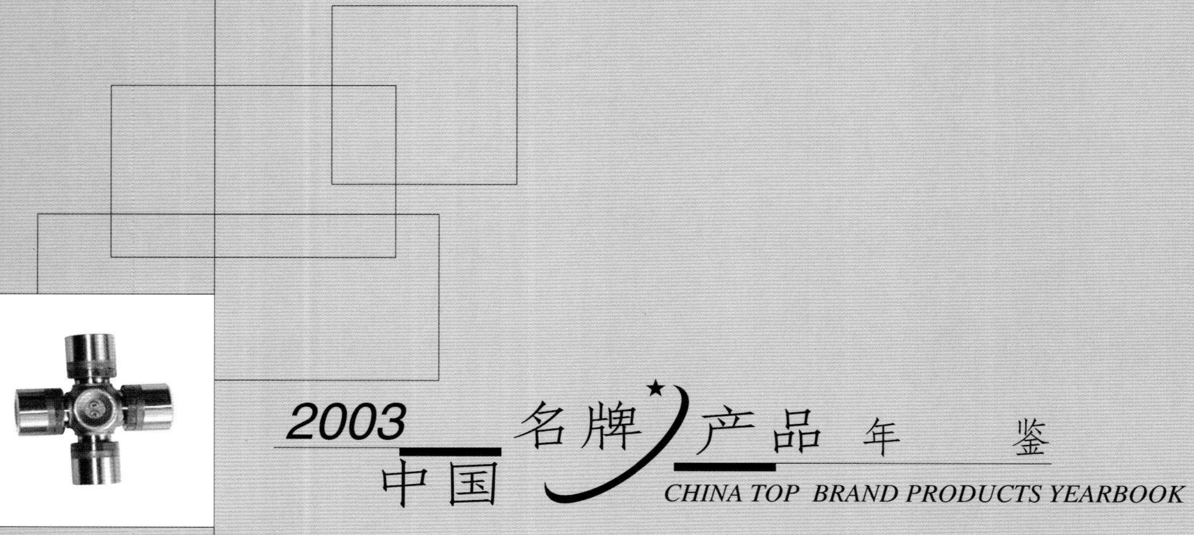
2003
中国名牌产品年鉴
CHINA TOP BRAND PRODUCTS YEARBOOK

U

万向节

万向节行业概况

万向节作为连接发动机与传动装置的最主要部件，是汽车整车中关键的零部件，安全性要求较高，同时产品处于传动联接，及转动摩擦易损部位，因此市场容量巨大。

国内万向节行业现状分析

国内万向节行业基本经历了三个阶段，20世纪70年代末80年代初，以国营企业为主，当时青岛万向节厂、广东万向节厂、江西万向节厂、苏州万向节厂等主导国内市场。到80年代中后期，乡镇企业杭州万向节总厂依靠灵活的市场机制开始发展壮大，专业化生产汽车万向节产品，注册商标“钱潮QC”，并于1984年开始出口国外，从那时开始至90年代末，“钱潮QC”独占市场鳌头，市场占有率达到70%以上，当时的杭万产品即代表着高质、优价和良好的售后服务与保障。1994年杭州万向节总厂因股票上市更名为万向钱潮股份有限公司,上市后该司规模进一步扩大，年出口额达1亿多元。到90年代末，随着市场经济的发展，因万向节行业进入壁垒低，且随着国内汽车工业的快速发展，市场需求增加，万向节厂家数量急剧增多，跟进较早的已开始形成一定的规模，陆续改制为公司，并开始重视质量与售后服务，进行体系认证，开始与万向钱潮股份有限公司争夺国内国际市场。到2002年末，国内万向节总产量达到4400多万套，成为主要的汽车零部件出口产品。

万向节产品出口情况

汽车零部件产品的出口一直是我国汽车产品出口的强项，据统计目前我国汽车零部件产品出口的国家（地区）达150个左右，出口数量逐年递增，其份额接近汽车产品出口的90%。尽管我国零部件出口有大幅增长，但与汽车零部件工业成熟国家的情况比，差距还很大：进口的大都是技术密集型的产品，出口的则多是劳动力密集型的产品。近几年，我国零部件行业出口创汇逐年提高，随着国内零部件行业水平的提高以及零部件采购国际化趋势的增强，我国零部件行业出口有着良好的前景。面对入世，企业参与国际竞争能力到底如何，出口是一个标尺。在众多的汽车零部件出口产品中，万向节属主要汽车零部件出口产品之一。2001年以来万向节产品出口市场增幅较大，据统计表明，2001年出口市场完成交货值22440万元，同比增长7.79%，2002年仍然保持了较好的增长势头。

到2005年国外汽车产量估计可达到6200万辆，保有量将达到95000万辆，万向节需求量约为39000万套，从而可估计若我国万向节在2005年能占有国外市场需求量的5%～10%，则出口可达到1950万套～3900万套。

按世贸组织相关规定，我国汽车零部件的平均进口关税将在5～8年内逐步降到10%，一些零部件产品以直接贸易方式进口将比国内生产的产品价格还低，这将会对我司国内市场造成较大冲击。但从出口角度来看，加入世贸组织后，产品也将按照国际通行规则进行贸易流通，这有利于出口产品进一步打入国际市场，参与国际竞争，因此如果国家引导得好，也是发展出口的一个难得的机遇。

万向集团公司
钱潮牌万向节

万向集团公司　Wanxiang Group Corp.

万向集团始创于1969年，现为浙江省计划单列集团，是国务院120家试点企业集团和国家520户重点企业之一，2002年底总资产113亿元,2002年实现营业收入118亿元、利税10.47亿元、出口创汇5613万美元。

目前，集团拥有21家专业生产汽车零部件产品的控股子公司（工厂），已建成三个汽车零部件工业区，是中国最大的汽车系统零部件基地之一，专业生产"钱潮（QC）"牌万向节、轿车等速驱动轴、减震器、制动器、传动轴、轴承以及汽车底盘系统、制动系统、悬架系统等系统零部件产品。

其中：万向节十字轴总成年产能力为2500万套，稳居国内同行业主导地位，通过了ISO9002、QS-9000、ISO14001体系并通过认证注册。

目前，形成了配套、出口、维修各占三分之一的"三·三"制市场体系，先后在7个国家建立了19家海外分公司，形成了涵盖50多个国家和地区的国际化市场平台，产品畅销全球40多个国家和地区。集团投资2亿元多元建立了国家级企业技术中心，拥有博士10名、硕士23名，建立了博士后科研工作站，万向集团汽车零部件实验室于2000年获得中国国家实验室认可委员会认可，其检测报告获得全球46个国家认可。

为应对WTO和经济全球一体化的挑战，万向将"联合一切可以联合的力量，利用一切可以利用的资源，调动一切可以调动的积极因素"，对接国际制造业产业转移，加快建设汽车零部件产业基地，纳入国外大公司全球采购体系，向"汽车零部件世界制造中心系统零部件集成模块化供应商→最终整体实现与国际接轨"目标发展。

Wanxiang Group Corp. was established in 1969. It was the planed single-listed group appointed by Zhejiang Province and listed among 120 pilot enterprise groups by the State Council and 520 national key enterprises. The group's total assets reached RMB11.3 billions at the end of 2002, the income reached RMB11.8 billions in Year 2002 with 1.047 billions of taxes and US$56.13 million in terms of export.

Currently, the group is one of China's largest manufacturing bases of auto components, owned 21 holding companies which specialize in producing auto components, and has built three component bases of auto components. The products include universal joints (QC Brand), CVJs, shock absorbers, brakes, transmission shafts, bearings and chassis system, brake system, suspending system, etc.

Among which, the annual capability of UJ assembly is 25 million sets, stable ranked the top the same kind domestically. The group also gained ISO9002、QS-9000、ISO14001 certification.

During the efforts to expand the industry scale, Wanxiang forms and perfects the "three Vs three" policy which means to emphasize on OEM assembly, overseas sales and aftermarket. The group has built 19 overseas operation branches in 7 countries and more than 50 market platforms , the products are sold to more than 40 countries and regions. The group has invested large RMB200 million to built state-class enterprise technical center, owning 10 PHDs, 30 masters and built the Technical Workshop of Post-doctors. Wanxiang Group Auto Parts Lab was qualified by Chinese National Lab Accreditation Council in 2000, the test report issued is recognized in over 46 countries.

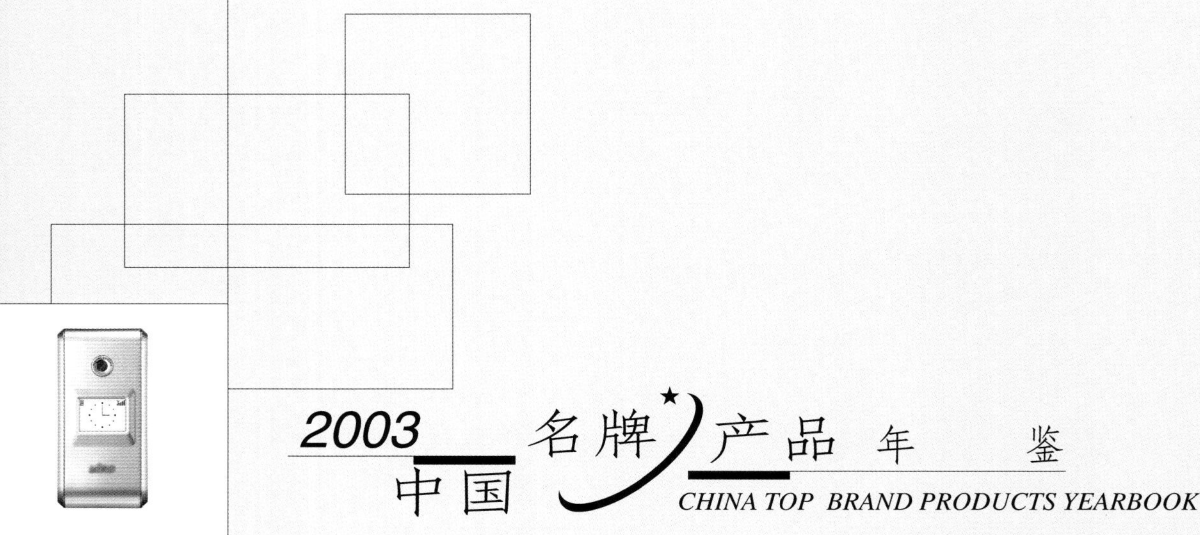
2003
中国
名牌产品年鉴
CHINA TOP BRAND PRODUCTS YEARBOOK

V

移动通讯手持机

移动通信手持机行业基本情况介绍

信息产业是国民经济的基础产业、先导产业和支柱产业，在全面建设小康社会和现代化建设中起着举足轻重的作用。近年来，信息产业在发展中改革，在改革中发展，为我国经济社会发展和人民生活质量的改善做出了积极的贡献。

在其中，我国通信产业持续保持着良好的发展势头，行业利润水平名列电子信息产业各行业之首。2003年，全国通信业务收入完成5150亿元，比上年增长12.8%，其中电信4620亿元，增长13.9%。新增电话用户1.12亿户，用户总数达到5.32亿户，居世界首位。其中移动电话新增6300万户，达到2.69亿户。固定电话主线普及率和移动电话普及率分别达到20.5%和20.8%。通信固定资产投资完成2200亿元。业务结构日趋多样化，各类新业务发展迅猛，市场竞争格局进一步形成，消费者对业务使用和服务提供者有了更多的选择权。

在电信运营业的带动下我国移动通信手持机制造业迅速崛起，技术水平不断提高，移动通信手持机的产量已经居世界第一位。依托运营业的高速发展，国内厂商抓住机遇通过各自独特的发展战略，陆续推出了一批批符合中国电信网发展要求的优质移动通信手持机产品和先进技术。凭借得天独厚的市场服务优势，占据了很大的市场份额。可以说，电信业的发展为通信产品制造业提供了广阔的市场空间，而制造业的发展又为电信业的发展提供了有力的支撑，从而形成了互动的良性发展的格局。

目前，全国具有入网资格的GSM手机厂家共有29家，CDMA手机厂家19家。2003年对于全国手机行业来说，可以称得上是一个丰收年，呈现出一派欣欣向荣的景象。但是通过对国内手机市场供需形势及手机类上市公司的经营状况分析，预计在不久的将来，将出现价格恶性竞争、产品大量积压、利润空间将大大萎缩。就前景来看，我国移动通信手持机产业主要面临以下几点问题。

1．产品供大于求。2003年全国手机企业的产量达到了1.87亿部，同比增长54.8%,而国内市场手机销售量为1.93亿部，同比增长56.1%；随着生产厂商产能的不断放大，后期势必会产生供大于求的态势。

2. 手机企业的利润空间越来越小。对国内移动通信手持机行业利润主要来自销售规模的扩大，以手机为主业的四家上市公司的主业净利率都不高，往后，手机行业的盈利能力将更难乐观，仅广告投入的大量增加这一项就将吞食企业大量的利润。2003年手机厂商的电视广告投放量超过2002年的3倍，达到20亿元，再加上平面广告费约6亿元，中外手机厂商在我国市场的广告投放量有可能达到26亿元。据测算，仅此一项，就要拉动主业净利润率下降3～5个百分点。

3．产品更新换代的节奏大大加快，盈利周期大大缩短。

4. 国际上比较大的几家手机生产厂商纷纷在中国境内设立生产基地，对国产手机生产厂商构成严重威胁。

5. 研发能力薄弱或缺少技术储备将进一步制约公司的可持续发展。国产手机商面临的最大问题是技术瓶颈。手机生产的核心部分——芯片设计,软件设计方面，国内厂商基本都不具备能力，因此国内手机厂商将受制于那些设计芯片和操作系统的国外企业。这种模式短期内可能带来丰厚的利润，但是长期发展能力堪忧。

目前，我国电信业规模总量已进入世界大国行列，但是与国际先进水平相比，我们在产业结构、核心技术、管理水平、综合效益、普及程度等方面，还存在较大差距，缺乏创新能力与核心竞争力，“大”而不强。国际国内形势的发展，要求信息产业不仅要做大，而且要做强。客观上，经过改革开放以来的跨越式发展，我国信息产业也已具备了向更高层次发展的坚实基础。因此，应不失时机地推进制造业、运营业由大到强的转变，努力向电信强国的目标迈进。企业应面对挑战，围绕建设国际一流企业的目标，全面提升技术、业务、管理和机制创新能力，走质量、效益、速度、规模并重之路，增强核心竞争力。这是一个战略目标、奋斗目标，是一个长期、渐进的过程，做大不易，做强更难，企业必须充分认识实现这一转变的艰巨性和复杂性。要对照国际先进水平，分析运营业、制造业的现状和差距，研究如何在做大的基础上做强，以及两大产业之间如何互动发展，坚持科学论证，制定符合实际的目标规划，立足当前，着眼长远，扎实推进。为行业由大到强的转变而努力。

夏新电子股份有限公司
Amoi 牌 GSM

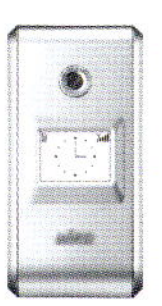

夏新电子股份有限公司 Amoi Electronics Company

夏新电子是由成立于1981年8月的原厦新电子有限公司发展而来，是厦门市第一家中外合资企业。

1997年5月，由厦新电子有限公司为主要发起人发起设立厦门厦新电子股份有限公司（夏新电子股份有限公司前身）。同年6月4日，"厦新电子"股票在上海证券交易所挂牌上市（2003年8月5日起更名为"夏新电子"）。2003年7月28日，夏新电子把品牌标识由"Amoisonic厦新"更改成。目前公司总资产43.47亿元人民币，2003年实现销售收入68.17亿元人民币，净利润6.14亿元人民币。

夏新电子是一家具有雄厚科技创新实力的国际化电子企业，目前主营消费类通讯、数字视音频及IT产品，已形成夏新移动、通信、家用系统、便携系统、IT、电子装备等六大事业部体系，逐渐完成从传统影音企业向3C（Computer, Communication, Consumer Electronics）融合的综合电子企业的转型。六大事业部体系从开发、采购、生产到销售都已实现在同一网络平台下的专业化操作，通过ERP系统实现高效率和低成本的运作，研制生产出多种富有竞争力的时尚数码精品。目前，夏新在全国建立了30家销售分公司，美国、新加坡分公司也已投入使用。

2003年，夏新初步完成3C产业布局，在手机领域继续保持稳定增长、小灵通业务跃居全国三甲的基础上，全面进军新的业务领域，推出笔记本电脑、液晶电视和数字音乐随身听等产品。2004年，夏新将全力打造数字3C产品，计划推出大屏幕高端数字电视、数码相机等新品，并将进军汽车电子业务领域，为消费者全面缔造动感时尚的数码新生活。

Amoi Electronics Company was incorporated in May 1997 on the basis of Xiamen Solid Electronics Limited, a Joint Venture which can trace its day back as early as 1981. In June 1997, Amoi became a public company by listing in Shanghai Stock Exchange (SWAP code: 600057). Today, the registered capital of Amoi is RMB358,000,000 (approx. US$43,000,000) and its total asset is RMB1,326,200,000 (approx. US$160,000,000).

As a technology driven International electronic corporation, Amoi has stepped into an extensive range of products, including mobile communication, consumer audio and video as well as computer. "Technology for different life and better life" is what Amoi is all about.

The rapid growth of Amoi comes from its young and energetic team of professionals and efficient organizational structure. The company has set up six product divisions as profit-centers, flexible human resources policy and step-by-step training system. "Strive to be number one", as the motto of this company says, has deeply implanted into the heart and mind of every people in Amoi, and become the power plant that generates this company to move form one success after another.

宁波波导股份有限公司
波导牌 GSM

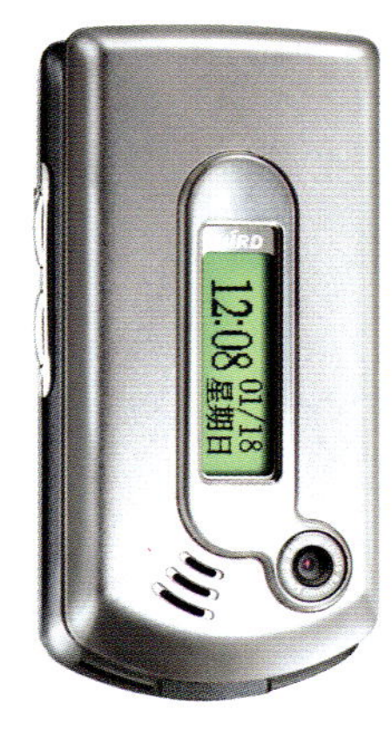

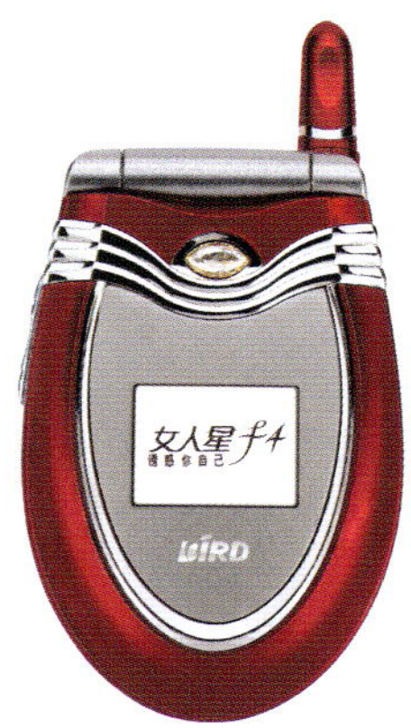

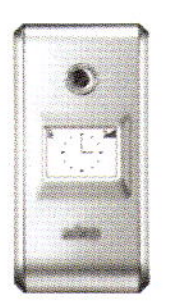

宁波波导股份有限公司　NingBo Bird Co., Ltd.

宁波波导股份有限公司创立于1992年10月，注册资金1.6亿元，是专业从事移动通讯产品开发、制造和销售的高科技上市公司，主要产品有移动电话、掌上电脑、系统设备等。

公司以"科技兴业，人才为本"为宗旨，在杭州、宁波等地设立了五所研究院，拥有包括硕士、博士、博士后在内的600人的科研队伍。经过多年的发展，波导在移动通讯终端产品的开发上具备了国内一流水平，开发出了首款自主研发操作系统的智能手机，并形成了以多易随、女人星、傲仕三大子品牌为支撑，高中低端全线覆盖，彩屏、智能全系列发展的产品矩阵。

公司建立了一套严谨、高效的质量保证体系，于1999年通过ISO9001质量管理体系认证，正积极推进ISO14001环境管理体系认证。2003年波导GSM手机被国家质量技术监督检验检疫总局授予"中国名牌"称号。同年当选手机行业"消费者首选第一品牌"。

公司拥有覆盖全国的营销服务网络。2000～2003年，波导手机连续四年夺得国产品牌手机销量第一。2003不仅连续第四年保持国产品牌销量第一，而且超过所有品牌实现中国市场占有率第一。

波导在保持国内领先的同时，开始积极进军国际市场，初步建立了海外营销网络，并积极地与欧美电信运营商合作。目前出口已经覆盖30多个国家和地区。

NINGBO BIRD CO., LTD was established in October of 1992 with its registered capital as 160 million Yuan. It's a high-tech Corporation listed in Stock Exchange that specializes in development, manufacturing and sale of mobile communication products, such as mobile phones, palmtop computers, system equipments etc.

With the tenet of "developing industry through science and technology and basing on talents", the corporation sets up five R&D Institutes with a research team almost 600 persons including masters, doctors and post-doctors both in Hangzhou and Ningbo and other places. Through several year's development, BIRD has possessed the top-class level of China in developing terminal products of mobile communication, has developed the first intellectual cell-phone independently, and has formed a product matrix with color-screen and intellectual series by three sub brands of DOEASY, WOMAN STAR and ALL-SEE as support and high, middle and low end products as cover.

The corporation has set up a rigorous, high-efficient quality assurance system that passed ISO9001 quality management system in 1999, and now is advancing ISO14001 Environment Management authentication actively. GSM cell-phone of BIRD was authorized "Chinese famous brand" title by China National General Bureau of Quality Technology Supervision in 2003, in that year, it was elected "first-selected brand of consumers" by cell-phone industry.

海尔集团
海尔牌 GSM、海尔牌 CDMA

海尔

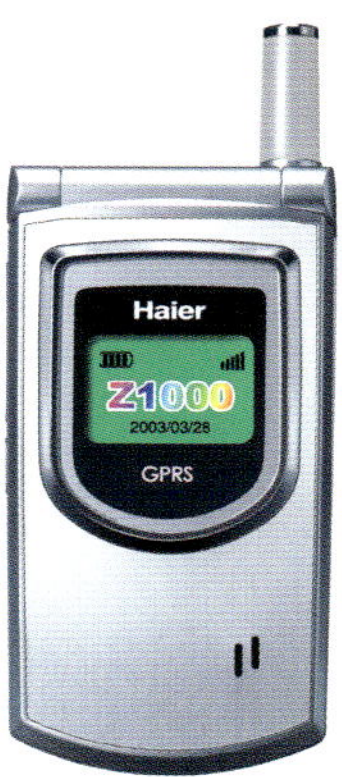

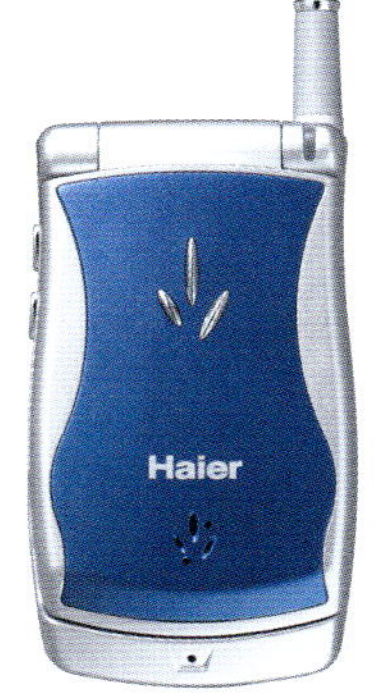

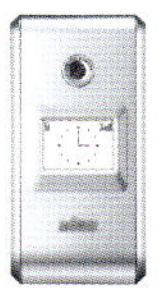

海尔集团 Haier Group

海尔集团创立于1984年，18年来持续稳定发展，已成为在海内外享有较高美誉的大型国际化企业集团。产品从1984年的单一冰箱发展到拥有白色家电、黑色家电、米色家电在内的86大门类13000多个规格的产品群，并出口到世界160多个国家和地区。2002年，实现全球营业额711亿元，实现海外营业额10亿美元。

海尔集团坚持全面实施国际化战略，已建立起一个具有国际竞争力的全球设计网络、制造网络、营销与服务网络。现有设计中心18个，工业园10个（其中国外2个，分别位于美国和巴基斯坦；国内8个，其中5个在青岛，合肥、大连、武汉各有一个，海外工厂13个）。营销网点58800个，服务网点11976个。在国内市场，海尔冰箱、冷柜、空调、洗衣机四大主导产品的市场份额均达到30%左右；在海外市场，海尔产品已进入欧洲15家大连锁店的12家、美国10家大连锁店的9家。在美国、欧洲初步实现了设计、生产、销售"三位一体"的本土化目标。海外十三个工厂全线运营。

海尔的发展主题是创新、速度、SBU，三万名海尔人正在努力成为人人自主经营的SBU。

海尔的目标是进入世界500强，成为世界名牌。

Haier was incorporated in 1984 producing household refrigerators and, over the past 18 years, has grown and prospered as a transnational company widely recognized in the world community. Haier now manufactures a wide range of household electrical appliances in 86 categories with 13,000 specifications and exports products to more than 160 countries. Haier's global sales in 2002 were totaled RMB71.1 billion, including overseas turnover of USD1 billion.

Haier's international promotion framework encompasses globalized trading, design, production, distribution and after-sales service networks. Haier now has established 18 design institutes, 10 industrial complexes (1 in USA, 1 in Pakistan, 5 in Qingdao, 1 in Hefei, 1 in Dalian and 1 in Wuhan), 13 overseas production factories, 58,800 sales agents and 11,976 after-sales services throughout the world. Haier's current domestic market share for refrigerators, freezers, air-conditioners and washing machines is about 30%, respectively. Haier products are marketed to 12 of 15 European and 9 of 10 American top chain supermarkets using local facilities and labor forces for design, production and sales in the United States and some European countries.

Haier's management philosophy and corporate culture are praised and researched by overseas scholars. Haier's achievements and experiences have been taken into archives and used as MBA teaching programs by Harvard University, European Business College and Lausanne Management College.

Haier development theme features "Creativity, Speed and SBU". Haier's 30,000 employees are striving to reach the target set forth in Haier's SUB Program.

Haier's goal is to obtain worldwide recognition and to become one of Fortune Global 500.

TCL 移动通信有限公司
TCL 牌 GSM

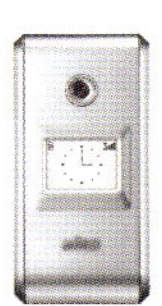

TCL 移动通信有限公司 TCL Mobile Communication Co., Ltd.

TCL 移动通信有限公司成立于 1999 年 3 月，是一家致力于手机等移动信息终端产品的研发、设计、制造、销售和服务的现代化高科技企业，在中国著名企业TCL集团股份有限公司中被列为第二大支柱产业。

TCL手机凭借技术创新和文化创新获取飞速发展的核心竞争力，将现代科技与传世文化完美结合，把手机当作艺术品来制造，这一灵性化的产品设计思路为公司插上了腾飞的翅膀。从世界第一款宝石手机在公司诞生开始，TCL就一直以文化创新和科技创新来获取核心竞争力。公司的产品创新速度与世界通信巨头同步，2002 年共推出 12款双屏幕手机、6款CDMA手机、一款PDA手机。2003 年将推出 10 款彩屏手机，产品规划达 58 款。TCL 手机产品畅销国内及欧洲、中东、东南亚 10 多个国家和地区。

TCL 倡导“企业文化也是生产力”的经营理念，强调“今日的文化就是明日的经济”。公司以“敬业、诚信、团队、创新”为核心价值观，倡导“为顾客创造价值，为员工创造机会，为社会创造效益”的经营宗旨，力争做到三个最好——制造最好的手机产品，提供最好的“移动天使”服务，创建最好的手机品牌。

加入 WTO，TCL 移动通信力争在三年内进入世界同行前五强，以研发、生产、销售、服务四支王牌军为后盾，勇立世界经济潮头。

TCL Mobile Communication Co., Ltd. is a member of TCL communication industrial group which belongs to one of the largest producers of electronic devices in China---TCL Holdings Co., Ltd. TCL Mobile is a hi-tech joint venture committed to R & D, manufacturing and sales of mobile terminal products, and, along with other Chinese mobile phone manufacturers, is greatly supported by the State Development Planning Commission and the Ministry of Information Industry(MII).

Challenging the 21st century

Facing the 21st century, TCL Mobile Communication has recently set its goal to "become the No. 1 brand in Chinese-made mobile phones within 4 years" in order to generate the core competitiveness and scale of an internationalized Chinese mobile communication enterprise. TCL Mobile aims to maintain the leading position in the mobile communication industry in China and to acquire more market share in the international market. By creating scale through efficiency,diversity through intelligence and by integrating global resources, TCL Mobile will ultimately realize its goal of "creating an internationalized mobile communication enterprise".

熊猫移动通信
熊猫牌 GSM

PANDA

熊猫移动通信 Panda Group

任何企业的发展，产业规模的形成，都有其深邃的历史渊源。作为国内知名的移动通信产业基地，熊猫集团经历了我国移动 通信发展的全过程，是我国移动通信发展的缩影。

"熊猫"是国内最早介入本领域的企业，20世纪80年代初在国家计委支持下率先引进荷兰飞利浦的450ＭＨｚ车载移动通信技术，第一个成功研制出ＭＡＳＴ－Ｂ２自动拨号无线电话（车载式），获国家科技进步二等奖，在北京、南京、昆明以及中原油田建立了国内最早的移动通信公用网和专用网，奠定了我国现代移动通信的第一块基石。

熊猫手机在全国已织成一张呼应南北、辐射东西、运营业佳、服务优良的经销服务网络，在各地建立了２５家手机销售分公司，产品覆盖全国。广告宣传手法新颖，深入人心，２００３年以１．０８８９亿元报价夺得央视黄金段广告播映权，选择国际影星梁朝伟作为产品形象代言人，这些重大举措，频频让人震撼，仅时隔数月，实际上已经产生重大作用，令"熊猫"从众多同行中脱颖而出。"熊猫"手机一定会让消费者树立起对我们产品、功能、质量、服务的信息。熊猫手机定位于"时尚科技精品"，定位于中高端优质品。我们抢占市场依赖的是技术的创新、功能的创新、外观的创新，依赖的是卓越的性能价格比，依赖的是消费者最满意的服务。

"熊猫"的经营理念创新，开创了国有企业与国外公司、民企合作的新途径。熊猫牌手机来自于技术引进、联合开发、自主研制的最佳选择，又通过不同体制机制的最佳组合推向市场。"熊猫"已经成为国企、民企与产学研联合，共同提升中国移动通信产业发展的平台。

The development of any enterprise and the formation of industrial scale have their own profound historical origins. As a well-known domestic base for the mobile communication industry, Panda Group has undergone the whole development process of the country's mobile communication and is also the epitome of the country's mobile communication.

Through years of market hardships and tribulations as well as technological edification, Panda has accumulated rich experiences in business operation and formed a strong marketing team as well as a skillful and innovative R&D team. Panda is one of the few domestic mobile communication enterprises incorporating R&D, production, marketing and service of mobile communication system. The innovation of Panda's business operation concept has initiated a new approach for the cooperation between state-owned enterprises (SOEs) and foreign enterprises as well as between SOEs and privately owned enterprises. Panda handset originates from the optimum choice among technology import, joint development and independent development and is launched to market by the optimum combination of different kinds of systems and mechanisms. Panda has become a platform for advancing china's mobile communication industry through the cooperation between SOEs and privately owned enterprises as well as the combination of industry, university and research institute.

海信集团
海信牌 CDMA

Hisense

海信

海信集团 Hisense Company Ltd.

海信集团是以海信集团公司为投资母体组建的国内大型专业电子信息产业集团。创业三十多年，从最初的青岛无线电二厂，到青岛电视机厂、海信电器公司，发展成为国内著名的大型高新技术企业集团。目前海信集团在国内外拥有20多个子公司，净资产达28亿元。1998年，"海信（Hisense）"成为中国驰名商标。2001年，海信电器荣获"全国质量管理奖"，海信电视、海信空调、海信电脑全部被评为首届中国名牌。2002年海信集团实现销售收入193亿元，比上年同比增长22%。

海信自进入移动通信领域以来，在短短2年多的时间里已成功推出7款自主开发的CDMA机型，并且成功实现了IS-95A产品到CDMA 1X产品的过渡，成为国内CDMA移动通信终端领域的一支新生力量。在已上市机型中，IS-95A产品有C2101、C520、C628、C680、C2198；CDMA 1X产品有C3698、C3699和C3688。

C2101是国内第一款彩屏CDMA手机，采用256色超大屏幕显示，内置16和音芯片，可存储500条电话簿信息，具有多钟场景模式和智能光感应功能，支持计算机数据管理功能。该产品性能卓越、质量稳定，被中国联通确定为CDMA测试基准手机。C3698和C3699是海信推出的两款款高档手机，采用折叠双屏式设计，内屏为65536色128*160点阵LCD。内置31万像素摄像头，具备三级变焦功能。支持联通在信、互动视界、彩E和掌中宽带等业务。具有16和音功能，智能光感应、情景模式、来电识别等功能，支持计算机数据管理。

Hisense Company Ltd. s the largest professional telecommunications enterp-ise in East China's Shandong Province. Founded 30 years ago as a small workshop enterprise, Hisense Group has since developed into an integrated business with commercial interests spanning household appliances, telecommunications, information technology, internationa trade and real estate. Hisense has more than 20 subsidiaries around the world representing net assets of 2.6 billion RMB. Its sales revenue totaled 19.3 billion RMB in 2002, which ranked the Group as one of the 100 largest Chinese e-makers, and one of the 500 largest companies in terms of turnover and economic performance. Hisense has become a well-known brand name in China and, in 2001, Hisense Electrical was awarded a national quality management prize. Hisense TV, Hisense Air Conditioner, and Hisense Computer were all highly rated name brands in China's first national survey.

Hisense has put out 7 model of mobile phones developed by itself in the 2 years since it entered the mobile communications field. The model C2101, C520, C628, C680 and C2198 are based on mode IS-95A, and C3698, C3699 and C3688 based on mode CDMA 1X. The successful development of the models based on CDMA 1X proves that Hisense has been a new force in the mobile unit field.

中兴通讯
ZTE 牌 CDMA

ZTE中兴

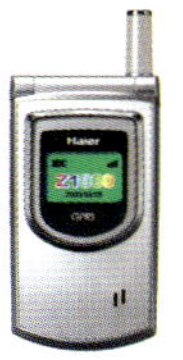

中兴通讯　ZTE Corporation

中兴通讯是中国最大的通信设备制造业上市公司、中国政府重点扶持的520户重点企业之一。1985年公司成立。1997年，中兴通讯A股在深圳证券交易所上市。2002年实现合同销售额168亿元，销售收入110亿元。

中兴通讯是中国通信设备制造业的开拓者、中国综合性的电信设备及服务提供商，拥有无线产品、网络产品、终端产品（手机）三大产品系列，在向全球用户提供多种通信网综合解决方案的同时，还可以提供专业化、全天候、全方位的优质服务，并逐步涉足国际电信运营业务。

无线产品包括移动、小灵通、WLAN、BWA等系统设备。中兴通讯已成为国内移动通信产品实力最强的民族设备厂商，初步形成了跨CDMA、GSM两种制式，贯穿2G、2.5G、3G,包括系统设备、增值业务产品在内的完整的移动通信产品线。2001年和2002年，连续两次在联通CDMA网络建设中担当重任，是唯一大规模商用化的国产CDMA设备。中兴3G研发同时从WCDMA和CDMA2000两个方向推进，WCDMA通过了信息产业部MTNet的第一阶段测试，系统、终端IOT测试均已顺利完成；CDMA2000已推出速率高达2.4Mbp的EV/DO(HDR)系统。中兴通讯是唯一一家提供PCS设备的国内厂商。

网络产品主要包括数据、光传输、交换、接入、视讯、电源、监控等。数据领域，已形成窄宽带融合、有线无线一体化的全网解决方案。公司软交换产品已步入国际前沿，并在国内全部主要运营商市场试用。核心路由器获国内首张高端路由器入网证书。ADSL产品进入上海、江苏、广东等地市场，国内市场份额超过20%。中兴通讯已跻身国内主流光通信设备厂商行列，光传输产品在高层网络市场和中心城市市场不断取得大规模突破。中兴Unitrans 10G SDH系统、320G DWDM频频担纲国内干线和高端传输项目，可配置波长OADM首次进入国内城域网市场，OXC、1.6T DWDM产品也将陆续商用。

ZTE Corporation is China's largest listed telecommunications equipment provider specializing in offering customized network solutions for telecom carriers worldwide. The company develops and manufactures telecommunications equipment for fixed, mobile, data and optical networks, intelligent networks and next generation networks as well as mobile phones.

ZTE has been listed on the Shenzhen Stock Exchange since 1997. With RMB 16.03 billion (US$ 1.9 billion) in revenue in 2003, ZTE continues its rapid growth and development in 2004.

Over 10% of ZTE revenue annually is dedicated to the R&D aimed at enhancing product quality, reducing cost, achieving higher sales and thus increasing return on investment. Almost half of all ZTE personnel are involved in R&D, and ZTE currently owns some 700 patents, with more than 87% of these being original innovations.

In order to push boundaries even further, ZTE has set up 13 wholly owned R&D centers worldwide and has undertaken research partnerships with electronics giants like Texas Instruments and Motorola and Agere Systems.

Today, ZTE has become an important global player in the telecommunications industry with products deployed in over 40 countries and regions including Cyprus, Bangladesh, Thailand, USA, Russia, Egypt, Kenya, Congo, Zambia and Hong Kong.

ZTE's respected position as a forward looking global organization within the industry is also reflected by membership of, and participation in, a variety of International Organizations of Standardization. ZTE was the first Chinese individual manufacturer member of 3GPP2 (3rd Generation Partnership 2) and has become a sector member of the International Telecommunications Union (ITU). ZTE is committed to the future of the telecommunications industry, and will continue to develop and expand its global operations to ensure that partners everywhere will have the most effective solutions both now and in the years to come.

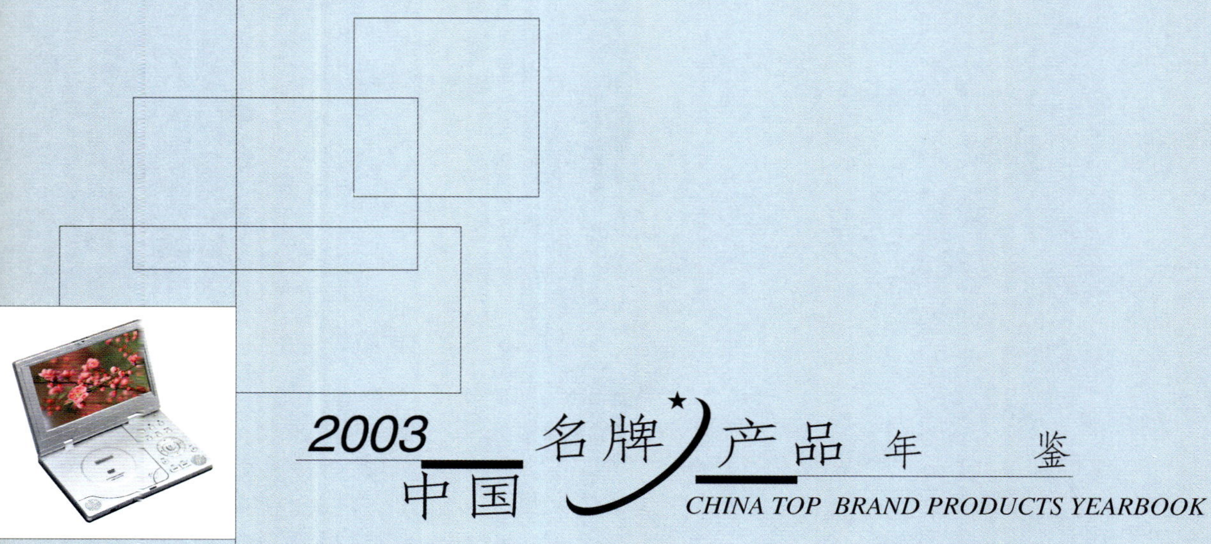
2003 中国名牌产品年鉴
CHINA TOP BRAND PRODUCTS YEARBOOK

激光视盘机

激光视盘机行业基本情况介绍

过去的一年，信息产业在党中央、国务院正确领导下，抓住机遇，克服困难，团结奋斗，继续保持了行业发展良好势头，各项工作取得新的成绩。预计全年信息产业增加值完成7090亿元，占国内生产总值的6%。其中，电子信息产业达到了4000亿元。全年宏观发展目标基本实现，电话用户总数、电话普及率和电子信息产业销售收入、电子产品出口四项指标提前两年实现“十五”计划目标；电子信息产业销售收入2002年突破1万亿元，2003年更达到1.88万亿元，电子产品出口额已接近全国外贸出口总额的三分之一，信息产业为国民经济和社会发展作出了新的贡献。

其中，我国的数字激光视盘机产业经过近十年的发展，从无到有，从小到大，已经成为电子信息产品制造业的重要组成部分。我国从1994年开始批量生产数字激光视盘机，1997年产量突破1000万台，2003年产量为7072.8万台；出口激光视盘机6881万台，超过彩电、收录机等产品的出口金额，名列消费类电子产品出口之首，占全国总出口量金额的1%。

我国已成为世界最大的光盘产业基地，全世界50%以上的数字激光视盘机、70%的光学头、90%的大、小机芯和微特电机都在我国生产，我国的光盘产业在世界的光盘产业占有举足轻重的地位。目前我国从事数字激光视盘机产业的生产企业有几百余家，年生产数字激光视盘机超过100万台的企业有十几家，具有一定规模的企业有几十家。

目前，全球生产能力过剩使国际竞争更为激烈，我国激光视盘机产业面临贸易摩擦和纠纷的压力逐步增大，面临激烈的国际竞争；社会需求日趋多元化，这一趋势使技术与市场的关系更为复杂；我国正处于体制转轨时期，法制环境、市场体系尚不完善，实现有效、有序竞争的任务还相当艰巨。面对新的形势，激光视盘机产品在产业结构、技术创新、队伍素质等方面还存在诸多的不适应，尤其是很多生产厂家的思想认识和工作水平，还不能很好适应社会主义市场经济体制的要求，不能很好适应我国加入WTO之后发展环境的变化，不能很好适应信息产业发展改革的要求，这些都需要在实践中进一步深化和提高，在竞争开放条件下如何更有效地实行政府依法管理，为行业发展创造良好环境，也需要在实践中不断的探索和创新。

厦门厦新电子股份有限公司
Amoi 牌激光视盘机

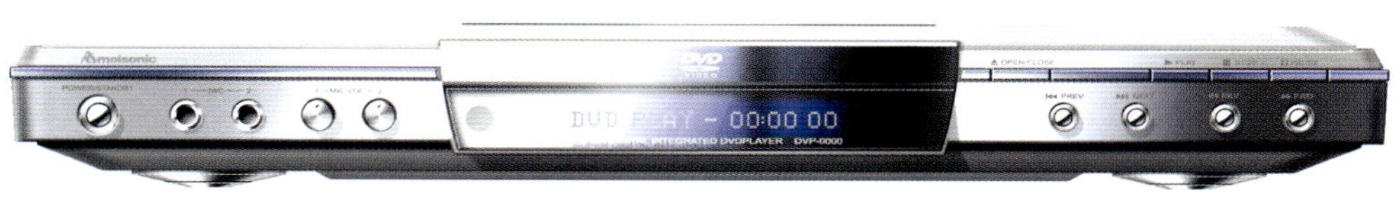

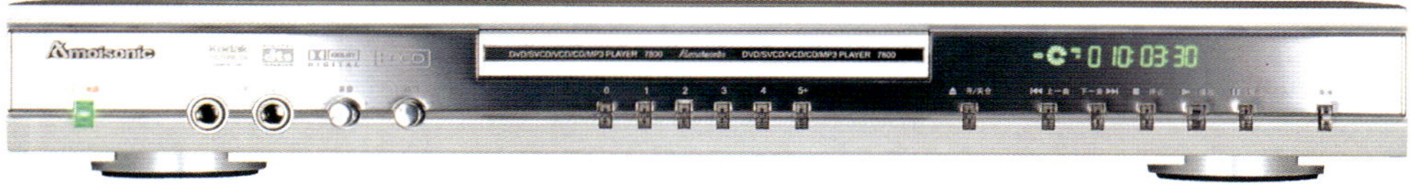

厦门厦新电子股份有限公司 Amoisonic Electronics Company

厦门厦新电子股份有限公司，注册资本3.58亿元人民币，总资产30.3亿元人民币。2002年实现销售收入45亿元人民币，净利润6亿元人民币。

厦新电子是一家具有雄厚科技创新实力的国际化电子企业，目前主营消费类通讯、数字视音频及IT产品，已形成手机、视频、音频、通讯、光电、IT等六大事业部3C融合的产品体系，产品具有很强的科技性和时尚感。

厦新视频产品自1997年进入影碟机行业以来，连续五年市场占有率保持全国前茅。目前厦新视频事业部形成以影碟机为主导产品，形成锐晶超薄DVD、触摸控制屏DVD等多个系列DVD产品和光盘录像机VDR、硬盘录像机DV R和硬盘监控系统MDR等刻录产品相结合的视频产品体系，目前已拥有视频产品400万台的年生产能力。

2001年起厦新与美国著名芯片厂商ZORAN合作，采用对图像清晰度和锐度的增强技术，超越CD 1000倍的音频解析力的DVD Audio、20bit逐行扫描、高密度像素处理和运动矢量多相位处理技术，在外观设计上开创性地采用亚克力材料镀铬，蓝色LCD、触摸屏等先进工艺使厦新产品达到了臻善臻美的水平。2003年根据市场需求，厦新视频产品将推出大屏幕彩电和液晶显示器等新品，将更加具有高科技和时尚感，实现新的飞跃。

Amoisonic Electronics Company is a public company which was listed in Shanghai Stock Exchange in May, 1997.The registered capital of Amoisonic is RMB 358million and the total asset is RMB2.322billion. The main products of Amoisonic are Mobile phone, DVD player, multi-function printer, digital audio product. High-end color TV and notebook computer will be put into production very soon. Amoisonic stock was twice ranked as "Company of Best Performance" both in Shanghai Stock Exchange and Shenzhen Stock Exchange with the annual profit of RMB1.02 per share and RMB1.68 per share in 1998 and 2002 respectively .

Ever since the video disc player bearing Amoisonic brand-name was put into market in 1997, Amoisonic became synonymy of high quality products. Thus Amoisonic has always stayed among the top 3 among domestic manufacturers. Since 2001, based on the strategic cooperation with Zoran, the famous IC manufacture of U.S, Amoisonic has applied some most advanced technology in Video and Audio industry, such as picture enhancement, DVD Audio-with audio resolution 1,000 times more clear than CD, 20-bit progressive scan, high density image manipulation and etc. Beside that, Amoisonic also apply many genius inventions in product industrial design, i.e., using acryl with chrome plating on product front panel, blue light LCD, touch Screen and etc. All these have made Amoisonic players always the most popular products beloved by consumers everywhere.

上海广电集团
SVA 牌激光视盘机

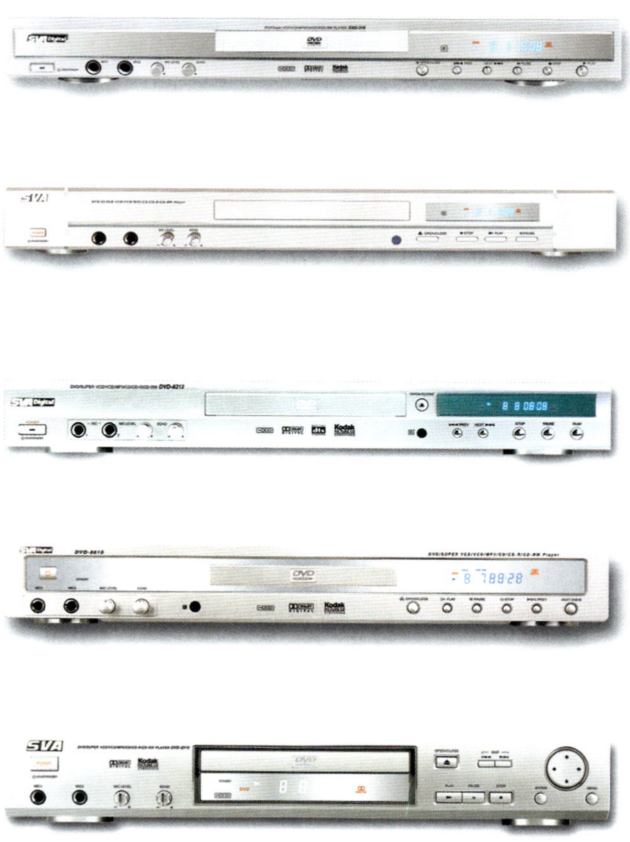

上海广电集团 SVA Group Introduction

上海广电集团成立于1995年。7年来，经过市场经济的磨练和洗礼，已经从一个单纯的电视机制造企业，发展成为在中国电子信息行业中处领先地位的信息产品制造商和信息服务提供商。

迄今，集团在世界各地的雇员达27000多名，成员企业120多家，业务遍及五大洲:在美国设有技术实验室；在中国、美国、英国、奥地利、澳大利亚、巴西、阿根廷、南非等国设有生产销售基地和电讯服务基地。集团旗下拥有宽带增值服务、信息产品制造、光电子显示器件、海外事务四大业务群体，向世界用户提供网络接入服务、电信增值服务；提供数字/模拟电视机（包括阴极射线管电视机、等离子电视机、液晶电视机、数字光处理投影电视机）、数字视盘机、冰箱、洗衣机等家用电器产品；也向世界各地厂商提供显像管、真空荧光显示器、液晶显示器（含模块）、等离子显示器和汽车车灯等配套商品。2002年，集团销售收入331亿元，利润19亿元，出口创汇14亿美元，已连续数年名列中国电子信息十强企业前茅。

上海广电集团是一家不断发展的跨国企业，我们的目标是不断向社会提供先进的电子产品和信息服务，促进世界的文明和进步。集团的目标是发展成为"世界的上广电，卓越的SVA"，致力于形成电子信息产业中从光电子显示器件、信息产品，到系统集成服务强有力的产业链和产业品牌。争取2005年形成产业规模120亿美元，成为宽带网络设备和终端产品制造及系统集成服务、光电子显示器件、数字信息家电产品方面领先的供应商；SVA品牌成为国际化的品牌；依靠在中国的业务，建立庞大的出口规模，成为中国高科技行业中最具吸引力和最令人兴奋的大型企业集团。

SVA Group was founded in 1995. For seven years, it has developed from a pure TV manufacturer to an information products manufacturer and information service provider with the leading position in Chinese Electronic Information Industry through steeling itself and baptism among a market economic.

So far, the Group has 27,000 employees in all over the world with 120 membership enterprises. Its businesses extend all over 5 big continents: technological laboratory sets up in the United States, production and sales bases, technical research agencies and communication service bases set up in China, US, UK, Austria, Australia, Brazil, Argentina, South Africa and so on. It owns 4 big business groups, such as the broadband value-added services, the information product manufacturing, the optical-electric display devices and the overseas affairs under the Group, to provide the global users with the network access services, communication value-added services, and provide the global consumers with the household electrical appliances, such as digital/analogue TVs (including CRT TVs, PDP TVs, LCD TVs, Digital Lighting Process Projection TVs), Digital Video Players, Refrigerators, Washing Machines, etc., and also provide the individual manufacturers with associated commodities, such as picture tubes, vacuum fluorescent displays, LCD displayer(including modules), PDP display and car lamps, etc. In 2001, the turnover of the Group was RMB 38.3billion with the profit of RMB 2.3 billion and the export earnings of US $ 1.8 billion, which ranked the 28th among the Chinese 500-giant enterprises.

万利达集团有限公司
万利达牌激光视盘机

万利达 malata

万利达集团有限公司 WANLIDA Group Co., Ltd.

万利达集团有限公司为中外合资企业，是国家重点高新技术企业、福建省外商投资先进技术企业及福建省重点出口企业，现有员工6000多人。公司是一家专门从事电子和信息产品的研制、生产及销售的大型国家重点高新技术企业集团，总部设在厦门。

在竞争日益激烈的今天，公司不断以技术创新带动产品创新，与国内外科研机构密切合作，并投入巨资在上海、深圳、厦门建立了具备国际先进水平的技术研发中心，以每年领先同行4-5个新产品的速度在业内独领风骚。

公司在厦门和漳州建有两个国际水准的工业园区，生产面积近30万平方米。公司引进国外先进的生产设备和仪器，拥有数百台全电脑控制的SMT贴片机和自动化AT插件机，设备水平和规模均居中国数码影音行业前列。多条长达110米三层带在线高温老化的DVD、VCD自动化总装生产线，平均每5秒钟就可生产1台高品质的影碟机，也是国内最长、最先进的生产线。公司同时拥有世界上最先进的美国泰克公司和惠普公司、德国RS公司以及日本的检测仪器，强大的制造基础，让万利达具备年产500万台DVD的生产能力。"两园三中心"的产业格局让万利达跻身于全球主流DVD制造商之列，成为全球最大的DVD制造中心之一。

面对未来，万利达集团将始终坚持企业建设和管理建设齐头并进为企业发展提供后劲，产品创新和管理创新为企业发展提供动力的方针，埋头苦干，脚踏实地，在数码领域不断开拓进取，并以其雄厚的实力将再一次迎来历史性发展机遇。

WANLIDA Group Co., Ltd is a Sino-foreign joint venture enterprise, the key Hi-Tech enterprise in China, with advanced technology foreign investment enterprise and the main export enterprise in Fujian province. With more than 6000 employees, the group is a National Important and New Technology enterprise that specializing in developing, producing and marketing electronic and digital products. The head quarter is in Xiamen city.

In the increasingly furious competition, the company use technology innovation to bring along products innovation, cooperating with scientific research institution inside and outside country closely and established international Hi-tech R&D institute in Shanghai, Shenzhen and Xiamen, which keep ahead other follow traders with 4-5 new products every year.

The enterprise has two modernized industry zone in Xiamen and Zhangzhou which covers a total area of 300, 000 square meters equipped with international advanced production machine and instrument. There are hundred computerized auto-sticking (SMT) machine and auto-inserting (AI) machine. Instrument level and scale is the front list of national digital audio and video industry, with 3 layer online high temperature and aging assembly line of DVD, VCD, which as long as 110 meters. So, high quality DVD player can be produced every five seconds, and it's the longest and most advanced product line in china, equipped with world's latest test instruments from Taike Company in USA, Hp Company, RS in Germany and Japan. Powerful manufacture base build the ability of producing 5,000,000 units per year. The industry structure of "two zone and three centers" enables the company to be the mainstream DVD manufacturer in the world and will become one of the biggest DVD manufacture centers in the world.

四川长虹电器股份有限公司
长虹牌激光视盘机

长虹

CHANGHONG

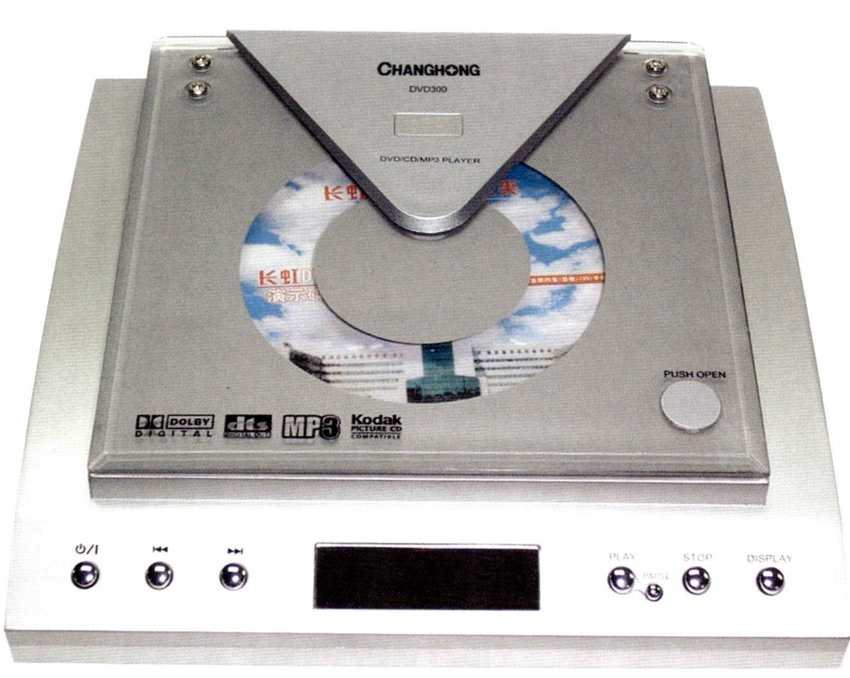

四川长虹电器股份有限公司 Sichuan Changhong Electric Co., Ltd.

长虹公司创建于1958年，是我国"一五"期间156项重点工程之一，是我国机载火控歼击雷达的主要生产基地，至今仍承担着国家重要的军品研制任务。长虹公司总部占地约168.1万平方米，职工约3万人，在全国有两万多个营销服务网点。产品远销欧美、东南亚、中东、独联体、澳洲和非洲，在一些地区已从产品出口阶段逐渐提升到技术、资本输出阶段。进入21世纪，长虹确立了"以高科技造福人类"的企业宗旨和"科技领先，速度取胜"的经营理念，整合企业内外优势资源，继续加强目前长虹的品牌、技术、速度、质量优势，走相关多元化和全球化的发展道路，构筑全球性营销网络、应用技术开发网络，力争成为国际上主要的"信息家电的制造商、关键器件的供应商、IT产品的提供商"，在21世纪初，成为世界范围内有较强竞争能力的综合企业集团。

长虹视听公司隶属于四川长虹电器股份有限公司，成立于1997年，专业从事激光视盘机等数字视听产品的设计、开发和制造，通过几年的发展和壮大，现有员工2000余人，其中设计人员150余人，从事整机线路、软件、结构、造型等设计开发工作。具备DVD激光视盘机等多种数字视听产品的设计开发能力和强大的生产制造能力。视听产品专用生产厂房占地面积为15000平方米，拥有15条标准生产线，年生产能力在800万台以上，现在已经成为中国最在的激光视盘机生产制造基地。目前，长虹视听公司已经形成了包括普通DVD、顶开式DVD、吸入式DVD、便携式DVD、数字微型影院和各种差异化视听精品在内的六大系列、百余种型号的数字视听产品。

Sichuan Changhong Electric Co., Ltd. (hereinafter called "COMPANY") founded in 1985, as one of the important enterprises of national "the first 5 years projects", is one of the military radar manufacturing bases and takes on the military machine's R&D till to now. Over the past 40 years, it has developed to be the huge high-tech group enterprise varying from technology, manufacturing to commerce.

COMPANY specializes in military radar, color TV, air conditioner, AV products, electric appliances, batteries, electrics fittings and networks products etc with over 70 million customers. Color TV sales share has been the NO.1 for ten consecutive years and its brand value is estimated to RMB 26.6 billion which reached the first level of the national electrics industrial.

ChangHong Audio/Vedio is a subdivision of COMPANY. Changhong Audio/Vedio is concentrated on the R&D and manufacturing of DVD players and other digital AV products since its foundation in 1997 and it has developed into a division of powerful R&D ability and manufacturing capacity. It has a staff of over 2000, more than 150 of which are engaged in the R&D of DVD players and other digital AV products. Its 15 production lines, covering 15000m2, are capable of manufacturing 8 millinion sets of DVD players and other digital AV products per year, listing no.1 of digital AV products manufacturers in China's mainland. With a products catagory of over 100 varities, covering six main series of products area, Changhong AV has marketed its digital AV products over the world and has biult a sound reputation for their fashionable apperances and outstanding performance.

深圳市先科企业集团
先科牌激光视盘机

深圳市先科企业集团 Shenzhen Advanced Science & Technology Enterprise Group

深圳市先科企业集团创建于1984年，是我国最早将激光视唱技术引进中国的企业，也是我国最大的激光视唱产品的生产基地之一。目前总资产达20多亿元人民币。

深圳市先科企业集团多年来始终坚持"科技兴业"的宗旨，走高科技发展的道路。现已形成以激光视唱、导电玻璃、平板显示、集成电路同步发展的高科技产业群体，产品涉及集成电路、信息存储、信息传输、信息显示、家用电器及文化娱乐等六大领域。其中集成电路包括集成电路设计和超大规模集成电路制造，其技术属国内领先水平。信息存储方面除现有产品CD、VCD、CD-ROM、DVD、CD-R外，还将积极发展DVD-R和DVD-RW。信息传输主要有激光视盘机、数码相机、MP3、家庭影院、调制解调器、可视电话等一系列网络化产品、基础元器件产品及数码彩色扩印设备。信息显示产品推出的有导电玻璃、TN/STN液晶显示器、大屏幕液晶显示器（TFT-LCD）、等离子电视（PDP-TV）、OLED显示器等，家用电器产品主要有空调机、洗衣机、电冰箱、家用小电器等。文化娱乐作为上游产品，为信息产业和文化传播提供丰富的内容资源。

迈入新世纪，先科人立志以市场为导向，以科技为根本，以效益为中心，重点发展超大规模集成电路前工序制造、OLED、PDP、DVD-R、DVD-RW、数码冲印、DVD刻录机等尖端技术产品，最终形成以超大规模集成电路、OLED、PDP三大产业为龙头的、带动集团其它产业全面发展的新格局，力争在"十五"期间将先科集团建设成为我国大型的高科技信息产业基地。

Founded in 1984,Shenzhen Advanced Science & Technology Enterprise Group is the enterprise firstly imported the Laser AV technologies into China and one of the largest manufacturing bases of laser AV products in China. It has the total assets of over 2 billion Yuan.

As in an always pursuit of Renovating Business by Science & Technology in our hi-tech development, we hold a hi-tech industry group with coordinating development of laser AV, conducting glass, flat display and integrated circuit(IC)and our product line consist of 6 major areas such as IC, Information Storage, Information Transmission, Information Display ,House Appliance and Culture Entertainment. In Information Storage area, we would develop DVD-R/RW in addition to the current CD, VCD, CD-ROM, CD-R and DVD. In Information Transmission area, there are a lot of network products such as laser disc player, digital still camera, Mp3, home theatre, modem and TV phones, as well as basic components and digital color printer. In House Appliance area, we mainly have air-conditioner, washing machine, refrigerator and mini appliance. Finally, in Culture Entertainment area, we provide the rich content as up-stream product for IT and culture transmission industry.

Once stepped into the new century, we will aspire to develop the front end manufacture of IC and other top products of OLED, PDP, DVD-R, DVD-RW,digital printer and DVD recorder as market guided, technology based and profit centered, so as to create a new structure of all-round development as led by the top three industries of IC,OLED and PDP,striving to create a large hi-tech information industry base in China during the period of Tenth Five Years.

广东步步高电子工业有限公司
步步高牌激光视盘机

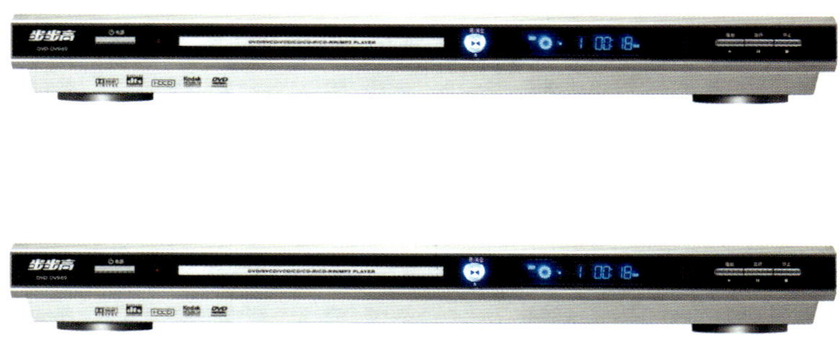

广东步步高电子工业有限公司　BBK Electronics Corp., Ltd.

1995年9月18日，广东步步高电子工业有限公司在东莞市长安成立。在这片工业基础设施完备、产业配套体系完善的沃土上，在当地政府的大力支持和帮助下，经过短短几年的持续发展，步步高公司从同行业中脱颖而出，成为当代中国家用电子企业的发展典范。

步步高品牌旗下拥有三大系列产品：数字视听产品（VCD、DVD、家庭影院等）、通信产品（有绳电话、无绳电话、寻呼机等）、教育电子产品（语言复读机、电子词典、PDA等）。

广东步步高电子工业有限公司AV产品厂，成立于1997年6月，主要从事DVD、VCD视听产品的研发与生产。工厂占地293,040平方尺，人员3000人，其中研发部门共有研发人员90余人；工程、品质技术管理人员120余人。高素质的研发队伍、精良的工艺设计、全面的品质检测系统、现代化的生产线，使我公司产品从外观品质、功能品质到原材料品质、产品各项性能品质等都得到了有力的保证。因为我们信奉“品质是企业的生命”。

经过几年的稳健而迅速的发展，步步高已成为中国影碟机行业的前三甲，影碟机系列产品的纠错、兼容、电压适应范围、电子抗震等方面更是领先于同行业。目前，我公司的AV产品可以通过多项国际认证，并已经出口至墨西哥、加拿大、泰国、越南、澳大利亚等国家。今后，我们将更积极地开拓海外市场，使步步高AV产品厂成为国内、国际知名的现代化企业，建立国际品牌。

BBK ELECTRONICS CORP., LTD. was established in 1995 in Chang'an Town, Dongguan, China. BBK Company has become eminent and outstanding in the field of household electronics through several years of continuous development thanks to the local government's support.

BBK Company manufactures and distributes three series of products: Digital Audio/Visual Products (VCD/DVD Player, Home Theater System, etc.), Communications Products (Cord/Cordless Telephone, Beeper, etc.), Educational Electronics (Language Repeater, Electronic Dictionary, PDA, etc.).

ABOUT BBK AV FACTORY

The AV FACTORY affiliated to BBK ELECTRONICS CORP., LTD. was established in June 1997 and devoted to the development and research of audio-video products. Its production area covers 293,040 square foot with 3,000 employees (90 R&D Staffs, 120 Engineering & Quality Control Management Staffs). All our products quality of outlook designing, function, original material and performance is well guaranteed due to our strong innovative R&D staffs, state-of-the-art designing, comprehensive quality inspection and testing procedures and first-rate assembly lines. We regard quality as the most essential part of our product.

BBK has r anked Top Three AV manufacturers in China after several years of steady and rapid development. Our DVD/VCD players are leading the domestic AV industry in renowned quality of error correction, compatibility, power range and electronic anti-shock functions. Our products have received many international certifications and have been exported to Southeast Asia, Europe, and America. We will expand foreign markets to make our company a global leader in AV products.

东莞市金正数码科技有限公司
金正牌激光视盘机

东莞市金正数码科技有限公司 Digital Science Technologies Co., Ltd.

东莞市金正数码科技有限公司，位于广东省东莞市振安科技工业园区，是一家集研发、生产和销售高科技电子产品为一体的集团化股份制企业。

金正公司经营范围包括：影碟机、家庭影院、语言复读机、电话机、电子词典、迷你组合音响以及商场超市、酒店业。公司现已建成月生产50万台影碟机、10万套家庭影院、50万部电话机和50万台复读机能力的大型现代化生产基地。

公司以"真金不怕火炼"为经营理念，以"领先科技、服务大众"为经营宗旨，高度重视产品质量，建立了ISO9001-2000版国际质量保证体系并通过认证。在产品开发、采购、生产、销售、客户服务等环节，均制定出科学严密、行之有效的标准并严格落实 产品在国家各类质量抽查中从未出现过不合格的现象，公司正不断朝着"零次品"的目标迈进。金正公司是国际DVD论坛A级会员，长期与日本SONY、三洋、美国DOBLY、ESS、C-CUBE、ZORAN、荷兰飞利浦、台湾MTK、ALI、凌阳等国际性大公司保持长期紧密合作；金正公司下设有一个研究所和五个产品研发部，并在美国硅谷建立了金正海外数字视听室。金正公司自主开发的"六级纠错"、"金声"、"金苹果系统集成控制软件"、"精像"、"单芯片"等影碟机技术达到国际同行业先进水平。公司公司及其产品在国内先后获得"消费者信得过产品"、"中国公认名牌产品"、"中国最具竞争力的民族品牌"等多种荣誉称号。2000年，金正公司被评为"广东省高新技术企业"；2002年2月，"金正"商标被国家工商行政管理局认定为中国驰名商标；2003年1月，DVD视盘机、电话机被国家质检总局授予国家免检资格；2003年2月，金正公司荣获"广东省优秀民营企业"称号。

Digital Science Technologies Co., Ltd. of Nintaus of Dongguan is that one relies mainly on scientific research. Pluralistic group company incorporating manufacture , the trade , investment into an organic whole. The company researches and develops production, the main products sold have video disc machines, household appliances and terminal products of communication , such as home theater , plasma color TV set , air conditioner , language repeater , CD machine ,etc. And the company have already built up the moon of possessing and produced 500, 000 video disc machines now, the large-scale modernized manufacture bases of 100,000 home theaters , 100, 000 sets of air conditioners , 500,000 telephones and 500, 000 language repeaters ability .

Nintaus has a listed company (Tianlong Group Limited Company), five subsidiaries (Guangdong Nintaus Electronics Co., Ltd., Zhuhai Co., Ltd. of Nintaus electronics industry, Zhuhai city blue ten star electric apparatus technological service Co., Ltd. , Guangzhou ten thousand great Electronics Co., Ltd.,, Shenzhen Nintaus reliable to engage in Co., Ltd.), four Divisions (digital information Division , language repeater Division , home theater Division , air conditioner Division), and more than nearly 6000 on- the-job staff .

" scientific and technological industrialized country of Nintaus " which the company makes an investment in Zhuhai , will become the Nintaus digital seeing and hearing , household appliances , communication apparatus another research and development , manufacture base after completing.

江苏新科电子集团有限公司
新科牌激光视盘机

Shinco 新科®

江苏新科电子集团有限公司 Jiangsu Shinco Electronic Group Co., Ltd

江苏新科电子集团有限公司，是一家以数字化音视产品为主的大型高科技企业，公司以"诚信卓越，科技领先"为企业经营理念。

基本概况：1980年创建，下属12家工厂，拥有员工8000多人。新科以数字化和国际化为目标，形成了两个支柱产业：一是以DVD为核心的消费类电子产品；二是以空调、洗衣机为主的家电产品，新科空调和DVD相继被认定为国家免检产品。

主要荣誉：1997年，通过ISO9001国际质量体系认证，1999年，"Shinco新科"品牌被认定为中国驰名商标，2000年，被评为"全国质量管理先进企业"，2001-2002年，出口创汇排名江苏省自营出口生产企业榜首，2003年，被评为"全国守合同重信用企业"。1990-2002年，连续13年进入中国电子百强。

产品门类：新科DVD的产品群，包括高品质DVD、DVD数字影院、DVD迷你音响、移动DVD以及车载DVD，实现了多系列、多品种、多款式，深受消费者喜爱。

制造规模：拥有35条国际先进水平的总装生产线，25条高精高速SMT贴片生产线，3个一流的模具加工中心，以及一系列先进的检测设备。DVD年产能力超过500万台，是世界主要的DVD制造基地之一。

技术研发：新科超越号数字实验室、香港技术中心、本部工程技术研究中心，与国际著名高科技公司广泛合作，形成了具有较强技术开发能力的技术创新网络。2002年12月，新科获准设立博士后工作站，为引进和积蓄高级专门人才、提高创新能力搭建了新平台。

营销服务：新科的全球营销服务网络初具规模。在国内大中型城市设立了63家销售分公司、300多个技术服务分部，并成立了驻香港、新加坡、美国的销售服务公司，新科DVD和新科空调畅销世界30多个国家和地区。

Jiangsu Shinco Electronic Group Co., Ltd is a company which integrates R&D, manufacturing and Marketing in digital AV products, and nsists in the principle of "faith and creativity".

Shinco was build up in 1980, it has 12 manufacture plants and about 8,000 employees now. our major products are DVD player, air-conditioner and washing machine.

Main honors: ISO9001 Certificate in 1997 and "China Well-known Trademark" in 1999; "Advanced Enterprise of Quality Control in China" in 2000; the No.1 self-export enterprises during 2000-2002 in Jiangsu Province. Shinco has also been ranking the "top 100" national electronic enterprises for 13 years consecutively during 1990-2002.

Main products: Shinco DVD series, including the high-quality DVD player、Home theater、portable DVD and car DVD player, all of them have been realized the multi-series、multi-breed、multi-style.

Production capacity: Currently, Shinco has 35 assembly lines, 25 SMT production lines, 3 tooling mold processing center and many advanced testing devices. Its yearly production of DVD player up to 5 million and it is the main DVD production bases in the world.

Technology development: also named as "Shinco Supreming AV Lab", over 150 engineers can cooperate with customers closely and widely to develop good products with competitive price. In December 2002, this Lab was authorized "Post-Doctoral Workstation".

Sales and service: 63 sales divisions, over 300 service centers across China, also available in Hong Kong、Singapore, Europe, Australia and USA.

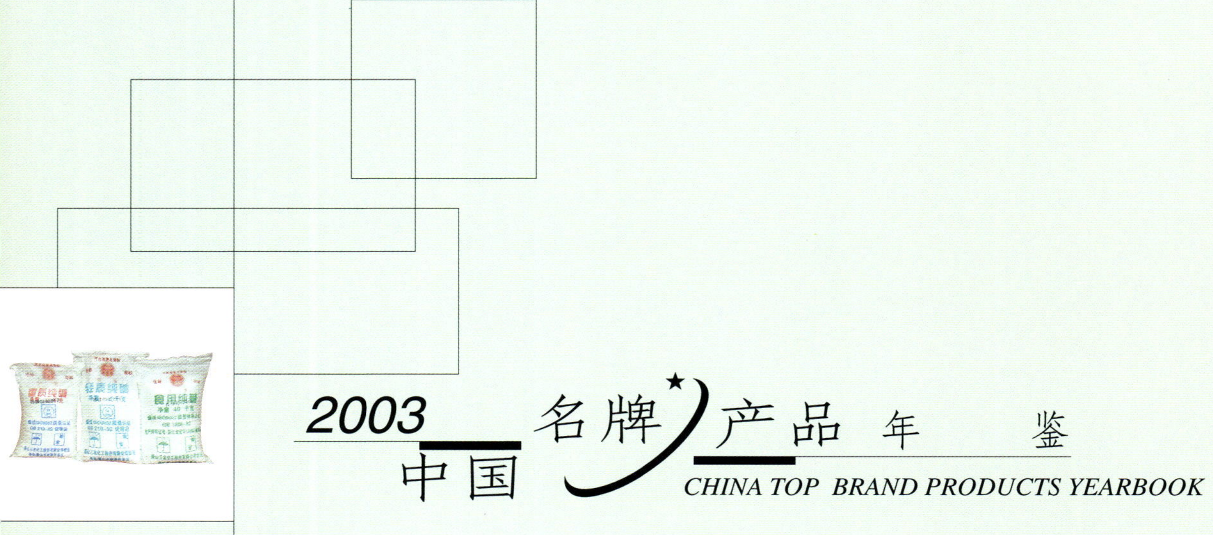

2003 中国名牌产品年鉴

CHINA TOP BRAND PRODUCTS YEARBOOK

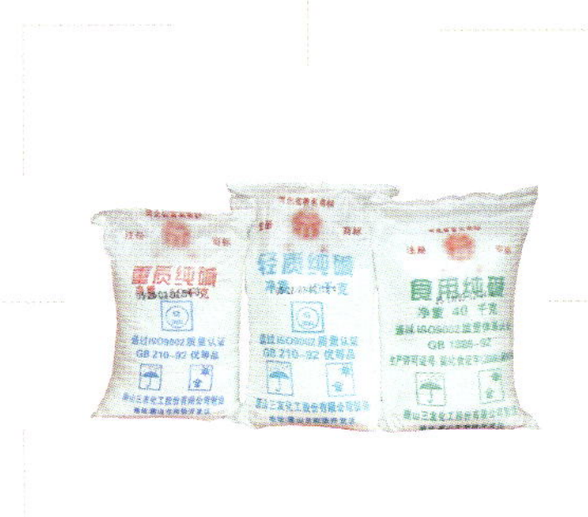

纯碱

中国纯碱行业情况

一、2003年纯碱工业的整体情况

到2003底，全国有纯碱生产厂43家，生产能力1200万吨/年。为世界第二位，其中生产能力40万吨/年以上的有9家，生产能力10万~40万吨/年的有26家，生产能力10万吨以下的有8家。2003年全国纯碱产量为1101万吨，为世界第一位，其中：氨碱法纯碱产量为547.7万吨，联碱法纯碱产量为476.8万吨，天然碱产量为76.5万吨。是全世界唯一纯碱生产方法齐全的国家。

2003年全国纯碱出口量为125万吨，仅次于美国，为世界第二大出口国。

二、中国名牌企业在行业中的地位

中国名牌企业是纯碱全行业的中坚力量。纯碱行业中八个中国名牌产品，都是全行业知名度很高的大型骨干企业，中国名牌企业2003年的纯碱产量为638.37万吨，占全国总产量的58%。

中国名牌企业带动和促进全行业产品质量的提高。中国名牌企业通过不断提高自身的技术水平、装备水平和管理水平，产品质量得到巩固和提高，在全行业起到排头兵的作用。同时，由于在同一市场销售，相同价格时，用户多选用名牌产品，这无形中促进周边企业必须进行技术改造和装备更新，必须提高管理水平，必须提高产品质量，对全行业整体水平的提高起到带头和促进作用。

名牌产品代表着中国纪碱的形象。1990年以后，随着中国纯碱工业的快速发展，纯碱产量大幅度提高，大型骨干企业开始进军国际市场，中国纯碱从零出口开始，2003年出口纯碱达125万吨，其中中国名牌企业的出口量占出口总量的99%，出口创汇一千余万美元，成为全球第二大出口国。在十多年的出口过程中，从未出现过质量事故，在国际市场上树立了中国纯碱的品牌形象。

三、纯碱行业的发展趋势

根据我国政府制定的到2020年实现国内生产总值比2000年翻两番的目标，中国纯碱工业也会保持较快增长的势头，据测算，到2010年全国纯碱生产能力将接近1800万吨/年，实际产量将达到1600万吨左右，出口量将达到170万~200万吨左右。一些优势明显的企业会得到长足发展和壮大。这个过程中，由于生产能力增长较快，可能会出现一次供大于求的低潮，竞争会加剧，行业的经济效益会大幅度下降，部分没有规模优势、远离原料基地和市场，技术和管理水平较低的企业和生产能力将被淘汰。

唐山三友碱业(集团)有限公司
三友牌纯碱

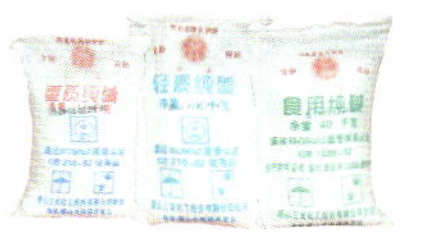

唐山三友碱业(集团)有限公司 Tangshan Sanyou Alkali Industries Company Ltd.

1999年12月28日由全国百户建立现代企业制度试点单位之一的唐山三友碱业（集团）有限公司作为主发起人，与国投资产管理公司、河北省建设投资公司、国富投资公司、唐山投资有限公司共同设立的唐山三友化工股份有限公司注册成立。

如今三友化工已发展成为全国最大的纯碱和氯化钙制造商之一，公司主导产品纯碱的国内市场占有率超过11%。长期以来，纯碱产品质量一直稳定在"国家优级品"标准之上，纯碱产量持续名列国内同行业前茅，是国内纯碱行业唯一一家通过ISO9001：2000质量管理体系和产品质量双认证的企业。2002年，三友化工生产纯碱97万吨，实现销售收入9.44亿元，在市场供需矛盾比较突出的形式下，实现了产品产销率和货款回收率两个100%，同时也是我国纯碱行业出口量和创汇额最多的企业之一。

三友化工在中国化工领域的飞速发展，离不开其开放的人才战略，2001年被国家人事部确定为博士后科研工作站。

三友化工的发展规划，为腾飞中的企业营造出一片更为辽阔的天空。

Tangshan Sanyou Alkali Industries Company Ltd. one of the State's hundred-modern-enterprise-system pilot enterprises, sponsored Tangshan Sanyou Chemical Industries Company Ltd.(hereinafter referred as Sanyou Chemical., together with SDIC Asset Management Company, Hebei Construction Investment Company, Goufu Investment Company and Tangshan Investment Co.Ltd. The new company was registered on Dec.28, 1999.

Sanyou Chemical has grown into one of the largest producer of soda ash and calcium chloride. The main product-soda ash has taken 11% shares in domestic market by its stable and high qual ty. Sanyou Chemical is the only soda ash producer in China, which has obtained the two certificates, one for its product quality and the other for ISO9001:2000 quality management system. In 2002, the total output has reached 970,000 tons, the revenue was 944 million RMB, 100% products were sold, and all goods payment called back, which lead Sanyou Chemical in the rank of the first exporter of soda ash in China both in quantity and revenue.

Sanyou Chemical's human resource strategy leads to its rapid development. Here a postdoctoral research station has been established under the approval of the State Human Affairs Ministry.

Sanyou Chemical has drawn up its long-term plan, which will build a wider sky for its inspiring.

大化集团有限责任公司
工联牌纯碱

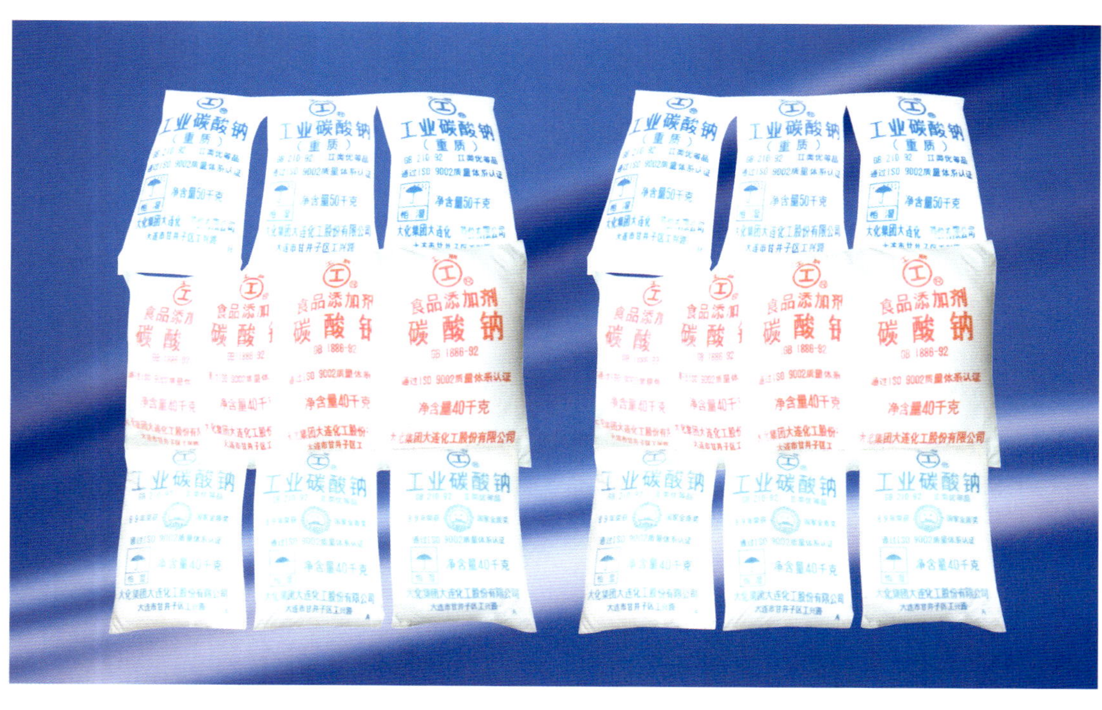

中国名牌产品年鉴

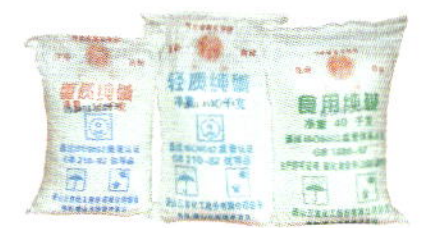

大化集团有限责任公司 Dahua Group Limited

大化集团有限责任公司(以下简称大化)的前身为大连化学工业公司，始建于1933年，是全国最大的基本化工原料和化学肥料生产基地之一，国家大型企业，是中国工业企业500强和化工百强企业之一。

大化有年产80万吨的纯碱生产装置，其中有50万吨采用先进的"侯氏联合制碱"新工艺生产，著名的侯氏联合制碱法生产装置是我国第一套工业化装置，其技术目前仍处于世界制碱行业的领先地位。历史上大化为中国国民经济的发展作出了巨大的贡献，成建制地援建了吉化、太化、兰化、辽化等化工企业，为全国各地输送了化工人才15000多人，在纯碱、硫酸、无机盐以及化工机械制造等方面创造了国内15个第一，被誉为中国化学工业的摇篮。

长期以来大化始终坚持创一流企业，出一流产品，育一流人才的宗旨，企业的管理水平、技术水平、产品质量不断提高，先后获得企业管理、质量管理、设备管理、环境保护等100多项省、部、国家级荣誉称号，30余项国家金、银牌和优质产品奖，曾于1989年荣获中华人民共和国国家质量管理奖。1998年大化集团有限责任公司通过ISO9002质量体系认证，2001年大化集团有限责任公司作为国家试点单位在国内率先通过GB/T19001—2000idtISO9001：2000质量管理体系认证。

大化集团有限责任公司坚持实施名牌战略，强化企业内部管理，树立品牌形象。"工联"牌纯碱是大化公司的主导产品，纯碱曾于1989年获国家金质奖，"工联"牌纯碱装置的综合能力位居国内第一，在国内外久负盛誉，近年来，公司通过技术创新，加大科技投入，产品实物质量稳定提高，2002年"工联"牌纯碱再次获得辽宁省名牌产品称号。"工联"牌商标被辽宁省政府认定为著名商标，2002年"工联"牌纯碱被中国质量协会、全国用户委员会评为"全国用户满意产品"。

Dahuagroup limited (dhg) was established based on dalian chemical industrial company founded in 1933. Dhg is the earliest base for production of basic chemical raw materrials and chemical fertilizers.dhg is one of the special large chemical enterprises, one of the first 500 enterprises, in china and first 100 enterprises of chemical enterrise in china.

Dhg has a 800,000 mt/y soda ash unit, 500,000mt/y soda ash unit by "dual process"technology which was the first soda ash unit in china and now still is the most advance thchnology for soda ash production. Dhg made a great contribution in several periods of our national economic development. Dhg help to set up many chemical industrial enterprises in china such as jilin chemical, taiyuan chemical, lanzhou chemical, liaohe chmical,ect. Dhg created 15 golden medals in the production of soda ash and inorganic chemicals etc, and delivered 15,000 technicians to the above enterprises. Dhg got a reputation of "the cradle of chinese chemical industry".

Dhg has insisted on the principle of making first level enterprise producing high quality products and training excellent staff.

The management,technical level environmental production and products qualty has been improved continuously. Many reputation titles for its enterprise management environmental protection and quality control have been given by national ministry of chemical industry. Dhg got a approval of iso9002 in 1998 and a approval of iso9001:2000 in 2001.

中国石化集团南京化学工业有限公司连云港碱厂
长江三角牌纯碱

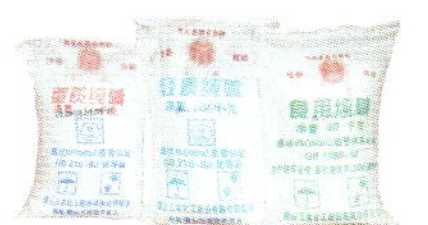

中国石化集团南京化学工业有限公司连云港碱厂
Lianyungang Soda Ash Plant, subordinate to Nanjing Chemical Industrial Co., Ltd. of Sinopec Corp.,

中国石化集团南京化学工业有限公司连云港碱厂是于1989年10月建成投产的国家大型一类重点化工企业，现有总资产17亿元，是“七五”国家重点投资项目，目前是中国纯碱三大生产企业之一，主要产品有轻质纯碱、重质纯碱、低盐重质纯碱、食用碱、小苏打、氯化钙等，现有纯碱实际生产能力95万吨/年，小苏打2万吨/年，氯化钙5万吨/年。花园式工厂坐落于亚欧大陆桥东桥头堡连云港市，占地73.69公顷，生产装置区拥有国内同行业自动化水平最先进的DCS控制系统。

我厂是ISO9002质量体系认证和产品质量认证企业，产品多次被列为“江苏重点名牌产品”，畅销全国各地，并远销台湾、东亚、东南亚、中东等地区，2001年获“江苏省一类出口企业”称号。

21世纪，面对中国加入WTO带来的机遇与挑战，全厂职工正为把连云港碱厂在2～3年内建设成世界一流的企业而努力奋斗。围绕主业，做精做细，实现纯碱生产规模100万吨/年，形成高质量、低成本的核心竞争力；通过个性化品质，打造“长江三角牌”的良好品牌形象；积极探索多元化发展的有效途径。力争实现以纯碱为主，多种产品并举的效益生产架构。我们热忱欢迎国内外各界朋友与我们携手开拓多种经营业务，发展友谊和经贸关系，为中国的现代化建设和经济繁荣做出我们应有的贡献。

Constructed and put into operation in October, 1989, Lianyungang Soda Ash Plant, subordinate to Nanjing Chemical Industrial Co., Ltd. of Sinopec Corp., is a key large-sized chemical industrial enterprise on national level with a total asset of 1.7 billion Yuan, which is the investment priority during the period of the seventh Five-Year Plan. The plant has now grown into one of the three larger soda ash producers in china with soda ash light, soda ash dense, low salt soda ash dense, soda ash edible, sodium bicarbonate and calcium chloride as its main products. The plant has now possessed the yearly production capacity of 950,000 tons soda ash, 20,000 tons sodium bicarbonate and 50,000 tons calcium chloride. Located in Lianyungang city at the eastern end of the Eurasian Continental Bridge, the gardenesque plant occupies 73.69 hectares and owns Distribution Control System which is the most advanced automation in the same domestic industry.

In the 21th century, facing the opportunity and the challenge by joining in the WTO, the whole staff and the workers are making great efforts to build Lianyungang Soda Ash Plant into a first-class corporation in the world within two or three years. The plant is focusing on the main product to reach the production capacity of 1,000,000 tons soda ash a year in order to be more competitive with high quality and low cost. By its individuation character, we are now striving to build up “the Changjiang River Triangle Brand” to be a famous brand in the world. And we are exploring actively effective way of multiple development to establish an efficient production structure focusing on soda ash as well as many other products. We sincerely appreciate your cooperation and hope to develop a diversified economy and establish friends.

天津碱厂
红三角牌纯碱

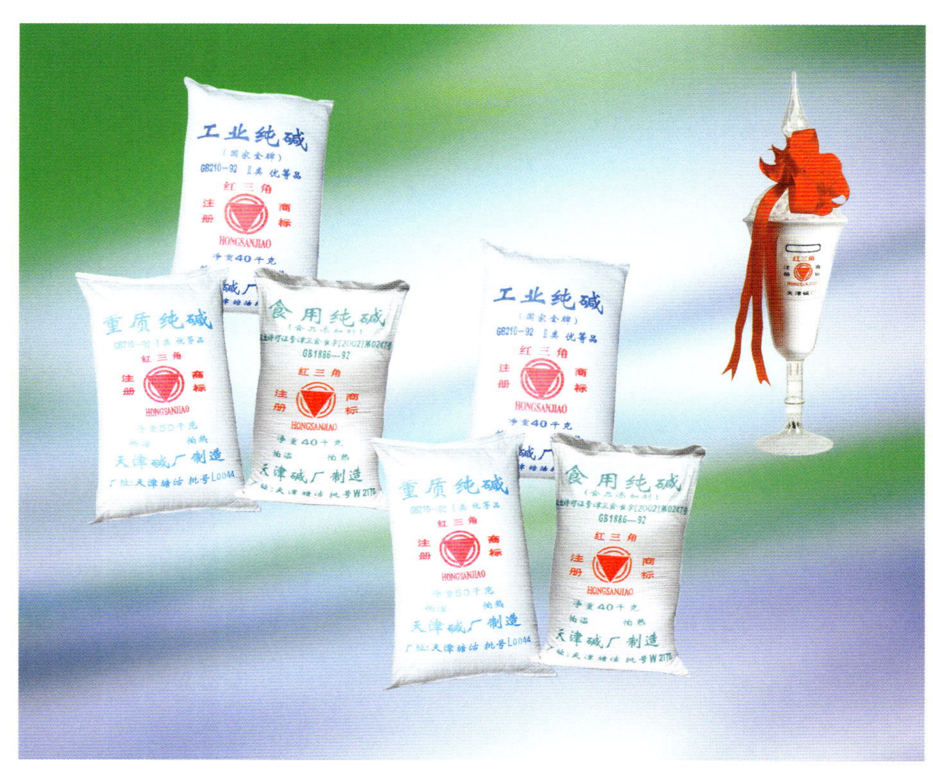

天津碱厂 Tianjin Soda Plant

86年的沧桑，86年的追求，铸就天津碱厂86年的辉煌。被毛主席盛誉为"工业先导，功在中华"的爱国实业家范旭东先生，在渤海之滨的塘沽创建了永利制碱公司，即后来的天津碱厂。从此洁白晶莹的"红三角"牌纯碱蜚声海内外，天津碱厂成为中国工业的发源地和摇篮。

"碱业巨擎，民族之光"。天津碱厂迄今已走过了近一个世纪的发展历程，"红三角"牌纯碱自1926年至今先后四次荣获国际博览会金奖，四次蝉联国家质量金奖，其他十多种化工产品也多次获得部、市级优质产品称号，产品畅销国内、外，在中国化学工业发展史上写下了光辉的篇章。

倚重厚实的文化底蕴、优秀的管理模式和先进的生产技术，以人为本、科教兴厂和技术创新成为企业文化的精髓，今天的天津碱厂已发展成为大型国有化工企业，产品和市场结构不断优化，相继与世界四大跨国公司玻璃制造公司建立了长期稳固的合作关系。面对加入世界贸易组织后新的形势变化，坚持以顾客为中心，以ISO9000质量标准体系为保证，瞄准国际先进水平持续改进，使"红三角"在世界经济一体化激烈竞争中永远追求卓越。

21世纪是天津碱厂实施异地改造实现跨越式发展、再次谱写二次创业辉煌篇章的新时代。

我们愿与一贯支持和关心天津碱厂发展的各界朋友竭诚合作，扩大贸易、交流技术、增进友谊，携手共创美好灿烂的未来。

Eighty-six years of great changes and great pursuit have created eighty-six years of brilliance. Mr. Fan Xudong , the patriotic industrialist highly praised by Chairman Mao Zedong as "an industrial pioneer making great contributions to China “, established Yong Li Soda Plant in the coastal city Tanggu . It is the later Tianjin Soda Plant. From then on , the clean-white “Red Triangle ” brand soda ash has become famous at home and abroad and Tianjin Soda Plant became the birthplace and cradle of China's soda ash industry.

Based on our massy culture accumulation , good managent and advanced technology, it has been essential of our corporate culture to bring every person's ability into full performance , develop our factory with science and education and carry on the technical innovation , Today, Tianjin Soda Plant has already become a large-scale state owned chemical enterprise. The products and the marketing structure are turning better and better, and has establisted long solid cooperative relation with four transnational glass-manufacturing companies. Facing the new situation after China's entry into WTO , we adhere to the principle of taking customer as the center, keeping our products in high quality with ISO9000 quality standard system, aiming at the international advanced level and continuously improving our products ,so that “Red Triangle” will always be advanced in the violent global competition.

The new century provides Tianjin Soda Plant with a good chance to realize its great development by setting up another new factoy.

We sincerely hope to cooperate with every friend, develop trade cooperation,exchange technology, strengthen friendship and create a bright future together.

湖北双环科技股份有限公司
红双环牌纯碱

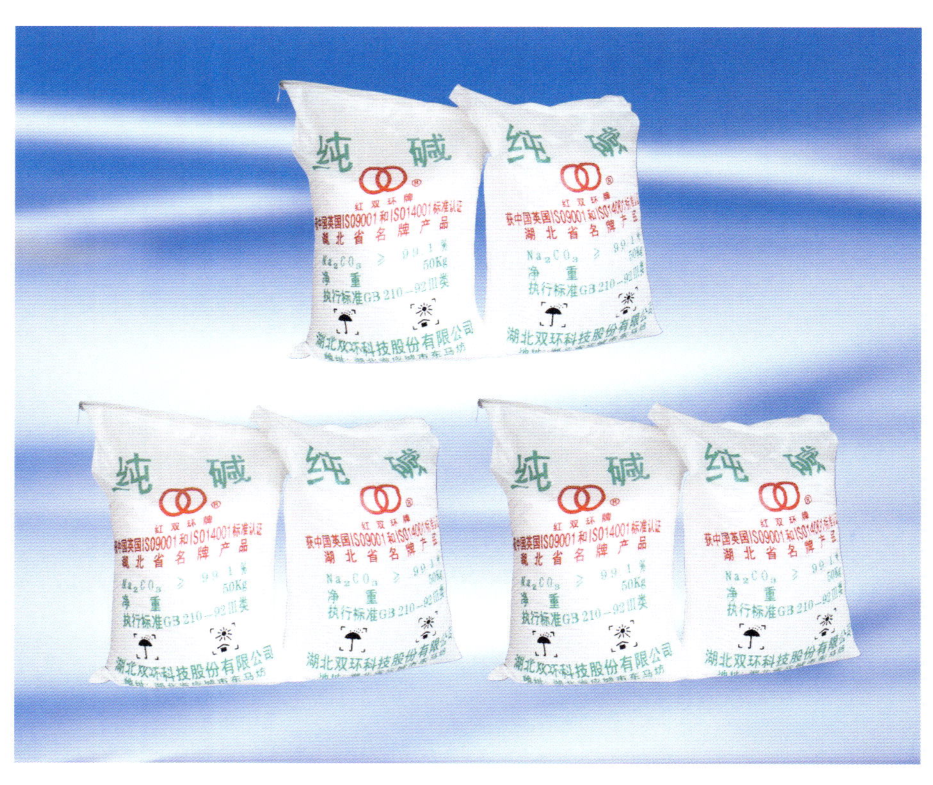

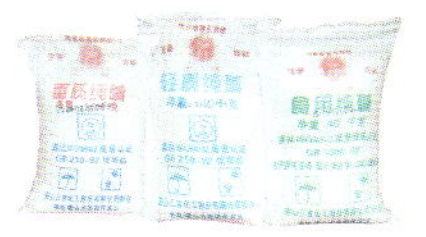

湖北双环科技股份有限公司　Hubei Shuanghuan scie-tech Co.,Ltd

湖北双环科技股份有限公司是采用独具特色的"盐碱联合、热电结合"的生产工艺，以纯碱、氯化铵为主导产品的上市公司。现有生产能力为：纯碱、氯化铵各58万吨/年(其中：重质碱20万吨/年，工业氯化3万吨/年)，芒硝3万吨/年，氯化聚乙烯6000吨/年，是湖北省最大的化肥和化工基本原料生产基地。经过多年的建设和发展，公司凭借丰富的地下资源、地理优势及雄厚的科技实力，坚持走规模经营和低成本、高质量、高效率的现代化大工业生产发展道路，已成为世界最大的联碱企业。其控股股东湖北双环化工集团有限公司是"中国五百家最大工业企业"、"全国520户重点企业"，并多次荣获"全国用户满意企业"、"全国质量效益型先进企业特别奖"、"全国企业管理杰出贡献奖"、"湖北省管理示范企业"等荣誉称号。

湖北双环科技股份有限公司组建于1993年，在其前身湖北省化工厂的基础上，以其主体实行股份制改造，成立股份公司，并于1997年4月在深交所上市。公司主要生产、销售纯碱、氯化铵及盐化工系列产品、氯甲烷系列产品、氯化聚乙烯系列产品；承担与盐化工行业相关的科研、设计及新产品开发、设备制造、安装和建设工程项目；从事软件开发及医疗设备、光电子设备微电机的生产与销售。公司于1997年通过了ISO9002质量体系认证，获得ISO9002质量认证证书和英国UKAS证书，成为全国化工行业和湖北省第一家同时获得双证的企业。2000年11月，公司又率先在全国同行业获得国家环保总局华夏环境管理体系审核中心颁发的ISO14001环境管理体系认证证书和UKAS国际认证证书。2002年12月10日，公司质量管理体系顺利地进行了转版、换证工作，并取得了2000版ISO9001质量体系认证证书和英国UKAS证书。

Hubei Shuanghuan scie-tech Co.,Ltd adopt production technology on" saline and alkaline to unite, the thermo-electricity combined " that show unique characteristics. Company's production capacity is: Soda ash,, chlorine ammonium 580,000 tons/year apiece,(among them, 200, 000 tons heavy alkali/year, Industry chlorine ammonium 30,000 tons /year), is the largest joint-alkali manufacturing enterprise in the world. Company win" China's Top 500 Industrial Enterprises"," Enterprise that satisfied with national user"," national quality benefit advanced enterprise's special award" honorary title. The company has passed IS014001 environmental management system authentication and IS09001 quality system authentication of 2000 editions.

Company produce and se l soda ash, chlorine ammonium and serial products, chlorine methane serial product, chlorine polyethylene serial product, chemical industry of salt, mainly; The sales rate of the products, rate of recovery of the payment for goods realize two times 100% for years;Accept scientific research, design and new product development, device fabrication, installed and construction project correlate with chemical trade of salt; engaged in the production and selling and development of real estate in software development, medical equipment, equipment microelectrical machinery of photoelectron.

Company go on an engineering that synthetic ammonia build gas with oil change coal at present, estimate and put into operation in 2004.It can reduce production cost of more than 100 million yuan every year.

We will be with sincere prestige , high- quality products, an thoughtful service, the good achievement reciprocates all stock owners.

青岛碱业股份有限公司
自力牌纯碱

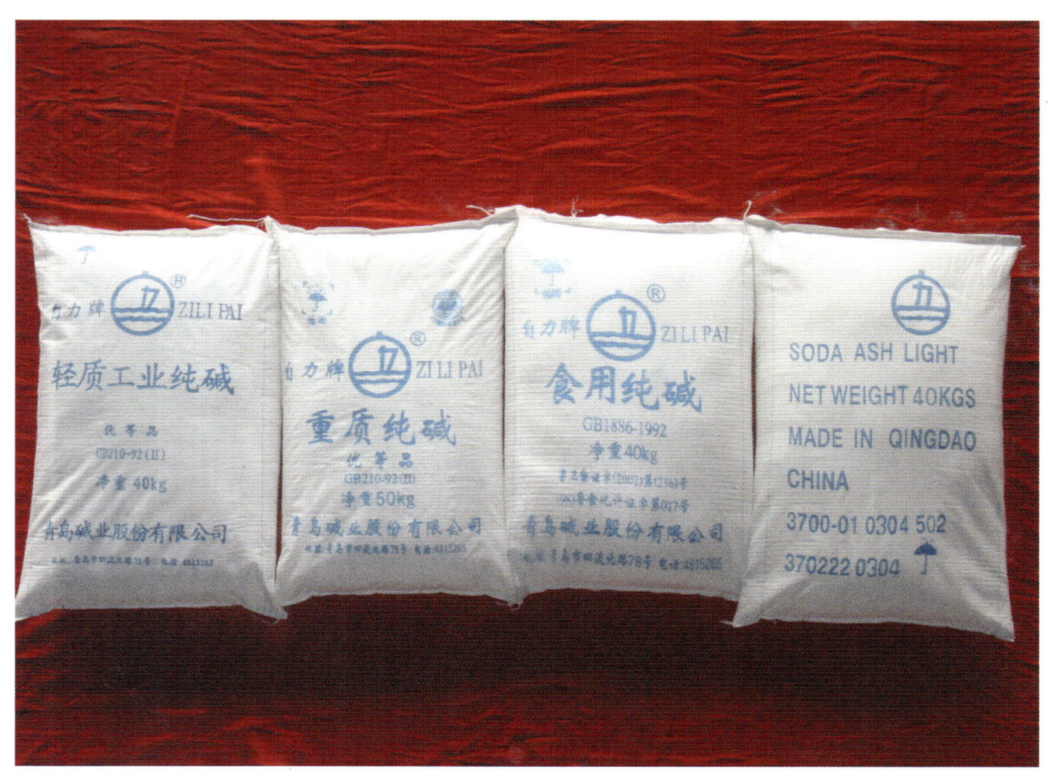

青岛碱业股份有限公司 Qingdao Soda Ash Industial Co.,Ltd.

青岛碱业股份有限公司(原青岛化肥厂、青岛碱厂)是生产经营纯碱、化肥、农药、热电，集科、工、贸于一体的大型综合性化工企业，目前有四个分公司，两个子公司。公司总资产16.7亿元，净资产8.4亿元，职工5500余人，年产纯碱60万吨，化肥20万吨，农药1万吨。

纯碱系工业基础原料，主要用于冶金、化工、石油、玻璃、纺织、印染、造纸、食品、医药卫生等方面。

公司发扬“团结、拼搏、进取、奉献”的企业精神，视质量和信誉为企业生命，主导产品“自力”牌纯碱荣获国家优质产品金质奖、山东名牌产品，1995年率先在同行业通过ISO9002质量体系认证，是省免除流通领域质量监督检查产品，获得采用国际标准产品标志证书，远销二十几个国家和地区。

在公司的发展历程中，不断持续发展，纯碱规模由8万吨扩大到60万吨。与此同时，公司坚持现代化管理与技术创新并重，荣获多项市、省、部、国家级荣誉称号。

公司改制上市后，紧紧抓住机遇，通过观念创新、机制创新、制度创新，走上健康快速发展之路，实现了产品从国内市场走向国际市场，由单纯产品经营到资本运营，由单一产品向多元化发展的三个跨越，正在按照“发展要有新思路，改革要有新突破，开放要有新局面，各项工作要有新举措”的要求，打造更加辉煌的未来。

Qingdao Soda Ash Industial Co.Ltd.(its original form is Qingdao fertilizer plant ,and then Soda Ash plant) is a kind of large-scale comprehensive chemical enterprise ,which is integrated with science,industry and trade as a whole, producing soda ,fertilizer,pesticide and thermal electricity. It comprises of 4 branches and two subsidiaries. The total asset of the company is 1.67 billion yuan and the net is 0.84 billion yuan. There are staffs more than 5500. The annual output of soda ash is 6×105t/a,and fertilizer 2×105t/a,pesticide 1 × 104t/a.

The soda ash is the fundamental raw material for industry, and is applied in the fields of metallurgy, chemical, petrolium, glass, textile, printing and dyning, paper-making, foodstaff, medical and so on.

The spirit of the company is "unite,affort,progress,devote", and the quality and credit is regarded as its life. Its main product is soda ash with "Zili" as its brand,which has been qualified with state excellent quality product with gold metal and famous product of Shandong province,and obtained first the certificate of ISO9002 quality system in the same industry in 1995. The product of the company is exempted of superintending and checking for its quality, and permitted owning the international standard product certificate,and saled far to twenties countries and districts. In the course of development ,the company has progressed continually,and the scale of soda ash has been enlarged from 8 × 104t/a to 6 × 105t/a.Meanwhile,the company lay the same stress on modernized management and technique creation,and was titled with several honors of municipal,provincial,departmental and state grade for the above sake.

This company has stepped on the road of healthy rapid development, and put it into true that its products are saled from home market to abroad one gradually ,by notion,mechanism and system creation after the company is listed in the stock-exchanger.And the running of the company is from product only to involving the finance. from simple product to multidimensions. The future of the company can be more briliant according to the request of "new tragedy on development,new burst on reform,new

山东海化股份有限公司
鸢都牌纯碱

山东海化股份有限公司　Shandong Marine Chemical Co., Ltd.

山东海化股份有限公司是由山东海化集团有限公司以其所属的原潍坊纯碱厂和羊口盐场溴素厂两厂的净资产作为发起人出资、以募集方式于1998年6月设立的股份有限公司。山东海化集团是以发展海洋化工新兴产业为主导，集科、工、贸为一体的国家特大型企业，先后被山东省政府和国务院确定为"山东省重点培植的八大骨干企业集团"和"全国120家试点企业集团"之一。山东海化股份有限公司是海化集团的支柱企业，主导产品纯碱等11种产品产销量目前均居全国首位，纯碱等20余种产品在全国同行业中率先通过ISO9000质量体系认证，已成为全国最大的海洋化工产品生产和出口创汇基地。"山东海化"股票作为我国海洋化工产业第一股于1998年5月在深圳证券交易所上网定价发行，并于同年7月3日上市交易。

"鸢都"牌纯碱是海化集团产业链中的龙头产品，有得天独厚的高质量原盐优势作支撑，有海化消化纯碱的深加工企业作后盾，近年来"鸢都"牌纯碱的质量优势和综合竞争力一直稳居全国同行业首位。现资产规模达85434万元，2002年产量突破百万吨大关，销售收入87654万元，实现利税32255万元。目前，正在申报国家立项建设的60万吨/年纯碱扩建工程建成投产后，海化纯碱厂将成为世界上最大的合成碱生产企业，市场竞争力和品牌优势将进一步凸显。

按照"创建世界一流企业"的发展规划，纯碱生产系统全过程采用DCS控制，实现系统整体优化。引进ERP管理系统，实现无纸化网络化办公。主要生产管道改用非金属材料替代金属材料，减少产品杂质含量。投资7亿多元申报国家立项建设的60万吨/年纯碱项目，将采用液相水合法生产低盐优质重质纯碱，盐分达到0.20%以下，具有国际先进水平。该项目投产达标后，纯碱年生产能力将达到近200万吨，出口量达到40万吨以上，成为世界上最大的现代化合成碱生产和出口创汇企业。山东海化纯碱厂将会以崭新的姿态屹立于世界碱业之林。

In the northwest part of Weifang, the World Kite Capital, on the wide south Laizhou Bay shore of Bohai, stands the Asian largest and modernized soda-ash producing enterprise with an annual production capacity of over one million tons---Sod-ash Plant of Shandong Marine Chemical Co., Ltd.

Soda-ash Plant of Shandong Marine Chemical Co.,Ltd is one of the important items of the national "Seventh Five-year Plan" as well as the state first class large enterprise, with the advanced ammonia soda processing technology, imported main equipments such as carbonizing tower, soda-ash filter, calcine furnace and heavy Soda-ash boiling etc from Germany, Japan and America. The whole production course is controlled by DCS which marks the latest international advanced level. In recent years the plant has adopted the international advanced quality controlling management mode and introduced new equipments and technology for soda quality improving, thus makes the quality of the "Yuandu" brand soda-ash reach the international advanced standard among its same kind. The plant has been entitled as one of the "500 National Large Industrial Enterprises", "National Advanced Exporting and Foreign Currency Earning Enterprises", "National Chemical Industry Clean and Civilized Plant", "Shandong Famous Brand Products" and "Shandong Quality Product Prize" etc , and passed firstly in the chemical field of China the "Double Adopting" Project Examination and Acceptance, ISO9000 quality system authentication, National Complete Calculation Examination System Authentication, National Profession Secure and Hygiene Management System Authentication, and ISO14000 environmental managing system authentication is under going.

自贡鸿鹤化工（集团）有限责任公司

鹤牌纯碱

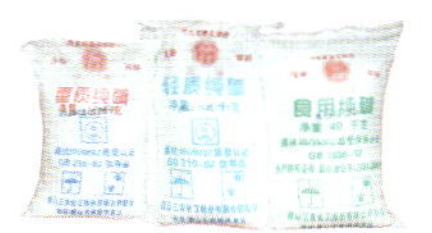

自贡鸿鹤化工（集团）有限责任公司 Honghe Chemical Inc.(HCI)

自贡鸿鹤化工（集团）有限责任公司地处千年盐都——四川省自贡市，属于国家大型一档企业，拥有总资产18亿元，属国家520户重点企业和四川省26户重点优势企业之一，曾先后获得“全国五一劳动奖状”、“全国质量管理先进企业”、“全国重合同守信用企业”等荣誉称号。

公司以本地丰富的原盐和天然气为原料，经过45年的发展已成为西部地区最大的综合性化工企业，现有产品40多种，年产品总吨位高达140多万吨。

鸿化公司在行业、省、市地位非常突出，它是我国十大联碱、十大氯碱企业之一，是亚洲最大的合成法小苏打生产企业，甲烷氯化物商品量居全国第一位；2002年在四川省工业企业排序名列第二十四位、四川化工行业第二位；产品主要覆盖西南地区，由于其特殊的地位，促进了地方经济的快速发展。

公司纯碱产品采用清洁法——联碱工艺生产，2003年装置年能力达45万吨，同行业中在联碱母液平衡技术、含氨杂水回收、氯化铵结晶外冷液氨致冷工艺、自然循环外冷式碳化塔专利、挤压法重质纯碱技术等方面均处于领先的地位，为纯碱行业的发展做出了突出贡献。

“鹤”牌纯碱产品连续五届获“四川名牌”，产品质量长期稳定，能够完全满足显像管玻壳、浮法玻璃、光学玻璃、冶金等行业顾客的差异化需求；产品粒度能够随顾客要求调整，盐份含量可稳定0.4%连续生产，在全国联碱行业属于唯一一家。

“鹤征八表，止于至善”的经营理念充分显示了鸿化人不断奋进的豪迈气概，鸿化的明天会更加灿烂！

HONGHE CHEMICAL INC.(HCI) is located in Zigong city-salt city with a history of one thousand years in Sichuan province,PRC. It is a national large chemical enterprise of first category. It possesses a real estate of 18 million Chinese yuan. HCI is one of the 520 important enterprises in China and 260 ascendant enterprises in Sichuan province. It has won honorary titles successively of "The National 5 • 1 Labor Certificate of Merit", "The National Quality Management Excellent Enterprise ", "The Trust Worthy National Enterprise With Good Credit".

With the local rich resources of rude salt and natural gas as raw materials, after 45 years of development, HCI has become the largest compositive chemical enterprises in west China and has 40 kinds of products, and its yearly output is 1.4 million tons.

HCI has an outstanding position in chemical industry, Sichuan province and Zigong city. It is one of the ten largest manufactures in sodium carbonate and chloro-alkali industry, the largest plant of manufacturing sodium bicarbonate by synthesis method in Asia, the largest chloromethane selling enterprise in China; in 2002, it was listed in the 24th among industrial enterprises and the 2nd in chemical industry in Sichuan province, its products are mainly sold in southwest of China, and rapidly promote the development of local economy due to its special position.

The conception of management "A hovering crane, soaring to the paramountcy" fully shows the spirit of Honghe people's brave striving for their brilliant future!

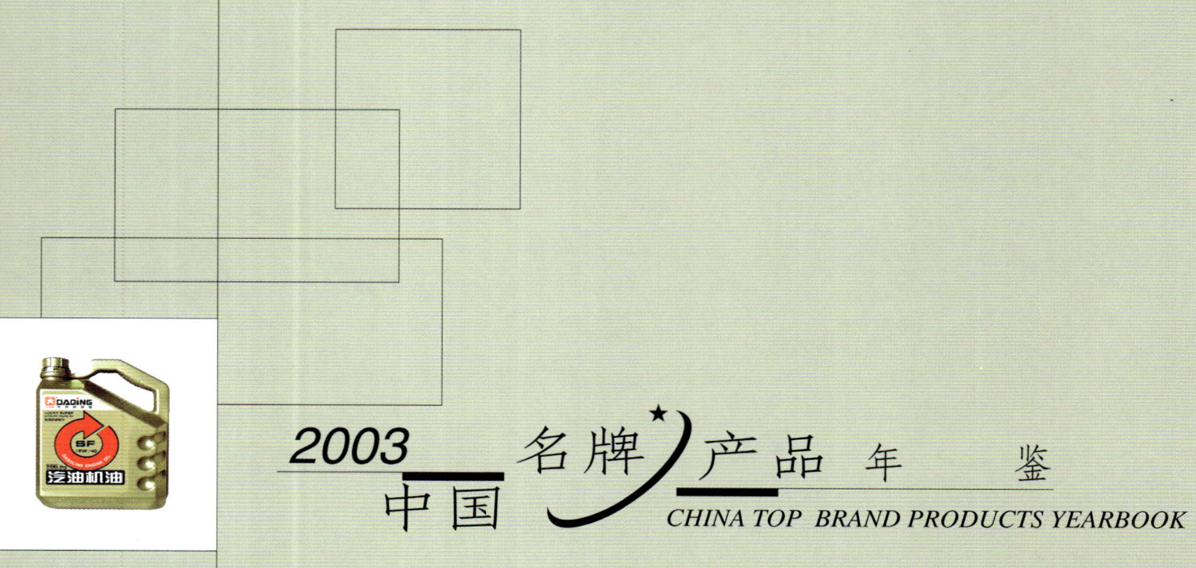
2003
中国名牌产品年鉴
CHINA TOP BRAND PRODUCTS YEARBOOK

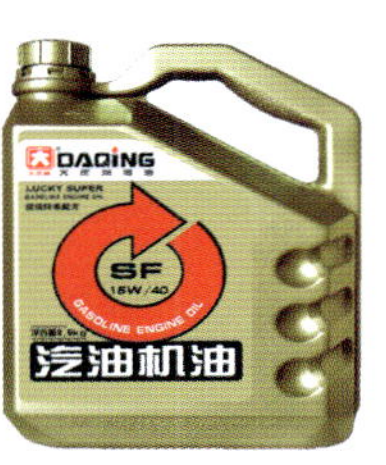

Y

润滑油（内燃机用）

润滑行业的发展概况

一、润滑油行业的基本情况:

润滑油是一种广泛用于机械、汽车、冶金、电力、国防等行业的重要产品,主要起润滑、冷却、防锈、清洁、密封和缓冲等作用。目前全世界使用的润滑材料中，润滑油占全部润滑材料的85%，种类牌号繁多，国外已有两千多种品种牌号，中国成品润滑油现有十九大类、五百多个牌号。其中应用广泛是内燃机油、齿轮油、液压油和工业机床上普遍使用的全损耗油四类。

中国全社会消费的润滑油中，技术含量较低、廉价的全损耗油比例较高，近年虽有所下降，但1998年仍占22.7%，内燃机油约占45.9%，其它油品包括齿轮油、液压油、电器用油等约占1/3，近年液压油明显增多，电器用油、压缩机油比例下降，但工业用油所占比例较低，有待发展。

二、润滑油行业的产值，以及在国民经济中的地位和作用

润滑油是一种高技术含量、高附加值的石油产品，其产品的专业性强、品种多，应用面广，虽然仅占原油加工量的1%左右，但对社会经济的发展作用很大。润滑油在工业现代化中有着很重要的作用，它对维护各种机械设备、仪器的正常运转、延长使用寿命、提高机械产品质量有着密切关系。我国润滑油行业发展经过几十年的努力，在润滑油基础油、添加剂、成品油的生产能力、技术和品种构成上有了很大的提高和发展。目前为止，我国润滑油产品已经发展到19大类600多个牌号的成品润滑油。随着国民经济日益增长及私人汽车的增加，润滑油与人们的生活也越来越密切相关。树立润滑油行业的品牌，不但能够规范市场，正确引导消费，也能够发展民族工业，提高产品的竞争力。

三、润滑油行业的集中度

中国润滑油市场呈现以下竞争格局：中国石化集团公司和中国石油天然气集团公司市场占有率约为65%～70%的市场(主要是中、低档润滑油)，乡镇企业占10%～15%，外国公司占10%～20%。但高档润滑油市场正逐步丢失，据不完全统计，国内60%以上的高档润滑油市场已被国外公司占有，市场形势十分严峻。以轿内燃机油为例，每年都需从国外进口20万吨，国产仅占这部分市场的22%。

目前中国石油、中国石化两大集团是我国民族润滑油的主体。已经开始向高端润滑油市场冲击。为了在激烈的市场竞争中利于不败之地，做大做强国产润滑油市场，中国石化于2002年成立润滑油分公司，将旗下各自为战的“长城”"南海"、"海牌"、"一坪"、"古塔"等品牌进行整合，在"五统一"的战略指导下，统一推出"长城"品牌，新"长城"真正成为中国本土润滑油市场的旗舰。中石油也对旗下七星、飞天、大庆等品牌进行整合，推出“昆仑”品牌抢占高端市场。

四、润滑油行业的进出口状况

中国对润滑油系列产品的进口远大于出口。出口数量约为进口数量的三分之一。2000年，润滑油与润滑脂共出口5.20万吨，进口14.35万吨；2001年润滑油与润滑脂共出口4.66万吨，进口13.78万吨。

润滑油进口省市相对比较集中，主要上海、广东、天津、辽宁四个省市，其中上海市占全国进口的34.3%，超过三分之一；广东省占全部进口的27.7%，占四分之一以上；处在第三位的是天津市,占全部进口的7.5%。

五、国内润滑油行业的发展趋势

中国润滑油基本上已与国际市场接轨，市场发展已逐步成熟化。但在国民经济体发展水平的带动下，加上国家经济发展战略转移，将为中国润滑油产业带来巨大的需求空间。润滑油市场将呈现以下发展趋势：

1.市场由城市向农村延伸;

2.业务由批发向零售流转;

3.档次由普通向中高档转移;

4.包装由散装向整装油品转换;

5.品牌由杂牌向名牌过渡;

6.“洋油”由车用油向工业用油扩张;

7.服务由简单化向全方位转变;

8.经营由暴利向微利转变。

新世纪，我国润滑油工业既面临严峻挑战，又存在良好的发展机遇。激烈的竞争将使中国的润滑油市场充满生机。在车用润滑油中，柴油机油的比例会因柴油车的发展而逐步提高。随着发动机功率的不断提高，燃料经济性将促使润滑油不断升级换代，环境友好的要求将推动润滑油更加清洁。

中国石油天然气股份有限公司大连润滑油厂
七星牌润滑油（内燃机用）

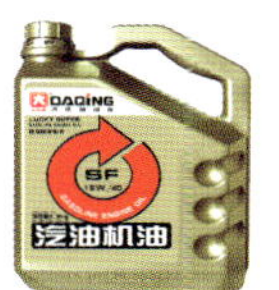

中国石油天然气股份有限公司大连润滑油厂
Chinese Petrochemical lubricating oil of Dalian

中国石油天然气股份有限公司大连润滑油厂(简称中国石油大连润滑油厂)前身是大连石油化工公司七星润滑油公司。2000年底中国石油对润滑油业务进行重组,成立了中国石油润滑油分公司、大连石油化工公司的润滑油业务划归润滑油分公司管理,组建了中国石油大连润滑油厂。大连润滑油厂地处黄海之滨,与著名的大连港共据一个海湾,地理条件优越,海陆运输方便,专用码头5000吨级泊位有2个,码头配套设施齐全。新建的铁路装车栈台大大增加了该厂的接卸能力。拥有10万立方米的储罐,是国内目前条件最好的润滑油转运基地。2002年通过了ISO9001质量体系认证,同年"七星"商标被国家工商行政管理总局认定为"中国驰名商标"。2003年"七星润滑油(内燃机用)"被国家质量监督检验检疫总局授予为"中国名牌产品"。新的世纪里大连润滑油厂将竭诚为广大用户提供优质的产品与良好的服务,为我国的民族润滑油工业发展做出贡献。

Lubricating oil of Chinese Petroleum Gas Limited Company. (abbreviates Chinese Petro chemical lubricating oil of Dalian),whose previous reincarnation is chemical petroleum company the sevenstars. Lubricating oil factory of Chinese Petrochemical has recombinated the business of lubricating oil in the end of 2000, founding the Chinese petroleum branch company fo lubricating oil. The lubricating oil business of Dalian chemical petroleum company submits to the branch company of the lubricating oil, sets up the Dalian factory of Chinese petroleum lubricating oil. The Dalian lubricating factory locates in the sea shore of the Yellow Sea,. according to a piece of bay altogether with famous Dalian harbor, the geographical condition is superior and is convenient for land and sea transport. There are 2 single user wharf 5000ton beths. The auxiliary fazilities of the quay is complete . Newly-built railway load in platform greatly increases the ability of the loading and unloading. Store pot is 100,000 cubic meter, being the best lubricating oil transship base. It was "well-known Brand of China" by the Administrative Bureau of Industry and Commerce in 2002. And also in this year, the company passes ISO9001 system. The year in the new century, our company will continue to provide high-quality products and good service with all heart, and contribute to national lubricant industry.

中国石油天然气股份有限公司大庆润滑油一厂
大庆牌润滑油（内燃机用）

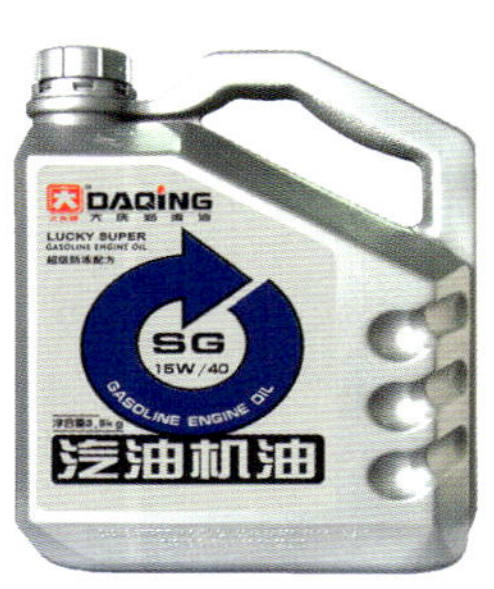

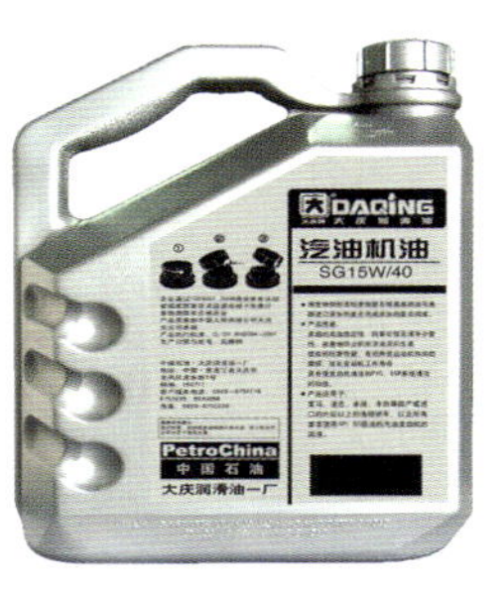

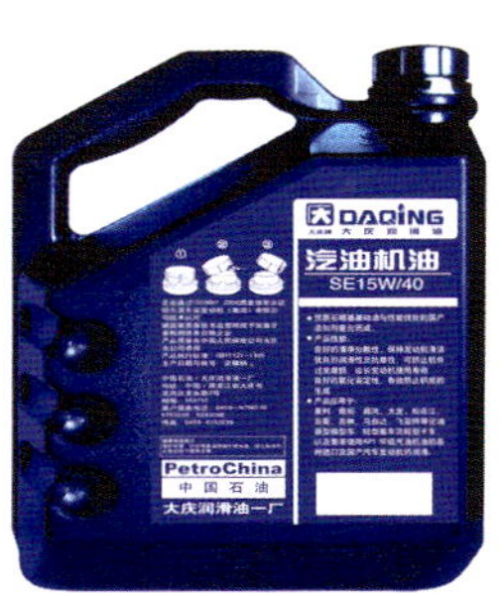

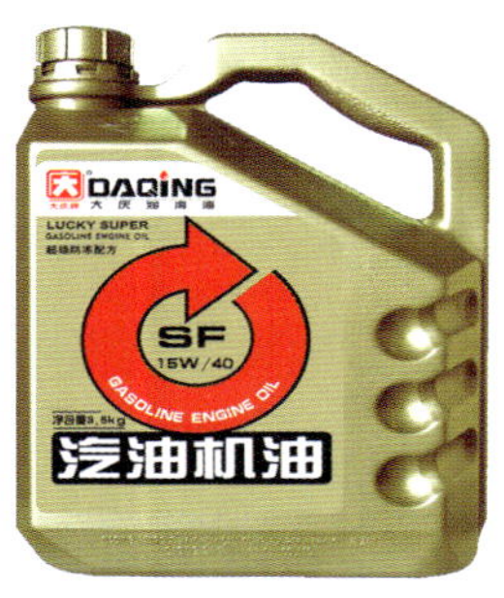

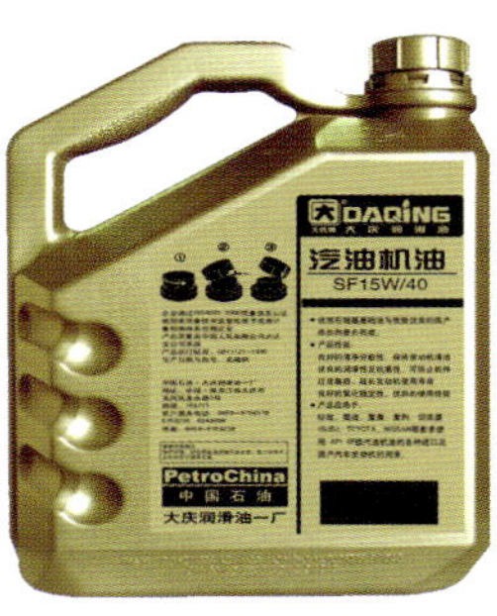

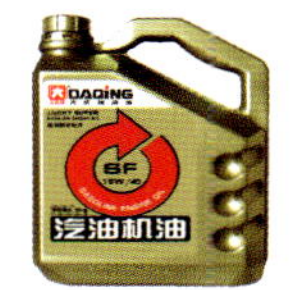

中国石油天然气股份有限公司大庆润滑油一厂
Petro China Daqing No.1 Lubricating Oil Plant

中国石油天然气股份有限公司大庆润滑油一厂成立于2000年年底。厂址位于黑龙江省大庆市龙凤区，厂区占地面积81000平方米，资产总值1.7亿元。润滑油的生产能力为35万吨/年，共有储罐139座，总罐容5.3万立方米，分析检测设备252台。现有员工198人，工程技术人员占员工总人数的36.1%。

大庆润滑油一厂原隶属于大庆石化，已经具有20多年的润滑油生产经验。可以生产汽油机油、柴油机油、齿轮油等各类润滑油共35个品种136个牌号，包括SJ、CF-4级高档内燃机油。并根据市场的需求，开发生产各种专用油品。

该厂有多种产品被为“一汽”集团集团、江淮汽车集团公司等指定为首选装车用油。2001年，大庆润滑油一厂被评为“全国用户满意企业”。2002年通过了ISO900：2000质量体系认证。

该厂的产品销售覆盖面广，已经占领全国24个省、市、自治区，市场覆盖率达70%。

Petro China Daqing No.1 Lubricating Oil Plant constructed in late 2000.It lies in Longfeng district,Daqing city, Heilongjiang province.It takes up 81000m2,total assets is 170 millions.The throughput is 350 thousands ton a year. There are 139 oil tanks, 53000m3 total volume and 252 equipments for analysis. 198 personnels work in the plant,including 36 technicians.

Daqing No.1 Lubricating Oil Plant belonged to Daqing Petrochemical Company former .Tt has been producing lubricating oil for over 20 years.The product is 35 kinds, including SJ CF4 high engine oil .It can develop new product according to the market demand.

Some kinds of product has been confirmed by The Changchun first Auto Group Corporation and Jianghuai Auto Group Corporation etc. In 2001, Daqing No.1 Lubricating Oil Plant was appraised National Consumer Satisfy Enterprise.In 2002,It gained the certification of ISO9001:2000 quality management system.

中国石化长城润滑油集团有限公司
长城牌润滑油（内燃机用）

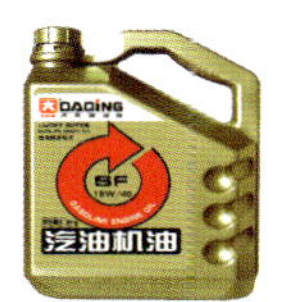

中国石化长城润滑油集团有限公司 CPC Great Wall Lubricating Oil Group Co., Ltd

中国石化长城润滑油集团有限公司(以下简称长城公司)是中国石化集团公司下属的润滑油专业生产企业。是国内第一家、也是最大的高档润滑油专业生产企业，是北京市科学技术委员会批准认定的高新技术企业。已具有年产45万吨高、中档润滑油的生产能力，下设燕化分公司、武汉分公司、天津制桶厂、天津分公司等15个全资子公司、分公司及控股公司。已经形成跨地区经营模式。其中高档润滑油产销量居全国首位，2002年度高档内燃机油销售额超8亿元，被誉为"中国润滑油工业的排头兵"。

长城公司拥有世界一流的润滑油科研技术力量及生产装备，先后通过ISO9002、QS9000质量保证体系的认证，及ISO14001和OHSAS18001环境及职业安全卫生体系认证，确保了产品质量的稳定。长城公司投资上亿元进行制桶灌装生产线的改造，建成了世界先进的4升高速制桶灌装一体化生产线(每分钟120桶)；采用世界最先进的全自动调合装置，大大提高了高档润滑油生产的技术和质量的保障能力。可生产各类润滑油19大类300多个牌号，产品全部精选优质基础油和添加剂，采用通过严格专业台架实验评定的高科技配方，除满足国家标准外，同时亦达到国际标准化组织(ISO)、美国石油学会(API)及多种特殊规格标准的要求。

长城润滑油是我国润滑油行业第一个"中国驰名商标"，产品被国家技术监督局定为首批重点保护的名优产品，被一汽集团(奥迪、红旗)、一汽大众(捷达)、二汽神龙(富康系列)、柳州五菱、日本小松机械等国内外多家汽车厂家及设备商选为OEM用油和服务站用油。2003年长城公司推出适合中国国情的都市轿车专用油，致力于提高国内整体用油水平和用油环保水平。

CPC Great Wall Lubricating Oil Group Co., Ltd.(hereafter called "Great Wall Company" for short) is a special production enterprise of lubricating oil directly under the administration of China Petrochemical Corp (CPC), one of the 500 big companies in the world. It has been praised as "Head of the Lubricating Oil Industry of China". It has a production capacity of 450,000t lubricating oil per year.

Great Wall Company possesses the world advanced high-speed production line integrating drum making and encapsulation together, and a set of full automatic concocting devices. It has chosen high-quality base oil and additives to make high-tech products. It endeavors to develop high-grade and new products keeping abreast with the world. Its lubricating oil products cover 19 major types in more than 300 trademarks, which have reached the national standards, the special standards of International Organization for Standardization(ISO) and American Petroleum Institute(API), etc. Our clients are all over the country, and our products are sold overseas. Great Wall Company has passed the authentication of ISO9002, QS9000 Quality Guarantee System, and ISO14001 and OHSAS18001 Environmental and Occupational Safety and Hygiene Systems.

Great Wall Company takes "Customer Oriented" as the management philosophy, boosts the transformation of the enterprise from a manufacturer to a manufacturing service provider, expands itself into the service industry of automobiles, so as to build up a stable industrial value chain step by step. Great Wall Company is trying its best to win a broader development space with better product quality and more considerate and sophisticated services.

中国石油天然气股份有限公司兰州润滑油厂
兰炼飞天牌润滑油（内燃机用）

中国石油天然气股份有限公司兰州润滑油厂 PetroChina Lanzhou Lubricating Oil Factory, subsidiary company of Petro China Lubricating Oil Company

中国石油天然气股份有限公司兰州润滑油厂是2001将中国石油兰州石化公司（原兰炼）润滑油生产的完整体系成建制划转、成立的企业，隶属于中国石油天然气股份有限公司润滑油公司管理。兰州润滑油厂是我国最早、最大的润滑油生产、销售基地之一，现有固定资产2.2亿元，年销售收入11亿元。拥有年46万吨先进的调和、储运生产能力，可调和生产八大类120个品种的各类中高档"兰炼飞天"润滑油；拥有年9万吨的现代化灌装生产线，可包装200立升、20立升、4立升等多种规格的包装类高档"兰炼飞天"润滑油产品。优质的润滑油基础油以中国石油兰州石化公司为主保证供给，中油润滑油公司兼顾调配。

兰州润滑油厂有一支高素质的职工队伍，全厂员工310名，中级及中级以上技术职称的人员占60多人，从事质量管理的人员占60多人。兰州润滑油厂秉承"兰炼""高、严、细、实"的工作作风，重视企业的质量发展和质量教育，始终坚持质量第一的经营方针，不断加强对职工的质量教育和业务培训，对全员职工长期坚持岗位培训、考核及强化训练。在生产管理过程中实行全过程、全员化的质量管理和质量监控体系，严格执行质量体系标准要求，制定了完整的质量管理制度，于2002年通过了GB/T19001－2000 idt ISO9001：2000质量管理体系认证及复审。

随着中油润滑油公司的组建，优化了资源和系统的整合，更加强化了生产、科研、销售、服务与管理。

PetroChina Lanzhou Lubricating Oil Factory, subsidiary company of PetroChina Lubricating Oil Company, was separated from Lanzhou Petroleum Processing & Chemical Complex (LPPCC), and then reorganized with the entire lubricant production systems of LPPCC in 2001.It is one of the first biggest lubricant production and sale bases in China. The current fixed assets is 220 Million RMB and annual sale income is 1,100 Million RMB. With 46MT capacity of advanced blending, storage and transportation facilities and 9 MT capacity of modernized barrel-loading assembly line, it can blend and produce 8 types of 120 various high and medium "Lanlian Feitian" lubricants. Lanzhou Lubricating Oil Factory has a high quality staff team. The total number of employee is 310, among which 60 are engineer and senior engineer, and 60 staff are engaged on the work of quality management. As paying high attention on quality management, the factory passed the quality management system authentication and reexamination GB/T19001-2000idt and ISO9001-2000 in 2002. Reorganized PetroChina Lubricating Oil Company not only optimized its resource and system but also more enhanced its production, scientific research, marketing sale, service and management. Newly established 6 large professional marketing companies and 2 large professional lubricant research institutes have the great capability to speed up "Lanlian Feitian" lubricant new product development and marketing occupancy, and to reinforce its professional sale and services.

中国石油化工股份有限公司
上海高桥分公司炼油厂
海牌润滑油（内燃机用）

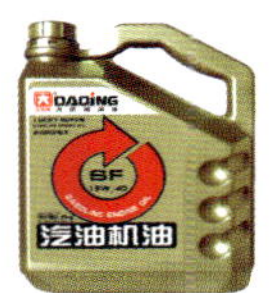

中国石油化工股份有限公司上海高桥分公司炼油厂
Sinopec Shanghai Gaoqiao Company Oil Refinery

中国石油化工股份有限公司上海高桥分公司炼油厂(原上海炼油厂)成立于1945年11月，目前厂区占地面积220多万平方米，拥有40余套炼油加工装置、16座各类码头，固定资产总额378571万元。2002年销售收入1345504万元(其中申报产品59902万元)，出口创汇12934万美元，申报产品销售量143447吨。

1995年以来，海牌润滑油连续8年被推荐为上海名牌产品，连续2届被评为"上海名牌产品100强(列第四强)"，先后通过ISO9002、ISO10012、ISO9001、QS9000、ISO14001等体系认证。1997年，海牌被评为上海市首批34只著名商标之一。2000年9月，海牌商标被国家工商行政管理局商标局认定为中国驰名商标。

"质量是海牌不懈的追求、服务是海牌永远的承诺"。通过狠抓产品质量、紧随国际先进水平、努力实施名牌战略、积极开展"三心"(质量放心、服务贴心、用户省心)诚信服务、不断健全销售网络和营销体系，海牌——"大海上冉冉升起的朝阳"日渐深入人心，知名度和市场份额不断提高，成为众多润滑油消费者的首选优质品牌，先后得到大众、奔驰、通用、康明斯、沃尔沃、雷诺、一汽、东风、重汽、金城铃木等国内外知名汽车公司的质量认可，并相继成为其供应商。海牌润滑油年产销量已连续多年超过40万吨(其中申报产品10多万吨)。

Sinopec Shanghai Gaoqiao Company Oil Refinery (Former Shanghai Oil Refinery) was founded in Nov. 1945. Till the end of 2002, it possesses a total area of 2.2 million square meters, 40 processing units, and 16 docks with total fixed assets of 3.78571 billion RMB. The sales revenue in 2002 amounted to RMB 13.45504 billion(thereinto ,the sales revenue of engine oil amcunted to RMB 59.99016 millions) and US $ 0.12934 billion of foreign exchange incomes plus.

"Quality is the unremitting pursue of Haipai, Service is the forever guarantee of Haipai". Strengthen the product quality, keep the same step of world advanced level, strive to perform the well-known brand strategy and carry out faith belief service of "three satisfaction" (quality satisfaction, service satisfaction and user satisfaction) and improve the marketing network and systems. These are a series of activities relative to the Haipai, So currently, Haipai is increasingly winning the support among the people as "the rising sun on the sea". Its notability and market share are increasing and becoming the first excellent brand to be chosen by a majority of lube oil consumers. It also has been obtained quality confirmation by famous automotive corporations from home and abroad, such as Volkswagen, Benz, General Motor, Cummins, Volvo, Renault, No.1Automobile Factory, Dongfeng, Heavy auto and Jincheng Suzuki, and has become their lube oil suppliers. Annul production and sale of Haipai has continuously surpassed more than 400,000T for a lot of years (Engine oil surpassed more than 100,000T for a lot of years).

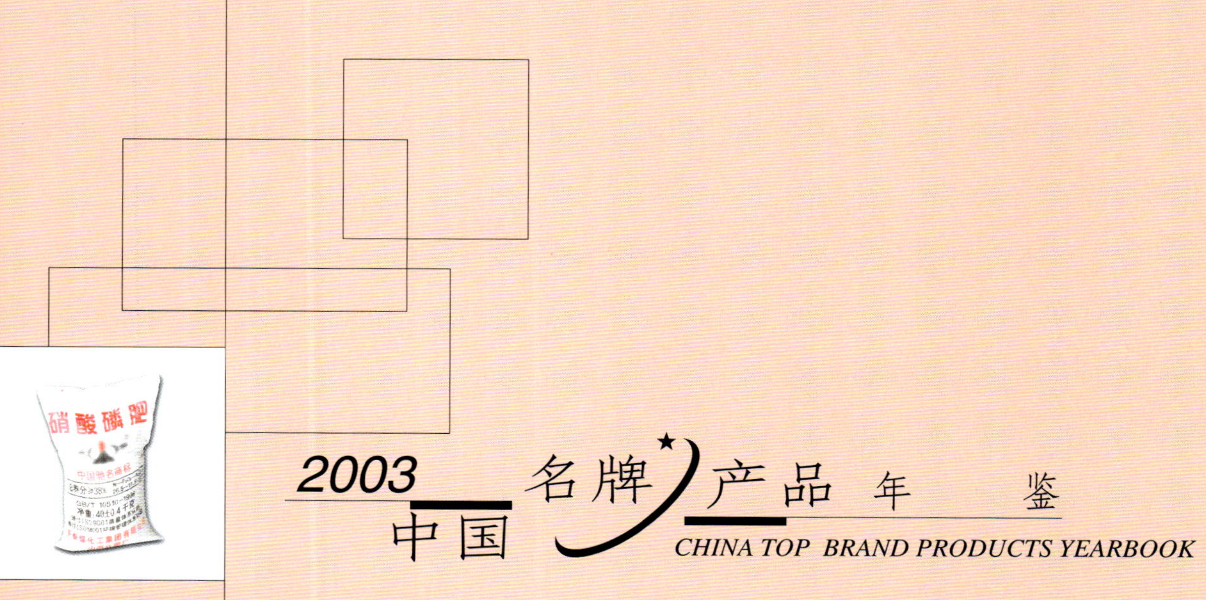
硝酸磷肥
2003
中国名牌产品年鉴
CHINA TOP BRAND PRODUCTS YEARBOOK

Z

高浓度磷复肥

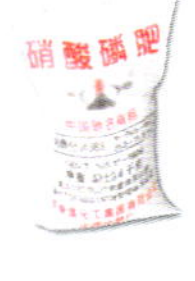

2003年中国磷酸二铵、硝酸磷肥行业概况

一、磷酸二铵行业情况

截至到2003年底，我国已建成磷酸二铵生产能力约490万吨。

2003年是中国磷肥工业经受严峻考验，战胜各种困难，取得显著成绩的一年。2003年磷肥工业经受了加入世贸组织后第二年的挑战，在原燃材料大幅度涨价，磷肥市场价格低迷的形势下，克服了进口化肥的冲击，保持了产销两旺的好势头，显示了中国磷酸二铵工业应对入世挑战的能力。

1、2003年磷酸二铵工业现状

(1)、产量大幅度增加。2003年我国磷酸二铵产量348.8万吨（实物量，下同），比2002年增长30.5%，是1994年的8倍。进一步改善了我国磷肥产品结构。

(2)、进口减少，出口增加。2003年进口磷酸二铵260.9万吨， 同比减少47%；2003年出口磷酸二铵80万吨，同比增长67.3%；磷酸二铵产品的国产化率已达到57.3%，国产磷酸二铵占农业施用量的50.7%，打破了多年来进口磷酸二铵的垄断地位，改变了长期严重依赖进口的局面。国产磷酸二铵产量的提高，市场占有率的增加，最直接的影响是进口磷酸二铵数量减少，最显著的是对世界磷酸二铵市场价格的影响，多少年来，中国进口量是决定国际市场价格的关键因素。

(3)、产业集中度明显改善，产品竞争力增强，市场占有率提高。2001年底我国加入世贸组织时，我国磷肥行业的一个显著特点是：磷肥企业以中小型为主，产量约占磷肥总产量的80%。规模偏小，最大的磷酸二铵企业生产能力（实物量，下同）30万吨/年，小的只有3万吨/年。而2003年最大的磷酸二铵企业生产能力达120万吨/年；磷酸二铵生产能力在24万吨/年以上的大型企业占磷酸二铵总能力的80%。

(4)、技术装备水平有了很大提高。在吸收、消化国外先进技术的基础上，通过各方的努力，我国磷酸二铵工业在设计、设备制造、施工安装、操作管理等方面都有了较大的进步。采用国内自主开发工艺技术设计的单系列磷酸二铵装置规模达60万吨/年，生产技术整体上达到比较先进的水平，我国的磷酸二铵生产技术、设备的国产化、大型化有了较大的进展。

(5)、质量意识、品牌意识提高。2003年各企业都加强了内部管理，努力提高产品质量，同时加大了对产品的宣传推广力度。继2002年山西天脊煤化工集团“天脊牌”硝酸磷肥获全国“驰名商标”后，2003年贵州宏福实业开发公司的磷酸二铵、山西天脊煤化工集团的硝酸磷肥被中国名牌战略推进委员会授予“中国名牌产品”。很多企业产品被所在省、市评为“省名牌产品”、“省免检产品”、“农民信的过产品”。

2、中国名牌企业 —— 贵州宏福实业开发总公司情况

贵州宏福实业开发总公司是目前我国规模最大的磷复肥企业，现有生产能力：磷酸二铵120万吨、磷酸一铵48万吨，磷酸能力70万吨，硫酸80万吨，磷矿采矿250万吨、选矿200万吨。2003年生产磷酸二铵68.3万吨，同比增长40.2%，占全国磷酸二铵总产量的19.6%。其能力、产量、销售收入、市场占有率，在全国同行业中均排在第一位。利税在全国同行业中也位居前列。

3、发展趋势

高浓度、复合化、专用肥是化肥的发展趋势，发展高浓度磷复肥对改善我国化肥产品结构，满足农业生产需要，保障我国粮食安全具有重要意义。磷酸二铵是高浓度磷复肥的主要品种，在世界磷肥总产量中约占50%。2003年，我国磷酸二铵产量占我国磷肥总产量的17.7%。在“十五”发展计划中，磷酸二铵、磷酸一铵及三元复合肥被列为重点发展的化肥产品，并把云南和贵州作为国家磷复肥基地进行建设。因此发展磷酸二铵等高浓度磷复肥符合国家产业政策。

二、硝酸磷肥行业情况

1、硝酸磷肥是磷复肥的主要产品品种之一，截至到2003年底，我国共有硝酸磷肥生产能力105万吨。2003年产量74.9万吨（另有10万吨硝酸磷钾肥）。

2、中国名牌企业 —— 天脊煤化工集团公司情况

天脊煤化工集团公司是我国“六五”期间重点建设项目之一，是我国最大的磷复肥生产企业之一，也是亚洲最大的硝酸磷肥生产装置，生产能力90万吨/年。其主导产品硝酸磷肥生产能力、产量、市场占有率在全国同行业中居第一位，产值、利税在化肥行业中处于前列。企业曾先后荣获“全国质量管理先进单位”、“全国用户满意企业”等称号。“天脊”商标是全国化肥行业惟一的“中国驰名商标”。

3、发展趋势

硝酸磷肥是高浓度磷复肥的品种之一，是化肥发展方向，但因为其工艺技术较复杂，对磷矿质量要求较严，投资也较高，近期内发展受到限制。

天脊煤化工集团有限公司
天脊牌高浓度磷复肥

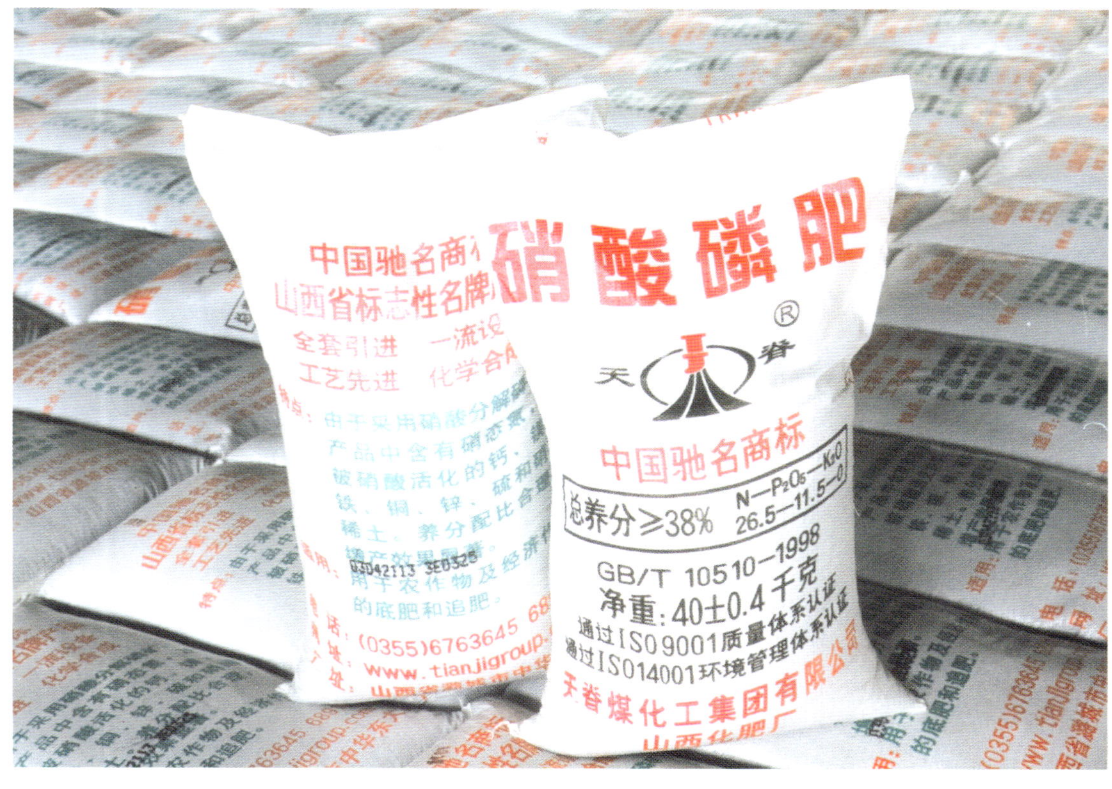

高浓度磷复肥

天脊煤化工集团有限公司 Tianji Coal Chemical Industry Group Co., Ltd

天脊煤化工集团有限公司，是国家"六五"期间重点建设工程项目。现拥有年生产能力硝酸磷肥90万吨、硝酸磷钾100万吨、硝铵20万吨、尿素43万吨、合成氨43万吨、硝酸81万吨、水泥28万吨、塑料编织袋4500万条，是目前国内乃至亚洲最大的复合肥生产基地。目前，天脊集团拥有九个子公司，企业总资产30亿元，年销售收入12亿元。天脊集团于1999年通过了ISO9001质量管理体系认证，2000年通过ISO14001环境管理体系和国家实验室认可的认证。

天脊集团的主导产品——"天脊"牌硝酸磷肥和硝酸磷钾，是一种新型的高效氮磷复合肥，它具有合成技术先进，养分配比合理的特点，是目前农业推广应用复合肥的重要品种之一。其市场现已辐射到华北、华中、东北、西南、西北等全国26个省、市、自治区，并开始走出国门，参与国际市场竞争。据中国磷复肥工业协会的调查表明，"天脊"牌硝酸磷肥在全国同一品种中的市场占有率连续三年分别为91%、93%、93%，产销率连年稳居全国同行业之首。2002年天脊集团被国家质量监督检验检疫总局命名为"全国质量管理先进单位"，被中国质量管理协会命名为"全国用户满意企业"等称号，同年"天脊"商标又被国家工商行政管理总局认定为全国化肥行业唯一的"中国驰名商标"。

Tianji Coal Chemical Industry Group Co., Ltd is one of the key construction project during the sixth "Five-Year-Plan". Now the company has an annual capacity of 900,000 ton nitrophosphate, 1,000,000 ton potassium nitrophosphate, 200,000 ton ammonium nitrate, 430,000 ton urea, 430,000 ton synthesis ammonia, 810,000 ton nitric acid, 280,000 ton cement and 45 million pieces of woven plastic bag. It is largest compound fertilizer production base not only in China, but also in Asia. At present, Tianji Group has nine subsidiaries, with a total fixed assets of RMB 3 billion yuan, and the annual sales income RMB 1.2 billion yuan. In 1999, Tianji Group passed the authentification of ISO 9001 Quality Control System. In 2000, the group passed authentification of ISO 14001 Environment Control System and State Laboratory.

The main product of Tianji Group is Tianji brand nitrophosphate and potassium nitrophosphate, which are new kind of high efficiency NP compound fertilizer. They combine advanced synthesis technology with proper nutrient proportion. They are one of the key compound fertilizer which are spread in agriculture. Presently, they are not only very well received in the vast areas in China such as North, Northwest, Central, Northeast, etc., covering about 26 provinces, cities and autonomous regions, but also exported to abroad to take part in international competition. According to the investigation of State Potassium Compound Fertilizer Industry Association, in recent three years, Tianji brand nitrophosphate takes a market share of 91%, 93% and 93% in succession and the production and sales rate ranks among the lead in the same industry in the country. In 2002, Tianji Group has been honored "Advanced Quality Control Unit in the Country" by State Quality Examination, Inspection & Quarantine Bureau, and "State Customer Satisfied Enterprise" by State Quality Control Association etc. In the same year, the trade mark of Tianji has been designated as the only Chinese Famous Trade Mark in chemical fertilizer industry in the country by State Industry and Commerce Administration Bureau.

贵州宏福实业开发有限总公司
宏福牌高浓度磷复肥

贵州宏福实业开发有限总公司
Guizhou Hongfu Industrial & Commercial Development Coorperation Ltd.

贵州宏福实业开发有限总公司以贵州省瓮福矿肥基地为主体，经贵州省人民政府批准，1994年6月29日在贵阳成立。

宏福总公司是中国目前最大的现代化磷化工企业，固定资产投资58.5亿元，拥有全国最大的磷矿山和磷肥厂——瓮福磷矿和瓮福磷肥厂。瓮福磷矿资源丰富，地质储量8.2亿吨，工业储量5.8亿吨，磷矿石平均品位25%以上，有害元素镉含量低，化学反应活性好，是制酸制肥的优质原料。瓮福磷矿1995年建成后，形成330万吨/年磷矿石、250万吨/年磷精矿生产能力。

瓮福磷肥厂包括年产120万吨磷酸二铵、48万吨磷酸一铵、140万吨硫酸、70万吨磷酸、1.4万吨氟化铝、3万千瓦热电厂等装置，以及年吞吐能力345万吨，与湘黔、黔桂和株六复线相接的铁路专线。

宏福总公司引进世界上最先进的采矿、制酸制肥工艺技术和装备，采用先进的DCS和PLC控制系统，建有川大——瓮福磷化工工程技术中心，是一个矿肥结合，科、工、贸并举的现代化磷化工基地。

宏福总公司把为客户提供优质产品和服务作为自己的天职，坚持"质量第一，用户至上，创一流品牌"的质量方针，实施全面质量管理，其主导产品磷酸二铵、磷酸一铵由于品质优良，深受国内外客户青睐，产品供不应求。公司全体员工以支持亿万农民致富奔小康为己任，大力实施"三升两降"工程（提升质量水平、提升科技含量、提升规模效应，降低成本、降低增量投入），积极开发"高效复合化、功能细分化、有机生物化、环保绿色化"的新一代肥料，努力为用户提供更多更好的产品和服务，积极促进中国磷化工事业的发展。

Guizhou Hongfu Industrial & Commercial Development Coorperation Ltd. approved by Guizhou Provincial Government was established on June the 29th 1994,with Guizhou Wengfu Mining & Fertilizer Development as its main body.

At present , Hongfu Industrial & Commercial Development Coorperation Ltd is the largest modern phosphate chemistry enterprise in China, its fixed asset reaching 5.85 billion RMB and owning the largest phosphate mines and phosphate fertilizer plant----Wengfu Mining & Fertilizer Group. Wengfu Mining & Fertilizer Group is rich in resource, with its geographic reserves up to 0. 58 billion tons. Wengfu phosphate rocks with low content of toxic element cadmium and good chemical reaction activity are excellent acid-and-fertilizer-making raw material. Since its establishment in 1995, Wengfu Mining & Fertilizer Group has developed the production capacity of 3.3 million tons of phosphate rocks and 2.5 million tons of phosphate concentrate annually.

Today all the staff of the company are holding it as their duty to support millions of Chinese farmers to become well-off. They are doing their best to improve the product quality level, the product technique contents and scale-economical benefits and to decrease the cost. They are actively developing high-efficiency-compound fertilizers which are friendly to the environment to serve the consumers better and contribute the phosphate chemical cause of our country.

2003年中国名牌产品企业名录

（按注册商标笔划为序）

1 钢琴

星海牌钢琴

北京星海乐器有限责任公司

地址：北京市朝阳区黄木场6号
邮编：100022
电话：010-67718885—137
传真：010-67790831
网址：www.Xinghai-piano.com
电邮：xinghaizwz@sohu.com

珠江牌钢琴

广州珠江钢琴集团有限公司

地址：广东省广州市芳村花地大道南涌尾西路8号
邮编：510388
电话：020 – 81502729
传真：020 – 81509247
网址：www.pearlriverpiano.com
电邮：office@pearlriverpinao.com

2 化妆品

舒蕾牌洗发水

湖北丝宝股份有限公司

地址：湖北省仙桃市丝宝路1号
邮编：430058
电话：027-84295109
传真：027-84295129
网址：www.c-bons.com.cn
电邮：liuyang@c-bons.com.cn

蜂花牌护发素

上海华银日用品有限公司

地址：上海市闵行区北松路1501号
邮编：201111
电话：021-6409880
传真：021-64090063
网址：www.beeflower-cn.com
电邮：lpg@ beeflower-cn.com

大宝牌护肤霜（非儿童类）

北京大宝化妆品有限公司

地址：北京市北京经济技术开发区荣华中路12号
邮编：100176
电话：010-67875588
传真：010-67879665
网址：www.dabao.com.cn
电邮：QC@dabao.com.cn

郁美净牌护肤霜（儿童类）

天津郁美净集团有限公司

地址：天津市南开区红旗路188号
邮编：300110
电话：022-27032461 022-27032449
传真：022-27032459 022-27032449
网址：www.ymj.com.cn
电邮：jtgs@ymj.com.cn

六神牌花露水

上海家化联合股份有限公司

地址：上海市保定路527号
邮编：200082
电话：021-65456400
传真：021-65458990
网址：www.jahwa.com.cn
电邮：contact@jahwa.com.cn

3 照明灯具

TOPSTAR通士达牌紧凑型荧光灯

厦门通士达照明有限公司

地址：福建省厦门市海沧新阳工业区
霞飞路18号
邮编：301026
电话：86-592-6518622
传真：86-592-6518355
网址：www.topstar.com.cn
电邮：topstart@public.xm.fj.cn

阳光牌紧凑型荧光灯

浙江阳光集团股份有限公司

地址：浙江省上虞市凤山路129号
邮编：312300
电话：0575-2018580 2027738
传真：0575-2015355 2025878
网址：www.yankon.com
电邮：gnmarket@yankon.com

JIUFO九佛牌室内灯具

广州市九佛电器有限公司

地址：广东省广州市仓边路福榕里3号二楼
邮编：510030
电话：020-83181688 83182688
传真：020-83316848
网址：www.jiufo-electric.com.cn
电邮：jiufo@jiufo-electric.com.cn

红联牌室内灯具

江苏鸿联集团有限公司

地址：江苏省常州市横林镇古槐路125#
邮编：213101
电话：0519-8780768 8783751 8783353
传真：0519-8781506 0519-8781451
网址：www.honland-lighting.com
电邮：lighting@public.cz.js.cn

4 工业缝纫机

上工牌工业缝纫机

上工股份有限公司

地址：上海市浦东新区世纪大道
1500号东方大厦12楼
邮编：200122
电话：86-21-68407700
传真：86-21-65453524
网址：www.shanggonggroup.com
电邮：SHGGG@PUBLIC3sta.net.cn

飞跃牌工业缝纫机

飞跃集团有限公司

地址：浙江省台州市椒江区机场中路109号
邮编：318010
电话：0576-8155816 8155801
传真：0576-8155815 8155800
网址：www.feiyuegroup.com
电邮：feiyue@mail.tzptt.zj.cn

ZOJE 中捷牌工业缝纫机

中捷缝纫机股份有限公司

地址：浙江省玉环大麦屿开发区
邮编：317604
电话：0576-7338216
传真：0576-7331688
网址：www.zoje.com
电邮：web@zoje.com

GEMSY 宝石牌工业缝纫机

宝石缝纫机实业公司

地址：浙江省台州经济开发区东环大道 638 号
邮编：318000
电话：0576-8201439
传真：0576-8202667
网址：www.gemsy.com
电邮：zjgemsy@mail.tzptt.zj.cn

标准牌工业缝纫机

西安标准工业股份有限公司

地址：陕西省西安市太白南路 335 号
邮编：710068
电话：029-8279159
传真：029-8279160
网址：www.chinatypical.com
电邮：typical@chinatypical.com

5 冰箱压缩机

Jiaxipera 牌冰箱压缩机

加西贝拉压缩机有限公司

地址：浙江省嘉兴市王店镇百乐路 40 号
邮编：314011
电话：0573-3244917
传真：0573-3245752
网址：www.jiaxipera.com.cn
电邮：jiaxipera@mail.jxptt.zj.cn

东贝牌冰箱压缩机

黄石东贝电器股份有限公司

地址：湖北省黄石市铁山区武黄路 5 号
邮编：435006
电话：(0714) 5416688
传真：(0714) 5415588
网址：www.donper.com
电邮：donper@donper.com

(BX)白雪牌冰箱压缩机

江苏白雪电器股份有限公司

地址：江苏省常熟市白雪路
邮编：215500
电话：86-512-52797888
传真：86-512-52772661
网址：www.baixue.com.cn
电邮：baixue@china-baixue.com

华光牌冰箱压缩机

广州冷机股份有限公司

地址：广东省广州市杉木栏路 99 号 3 楼
电话：020-81857586

华意牌冰箱压缩机

景德镇华意电器总公司

地址：江西省景德镇新厂东路 28 号
电话：0798-8470115
传真：0798-8441779
网址：www.huayi.com.cn
电邮：huayi@publicl.jdptt.jx.cn

6 电热毯

小绵羊牌电热毯

上海小绵羊电器有限公司

地址： 上海市老沪太路212号
邮编： 200072
电话： 021-56037770

彩虹牌电热毯

成都彩虹电器（集团）股份有限公司

地址：四川省成都市一环路南一段6号
邮编：610061
电话：028-85219868
传真：028-85221229
网址：WWW.RAINBOW.COM.CN/
电邮：RAINBOW @RAINBOW.COM.CN

琴岛牌电热毯

青岛市琴岛电器有限公司

地址：山东省青岛即墨市北阁街42号
邮编：266200
电话：0532-8512348、8512690
传真：0532-8525262
网址：www.qindao-ec.com
电邮：qindao@mail.ctiqd.com.cn

7 晴雨伞

天堂牌晴雨伞

杭州天堂伞业集团有限公司

地址： 浙江省杭州市凤起路62号
邮编： 310003
电话： 0571-85183111 0571-85283333-8888
传真： 0571-85183111
网址： www.ebumbrella.com
电邮： hztt@ebumbrella.com

梅花牌晴雨伞

晋江恒顺洋伞有限公司

地址:福建省晋江市东石镇金瓯工业区.
邮编:362271
电话: 0086-595-8558-9898，8558-1003
传真: 0086-595-8558-1002, 8559-3002
网址： WWW.SUSINO.COM
邮件: HS1@PUBLIC.QZ.FJ.CN

8 饮料

乐百氏牌瓶装饮用水（纯净水）

乐百氏（广东）食品饮料有限公司

地址：广东省广州市天河区林和西路1号
广州国际贸易中心28-29层
邮编：510610
电话：（020）38783488（总机）
传真：（020）38783933
网址：www.robust.com.cn
电邮: robust@robust.com.cn

娃哈哈牌瓶装饮用水（纯净水）

杭州娃哈哈集团有限公司

地址：浙江省杭州市秋涛北路128－1号
邮编：310020
电话：0571-87027405
传真：0571-86951532
网址：www.wahaha.com.cn
电邮：whh@wahaha.com.cn

泉阳泉牌瓶装饮用水（矿泉水）

吉林森工集团泉阳泉饮品有限公司

地址：吉林省白山市抚松县泉阳镇新华街
邮编：134505
电话：0439-6518162　6518800　6518809
传真：0439-6518806
网址：www.jlsgqyq.com

崂山 LAOSHAN 牌瓶装饮用水（矿泉水）

青岛崂山矿泉水有限公司

地址：山东省青岛市市南区香港西路 25 号
邮编：266071
电话：0532-3865859
传真：0532-3874589
网址：www.laoshan.com.cn
电邮：laoshan1905@sohu.com

益力牌瓶装饮用水（矿泉水）

深圳达能益力泉饮品有限公司

地址：广东省深圳市南山区西丽镇新屋村
邮编：518055
电话：0755-26788668
传真：0755-26782738
网址：www.healthcn.com
电邮：healthc@public.szptt.net.cn

椰树牌瓶装饮用水（矿泉水）

椰树集团有限公司

地址：海南省海口市龙华路 41 号
邮编：570102
电话：0898-66796000
传真：0898-66773891
网址 ：www.yeshu.com
电邮：lweb@yeshu.com

农夫山泉牌瓶装饮用水（其他水）

农夫山泉股份有限公司

地址：浙江省杭州市曙光路 29 号
邮编：310007
电话：（0571）87631800 转
传真：（0571）87631218
网址：www.nongfuspring.com
电邮：xinliu@mail.yst.com.cn

银鹭牌植物蛋白饮料（花生牛奶）

厦门银鹭集团有限责任公司

地 址：福建省厦门市翔安区银鹭高科技园
邮 编：361111
电 话：0592-7176608，7176315
传 真：0592-7176000
网址：www.yinlu.com
电邮：yinlu@public.xm.fj.cn

惠尔康牌植物蛋白饮料（牛奶花生）

厦门惠尔康集团有限公司

地址：福建省厦门市同安区汀溪镇
邮编：361100
电话：0592-7157518
传真：0592-7155765
网址：www.hek.cn
电邮：hek@hek.cn

露露牌植物蛋白饮料（露露）

露露集团有限责任公司

地址：山东省承德市翠桥路南 6 号
邮编：067000
电话：0314-2069492
传真：0314-2062592
网址：www.lolo.com.cn
电邮：lolo@public.bta.net.cn

9 调味品

岐江桥牌酱油

广东美味鲜调味食品有限公司

地址：广东省中山市西区岐港路口
邮编：528401
电话：0760-8626262　8627990
传真：0760-8637834
网址：www.gdmwx.com
电邮：cnmwx@263.net.cn

岐江桥牌酱油

李锦记（新会）食品有限公司

地址：广东省江门市新会区七堡大桥工贸开发区
邮编：529156
电话：0750-6499555 & 0750-6498608
传真：0750-6499879
网址：www.lkk.com
电邮：lkk@xh.lkk.com

味事达牌酱油

开平味事达调味品有限公司

地址：广东省开平市三埠立新南路8号
电话：0750-2212341
邮编：529300
传真：0750-2299038
网址：www.weixida.com
电邮：wlhuang@foodstarchina.com

金狮牌酱油

北京王致和食品集团有限公司

地址：北京市宣武区枣林前街19号
邮编：100053
电话：010-63522160
传真：010-63520901
网址：WWW.Wangzhihe.com.cn

海天牌酱油

佛山市海天调味食品有限公司

地址：广东省佛山市文沙路16号
邮编：528000
电话：0757-2830313
传真：0757-2832370
网址：www.haitian-food.com
电邮：gzaiaic@pub.foshan.gd.cn

珠江桥牌酱油

广东省食品进出口集团公司

地址：广东省广州市东湖西路2号金湖大厦
邮编：510100
电话：（020）83854888
传真：（020）83856823
网址：www.china-gdf.com
电邮：gzgdfood@public.guangzhou.gd.cn.

天立牌食醋

天津市天立独流老醋股份有限公司

地址：天津市静海县独流镇老火车站
邮编：301602
电话：022-68815122
传真：022-68816072
网址：www.tjtianli.com
电邮：tjtianli@bf2000.net

水塔牌食醋

山西水塔老陈醋股份有限公司

地址：山西省清徐县杨房北路二号
邮编：030400
电话：0351-5953140
传真：0351-5953143
网址：www.sxstcy.com
电邮：sxstcy@freemail.sx.cn

东湖牌食醋

山西老陈醋集团有限公司

地址：山西省太原市马道坡26号
邮编：030013
电话：0351-4420692 4420445
传真：0351-4425920
网址：www.sxlcc.com
电邮：office@sxlcc.com

龙门牌食醋

北京王致和食品集团有限公司

地址：北京市宣武区枣林前街19号
邮编：100053
电话：63522160
传真：63520901
网址：WWW.Wangzhihe.com.cn

保宁牌食醋

四川保宁醋有限公司

地址：四川省阆中市公园路63号
邮编：637400
电话：0817--6253209
传真：0817--6253211
网址：www.baoningcu.com
电邮：baoningcu@vip.163.com

恒顺牌食醋

江苏恒顺醋业股份有限公司

地址：江苏省镇江市中山西路84号
邮编：212004
电话：0511-5233758
传真：0511-5230209
网址：www. zjhengshun.com
电邮：hengshun@public.zj.js.cn

10 速冻主食品

三全牌饺子、汤圆

郑州三全食品股份有限公司

地址：河南省郑州市综合投资区长兴路28
邮编：450044
电话：0371 3985618
传真：0371 3982269
网址： www.sanquan.com
电邮：sanquan@sanquan.com

龙凤牌饺子、汤圆

上海国福龙凤食品股份有限公司

电话：021 64803299
传真：021 64803419
邮编：201102
网址：www.longfong.com
电邮：shanghai@longfong.com..cn

祐康牌饺子、汤圆

祐康食品集团有限公司

地址：浙江省杭州市机场路377号
邮编：310021
电话：（0571）85140159，85141777
传真：（0571）85148327
网址：WWW.Chinayoucan.com
电邮：youcan@mail.hz.zj.cn

思念牌饺子、汤圆

河南思念食品股份有限公司

地址：河南省郑州市东风渠路思念工业园区
邮编：450011
电话：0086-371-5693000

传真：0086-371-5693838
电邮：synear@synear.com
网址：www.synear.com

科迪牌饺子、汤圆

科迪食品集团股份有限公司
地址：河南省虞城利民工业园区
邮编：476343
电话：0370-4471195 4471194
传真：0370-4471193
网址：www.kedigroup.com.cn
电邮：info@kedigroup.com.cn

11 男西服套装

FAPAI 法派牌男西服套装

法派集团有限公司
地址：浙江省温州市法派路18号
邮编：325027
电话：86-577-88626555或86-577-88626333
传真：86-577-88626111
网址：www.fapai.com
电邮：fapai@mail.wzptt.zj.cn

杉杉牌男西服套装

中国杉杉集团有限公司
地址：上海市东方路985号一百杉杉大厦
电话：021-68765333
传真：021-68763982
邮编：200122
网址：www.firs.com.cn
电邮：shzcb@firs.com.cn

虎豹牌男西服套装

江苏虎豹集团有限公司
地址：江苏省扬州市邗江区汊河镇
电话：0514-7840888，7840086，7842225
传真：0514-7840186，7840092，7840360
网址：www.hubao.com/www.hubao.com.cn
电邮：jshubao@sina.com

庄吉牌男西服套装

庄吉集团有限公司
地址：浙江省温州经济技术开发区2号小区
括苍东路128号
邮编：325011
电话：86-577-8666 6666
传真：86-577-8666 8888
网址：www.judger.com.cn
电邮：judger@wz.zj.cn

培罗成牌男西服套装

宁波培罗成集团有限公司
地址：浙江省宁波市下应
邮编：315104
电话：86-574-88491616
传真：86-574-88491888
网址：www.progengroup.com/
电邮：PLCH@MAIL.NBPTT.ZJ.CN

雅戈尔牌男西服套装

雅戈尔集团股份有限公司
地址：浙江省宁波鄞县大道西段2号
邮编：315153

电话：0574-88262145
传真：0574-87425781
网址：www.youngor.com.cn
电邮：yf_joe@hotmail.com

创世牌男西服套装

大扬集团有限责任公司

地址：辽宁省大连市中山区同兴街25号
大连世界贸易大厦
电话：0411-2561888
传真：0411-2531112
邮编：116001
网址：www.dayang.net　www.trands.com
电信：cpct@dayang.net

红豆牌男西服套装

红豆集团有限公司

地址：江苏省无锡市红豆工业城
邮编：214199
电话：0510-8358246
传真：0510-8761777
网址：www.hongdou.com
电邮：office@hongdou.com

Baoxiniao 报喜鸟牌男西服套装

报喜鸟集团有限公司

地址：浙江省永嘉报喜鸟工业园区
邮编：201613
电话：0577-67315999
传真：0577-67317889
网址：www.baoxiniao.com.cn
电邮：office@baoxiniao.com.cn

ROMON 罗蒙牌男西服套装

罗蒙集团股份有限公司

地址：浙江省宁波市奉化江口江宁路94—96号
邮编：315504
电话：0574—88558362
0574—88557888
传真：0574—88557226
网址：www.romon.com
电邮：office@romon.com

耶莉娅牌男西服套装

耶莉娅集团

地址：山东省潍坊市潍城区北宫西街126号
邮编：261021
电话：0536-8959054
传真：0536-8955250
网址：www.shandongyeliya.com
电邮：yly@yeliyacorp.com

柒牌男西服套装

福建柒牌集团有限公司

地址：福建省晋江市英林镇柒牌工业园
邮编：362256
电话：0595-5485777
传真：0595-5480288
网址：www.qipaigroup.com
电邮：sevenbrand@163.com

12 羊毛衫

Meters/bonwe 美特斯·邦威牌羊毛衫

美特斯邦威集团有限公司

地址：浙江省温州市鹿城工业区泰力路48号
邮编：325005
电话：0577-88722173
传真：0577-88720557
网址：www.metersbonwe.com.cn
电邮：mtsbw@mtsbw.com

ZB 珍贝牌羊毛衫

浙江珍贝有限公司

地址：浙江省湖州市织里镇织里北路78号
邮编：313008
电话：0572-3929288 3928678 3926888
传真：0572-3927888
网址：www.chinazhenbei.com
电邮：qxf@chinazhenbei.com

GTS 天山牌羊毛衫

新疆天山毛纺织股份有限公司

地址：新疆乌鲁木齐市银川路1号
邮编：830054
电话：（0991）4311866-3312
传真：（0991）4310472
网址：www.chinatianshan.com
电邮：zxk@ chinatianshan.com

恒源祥牌羊毛衫

恒源祥（集团）有限公司

地址：上海市金陵东路358号
电话：021 – 63268888
传真：021 – 63260888
邮编：200021
网址：www.a8888.com
电邮：hyx@a8888.com

春竹牌羊毛衫

上海春竹企业发展有限公司

地址：上海市北京西路833号
邮编：200041
电话：021-62583867
传真：021-62584038
网站：www.spring-bamboo.com
电邮：tech-service@spring-bamboo.com

海尔曼斯牌羊毛衫

南京海尔曼斯集团有限公司

地址：江苏省南京市江宁经济技术开发区
利源北路66号
邮编：211100
电话：025-2104170，2104171，
传真：025-2101222
网址：www.hems.com.cn
电邮：lbz@hems.com.cn

13 精纺呢绒

NANSHAN 南山牌精纺呢绒

山东南山实业股份有限公司

地址：山东省龙口市东江镇南山工业区
邮编：265718
电话：0535-8616206、8616219
传真：0535-8615476
网址：www.nanshan.com.cn
电邮：nanshan@public.YTPTT.SD.CN

仙桃牌精纺呢绒

湖北迈亚股份有限公司

地址：湖北省仙桃市沔阳大道 115 号
邮编：433000
电话：0728-3222150
传真：0728-3223426
网址：www.hbmy.com
电邮：hbmy@hbmy.com

圣凯诺牌精纺呢绒

海澜集团公司

地址: 江苏省江阴市新桥镇海澜工业园
邮编: 214426
电话: 0510-6121388
传真: 05106121377
网址: www.heilan.com.cn
电邮: Webmaster@heilan.com.cn

协新牌精纺呢绒

无锡协新集团有限公司

地址：江苏省无锡市丽新路 60 号
邮编：214044
电话：(86-510) 2629999
传真：(86-510) 2621378
网址：www.xiexin.com
电邮：xiexin@public1.wx.js.cn

如意牌精纺呢绒

山东如意集团

地址: 山东省济宁市高新区如意工业园
电话: 0537-2311818
传真: 0537-2316688
邮编: 272073
网址: www.chinaruyi.com
电邮: sry@chinaruyi.com

阳光牌精纺呢绒

江苏阳光集团有限公司

地址：江苏省江阴市新桥镇
邮编：214426
电话：0510-6121888
传真：0510-6121188
网址：www.china-sunshine.com.cn
电邮：sunsh@public1.wx.js.cn

富润牌精纺呢绒

富润集团有限公司

地址：浙江省诸暨市苎萝东路
邮编：311800
电话：0575-7224552　7222946
传真：0575-7223018
网址：www.furun.net
电邮：furun@mail.sxptt.zj.cn

14 彩棉纱

天彩牌彩棉纱

新疆中国彩棉股份有限公司

地址：新疆乌鲁木齐市乌昌路 18 号
　　　中国彩棉科技园
邮编：830011
电话：0991-3973666
传真：0991-3973789
网址：www.westech.com.cn
电邮：tckj@xj.cninfo.net

15 毛巾系列

双灯牌毛巾

浙江双灯家纺有限公司

地址：浙江省兰溪市溪西下龙滩
邮编：321100
电话：0579-8884071 0579-8900421
传真：0579-8884039
网址：www.twin-lantern.com
电邮：lxmjzc@mail.jhptt.zj.cn

亚光牌精纺呢绒

山东亚光纺织集团

地址：山东省滨州市滨城区滨北镇经二路八号
电话：0543-3512878
传真：0543-3512688
邮编：256651
网址：www.ygtex.com
电邮：Sdtow@public.bzptt.sd.cn

孚日牌精纺呢绒

孚日家纺股份有限公司

地址：山东省高密市孚日路1号
邮编：261500
电话：(0536) 2308061 2308087
传真：(0536) 2891069
网址：www.sunvim.com
电邮：svhometex@sunvim.com

洁丽雅牌精纺呢绒

浙江洁丽雅毛巾有限公司

地址：浙江省诸暨市世纪大道
电话：0575-7381368 7217876
传真：7383668
网址：www.gracechina.com
电邮：jly@gracechina.com

喜盈门牌精纺呢绒

青岛喜盈门集团公司

地址：山东省青岛市城阳区正阳街188号
邮编：266109
电话：(0532) 7869888
传真：(0532) 7869922
网址：www.xiyingmen.com.cn
电邮：xymie@public.qd.sd.cn

喜鹊牌精纺呢绒

福建龙岩喜鹊纺织有限公司

地址：福建省龙岩市翠屏路1号
邮编：364000
电话：0597-2390673
传真：0597-2390971
网址：www.xique.com.cn
电邮：fjxique@21cn.com

16 建筑及卫生陶瓷

马可波罗牌建筑陶瓷

广东唯美陶瓷有限公司

地址：广东省东莞市体育路50号
邮编：523071
电话：0769-2652537
传真：0769-2652563
网址：www.weimei.com.cn
电邮：weimei@dg.163mail.net

东鹏牌建筑陶瓷

广东东鹏陶瓷股份有限公司

地址：广东省佛山市石湾宝塔路
邮编：528031
电话：0757-2272900 2277020
传真：0757-2722343

网址：www.dongpeng.net.cn
电邮：dongpeng@pub.foshan.gd.cn

亚西亚牌建筑陶瓷

上海福祥陶瓷有限公司
地址：上海市闵行区虹梅南路3888号
邮编：201108
电话：64975555
传真：64975987
网址：www.asaceramic.com
电邮：fuxiang@public.sta.net.cn

金舵牌建筑陶瓷

南海市金舵陶瓷有限公司
地址：广东省佛山市禅城区南庄镇龙津
邮编：528219
电话：0757 – 5337723
传真：0757 – 5382711
网址：www.jinduo.com
电邮：master@jinduo.con

冠珠牌建筑陶瓷

广东新明珠陶瓷有限公司
地址：广东省佛山市禅城区华厦
陶瓷博览城新明珠大厦
邮编：528219
电话：0757-5381311
传真：0757-5381321
网址：newpearl.com
电邮：office@newpearl.com

钻石牌建筑陶瓷

佛山钻石陶瓷有限公司
地址：广东省佛山市禅城区华厦
邮编：528219
电话：0757-5381311
传真：0757-5381321
网址：newpearl.com
电邮：office@newpearl.com

斯米克牌建筑陶瓷

上海斯米克建筑陶瓷股份有限公司
地址：上海市闵行区浦江镇谈家港
三鲁公路2121号
邮编：201112
电话：021-64110567
传真：021-64110553
网址：www.cimic.com

新中源牌建筑陶瓷

广东新中源陶瓷有限公司
地址：广东省佛山市禅城区南庄镇石南大道
新中源营销中心
邮编：528219
电话：0757-5387840
传真：5382078
网址：www.newzhongyuan.com
电邮：newzhongyuan@21cn.com

蒙娜丽莎牌建筑陶瓷

广东蒙娜丽莎陶瓷有限公司
地址：广东省佛山市南海区西樵镇太平工业区
邮编：528211
电话：0757-6826333，6801228
传真：0757-6822096
网址：http://www.monalisa.com.cn
电邮：monalisa@monalisa.com.cn

鹰牌建筑陶瓷

佛山石湾鹰牌陶瓷有限公司
地址：广东省 佛山市 石湾 来长岗

邮编：528031
电话：0757-3962288
传真：0757-2271664
网址：www.eaglebrandholdings.com
电邮：wenhj@eagleceramics.com

四维牌卫生陶瓷

重庆四维瓷业(集团)股份有限公司

地址：重庆市江津油溪镇
邮编：402285
电话：023-61088888、8008075777
传真：023-61088698
网址：www.swell.com.cn
电邮：swell@swell.com.cn

惠达牌卫生陶瓷

唐山惠达陶瓷（集团）股份有限公司

地址：河北省唐山市丰南区黄各庄镇米厂村西
邮编：063307
电话：0315-8522564
传真：0315-8525550
网址：www.huidagroup.com
电邮：huida@public.tsptt.he.cn

17 电度表

DELIXI 德力西牌电度表

德力西集团有限公司

地址：浙江省乐清市德力西工业园
邮编：325604
电话：86-577-62723888
传真：86-577-62725559
网址：www.delixi.com
电邮：info@delixi.com

三星牌电度表

宁波三星科技股份有限公司

地址：浙江省宁波市高科技园区
鄞州大道东段566号
电话：0574-88220000
传真：0574-88220152
邮编：315104
网址：ybfwb@mail.sanxing.com
电邮：www.sanxing.co

正泰牌电度表

正泰集团

地址：浙江省温州大桥正泰工业园
邮编：325603
电话：86-577-62877777
传真：86-577-62875888
网址：www.chint.com
电邮：chint@chint.com

华立 HOLLEY 牌电度表

华立集团有限公司

地址：浙江省杭州市莫干山路501号
电话：0571-88900625
传真：0571-88900628
网址：www.holley.cn

金雀牌电度表

河南金雀电气股份有限公司

地址：河南省驻马店市金雀路999号
邮编：463000
电话：0396-2612666
传真：0396-2612665
网址：www.jin-que.com
电邮：jinque@vip.sina.com

哈仪牌电度表

哈尔滨电表仪器股份有限公司
地址：黑龙江省哈尔滨市南岗区学府路1号
邮编：150080
电话：0451-86666129
传真：0451-86662765
网址：www.harbinmeter.com
电邮：webmaster@harbinmeter.com

18 水表

宁波牌水表

宁波水表股份有限公司
地址：浙江省宁波新河路351号
电话：0574—87376630 87331095 8731173
传真：0574—87376630
邮编：315041
电邮：wm168@nbnet.com.cn
网址：www.chinawatermeter.com

19 低压电器

天正牌塑料外壳式断路器

天正集团有限公司
地址：浙江省乐清市柳市镇东风工业区
电话：0577-62775688（总机）
邮编：325604

日月牌塑料外壳式断路器

常熟开关厂
地址：江苏省常熟市建业路8号
邮编：215500
电话：0512-52842237 52846851
0512-52840577 52840993
0512-52846862 52846863
传真：0512-52841606 52841465 52841042
网址：www.riyue.com.cn
电邮：cskg0001@public1.sz.js.cn

上联牌万能式断路器

上海电器股份有限公司人民电器厂
地址：上海市愚园路1395号
邮编：200050
电话：021-62523029转
传真：021-62525272
网址：www.sreaw.com.cn
电邮：sreaw@public3.sta.net.cn

20 溴化锂吸收式冷(热)水机组

双良牌溴化锂吸收式冷(热)水机组

江苏双良空调设备股份有限公司
地址：江苏省江阴市利港镇
邮编：214444
电话：0510-6637417
传真：0510-6634678
网址：www.shuangliang.com
电邮：em@shuangliang.com

远大牌溴化锂吸收式冷(热)水机组

远大空调有限公司
地址：北京市海淀区数码大厦
邮编：100086
电话：010-82514688
传真：82515208

地址：长沙市远大城
邮编：410138
电话：0731-4086688
传真：4610087
网址：www.broad.com
电邮：zjb broad.net

21 万向节

钱潮 QC 牌万向节

万向集团公司

地址：浙江省杭州市萧山经济技术开发区
邮编：311215
电话：0571 – 82832999
传真：0571 – 82833999
网址：www.wanxiang.com.cn
电信：wanxiang@wanxiang.com.cn

22 移动通讯手持机

Amoisosonic 厦新牌 GSM

厦门夏新电子股份有限公司

地址：福建省厦门经济特区体育路45号
邮编：361012
电话：0592-5058123
传真：0592-5088081
网址：www.amoi.com.cn

BIRD 牌 GSM

宁波波导股份有限公司

地址：浙江省奉化市大成东路999号
邮编：315500
电话：0574-88934005
传真：0574-88934754
网址：www.chinabird.com
电邮：liulei@mail.nbbird.com

Haier 海尔牌 GSM

海尔集团公司

电话：0532 8939618
传真：0532 8939585
网址：www.haier.com

TCL 牌 GSM

TCL 集团股份有限公司

地址：广东省惠州市鹅岭南路6号
邮编：516001
电话：0752 – 2288333
传真：0752 – 2265428
网址：www.tcl.com
电邮：tcl_webmaster@tcl.com

熊猫牌 GSM

熊猫电子集团有限公司

地址：江苏省南京市中山东路301号
邮编：210002
电话：（025）4826602
传真：（025）4826602
网址：www.chinapanda.com.cn
电邮：kjd@panda.nj.js.cn

ZTE 牌 CDMA

深圳市中兴通讯股份有限公司

地址：深圳市南山区高新技术产业园
科技南路中兴通讯大厦
电话：0755 26770000
传真：0755 26771999
邮编：5180572
网址：www.zte.com.cn

海信牌 CDMA

海信集团有限公司

地址：山东省青岛市东海西海 17 号
邮编：266071
传真：0532-6762066
网址：www.hisense.com
电邮：wanghaining@cdma.hisense.com

23 激光视盘机

上广电牌激光视盘机

上海广电（集团）有限公司

地址：上海市金都路 3800 号 506 室
邮编：201108
电话：021-64185050
传真：021-64186237
电邮：xiong_xj@sva.com.cn

万利达 malata 牌激光视盘机

万利达集团有限公司

地址：福建省漳州万利达高科技工业园
邮编：363601
电话：0596—7663356　0596—7662886
传真：0596—7663356
网址：www.malata.com
电邮：pgb@malata.com

长虹牌激光视盘机

四川长虹电器股份有限公司

地址：四川省绵阳市高新区绵兴东路 35 号
邮编：621000
电话：0816-2418460
传真：0816-2418462
网址：www.changhong.com

先科 SAST 牌激光视盘机

深圳市先科企业集团

地址：广东省深圳市八卦四路先科大厦 4 楼
邮编：518029
电话：（0755）82412540
传真：（0755）82262522
网址：www.sast.com.cn
电邮：yzou@sast.com.cn

步步高牌激光视盘机

广东步步高电子工业有限公司

地址：广东省东莞市长安乌沙步步高大道 23 号
邮编：523860
电话：0769-5545555
传真：0769-5540007
网址：www.gdbbk.com

金正牌激光视盘机

东莞市金正数码科技有限公司

地址：广东省东莞市长安镇厦岗振安工业园
邮编：523875
电话：0769-5331288
传真：0769-5316502
网址：www.nintaus.net

新科牌激光视盘机

江苏新科电子集团有限公司

地址：江苏省常州市新区外环西路 5 号
邮编：213022
电话：0519-5208606
传真：0519-5208602
网址：www.shinco.com
电邮：zsj@shinco.com

24 纯碱

三友牌纯碱

唐山三友化工股份有限公司

地址：河北省唐山市南堡开发区
邮编：063305
电话：0315-8511015（公司办公室）
0315-8511219（销售）
传真：0315-8519188
网址：www.sanyou-chem.com.cn
电邮：gfbgs@sanyou-chem.com.cn

工联牌纯碱

大化集团有限责任公司

地址：辽宁省大连市甘井子区工兴路10号
邮编：116032
电话：0411—6672229
传真：0411—6671199
网址：www.dahuag.com.cn
电邮：dhjlbgs@mail.dlptt.ln.cn

长江三角牌纯碱

中国石化集团南京化学工业有限公司连云港碱厂

地址：江苏省连云港市
连云区墟沟镇
邮编：222042
电话：0086-518-2310301(总机)
传真：0086-518-2311440
网址：www.lygjc.com　www.lsf.com.cn
电邮：lygjc@public.lyg.js.cn

红三角牌纯碱

天津渤海化工有限责任公司天津碱厂

地址：天津市塘沽区新华路87号
邮编：300450
电话：(022)25893951
传真：(022)25895881
网址：www.tjsoda.com
电邮：cbc@tjsoda.com

红双环牌纯碱

湖北双环科技股份有限公司

地址：湖北省应城市东马坊团结大道26号
电话：0712-3591435
传真：0712-3591188
电邮：shcb208@sina.com
网址：www.shkj.cn

自力牌纯碱

青岛碱业股份有限公司

地址：山东省青岛市李沧区四流北路78号
邮编：266043
电话：0532-8082491
传真：0532-4812049
网址：www.qdjy.com
电邮：xxzx@qdjy.com

鸳都牌纯碱

山东海化股份有限公司

地址：山东省潍坊海化开发区
邮编：262737
电话：0536-5329522
传真：0536-5329508
网址：www.haihua.com.cn
电邮：sunshuxiang99@163.com

鹤牌纯碱

自贡鸿鹤化工(集团)有限责任公司

地址：四川自贡鸿化股份有限公司
邮编：643000
电话：0813-4662402
传真：0813-2760209
网址：www.honghegroup.com
电邮：office@hhcw.com

25 润滑油(内燃机用)

七星牌润滑油(内燃机用)

中国石油天然气股份有限公司
大连润滑油厂

地址：辽宁省大连市甘井子区山中街1号
邮编：116032
电话：0411- 6670714、6677794、6673736
传真：0411-6679984

大庆牌润滑油(内燃机用)

中国石油天然气股份有限公司
大庆润滑油一厂

地址：黑龙江省大庆市龙凤区龙永路3号
邮编：163711
电话：0459-6754419　13359836638
传真：0459-6754419
电邮：6752628@sohu.com

长城牌润滑油(内燃机用)

中国石化长城润滑油集团有限公司

地址：北京市海淀区安宁庄西路六号
邮编：100085
电话：800-810-9886
未开通800地区请拨打010-62959048
传真：010-62913311
网址：www.sinolube.com
电邮：webmaster@sinolube.com

兰炼飞天牌润滑油(内燃机用)

中国石油天然气股份有限公司
兰州润滑油厂

地址：甘肃省兰州市西固区玉门街10#
邮编：730060
电话：0931-7935576　0931-7932572
传真：0931-7541753
电邮：maoym@lzsh.com.cn

海牌润滑油(内燃机用)

中国石油化工股份有限公司

上海高桥分公司炼油厂
地址：上海市浦东江心沙路1号
电话：021-58611060
传真：021-58610393
网址：www.haipai.com.cn　www.luboil.com
电邮：shor@public1.sta.net.cn

26 高浓度磷肥

天脊牌硝酸磷肥

天脊煤化工集团有限公司

地址：山西省潞城市中华东大街
邮编：047507
电话：(0355) 6891259
传真：(0355) 6763015
网址：www.tianjigroup.com
电邮：tianjigroup @ tianjigroup com

宏福牌磷酸二铵

贵州宏福实业开发有限总公司

地址：贵州省·福泉市
邮编：550501
电话：0854-2187716
传真：0854-2184365
网址：www.wengfu.com

2003年中国名牌产品大事记

●2003年1月27日，在北京国际会议中心召开《办奥运创名牌座谈会》，中国名牌战略推进委员会主任林宗棠、副主任王秦平、秘书长于献忠、常务副秘书长荣剑英等参加会议，林宗棠主任在会上作了《弘扬奥运精神，誓夺世界名牌》的讲话。

●2003年1-2月，中国名牌战略推进委员会秘书处进行2003年中国名牌产品评价目录的调查研究，召集并充分听取有关行业主管部门和各省、自治区、直辖市质量主管部门以及有关中介组织的意见和建议。

●2003年3月28日，中国名牌战略推进委员会（以下简称“名推委”）召开全体委员大会，研究讨论2003年中国名牌产品评价范围。

●2003年3月28日，名推委发布2003年第一号公告，确定了钢琴、化妆品、照明器具等26类产品列入2003年中国名牌产品评价范围。

●4月17--5月7日 胡锦涛总书记、温家宝总理、黄菊副总理分别在中国工经联会长、中国名牌战略推进委员会主任林宗棠写给党和国家领导人的信上作出重要批示。

●胡锦涛总书记4月17日批示："请家宝、黄菊同志阅处。"

●黄菊副总理4月20日批示："积极支持、大力推进国家名牌战略，努力在市场竞争中形成一批世界知名品牌。请家宝、吴仪同志阅示。"并明确要求："请质检总局会同有关部门进一步研究适应社会主义市场经济体制的名牌扶持政策，进一步推进中国名牌战略的实施工作。"

●吴仪副总理4月23日圈阅。

●温家宝总理4月24日批示："自己的名牌产品和知识产权是企业增强市场竞争力的关键。此项工作请黄菊同志负责。"

●2003年4月20日至6月底，按照名推委的要求，符合条件的企业自愿到所在省、自治区、直辖市质量技术监督局申报中国名牌产品。

●2003年7月，名推委16个专业委员会，开展2003年中国名牌产品评价活动。

●2003年8月4日，名推委召开全体委员会议，审议通过了2003年中国名牌产品公示名单。

●2003年8月4日，名推委秘书处召开新闻发布会，向社会公示2003年中国名牌产品初选名单。公示限期从8月5日至20日。公示时间16天。

●2003年8月28日，国家质检总局发文决定在全国范围内对获得2003年中国名牌产品称号的138家企业通报表彰。

●2003年8月30日，由名推委秘书处编辑的《中国名牌产品年鉴·2002卷》由中国轻工业出版社出版发行。

●2003年9月1日，2003年中国名牌产品诞生。在国家质检总局礼堂召开表彰会，对138家企业生产的142个品牌的中国名牌产品颁发了证书和奖牌。

●2003年11月25日，在北京新世纪饭店召开中国名牌战略推进成果展览会第一次新闻发布会。

●2003年12月15日，在北京新世纪饭店召开中国名牌战略推进成果展览会第二次新闻发布会。

●2003年12月19日，在北京展览馆举办中国名牌战略推进成果展览会开幕式。该展览会由国家质检总局、中宣部、国家发改委、全国总工会和共青团中央联合主办，中国名牌战略推进委员会、中国工业经济展览交流中心承办。

●2003年12月19日至23日，中国名牌战略推进成果展览会展出。

●2003年12月20日至21日，在北京新世纪饭店召开《市场、品牌、奥运》国际论坛。

中国名牌产品年鉴

CHINA TOP BRAND PRODUCTS YEARBOOK

2003 中国名牌产品年鉴

CHINA TOP BRAND PRODUCTS YEARBOOK

中国名牌
CHINA TOP BRAND

梅花伞 向您讲述一个古老而现代的故事

伞是中国人发明的，最早为皇权所独享，是皇帝出行必不可少的仪仗，称“华盖”。

相传，鲁班的妹妹发明了手提伞，小巧、轻便，得以在民间流传，成为百姓遮风挡雨的必备工具。

伞被国外接受，自唐朝开始，先是日本，后是欧洲诸国。

据说，当伞第一次在美国街头出现时，路人十分惊奇，竟使马匹挣脱了缰绳。

一位名叫乔纳斯·汉威的把伞引进英国时，也被视为异物，被嗤之以鼻。但汉威不顾别人的嘲笑，继续以伞为伴，终使保守的英国人喜爱上了这既有使用价值，又赋东方神韵的中国伞。

伞初到法国，也曾被列为罕见之物，1778 年法国专门制定法令，授予为数不多的几家手工工场以制伞的专利权。法国 18 世纪还出现了伞具租赁所，还有受雇为贵妇人打伞的人，久之，伞在西方逐渐普及。

美国纽约市博物馆馆藏近 300 把名贵伞，只有在展出不同时期的服装时，才得以公开露面，纽约大都会博物馆服装研究所也藏有 18、19 世纪使用过的阳伞，观众必经特许才能参观。

一把晴雨伞派生出许多有趣的故事。

一把晴雨伞受到世界人民的喜爱。

如今，伞的古老故乡，已经成为世界制伞工业的中心；世界晴雨伞市场 65% 以上的产品来自中国，不少中国的品牌受到海外市场的钟爱。

2003 年，国家有关部门授予福建晋江东石镇“中国伞都”的荣誉称号，同年晋江恒顺洋伞有限公司生产的梅花牌晴雨伞被评为“中国名牌产品”，这是中国制伞工业的一件大事，她将在中国伞业史话上留下浓墨重彩的一幅精彩画面。

一个新的故事将在这片广袤的热土上编织；一个新的奇迹将由一代新人去谱写……

单位名称：晋江恒顺洋伞有限公司
JINJIANG HENGSHUN UMBRELLA CO.,LTD.

地　　址：中国福建省晋江市东石镇金瓯工业区
JINOU IND.DISTRICT,DONGSHI,JINJIANG,FUJIAN,CHINA

邮　　编：362271

POST CODE：362271

电话（TEL）：0086-595-8558-9898，8558-1003

传真（FAX）：0086-595-8558-1002，8559-3002

网址 WEB：WWW.SUSINO.COM

邮件 E-MAIL：HS1@PUBLIC.QZ.FJ.CN
SUSINO@VIP.WINMAIL.CN

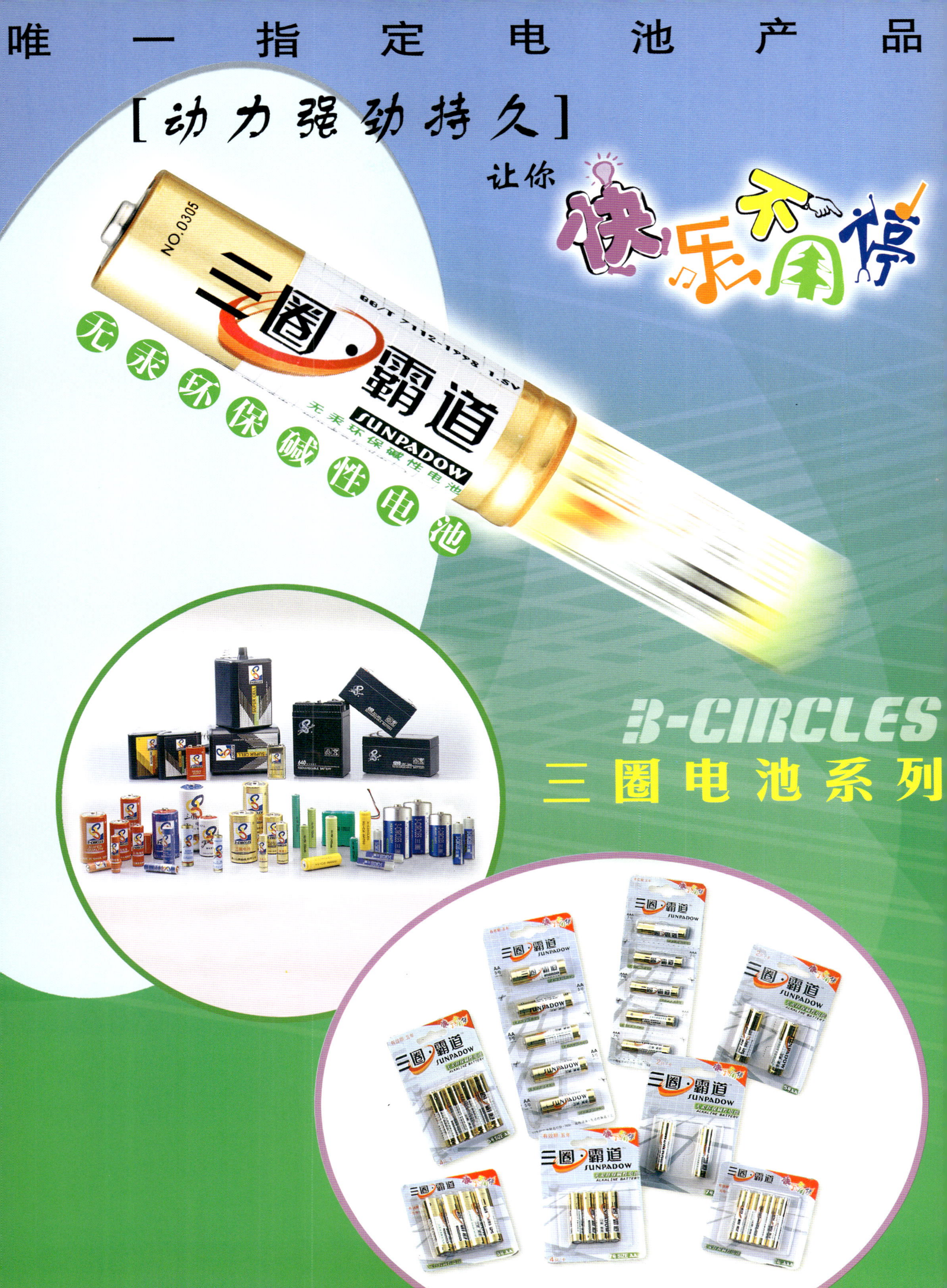
唯一指定电池产品
[动力强劲持久]
让你
快乐不停
NO.0305
三圈·霸道
SUNPADOW
无汞环保碱性电池
GB/T 7112-1998 1.5V
无汞环保碱性电池
3-CIRCLES
三圈电池系列

燕京啤酒：中国啤酒制造专家

经过多道工序精选优质大麦
燕山山脉地下300米深层无污染矿泉水
纯正优质啤酒花，典型高发酵度酵母
不遗余力追求技术领先，始终以中国人口味为坚持
真诚制造中国人的啤酒
燕京啤酒，中国啤酒制造专家

中国名牌产品

实力打造精品
科技铸就名牌

燕京啤酒
YANJING BEER
中国名牌产品 中国驰名商标
人民大会堂 国宴特供

实力打造精品 科技铸就名牌

中国名牌
CHINA TOP BRAND
中国名牌
冷热酸甜
想吃就吃
冷热酸甜 · 想吃就吃
加强型
冷酸灵®
CLEAN TEETH, PROTECT TEETH, FRESH YOUR BREATH.
净含量 135克
脱敏牙膏
清凉薄荷香
STRONGER
LUCLEAN
冷酸灵
重庆登康口腔护理用品股份有限公司

登康
Dencare™
3面护理牙刷
Dencare
Dencare
三面护理
表里如一

Dabao
大宝驱痘先锋
青春痘专用
大宝驱痘先锋
进口配方 革命性专利产品
新上市
大宝驱痘先锋上市了！
本产品采用美国先进配方，技术含量高，为无色水剂型，
不油腻，银离子精确点对点有效驱痘，令皮肤由内而外
清新爽洁。只留青春不留痘，大宝驱痘先锋！
北京大宝化妆品有限公司
（北京市三露厂改制后的企业名称）
电话：(010)67875588 网址：www.dabao.com.cn

后 记

2003年推进实施名牌战略，受到了党中央、国务院领导的高度重视和支持。党的十六大以来，新一届的党中央、国务院领导高度重视、大力支持实施名牌战略的工作。2003年4、5月间，胡锦涛总书记、温家宝总理、黄菊和吴仪副总理对实施名牌战略作了重要批示。温家宝总理批示：'自己的名牌产品和知识产权是企业增强市场竞争力的关键。"黄菊副总理批示："积极支持，大力推进国家名牌战略，努力在市场竞争中形成一批世界知名品牌。"并明确要求："请质检总局会同有关部门进一步研究适应社会主义市场经济体制的名牌扶持政策，进一步推进中国名牌战略的实施工作。"

一.2003年的中国名牌产品评价工作

为推进名牌战略的实施，促进中国名牌产品的发展壮大，增强我国的市场竞争力，2003年，国家质量监督检验检疫总局授权中国名牌战略推进委员会在钢琴、化妆品等26类产品中开展了中国名牌产品的评价工作。按照《中国名牌产品管理办法》规定的程序，在企业自愿申请的基础上，经各省、自治区、直辖市审核推荐，中国名牌战略推进委员会相关专业委员会综合评价，中国名牌战略推进委员会全体委员会议审议通过，中国名牌产品初选名单向社会公示，限期征求意见，中国名牌战略推进委员会最终确定138家企业生产的142个品牌的153个产品为2003年中国名牌产品。为了宣传中国名牌产品，弘扬中国名牌产品生产企业追求卓越质量的经验和事迹，进一步推进我国名牌发展战略的实施，根据《中华人民共和国产品质量法》和《国务院关于进一步加强产品质量工作若干问题的决定》的规定，2003年9月1日，国家质检总局召开表彰大会，对获得中国名牌产品称号的138家企业进行了表彰。

2003年的中国名牌产品评价工作是在国家质检总局的原则规定下，在总结前两年工作的基础上进行的，主要呈现三个特点，一是申报范围更宽，申报量更大。2001年中国名牌产品申报涉及到10大类产品，2002年涉及到21类产品，2003年则涉及到26类产品。二是生产资料生活资料相结合。前两年的中国名牌产品申报大多涉及生活资料类。2003年，根据名推委成员单位和社会有关方面建议和意见，申报范围不仅体现在生活资料方面，同时将生产资料类列入。在2003年的26类产品中，生产资料涉及8大类，占整个名牌产品申报总量的近1/3。三是向拥有自主知识产权和核心技术产品倾斜。四是申报条件更具体更明确。

二.举办“办奥运、创名牌座谈会”

为推动发展奥运经济，把一批国内企业推向世界，创出世界知名品牌，把2008年的奥运会办成“绿色奥运、科技奥运、人文奥运”和“名牌奥运”，把奥运经济作为发展中国名牌，争创国际品牌的有利机会，国家质检总局和北京奥组委联合召开了“办奥运创名牌座谈会”。全国30个省、自治区、直辖市500多家企业以及新闻记者参加了大会。北京市委书记刘淇、国家质检总局党组书记李传卿、中国工业经济联合会名誉会长、名推委主任林宗棠等领导出席会议并作了重要讲话。座谈会在社会上产生了较大的影响。

三.举办“中国名牌战略推进成果展览会”

由国家质检总局、中宣部、国家发改委、全国总工会和共青团中央联合主办的“中国名牌战略推进成果展览会”，于12月19日至12月23日在北京展览馆举办。国家质检总局副局长王秦平同志主持了开幕式，中国名牌战略推进委员会主任林宗棠同志发表了热情洋溢的开幕致辞。在12月20日举办的领导参观专场中，原中共中央政治局常委宋平，全国人大常委会副委员长蒋正华、顾秀莲、盛华仁、路甬祥，全国政协副主席张思卿、白立忱、周铁农、徐匡迪等同志，在国家质检总局领导李长江、李传卿、王秦平、葛志荣、蒲长城、郭汝斌和国家认监委主任王凤清、中国名牌战略推进委员会主任林宗棠同志的陪同下，一起兴致勃勃地参观了展览，各位领导纷纷对这次展览会的成功举办给予了高度的评价。

这次展览会设综合馆、中国名牌馆和地方名牌馆三大部分。其中，中国名牌馆按行业划分为轻工、纺织、建材、机械、石化、电子、食品和烟草八个展区；地方名牌馆按地域划分为黑龙江、辽宁、山东、河南、安徽、江苏、上海、浙江、江西、福建、广东十一个展区，展出总面积达两万多平方米，有近500家中国名牌产品和省级名牌产品生产企业参加了展会。“中国名牌战略推进成果展览会”的举办，使得参展的名牌企业进一步扩大了自身的品牌影响，提高了企业的知名度；社会各界则对国家的名牌推进战略有了进一步的了解，对参展的名牌企业给予了更多的关注。本次展览会，吸引了众多的商家、机构、领导、专家和普通的消费者。

四.对各种名牌乱评比进行了查处

针对广西壮族自治区质量技术监督局《关于请求界定“中国品牌保护调查发展中心”机构设置及工作开展合法性的请示》（桂质技监报[2003]29号），经请示中编办，认定该组织为非法组织，其开展的首批“中华品牌”、“中华名优企业”评价活动明显违背中共中央办公厅、国务院办公厅《关于严格控制评比活动有关问题的通知》精神。总局给广西局的请示予以批复的同时，向全国进行了通报。此外，总局质量管理司还下发了“关于在2003年中国名牌产品申报工作中杜绝各种干扰的通知（质检质函[2003]14号）、“关于坚决制止各种借中国名牌评价向企业变相收费行为的紧急通知（质检质函[2003]22号）”、“关于各地举办中国名牌论坛有关问题的紧急通知（质检质函[2003]25号）”,对查处各种乱评比进行了全面部署。

五.各地方推进名牌战略实施的情况

2003年的名牌战略推进工作，也进一步受到了地方政府的高度重视。广东省各级政府和部门把培育名牌产品与加快经济发展、结构优化、科技进步和企业改革紧密结合起来，推动名牌创建工作。上海市政府提出"'名牌'是一个城市的名片，上海一定要有名牌，上海必须要树立名牌，上海必须要为名牌做更多的服务。"新一轮上海名牌发展战略正式启动，力争到2005年有2~3家上海名牌企业能跻身世界500强，并形成一批在国际上有一定知名度和在国内具有竞争力的中国名牌产品。河南省要求省各级政府和行业主管部门把名牌战略的实施工作，列入各部门主要工作议程。湖北省推出"2003年~2005年三年滚动计划"，深入引导企业争创名牌产品，对生产规模、科技含量、质量效益等位居全国同行业前列的40家地方企业，进行重点扶持。河北省积极实施《质量兴省名牌兴企战略规划》，明确提出要增强企业"质量竞争力"。福建省委、省政府十分重视提高人民的质量意识，营造政府、企业、百姓人人重视质量的浓厚氛围，促进各行业提高产品质量和服务质量，创造优质的名牌产品，提升产品的市场竞争力和企业实力，从而增强区域经济的综合竞争力，以实现福建经济持续快速健康发展。北京市政府将名牌战略的实施作为质量工作的重点来抓。在名牌战略的实施过程中，坚持与结构调整、技术进步、企业改革、市场开拓和政策扶植等五个方面结合。名牌产品生产企业做强做大，取得初步成效，联想、方正等通过品牌经营拓宽产品生产经营的品种，提高了企业的管理水平，创造了独特的企业文化。青海省指出，要把质量工作摆在突出位置，要树立品牌意识，实施名牌战略，增加商品附加值。

为加强对企业实施名牌战略的引导和促进，各地方政府对获得中国名牌产品称号的企业给予重奖。2003年9月1日，国家质检总局对获得中国名牌产品称号的企业进行表彰以后，地方政府纷纷对获奖企业进行重奖。上海市对21家在创建名牌进程有突出贡献的、荣获"中国名牌产品"殊荣的企业给予表彰，授予"上海市创建卓越品牌特殊贡献奖"；大连市政府给予获得中国名牌产品称号的企业每家300万元的重奖，广东省、深圳市、厦门市、福州市、浙江省的部分地市给予获奖企业每家100万元的重奖；黑龙江、湖北、青岛市等地，给予获奖企业每家50万元的重奖；河北、河南、四川等省，给予获奖企业每家30万元的奖励。连经济不太发达的甘肃省，2003年也给获得中国名牌产品称号的兰州润滑油厂50万元的奖励。

2003年，地方政府培育名牌的力度普遍加大。广东省对列入名牌发展规划的产品，可以申请技改贷款贴息资金，用于企业补充完善争创名牌产品所必需的生产技术手段和检测手段。优先纳入技术改造、引进、开发，给予优先扶持。可参与政府采购投标，政府采购同类产品在同等条件下可优先购买；生产创名牌产品的企业进口机电设备和关键部件，海关与进口管理部门大力配合，优先办理审批等手续。企业为引进先进技术、设备及利用外资等需组团到国外进行考察、洽谈、交流、培训，可优先办理批件。上海市注重培育出口品牌，加大对出口品牌的扶持力度，对企业开展海外商标注册等进行具体指导和技术、资金的支持，在商务部有关政策框架内积极支持上海是企业开展海外商标注册和申报国家“重点支持与发展的出口商品”。湖北省要求质量技术监督部门帮助企业建立标准化、计量检测和质量体系，引导企业制定名牌产品发展规划，不断完善争创名牌的经营机制，推动企业加大科技创新和产品调整，从而提高企业的核心竞争力。

图书在版编目（CIP）数据

中国名牌产品年鉴.2003卷/国家质量监督检验检疫总局质量管理司，中国名牌战略推进委员会秘书处编.—北京：中国轻工业出版社，2004.8

ISBN 7-5019-4483-0

Ⅰ.中… Ⅱ.①国… ②中… Ⅲ.①工业产品—中国—2003—年鉴②工商企业—中国—2003—年鉴Ⅳ.① F724.74-54 ② F279.2-54

中国版本图书馆CIP数据核字（2004）第077656号

责任编辑：刘云烂
策划编辑：张文杰　赵青春　李振宁
责任终审：劳国强
封面设计：潘　强
版式设计：潘　强　李湘婷
设计制作：北京轻协联广告有限公司・设计制作中心

出版发行：中国轻工业出版社（北京东长安街6号，邮编：100740）
印　　刷：北京东方之彩印刷有限公司
经　　销：各地新华书店
版　　次：2004年8月第1版　2004年8月第1次印刷
开　　本：889mm × 1194mm　1/16　印　张：33.5
字　　数：300千字　印　数：1-3000册
书　　号：ISBN 7 — 5019 — 4483 — 0/F・310
定　　价：360元

读者服务部电话(咨询)：010-88390691　88390105　传真：88390106
(邮购)：010-65241695　85111729　传真：85111730
发行电话：010-65128898
网址：http://www.chlip.com.cn
E-mail:club@chlip.com.cn
如发现图书残缺请直接与我社服务部联系（邮购）联系调换
40303E3X101HBW

中国名牌战略推进委员会标志